# LA RÉFORME GRÉGORIENNE

## I

### LA FORMATION DES IDÉES GRÉGORIENNES

## DU MÊME AUTEUR :

*Le règne de Philippe I^er, roi de France* (1060-1108), Paris, Société Française d'Imprimerie et de Librairie, 1912. in-8⁰.
Ouvrage couronné par l'Académie des Inscriptions et Belles-Lettres, prix Gobert.

*Les Vies de Saint Savinien, premier évêque de Sens*. Étude critique suivie d'une édition de la plus ancienne *Vita*, Paris, Société Française d'Imprimerie et de Librairie, 1912, in-8⁰.

*Études sur la polémique religieuse à l'époque de Grégoire VII. Les Prégrégoriens*, Paris, Société Française d'Imprimerie et de Librairie, 1916, in-16.

*Saint Grégoire VII* (Collection "*Les Saints*"), Paris, Gabalda, 1920, in-16.
Ouvrage couronné par l'Académie française, prix Juteau Duvigneaux.

*Louvatn* (Collection "*Memoranda*"), Paris, Laurens, 1921, in-18.

UNIVERSITÉ CATHOLIQUE
ET COLLÈGES THÉOLOGIQUES O. P. ET S. J., DE LOUVAIN

## SPICILEGIUM SACRUM LOVANIENSE

ÉTUDES ET DOCUMENTS

FASCICULE 6

# AUGUSTIN FLICHE

PROFESSEUR A L'UNIVERSITÉ DE MONTPELLIER

# LA RÉFORME GRÉGORIENNE

## I

## LA FORMATION DES IDÉES GRÉGORIENNES

LOUVAIN
"SPICILEGIUM SACRUM LOVANIENSE"
BUREAUX
RUE DE NAMUR, 40

PARIS
Librairie Ancienne HONORÉ CHAMPION
ÉDOUARD CHAMPION
QUAI MALAQUAIS, 5

1924

# AVANT-PROPOS

La réforme grégorienne est peut-être le plus grand fait de l'histoire religieuse au moyen âge. Par une lutte incessante contre le nicolaïsme ou désordre des mœurs du clergé et la simonie ou vente des dignités ecclésiastiques, elle a purifié l'Église, assaini une atmosphère viciée, renoué les vieilles traditions chrétiennes qui avaient sombré dans le naufrage moral du xe siècle. Pour obtenir ces résultats, le Saint-Siège, après avoir quelque temps hésité et tâtonné, a été obligé de recourir à un remède radical : il lui a fallu briser la lourde domination que par l'investiture laïque les empereurs, rois ou seigneurs faisaient peser sur l'épiscopat, sur les abbayes et sur le sacerdoce en général. Cet affranchissement de l'Église étant impossible sans une parfaite unité d'action, la papauté, un moment écrasée par le césaropapisme impérial et par la tyrannie de la noblesse romaine, a dû songer à se libérer elle-même et à établir solidement son autorité sur le monde chrétien ; l'exaltation du siège apostolique, accompagnée de la centralisation ecclésiastique qui subordonne étroitement à Rome toutes les églises locales et de la doctrine théocratique qui contraint les rois à conformer leur gouvernement et leur politique aux directions morales et religieuses du Saint-Siège, tel est, en fin de compte, le trait le plus saillant de la réforme grégorienne, celui qui conditionne et explique tous les autres.

Une réforme aussi vaste et aussi profonde ne pouvait manquer de heurter une quantité d'intérêts ou d'ambitions. Les princes laïques n'acceptèrent pas sans opposition l'atteinte portée par les décrets réformateurs à ce qu'ils considéraient comme

leurs droits intangibles. De là des conflits politiques, âpres et
violents, fertiles en incidents de toutes sortes, que l'on a groupés
sous la dénomination générale de « querelle des investitures ».
En Germanie, où l'empereur, jusque-là maître des élections
pontificales et toujours imbu des vieilles théories césaropapistes,
est plus gravement touché, la lutte est plus aigüe que partout
ailleurs ; le « sacerdoce » et l' « empire » sont désormais aux prises
en un duel tragique qui durera pendant tout le moyen âge.

Ce ne sont là, toutefois, que des conséquences inévitables,
mais en somme accessoires, de l'œuvre entreprise par la papauté.
On ne peut légitimement affirmer, sans méconnaître le caractère
de Grégoire VII et dénaturer sa pensée, que le pape ait obéi
à des ambitions d'ordre politique qui ne l'ont pas même effleuré [1].
Il est au contraire le prisonnier des canons, sincèrement persuadé que ses décrets ne font que restaurer l'antique discipline
tombée en désuétude. Aussi bien la réforme grégorienne est-
elle avant tout une réforme religieuse, opérée au nom de la tradition figée dans l'Écriture, dans les Pères, dans les canons
conciliaires, dans les décrétales vraies ou fausses. Bien entendu
elle a soulevé des discussions entre partisans et adversaires et
les controverses, alimentées par le droit canon ou par les précédents historiques, ont été plus importantes que les luttes
politiques qui sont en corrélation étroite avec elles. Ce sont
celles-là et non pas celles-ci qui ont inspiré les solutions, les
compromis tel que le concordat de Worms.

Ainsi envisagée, l'histoire de la réforme grégorienne n'a
pas encore été faite. Le pontificat de Grégoire VII a été l'objet
au XIXe siècle en France et surtout en Allemagne, d'un bon
nombre de travaux dont quelques-uns sont fort estimables, mais
leurs auteurs se sont surtout attachés soit à la monographie
du pape, soit à l'analyse des faits et, si les controverses théologiques interviennent, elles sont reléguées dans un chapitre

---

[1] On constatera notamment que dès le début de son pontificat Grégoire VII
a cherché à réaliser la réforme avec le concours des princes temporels pour
lesquels il a manifesté une indulgence qui peut paraître excessive.

à part et restent pour ainsi dire isolées. La réforme se trouve ainsi singulièrement retrécie; ses origines ne sont pas déterminées et, comme le cadre chronologique est aussi très rigide, on ne saisit pas ses répercussions souvent lointaines sur l'histoire religieuse du moyen âge. En un mot, l'œuvre de Grégoire VII ne ressort pas, tandis que l'homme lui-même est souvent mal compris.

D'autres que nous, et avant nous, ont eu conscience de ces insuffisances. Sans parler des pages lumineuses où M. Paul Fournier, à propos des collections canoniques de l'époque de Grégoire VII, a si bien fixé les caractères généraux de la réforme [1], l'historien allemand Mirbt a fait une tentative qui, tout en n'ayant donné que de médiocres résultats, est assez intéressante en elle-même [2]. Laissant de côté l'évolution des faits politiques, il a dépouillé les œuvres polémiques, fort nombreuses pendant la seconde moitié du XIe siècle, et sous quelques grandes rubriques a groupé les opinions variées et contradictoires qu'il y a recueillies. Malheureusement, cette classification logique et artificielle ne permet pas de suivre le développement historique de la réforme; elle ne rend aucun compte de la physionomie des œuvres étudiées, ni de leur filiation; elle fait disparaître les écrivains dont chacun a eu son rôle en participant étroitement à l'élaboration ou à l'évolution du programme grégorien; enfin, comme les faits ici sont à peu près absents, on ne saisit pas dans quelle mesure les événements ont provoqué la formation des théories et les théories agi sur la marche des événements. Que l'on compare le livre de Mirbt aux études de M. Fournier qui concernent non plus les traités de polémique, mais les recueils canoniques et où Atton, Anselme de Lucques, Deusdedit, ces précieux auxiliaires de Grégoire VII, sont projetés successivement en pleine lumière, et l'on verra à quel point la méthode de l'éminent juriste

---

[1] PAUL FOURNIER, *Les collections canoniques de l'époque de Grégoire VII*, dans les *Mémoires de l'Académie des Inscriptions et Belles-Lettres*, t. XLI, 1918, p. 271 et suiv.

[2] CARL MIRBT, *Die Publizistik im Zeitalter Gregors VII*, Leipzig, 1894.

français est plus historique que celle de l'historien allemand.

Ces critiques que l'on a plus d'une fois formulées à l'égard des historiens de Grégoire VII justifient, semble-t-il, la tâche que nous entreprenons à notre tour. Il y a plus de dix ans, les circonstances nous ont amené à étudier l'évolution des idées réformatrices au milieu du XI<sup>e</sup> siècle. Or, en rapprochant les actes officiels du Saint-Siège des œuvres littéraires qui les ont précédés, nous avons été frappé de la corrélation qui existait entre les uns et les autres et nous avons pu constater à bien de reprises qu'il faut aller chercher chez les théologiens et les polémistes la source première des idées et des méthodes grégoriennes : les papes ont beaucoup emprunté aux traités de Pierre Damien, plus encore du cardinal Humbert où sont exposées et discutées par avance les solutions adoptées quelques années plus tard. Par la suite, en étendant nos investigations à l'époque grégorienne proprement dite, nous nous sommes fortifié dans la conviction qu'avait fait naître l'étude des prégrégoriens; Grégoire VII nous est apparu comme le centre d'un vaste mouvement d'idées dont les origines plongent en plein X<sup>e</sup> siècle et dont les manifestations se perpétuent jusqu'au milieu du XII<sup>e</sup>; autour du grand pontife converge une pléiade d'écrivains qui, à l'aide des textes fournis par le droit canon, ont esquissé, précisé, développé le programme grégorien, soit en établissant son accord avec la tradition catholique, soit en réfutant les théories adverses, soit en essayant de concilier les thèses divergentes et en préparant les solutions conciliatrices, produit des doctrines beaucoup plus que des armes ou de la diplomatie.

L'accueil sympathique qui a été fait aux travaux d'approche que nous avons antérieurement publiés [1], nous a déterminé

---

[1] Voir *Études sur la polémique religieuse à l'époque de Grégoire VII. Les prégrégoriens*, Paris, 1916; *L'élection d'Urbain II*, dans le *Moyen-âge*, deuxième série, t. XIX, 1916, p. 356-394; *Guy de Ferrare, Etude sur la polémique religieuse en Italie à la fin du XI<sup>e</sup> siècle*, dans le *Bulletin italien*, t. XVI, 1916, p. 105-140 et t. XVIII, 1918, p. 114-131; *Les théories germaniques de la souveraineté à la fin du XI<sup>e</sup> siècle*, dans la *Revue historique*, t. CXXV, 1917,

à développer notre plan primitif. En abordant maintenant l'étude de la réforme dans son ensemble, nous nous proposons de montrer comment est né le programme grégorien, comment il s'est modifié et transformé, comment il s'est en partie réalisé pendant la première moitié du XIIᵉ siècle. L'exposé des idées et des doctrines restera toujours au premier rang de nos préoccupations, mais elle serait stérile si nous ne cherchions à discuter sous quelles influences variées elles ont pris corps; par là, nous serons amenés à faire une place aux faits qui en ont parfois provoqué l'éclosion. Pour prendre un exemple, il est clair que le traité *De ordinando pontifice*, composé à la demande de Wason de Liège, ne peut se comprendre si l'on ne connaît au préalable les tendances de la politique de Henri III auxquelles il s'oppose directement. De même le fameux décret de 1059 sur l'élection pontificale, s'il est avant tout la traduction des théories exposées l'année précédente par le cardinal Humbert dans son traité *Adversus simoniacos*, est aussi dans une certaine mesure la conséquence des événements qui ont entouré l'avènement de Nicolas II. En un mot, la réforme grégorienne étant constituée par un ensemble d'idées et de faits qui s'enchaînent, se relient, se pénètrent mutuellement, il serait vain de vouloir établir, comme on a trop eu tendance à le faire, des cloisons étanches; il est indispensable d'en étudier simultanément tous les aspects et toutes les conséquences.

Il nous reste, après avoir exposé notre but, à remercier tous ceux qui ont bien voulu nous aider de leurs encouragements et de leurs conseils. Parmi eux nous tenons à nommer spécialement M. Paul Fournier que nous prions d'agréer l'hommage de notre profonde et respectueuse reconnaissance pour le précieux appui qu'il nous a prêté. Nous témoignons également notre gratitude au R. P. de Ghellinck et à la direction du *Spicilegium* qui ont accueilli ce travail et en ont surveillé

p. 1-67; *Hildebrand*, dans le *Moyen-âge*, deuxième série, t. XXI, 1919, p. 76-106, 149-161, 197-210; *Ulrich d'Imola, Études sur l'hérésie nicolaïte en Italie au milieu du XIᵉ siècle*, dans la *Revue des sciences religieuses*, t. II, 1922, p. 127-139.

l'impression. Nous n'aurions garde, enfin, d'oublier nos chers
étudiants d'histoire de la Faculté des Lettres de Montpellier,
qui ont collaboré avec nous en expliquant et critiquant sous
notre direction quelques-uns des textes qui forment l'ossature
de cet ouvrage; un merci tout particulier à deux d'entre eux,
M^{lle} C. Thouzellier et M. André Dupont, qui ont bien voulu
nous aider dans la confection des tables et la correction des
épreuves.

MONTPELLIER,

15 octobre 1923.

AUGUSTIN FLICHE.

## LISTE DES ABRÉVIATIONS

| | |
|---|---|
| *Libelli de lite* | *Libelli de lite Imperatorum et Pontificum saeculis XI et XII conscripti*, dans les MGH, série in-4°, 3 volumes, Hannovre, 1891-1897. |
| MANSI | *Sacrorum conciliorum nova et amplissima collectio*, Florence, 1759 et suiv. |
| MGH | *Monumenta Germaniae historica*. |
| PL | *Patrologiae cursus completus*, accurante J. P. MIGNE, série latine, Paris, 1844-55. |

# INTRODUCTION

## LA CRISE RELIGIEUSE DU Xᵉ SIÈCLE

SOMMAIRE. — I. La crise romaine : les Carolingiens et la papauté, l'élection pontificale et l'usurpation de l'élément laïque, aristocratie et empereurs, affaiblissement de l'autorité apostolique. — II. La crise ecclésiastique : ce que sont devenues les élections épiscopales à l'époque carolingienne et féodale ; l'investiture laïque et ses conséquences. — III. La crise morale : la simonie, ses diverses formes, vente de l'ordination et vente des dignités épiscopales ; le nicolaïsme, les différents aspects du désordre des mœurs cléricales.

I

La réforme à laquelle Grégoire VII (1073-1085) a attaché son nom, a mis fin à l'une des crises les plus longues que l'Église ait traversées au cours de son histoire. C'est en pleine période carolingienne, soit plus de deux siècles avant l'avènement du grand pape, que se manifestent les premiers symptômes du mal qui va gangrener le corps ecclésiastique tout entier ; la phase aigüe concorde avec le Xᵉ siècle et le début du XIᵉ.

La politique franque au temps de Pépin le Bref et de Charlemagne (768-814), a largement servi les intérêts de l'Église et plus spécialement du Saint-Siège. Extension du christianisme par la conquête, législation civile en parfaite conformité avec les canons conciliaires, unité politique et administrative mise au service de la hiérarchie ecclésiastique, protection de l'État pontifical contre ses ennemis du dedans et du dehors, tels sont les divers bienfaits que la papauté a retirés de son alliance avec les Carolingiens. Toutefois, l'union intime des deux pouvoirs spirituel et temporel, telle que l'a réalisée Charlemagne, a eu aussi ses inconvénients. Les empereurs du IXe siècle n'ont pas fait preuve d'un désintéressement absolu ; tout en accordant leur appui au Saint-Siège, ils ont cherché à restaurer à leur profit le césaropapisme byzantin et, dans ce but, à affaiblir l'autorité apostolique qui pouvait être un frein à l'omnipotence impériale. De là leur part de responsabilité dans la crise qui s'annonce dès la seconde moitié du IXe siècle ; le discrédit de l'institution pontificale, cause première de la ruine de l'ordre chrétien, a été voulu et poursuivi par eux dès le lendemain de la mort de Charlemagne.

L'analyse des rapports de la papauté avec les Carolingiens ne saurait entrer dans le cadre de cette étude. Qu'il suffise de rappeler que les empereurs, devenus les maîtres de Rome en fait sinon en droit, ont infligé à l'État pontifical leur lourde tutelle, qu'ils en ont contrôlé ou dirigé l'administration jusque dans ses moindres détails [1] et surtout que, non contents d'attenter à l'indépendance temporelle du Saint-Siège, ils se sont immiscés dans le gouvernement de l'Église, qu'ils ont cherché à modifier les règles canoniques pour les adapter à leurs ambitions personnelles.

Au milieu du VIIIe siècle, après la chute de la domination byzantine en Italie, les empereurs d'Orient ont dû renoncer aux prérogatives traditionnelles qu'ils exerçaient lors de la vacance du siège apostolique. Il y a plus : à la suite des événements tumultueux et des menées schismatiques qui avaient suivi la mort de Paul Ier (28 juin 767) [2], un nouveau pas a été franchi : le concile, réuni à Rome en avril 769 par Étienne III, a décidé qu'à l'avenir la noblesse romaine, l'armée, les citoyens et l'ensemble du peuple se borneraient à acclamer l'élu du clergé

---

[1] Cfr DUCHESNE, *Les premiers temps de l'État pontifical*, 3e édit., Paris, 1911, p. 184 et suiv.

[2] Sur ces événements voir le *Liber pontificalis*, édit. DUCHESNE, t. I, p. 468 et suiv.

après son installation au Latran [1]. Le Saint-Siège a conquis
la plénitude de son autonomie : seuls les clercs nomment
l'évêque de Rome, à l'exclusion des laïques et de tout souverain
temporel.

Ce régime fut appliqué jusqu'en 824. Léon III en 795,
Étienne IV en 816, Pascal Ier en 817 ont, par déférence envers le
roi ou l'empereur franc, notifié leur avènement à Charlemagne,
puis à Louis le Pieux, mais sans solliciter aucune confirmation [2].
Un accord, passé en 817 entre Louis le Pieux et Pascal Ier,
consacra cette tradition tout en maintenant très strictement
le régime électoral institué par le concile de 769 [3]. Les choses
allaient changer en 824, à la mort de Pascal Ier. Deux candidats
ayant revendiqué la succession du pontife défunt, il en résulta
des troubles qui provoquèrent la venue à Rome de Lothaire,
fils de Louis le Pieux, envoyé par son père pour rétablir l'ordre [4].
Lothaire exploita la situation et promulgua la célèbre *constitutio
romana* : désormais l'élection pontificale se fera en présence

---

[1] « Sed et hoc sub anathematis interdictionibus decernimus ut nulli unquam
laicorum sive ex manu armata vel ex aliis ordinibus presumant inveniri in
electione pontificis, sed a cunctis sacerdotibus atque proceribus aecclesiae et
cuncto clero ipsa pontificalis electio proveniat. Et postquam pontifex electus
fuerit et in patriarchium deductus, tunc optimates militiae vel cunctus exer-
citus et cives honesti atque universa generalitas huius Romanae urbis ad
salutandum eum sicut omnium dominum properare debent. Et ita more solito
decretum faciences et in eo cuncti pariter concordantes subscribere debent.
Hoc itaque et in aliis aecclesiis sub divini judicii obtestatione et anathematis
indictione decernimus observandum » (MGH, *Legum sectio III, Concilia*,
t. II, p. 86). — On remarquera la dernière phrase de ce décret : le pape cherche
à étendre cette législation à toutes les églises.

[2] *Liber Pontificalis*, édit. DUCHESNE, t. II, p. 1 ; 50 n. 3 ; 63 n. 3 ; cfr DUCHESNE,
*op. cit.*, p. 166, 188, 189.

[3] « Et quando divina vocatione huius sacratissimae sedis pontifex de hoc
mundo migraverit, nullus ex regno nostro, aut Francus aut Longobardus
aut de qualibet gente homo sub nostra potestate constitutus, licentiam habeat
contra Romanos aut publice aut private veniendi vel electionem faciendi...
Sed liceat Romanis cum veneratione et sine qualibet perturbatione hono-
rificam suo pontifici exhibere sepulturam et eum quem divina inspiratione
et beati Petri intercessione omnes Romani uno consilio atque concordia sine
aliqua promissione ad pontificalis ordinem elegerint sine qualibet ambiguitate vel contradictione more canonico consecrari » (*Capitularia regum Francorum*, édit. BORETIUS, dans MGH, *Legum sectio II*, t. I, p. 354-355).

[4] Voir DUCHESNE, *op. cit.*, p. 197 et suiv.

d'un *missus* impérial qui recevra le serment du nouveau pape [1].
L'interprétation donnée par la suite à ce privilège en pré-
cisa la teneur : les papes du IX<sup>e</sup> siècle ont été régulièrement
confirmés par l'empereur carolingien qui, parfois, comme en
844, réussit à imposer son candidat, malgré le choix contraire
des électeurs [2].

Grâce à l'énergie de Lothaire, le pouvoir temporel a regagné
tout le terrain perdu au milieu du VIII<sup>e</sup> siècle et une grave

---

[1] *Capitularia regum Francorum*, t. I, p. 322-324. — La constitution elle-
même est assez vague en ce qui concerne l'élection pontificale et semble maintenir le régime de liberté : « Volumus ut in electione pontificis nullus prae-
sumat venire, neque liber neque servus, qui aliquod impedimentum faciat
illis solummodo Romanis quibus antiquitus fuit consuetudo concessa per
constitutionem sanctorum patrum eligendi pontificem. Quod si quis contra
hanc iussionem nostram facere praesumpserit, exilio tradatur. » Mais le serment
imposé aux Romains par Lothaire ne laisse aucun doute sur l'interprétation
de cet article et prouve que l'empereur entend surveiller d'abord, ratifier
ensuite l'élection pontificale : « Promitto ego ille.... quod ab hac die in futurum
fidelis ero dominis nostris imperatoribus Hludowico et Hlothario diebus
vitae meae, iuxta vires et intellectum meum, sine fraude atque malo ingenio,
salva fide quam repromisi domino apostolico ; et quod non consentiam ut
aliter in hac sede Romana fiat electio pontificis nisi canonice et iuste, secundum
vires et intellectum meum ; et ille qui electus fuerit me consentiente consecratus
pontifex non fiat, priusquam tale sacramentum faciat in presentia missi domini
imperatoris et populi, cum iuramento quale dominus Eugenius papa sponte
pro conservatione omnium factum habet per scriptum. » Au reste, toutes les
élections ultérieures se sont rigoureusement conformées aux règles édictées
par ce texte. La première qui ait eu lieu après 824 est celle de Grégoire IV
en 827 ; or on lit à ce sujet dans les *Annales* dits d'Einhardt, a. 827 : « Eugenius
papa mense augusto decessit, in cuius locum Valentinus diaconus a Romanis
et electus et ordinatus vix unum mensem in pontificatu complevit. Quo defuncto Gregorius electus, sed non prius ordinatus est quam legatus imperatoris Romam venit et electionem populi qualis esset examinavit » (MGH, SS,
t. I, p. 216).

[2] En 844, à la mort de Grégoire IV, les électeurs se sont partagés entre deux
candidats, le diacre Jean et un vieux prêtre du nom de Serge. Le premier a
été installé au Latran, mais le second, soutenu par l'aristocratie romaine, l'a
bientôt forcé à lui céder la place. Lothaire, à qui le traité de Verdun a reconnu
l'année précédente le titre impérial, veut les départager ; il envoie à Rome,
pour procéder à une enquête, son fils Louis et son oncle Drogon, évêque de
Metz ; finalement il se prononce en faveur de Serge qui fut, comme on le
verra plus loin, un pape lamentable. Sur ces événements, voir le *Liber Pontificalis*, t. II, p. 101, n. 8, où sont cités les textes qui s'y rapportent. Pour les
autres élections du IX<sup>e</sup> siècle nous ne pouvons que renvoyer à l'ouvrage déjà
cité de DUCHESNE, *Les premiers temps de l'État pontifical*, p. 216 et suiv.

atteinte a été portée au régime de liberté instauré par Étienne III. Ce n'est pas la seule : la noblesse romaine, exclue de l'élection par le concile de 769, va, à la faveur de la constitution de 824, esquisser de nouvelles offensives qui lui permettront de reconquérir peu à peu les privilèges dont Étienne III l'avait dépouillée. Comme l'a fort bien noté Mgr Duchesne [1], le *Liber Pontificalis*, lorsqu'il rapporte les circonstances qui ont marqué l'avènement des papes de la seconde moitié du IX\ :sup se siècle, ne mentionne pas la vérification des opérations électorales par le légat impérial, mais il insiste avec complaisance sur le rôle primordial qu'a joué l'élément laïque. Autour de 850, semble-t-il, le décret de 769 est tombé en désuétude et Nicolas I\ :sup er lui-même, cet indomptable défenseur des prérogatives du Saint-Siège, paraît admettre l'intervention de l'aristocratie romaine. « Si quelqu'un, écrit-il, ose disputer aux évêques, *aux principaux du peuple* et à tout le clergé de l'Église romaine le droit d'élire le souverain pontife, qu'il soit anathème, conformément aux décisions du concile tenu par le bienheureux Étienne [2]. » Finalement après la mort de Charles le Gros et la dislocation de l'empire carolingien, c'est la noblesse seule qui choisira le pape.

Sans doute en 897, après la double élection de Serge III et de Jean IX, après l'intervention de Lambert, fils de Guy de Spolète, qui, après avoir partagé l'Italie avec Bérenger, marquis de Frioul, s'était emparé de Rome et y régnait en maître, l'élu du clergé continua à être consacré en présence des légats de l'empereur, en l'espèce de Lambert, qui avait pris ce titre dès 892. Mais, après la mort de Lambert, l'aristocratie, exploitant à son profit l'anarchie générale, exerça dans Rome un pouvoir souverain. Son chef, le vestiaire Théophylacte, devint maître de la ville et du même coup des élections pontificales. A partir de Serge III (904-911), c'est le plus souvent la fille de Théophylacte, Marozie, une des femmes les plus dévergondées de l'histoire, qui donne la tiare à qui il lui plaît ; Serge III

---

[1] DUCHESNE, *op. cit.*, p. 203.
[2] NICOLAS I\ :sup er, *Epist.* 4 (PL, CXIX, 795).

et ses successeurs ont obéi docilement à ses inspirations ou à celles de sa sœur Théodora[1].

La restauration de l'empire par le roi de Germanie, Othon le Grand, en 962, imposa pourtant un terme à la tyrannie de la noblesse romaine, mais elle ne rendit pas à la papauté son indépendance à l'égard de la puissance temporelle. La *Constitutio romana* de 824 n'a jamais été officiellement abolie et le privilège du 13 février 962 ne fait que la remettre en vigueur[2]. En 963, la prérogative impériale reçoit une nouvelle extension : les Romains doivent jurer de « n'élire ni ordonner aucun pape en dehors du consentement et de l'élection de l'empereur Othon et de son fils qui porte aussi le nom d'Othon[3]. » Ce nouveau droit reçoit son application immédiate : Othon fait déposer par un concile Jean XII, coupable d'avoir intrigué contre lui[4], et le remplace par Léon VIII, après quoi il promulgue à nouveau son privilège avec une addition qui, sans doute, ne figurait pas dans la première rédaction : « Celui qui aura été élu à cette sainte et apostolique fonction ne sera pas consacré comme pontife, avant qu'il n'ait prêté en présence de nos envoyés ou de notre fils, pour la satisfaction de tous et pour la paix, un serment analogue à celui que notre seigneur et vénéré père spirituel, Léon, a, on le sait, juré spontanément[5]. » Comme

---

[1] Cfr DUCHESNE, *op. cit.*, p. 306 et suiv., qui résume et corrige l'*Antapodosis* de LIUTPRAND DE CRÉMONE, source essentielle pour cette période, tout en étant fort sujette à caution.

[2] Le privilège rappelle d'ailleurs le souvenir d'Eugène II, élu pape en 824 : « Salva in omnibus potestate nostra et filii nostri posterorumque nostrorum secundum quod in pacto et constitutione ac promissionis firmitate Eugenii pontificis successorumque illius continetur » (MGH, *Legum sectio* IV, *Constitutiones et acta publica imperatorum et regum*, t. I, p. 26).

[3] *Liutprandi liber de rebus gestis Ottonis magni imperatoris*, 8 : « Cives vero imperatorem sanctum cum suis omnibus in urbem suscipiunt, fidelitatem repromittunt, hoc addentes et firmiter iurantes numquam se papam electuros aut ordinaturos praeter consensum et electionem domni imperatoris Ottonis Caesaris augusti filiique ipsius regis Ottonis » (MGH, SS, t. III, p. 342).

[4] Sur ces événements, cfr LIUTPRAND, *op. cit.*, 9 (MGH, SS, t. III, p. 342).

[5] « Et ut ille, qui ad hoc sanctum atque apostolicum regimen eligitur, nemine consentiente, consecratus fiat pontifex, priusquam talem in presentia missorum nostrorum vel filii nostri seu universe generalitatis faciat promissionem pro

au temps de Lothaire, les formules de chancellerie sont vagues
à dessein; seule l'application qui va être faite du diplôme
impérial en révélera la véritable signification sur laquelle il ne
saurait y avoir de doute : l'empereur entend nommer le pontife romain [1].

La noblesse romaine ainsi dépouillée essaya pourtant de
résister. L'histoire des élections pontificales, depuis le couronnement impérial de 962 jusqu'au décret de Nicolas II (1059)
qui inaugure la réforme grégorienne, est celle d'une longue
lutte d'influence entre l'aristocratie et les empereurs germaniques, sans que jamais le clergé ait essayé de se ressaisir et
de mettre fin à l'usurpation laïque [2]. Finalement c'est l'empereur

---

omnium satisfactione atque futura conservatione qualem domnus et vene-
randus spiritalis pater noster Leo sponte fecisse dinoscitur » (MGH, *Constitutiones et acta*, t. I, p. 26).

[1] Malgré les nombreux travaux dont il a été l'objet, le privilège d'Othon
reste encore entouré d'un certain mystère. L'original est perdu. Nous ne pouvons
admettre, pour notre part, que la copie contemporaine publiée par VON SICKEL
*(Das Privilegium Ottos I für die römische Kirche vom Jahre 962 erlaübert*, Inns-
brück, 1883) soit rigoureusement conforme à l'original. Nous croyons avec
SIMSON (*Neues Archiv*, t. XV, 1889, p. 577) que le passage relatif au pape
Léon ne peut s'appliquer à Léon III, comme le veut M. von Sickel, et qu'il
concerne nécessairement un pape vivant qui ne peut être que Léon VIII.
On ne voit pas, en effet, pourquoi Léon III serait mentionné, étant donné que
le droit électoral n'a pas été modifié au cours de son pontificat. Si Othon avait
voulu invoquer un précédent, il aurait forcément pris celui qu'a créé de bon
ou de mauvais gré Eugène II, contemporain de la constitution de Lothaire.
Dès lors, à notre avis, la phrase « *et ut ille...* », citée à la note précédente, n'a
pu figurer dans la première rédaction du privilège; elle a été ajoutée à la fin
de la session du concile du 4 décembre 963, après l'intronisation de Léon VIII
et pour codifier en quelque sorte le serment rapporté par Liutprand dont il
n'y a aucune raison de suspecter la teneur. La rédaction de 962 ne devait comprendre que la formule : « *id est ut omnis clerus et universi populi nobilitas propter
diversas necessitates et pontificum inrationabiles erga populum sibi subiectum
asperitates retundendas sacramento se obliget quatinus futura pontificum electio,
quantum uniuscuiusque intellectus fuerit, canonice et iuste fiat* », qui reproduit
à peu de chose près celle employée par Lothaire en 824 (cfr *supra* p. 4 n. 1)
et qui, après le retour offensif de Jean XII, put paraître insuffisante; d'où une
nouvelle rédaction qui seule a été conservée dans la copie publiée par M. von
Sickel.

[2] Nous rappellerons pour mémoire les incidents qui ont marqué les principales élections de la fin du Xe et du début du XIe siècle, en renvoyant pour plus
de détails à l'ouvrage plusieurs fois cité de Mgr Duchesne. — En février 964,
les Romains rappellent Jean XII et un concile annule la promotion de Léon VIII

qui aura le dessus : Henri III (1039-1056), sans modifier officiellement la législation établie par Othon le Grand et renou-
velée des Carolingiens, l'aggravera pratiquement : il n'hésitera
pas à déposer trois papes ; sous son règne le rôle des Romains
se réduira à signaler la vacance du siège apostolique au tout
puissant César germanique et à lui demander d'y pourvoir [1].
Jamais le Saint-Siège n'était tombé dans une dépendance
aussi servile à l'égard des puissances temporelles : le successeur
de Pierre n'est plus que le premier aumônier de l'empereur.

---

faite l'année précédente sous les yeux de l'empereur ; après la mort de Jean XII
(14 mai 964), ils élisent pour lui succéder le diacre Benoît, mais dès le mois de
juin Othon le Grand réintègre Léon VIII qui meurt au début de 965, investi de
la dignité pontificale. Cfr LIUTPRAND, *Historia Ottonis*, 20-21 (MGH, SS, t. III,
p. 346) et DUCHESNE, *op. cit.*, p. 346-349. Son successeur, Jean XIII (965-972),
quoique fils de Théodora, est lui aussi désigné par l'empereur qui crut peut-
être faire acte de bonne politique et, de même après lui, Benoît VI (cfr *Liber
Pontificalis*, t. II, p. 252), mais en 974 une révolution porte à la tiare Boniface VII qui, un instant expulsé par les troupes impériales, réussit à se réinstaller
sur le siège de Pierre qu'il occupe en 984-985, après avoir mis en fuite le pape
impérial Jean XIV ; cfr *Liber Pontificalis*, t. II, p. 259 et *Acta concilii Remensis*
(MGH, SS, t. III, p. 672). Ses successeurs, Jean XV (985-996), Grégoire V
(996-999), qui dut lutter contre l'antipape Jean XVI, intronisé par le fils de
Théodora, Crescentius, Silvestre II (999-1003), Jean XVII (1003), Jean XVIII
(1003-1009), Serge IV (1009-1012) ont tous été désignés par les empereurs.
Benoît VIII (1012-1024), quoique promu au pontificat par la famille de Tusculum, a vécu en parfaite harmonie avec l'empereur Henri II qu'il a couronné
à Rome le 14 février 1014. Il en est de même pour Jean XIX (1024-1033) et
Benoît IX (1033-1044). L'arrivée au pouvoir de ces trois derniers papes a
donc été le résultat d'une sorte de compromis entre la famille de Tusculum qui
représentait la fraction de l'aristocratie dévouée aux intérêts allemands et les
empereurs romains germaniques. L'autre fraction, celle des Crescentius, ne
cessa naturellement de leur faire une opposition systématique et très habilement
elle exploita les désordres qui accompagnèrent le pontificat de Benoît IX.
De là, en 1044, une révolution qui renverse Benoît IX et met à sa place Silvestre III. Benoît réussit pourtant à reprendre la tiare. C'est l'anarchie ; elle ne
se termine qu'avec l'intervention impériale : en 1046 Henri III descend en
Italie et désigne lui-même comme pape son ami Suidger, évêque de Bamberg,
ou Clément II (1046-1047). Après Clément II, Damase II (1047-1048), Léon IX
(1048-1054), Victor II (1055-1057) sont également nommés par Henri III
et c'est à cette situation que mettra fin le décret de Nicolas II (1059). Sur tous
ces faits, cfr DUCHESNE, *op. cit.*, p. 357 et suiv. Pour les événements de 1044-
1047, cfr aussi STEINDORFF, *Jahrbücher des deutschen Reichs unter Heinrich III*,
Leipzig, 1874, t. I, p. 255 et suiv.

[1] Nous aurons à revenir sur ces faits à propos des tentatives réformatrices
de Henri III qui seront exposées plus loin.

De là une crise sans précédent dans l'histoire de la chrétienté.

On devine, en effet, quelles ont pu être les conséquences d'un tel asservissement. Malgré d'heureuses exceptions, la plupart des pontifes choisis par les empereurs ou par l'aristocratie romaine se laissent guider par des préoccupations d'ordre temporel plutôt que par le souci exclusif des intérêts religieux de la chrétienté; plusieurs ont versé dans les pratiques simoniaques ou même dans la débauche. Serge II (844-847), le premier qui soit issu de l'élection impériale [1], ouvre cette série sinistre; le *Liber Pontificalis*, qui, par suite de son caractère officiel, cherche toujours à masquer les faiblesses des papes des IX$^e$-X$^e$ siècles, essaie bien de rejeter toutes les responsabilités sur le frère de Serge, un certain Benoît qui fut évêque d'Albano malgré ses mauvaises mœurs, mais il doit avouer que « pendant trois ans l'affreuse hérésie simoniaque se développa à tel point que les évêchés étaient vendus publiquement et laissés au plus offrant [2] ». Certains successeurs de Serge II, comme Nicolas I$^{er}$ (858-867), ont par la dignité et l'élévation de leur caractère relevé le prestige pontifical qui commençait à sombrer, mais, du jour où la papauté tomba sous le joug de Théophylacte et de ses filles, ce fut une véritable course à l'abîme. Sans doute, il ne faut pas ajouter foi à toutes les historiettes plus ou moins obscènes rapportées par Liutprand de Crémone, serviteur dévoué d'Othon le Grand, qui, pour célébrer les bienfaits du régime impérial, a noirci systématiquement les papes de la première moitié du X$^e$ siècle, mais, à travers les notices du *Liber Pontificalis*, si courtes qu'elles soient pour cette triste période, on peut ça et là glaner quelques aveux significatifs dans leur brièveté[3]. Il est dit de Jean XI (931-936): «Jean, Romain de naissance et fils du pape Serge, siégea quatre ans et dix mois [4]. » Nul doute dès lors que, comme l'insinuent

---

[1] Voir *supra*, p. 2, n. 4.
[2] *Liber Pontificalis*, t. II, p. 98-99.
[3] Sur la valeur de ces notices, cfr L. DUCHESNE, *Serge III et Jean XI* dans *Mélanges de l'École française de Rome*, t. XXXIII, 1913, p. 25 et suiv.
[4] *Liber Pontificalis*, t. II, p. 243.

Liutprand et le plus véridique Flodoard, Serge III (904-911) n'ait eu avec Marozie des rapports illicites d'où naquit Jean XI, que sa mère investit par la suite du pontificat [1]. Jean XII (955-964) « passa toute sa vie dans l'adultère et la vanité », affirme encore le *Liber Pontificalis* [2] et Benoît du Mont-Soracte illustre en quelque sorte ce passage, quand il évoque l'essaim de femmes qui voltigeait autour du pape pour conclure finalement que « tout son corps brûla d'une passion telle qu'il est impossible d'en énumérer les effets [3]. » Quelques années plus tard, Boniface VII arrive au pontificat par l'assassinat [4]. Dégradation et honte, débauche et cruautés sanglantes, tels sont les mots qui peuvent s'appliquer, à quelques exceptions près, aux pontifes du Xᵉ siècle et de la première moitié du XIᵉ. *Feminini dominabant Jerusalem*, s'écrie le moine du Mont-Soracte avec le prophète [5]. C'est, en effet, celle qu'il appelle la *domna senatrix* qui gouverne Rome. Était-elle capable d'imposer à l'Église et à la chrétienté l'autorité de ses créatures ?

On a parfois exagéré l'effacement du Saint-Siège au Xᵉ siècle ; certains historiens ont remarqué, non sans raison, que les papes nommés par les Théophylacte et leurs successeurs, dociles interprètes de la volonté impériale, n'ont pas cessé d'exercer leur

---

[1] LIUTPRAND, *Antapodosis*, III, 43 : « Quo mortuo, ipsius Marotiae filium, Iohannem nomine, quem ex Sergio papa meretrix ipsa genuerat, papam constituerat. » (MGH, SS, t. III, p. 312). — FLODOARD, *Annales*, a. 933 : « Iohannem, papam, filium Mariae, quae et Marocia dicitur » (*Ibid.*, t. III, p. 381). Flodoard ne cite pas le nom de Serge III. La paternité de celui-ci par rapport à Jean XI a été contestée par P. FEDELE, *Ricerche per la storia di Roma e del papato nel secolo X* (*Arch. stor. della Romana di storia patria*, t. XXXIII, 1910, p. 227 et suiv.), dont les arguments ont été réfutés par MGR DUCHESNE, dans l'article cité p. 9, n. 3.

[2] *Liber Pontificalis*, t. II, p. 246.

[3] *Benedicti, sancti Andreae monachi, chronicon*, 35 (MGH, SS, t. III, p. 717). — LIUTPRAND, dans la *Vita Ottonis*, 19, rapporte complaisamment toutes les turpitudes de ce pontife que « le démon, dit-il, frappa dans les bras voluptueux d'une femme mariée » (*Ibid.*, t. III, p. 346).

[4] *Acta concilii Basolensis*, 28 « Succedit Romae in pontificatu horrendum monstrum Bonifacius, cunctos mortales nequitia superans, etiam prioris pontificis sanguine cruentus » (MGH, SS, t. III, p. 672). Cfr aussi *Liber Pontificalis*, t. II, p. 259.

[5] *Benedicti sancti Andreae monachi chronicon*, 30 (MGH, SS, t. III, p. 714).

pouvoir apostolique sur l'Église universelle [1]. Il suffit de parcourir les bulles des uns et des autres pour s'en rendre compte.
Les abbayes continuent à solliciter la confirmation pontificale
pour leurs biens et leurs privilèges [2]. Les archevêques ne cessent
pas de solliciter l'envoi du *pallium* que le pape seul peut conférer [3]. Plus généralement le monde chrétien persiste dans sa
soumission aux sentences du pontife romain, qu'il continue
à provoquer en certains cas. Jean X (914-928) tranche les diffé-
rends survenus entre l'évêque d'Utrecht et le comte de Flandre,
donne une consultation canonique à l'archevêque de Cologne au
sujet de deux frères qui avaient forniqué avec la même femme [4],
surveille la conversion des Normands dont il affecte de se
réjouir en des termes qui eussent pu venir sous la plume de
Grégoire le Grand [5]. Après lui et comme lui, Léon VII (936-
939) revendique les droits que lui confère la primauté romaine,
en même temps qu'il affiche un zèle ardent pour la réforme :
n'envoie-t-il pas en Germanie un vicaire avec mission de
réprimer les abus et de reprendre les évêques, prêtres, diacres,
moines qui les auraient favorisés ? [6] Les mêmes papes ont
encouragé les débuts de Cluny; saint Odon a obtenu de
Jean XI, en 931, la bulle qui devait assurer l'avenir de sa
congrégation [7].

Sans doute, en bien des cas, c'est la chancellerie pontificale
qui rédige les bulles et non le pape lui-même. Toutefois, un fait
doit être retenu : la primauté du siège apostolique a survécu
au « règne de la pornocratie ». Les Othons vont se servir d'elle
pour renforcer la hiérarchie ecclésiastique dans les pays qui
relèvent de leur autorité, pour organiser religieusement les

---

[1] Cfr HAUCK, *Kirchengeschichte Deutschlands*, 4ᵉ édit., t. III, p. 205 et suiv.
[2] JAFFÉ-WATTENBACH, *Regesta pontificum*, 3542, 3558, 3569, 3581, 3584,
3585, 3603, etc.
[3] ID. 3554, 3641, 3682 etc.
[4] ID. 3557.
[5] ID. 3553.
[6] ID. 3613.
[7] ID. 3584.

régions nouvellement conquises à la foi et du même coup y étendre leur influence [1]. Grâce à eux, l'autorité pontificale s'est affermie en Allemagne, mais elle s'exerce aussi dans les autres états. Jean XIII (965-972) légifère pour l'Espagne où il rattache l'église de Tarragone à celle de Vich et confère le *pallium* aux archevêques de cette ville [2], tandis qu'en France il rattache les diocèses bretons au siège métropolitain de Tours [3]. Jean XV (985-996) rétablit la paix entre Ethelred, roi des Saxons, et Richard, duc de Normandie [4]. Jean XVIII (1003-1009) menace d'anathème le roi de France Robert le Pieux qui n'a pas su empêcher l'archevêque de Sens, Liétry, et l'évêque d'Orléans, Foulque, de brûler des lettres apostoliques en sa présence [5]. Benoît VIII (1012-1024) reproche au même Robert d'avoir toléré des injustices envers Cluny [6].

En présence d'aussi fréquentes interventions, on ne s'étonne pas qu'Abbon de Fleury, au début du XIᵉ siècle, puisse saluer Grégoire V (996-999) du titre de « docteur de l'Église universelle » qui « tient sur terre la place du bienheureux Pierre [7] ». Le même Abbon se demande d'ailleurs « de qui serait l'Église, si elle n'était de Pierre [8] » et affirme avec force que « celui qui s'oppose à l'Église romaine se sépare de ses membres pour entrer dans le corps des adversaires du Christ [9] ». Un peu plus tard, Halinard, abbé de saint Bénigne de Dijon, écrira à son tour à Jean XIX : « Personne n'ignore dans le monde que le pasteur de l'Église romaine tient la place de l'Apôtre, en sorte que ce qu'il aura établi dans l'ordre ecclésiastique demeurera

---

[1] Jaffé-Wattenbach, 3715, 3736, 3767, 3954 etc...
[2] Id., 3749.
[3] Id., 3756.
[4] Id., 3840.
[5] Id., 3958.
[6] Id., 4013.
[7] Abbon de Fleury, *Epist.* 1 (PL, CXXXIX, 421).
[8] Abbon de Fleury, *Apologeticus* : « Si ecclesia non est Petri, cuius erit ? » (*Ibid.*, CXXXIX, 465).
[9] Abbon de Fleury, *Epist.* 5 (*Ibid.*, CXXXIX, 423).

pour toujours décidé, stable et inviolable [1]. » Ces textes, fort curieux, prouvent à l'évidence que la juridiction suprême du Saint-Siège n'a jamais cessé d'être reconnue ; ils forment la transition entre les bulles de Nicolas Ier et celles de Grégoire VII.

Cependant cette primauté du siège apostolique n'est plus aussi incontestée qu'aux VIIe et VIIIe siècles. Des critiques se sont élevées ; des velléités d'insoumission se sont manifestées dans l'épiscopat. Rien de plus significatif à cet égard que les paroles violentes qui ont été prononcées au concile de Saint-Basle de Verzy, réuni les 17 et 18 juin 991 pour juger l'archevêque de Reims Arnoul, accusé de trahison par le roi de France [2]. Un autre Arnoul, évêque d'Orléans, qui remplissait les fonctions de promoteur, n'a pas craint, pour justifier la compétence de l'assemblée que contestaient les partisans de l'accusé, de renier la juridiction du Saint-Siège. Tout en affirmant qu'il ne voulait à aucun prix « porter atteinte aux privilèges de l'évêque de Rome », il a fait en termes très vifs le procès des divers papes qui se sont succédé depuis Jean XII, « plongé dans le bourbier des débauches », jusqu'à Boniface VII, « tout rouge du sang de ses prédécesseurs ». La conclusion de son discours doit être citée : « Est-ce à de tels monstres, gonflés d'ignominie, vides de science divine et humaine, que les innombrables prêtres de Dieu répandus par tout l'univers, distingués par leur savoir et par leurs vertus seront légalement soumis ?... En conséquence, patientons au sujet des souverains pontifes autant que nous le pourrons et, en attendant, cherchons l'aliment de la parole divine partout où il nous est possible de le trouver. La Belgique et la Germanie, voisines de nous, renferment un bon nombre d'évêques éminents et d'une piété insigne, plus d'un parmi nous peut en témoigner. Si les dissensions des princes n'y

---

[1] « Totum non latet mundum Romanae ecclesiae pastorem apostolica vice ita fungi ut quod ipse in ecclesiastico ordine constituerit ratum, stabile et inviolabile permaneret in aevum » (*Halinardi abbatis sancti Benigni epistola ad Joannem papam XIX*, dans PL, CXLI, 1157).

[2] Cfr F. LOT, *Étude sur le règne de Hugues Capet et la fin du Xe siècle*, Paris, 1903, chapitre II, p. 31 et suiv.

faisaient obstacle, c'est à ces prélats, semble-t-il, qu'on devrait demander un jugement plutôt qu'à cette ville aujourd'hui mise à l'encan qui vend ses arrêts au poids de l'or. Que si quelqu'un soutient avec Gélase que l'Église romaine est juge de toute église, qu'elle n'est elle-même soumise au jugement de personne et qu'on ne peut en appeler de sa décision, que celui-là nous établisse à Rome un homme tel que ses jugements ne puissent être réformés. Encore les évêques d'Afrique l'ont-ils jugé impossible. Est-il admissible, disent-ils [1], que Dieu inspire l'esprit de justice à un seul, quel qu'il soit, et qu'il le refuse à d'innombrables évêques assemblés en concile ? [2] »

Ces dures paroles ne sont pas restées sans écho. Non seulement le concile de Saint-Basle a jugé Arnoul de Reims, comme le demandait l'évêque d'Orléans, mais, par la suite, les évêques français, dont la sentence n'avait pas été ratifiée par Rome, ont accusé leur attitude de rébellion à l'égard du Saint-Siège. Excommuniés par Jean XV, ils ont, lors du concile de Chelles (995), déclaré nulle et non avenue toute décision pontificale qui irait à l'encontre des décrets des Pères [3].

Au cours du XI$^e$ siècle on pourrait relever, aussi bien en France qu'en Allemagne, d'autres incidents qui, tout en n'ayant pas la même gravité que l'affaire de Saint-Basle, n'accusent pas une excessive docilité vis-à-vis du siège apostolique [4]. En 1007, ce sont les évêques d'Anjou qui protestent contre la présence du légat Pierre de Piperno à la consécration de l'abbaye de Beaulieu, près Loches, et opposent au représentant de Rome les textes d'après lesquels un prélat étranger ne peut se substituer

---

[1] HINSCHIUS, *Decretales pseudo-isidorianae*, Leipzig, 1863, p. 315.

[2] Le discours d'Arnoul d'Orléans a été rapporté par Gerbert auquel on doit le récit des actes du concile de Saint-Basle (MGH, SS, t. III, p. 658 et suiv.).

[3] Cfr RICHER, *Historiae*, IV, 89 (MGH, SS, t. III, p. 65) et LOT, *op. cit.*, p. 87.

[4] Ces incidents ont déjà été relevés par M. PAUL FOURNIER dans son article sur *Le décret de Burchard de Worms, son caractère et son influence (Revue d'histoire ecclésiastique*, t. XII, 1911, p. 451-473 et 670-701) que nous suivons très fidèlement ici.

ainsi à l'évêque du diocèse sans avoir sollicité son autorisation [1]. En 1008, ce sont Foulque, évêque d'Orléans, et Liétry,
archevêque de Sens, qui prétendent obliger l'abbé de Fleury,
Gozlin, à jeter au feu des bulles pontificales qui semblaient
lui permettre d'ignorer l'autorité diocésaine [2]. En 1025, c'est
le concile d'Anse qui, pour clore un débat entre l'abbé de Cluny
et l'évêque de Mâcon, oppose à Cluny, qui invoquait l'exemption pontificale, le quatrième canon du concile de Chalcédoine
d'après lequel les moines ne peuvent se soustraire à la juridiction de l'ordinaire [3].

En Allemagne il y a des frottements analogues entre le
Saint-Siège et l'épiscopat. En l'an 1000, le métropolitain de
Mayence, Willigis, rend au sujet du monastère de Ganders-
heim une sentence très désavantageuse pour l'évêque d'Hildesheim ; celui-ci fait appel à Rome ; Willigis refuse de recevoir
la sentence pontificale et, malgré la suspension prononcée
contre lui par le légat du pape, persiste dans son attitude de
révolte [4]. De même, son successeur, Aribon, tient tête à Benoît VIII et le concile de Seligenstadt (1023) interdit d'aller à
Rome sans la permission de l'évêque, en particulier pour y faire
lever une pénitence imposée par lui [5].

En résumé, si les papes du Xe siècle et du début du XIe ont
réussi à maintenir leurs prérogatives essentielles, il n'en est
pas moins vrai que des résistances se dessinent et que de ce
fait l'exercice de la primauté romaine se trouve limité. De là
une certaine incertitude dans les rapports du Saint-Siège avec
les églises locales que trahissent les recueils canoniques de la
première moitié du XIe siècle, « très sobres, comme le constate

---

[1] Cfr RAOUL GLABER, *Historiae*, II, 4 (édit. PROU, p. 33).

[2] JAFFÉ-WATTENBACH, 3959-3961.

[3] MANSI, XIX, 423-424 et JAFFÉ-WATTENBACH, 4081-4083.

[4] *Annales Hildesheimenses*, a. 1001 (MGH, SS, t. III, p. 92). — *Vita Burchardi Hildesheimensis (Ibid.*, t. IV, p. 769).

[5] Le canon XVIII prescrit que la pénitence doit être d'abord accomplie,
après quoi seulement celui à qui elle a été imposée pourra se rendre à Rome
avec la permission de l'évêque. Voir MANSI, XIX, 423 et HEFELE-LECLERCQ,
*Histoire des conciles*, t. IV, p. 920-924.

M. Paul Fournier [1], de textes destinés à mettre en relief la
primauté et l'autorité du Saint-Siège que cependant ils ne
méconnaissent pas ».

Telle est, par exemple, l'attitude de Burchard de Worms
dont le *Decretum* a été très répandu au début du XI<sup>e</sup> siècle [2].
Burchard n'ignore pas les canons favorables à l'Église romaine
et il les cite, mais ils sont tellement épars dans son recueil
qu'il ne s'en dégage aucune impression d'ensemble. Le livre I,
intitulé *De primatu ecclesiae* et qui a trait à la hiérarchie
ecclésiastique, fait reposer sur l'épiscopat et non sur le Saint-
Siège tout l'édifice catholique. C'est à peine si au début deux
canons rappellent que saint Pierre a reçu le premier le
pouvoir de lier et de délier ; de là sur les autres apôtres
une certaine prééminence qui confère à ses successeurs le droit
de juger les procès que les évêques n'auraient pas réussi à
terminer [3]. Incidemment aussi Burchard reconnaît qu'un concile
n'est pas œcuménique s'il n'a été convoqué par le siège apostolique [4], que le pontife romain dispose seul du *pallium* archiépiscopal [5], mais on chercherait en vain dans son œuvre
l'exposé systématique des droits et prérogatives du pontife
romain qui surgira des recueils composés sous l'inspiration de
Grégoire VII.

De ces différents faits il ressort qu'entre 1008 et 1012, époque
à laquelle écrivait Burchard, on accordait au Saint-Siège une
certaine supériorité sur les autres églises, à condition qu'elle
ne se traduisît pas par des interventions trop fréquentes. Tel
est, d'ailleurs, l'état d'esprit général qui régnait dans la chrétienté à la fin du X<sup>e</sup> et au début du XI<sup>e</sup> siècle. L'autorité pontificale, théoriquement reconnue, est émoussée et affaiblie :

---

[1] P. FOURNIER, *Un groupe de recueils canoniques italiens des X<sup>e</sup>-XI<sup>e</sup> siècles,*
dans les *Mémoires de l'Académie des Inscriptions et Belles-Lettres,* t. XL, 1915,
p. 210.

[2] Cfr l'article de M. PAUL FOURNIER cité p. 14, n. 4.

[3] BURCHARD DE WORMS, *Decretum,* I, 1 et 2; et aussi I, 178; III, 125 et 136;
XIII, 6 (PL, CXL, 549-550; 601; 697; 700; 886).

[4] *Decretum,* I, 42 (PL, CXL, 561).

[5] *Ibid.* I, 25 (PL, CXL, 555).

c'est là le premier caractère de la crise à laquelle mettra fin
la réforme grégorienne.

II

Impuissante à se défendre contre les empiètements du pouvoir
impérial et de l'aristocratie romaine, la papauté n'a pas su
davantage prévenir la mainmise des rois, puis des seigneurs
féodaux sur les différentes églises de la chrétienté. Il en est
d'elles comme de l'Église romaine; par suite d'une évolution
analogue, la hiérarchie ecclésiastique est, au début du XIe siècle,
prisonnière à tous ses degrés de la société laïque.

Ici encore c'est à l'époque carolingienne que remontent
les origines premières de l'usurpation qui a été commise au
mépris des règles canoniques et de la tradition.

Sans doute, après la formation des royaumes barbares, les
conciles, soucieux d'établir une entente entre l'Église et les
états qui s'étaient fondés sur les ruines de l'empire romain,
ont accordé au roi une certaine participation aux promotions
épiscopales, mais cette participation se réduisait à un simple
*consensus* qui ne pouvait en aucun cas modifier le choix des
véritables électeurs, à savoir le clergé et le peuple du diocèse [1].
Ainsi, en 549, le cinquième concile d'Orléans admet que tout
nouvel évêque, élu par le clergé et par le peuple, doit requérir
l'assentiment royal, mais il est bien spécifié que le souverain
ne peut imposer à une église un pasteur qu'elle repousserait
et que celui qui a été intronisé de force par un « puissant »
doit renoncer à sa dignité [2]. En 614, le concile de Paris essaie
de supprimer toute intervention royale [3], mais un édit de

---

[1] Voir sur cette période : HAUCK, *Die Bischoffwahlen unter den Merovingern*
Erlangen 1883 et VACANDARD, *Études de critique et d'histoire religieuse*, Paris,
1905, t. I, p. 121 et suiv.

[2] Canons 10 et 11 (MANSI, IX, 127).

[3] Le canon II est ainsi conçu : « Après la mort d'un évêque, celui-là seul
doit être ordonné comme son successeur qui a été choisi par le métropolitain
et les autres évêques de la province, par le clergé et le peuple de la ville, sans
qu'il y ait simonie » (*Ibid.*, X, 531).

Clotaire II, sous prétexte de confirmer les décisions de ce synode, en transforme l'esprit par cette addition : « Celui qui a été canoniquement élu évêque a encore besoin de l'approbation du roi [1]. » A la fin de la période mérovingienne le droit canon paraît donc ainsi fixé : le roi confirme la désignation du clergé et du peuple, mais ne peut substituer sa volonté à celle des électeurs.

A l'époque carolingienne,·les souverains vont outrepasser les pouvoirs très limités que leur conférait la législation conciliaire et l'autorité temporelle désignera l'évêque [2]. On peut même dire que dès la seconde moitié du IX^e siècle la situation est renversée : le roi nomme et le corps électoral approuve. Comme l'écrira plus tard le cardinal Humbert, « tout se passe dans l'ordre inverse : les premiers sont les derniers et les derniers les premiers ; c'est le pouvoir séculier qui est le premier dans l'élection et la confirmation ; viennent ensuite bon gré mal gré le consentement du clergé et du peuple, et pour terminer, la consécration du métropolitain [3] ». Il y a plus : le roi remet lui-même au nouvel évêque le bâton pastoral, insigne de ses fonctions spirituelles, et qui, précisément à cause de ce caractère sacré, lui avait jusque là été confié par le métropolitain au moment de la consécration [4]. Bref, les droits de l'Église dans l'élection épiscopale sont réduits à néant et, au X^e siècle, la papauté n'ose même plus les revendiquer : Jean X (914-928) reproche à l'archevêque de Cologne, Herman, d'avoir consacré Hilduin comme évêque de Tongres, « alors que suivant un vieil usage personne ne peut conférer un évêché à un clerc sinon le roi [5] ».

---

[1] Mansi, X, 539.

[2] Nous n'avons pas à retracer ici l'évolution lente et graduelle qui a permis d'en arriver là ; nous nous bornons à renvoyer à l'excellent ouvrage d'Imbart de la Tour, *Les élections épiscopales dans l'Église de France du IX^e au XII^e siècle*, Paris, 1890, p. 74-91, où l'on trouvera tous les exemples qui conduisent à cette conclusion. Nous remarquerons seulement que l'usurpation du pouvoir temporel a atteint les différentes églises plus tôt que le Saint-Siège.

[3] *Adversus simoniacos*, III, 6 (MGH, *Libelli de lite pontificum et imperatorum*, t. I, p. 205 ; PL, CXLIII, 1148).

[4] On trouvera des exemples dans Imbart de la Tour, *op. cit.*, p. 341 et suiv.

[5] Jaffé-Wattenbach, 3564 ; PL, CXXXVI, 806.

Le démembrement de l'empire carolingien n'a rien changé à cette situation. Elle n'a fait, au contraire, que s'aggraver aussi bien en Allemagne sous les Othons et les dynasties qui leur ont succédé qu'en France sous les premiers Capétiens.

Plus que jamais au xe siècle et pendant la première moitié du xie siècle, c'est le roi et le roi seul qui nomme l'évêque. Les chroniques abondent en exemples. « L'église de Liége venait d'être privée de son pasteur, écrit le chroniqueur de saint Laurent. Aussitôt les chanoines allèrent trouver l'empereur, car on devenait alors évêque *non par l'élection mais par un don du roi;* ils lui annoncèrent la mort de leur pontife et en réclamèrent un autre. Alors l'empereur (Henri II) leur donna Wolbodon et leur enjoignit avec bienveillance de l'honorer comme un père [1]. » A Cambrai, en 1051, on procède exactement de la même façon : le doyen du chapitre, les archidiacres et les avoués de l'église vont porter à Henri III le bâton de l'évêque défunt, Gérard. « L'empereur, en apprenant la mort d'un si grand homme, en conçut de l'affliction et commença aussitôt à chercher attentivement quel successeur il pourrait lui trouver. Tandis qu'il réfléchissait, il songea à Lietbert, doyen de la même église de Cambrai, qui depuis longtemps était son chapelain [2]. » Dans un cas comme dans l'autre les électeurs naturels, clercs ou laïques, ne sont même pas consultés. Il en est toujours ainsi et il suffit que l'on essaie d'insuffler au roi le nom de tel ou tel clerc pour qu'il soit aussitôt éliminé. A Cambrai, lorsque mourut, en 971 ou 972, un des prédécesseurs de Gérard et de Lietbert, Wibold, les nobles tentèrent une démarche auprès de l'empereur, qui était alors Othon Ier, pour qu'il plaçât à la tête de l'église le moine Robert. Robert fut écarté et, de sa propre autorité, le souverain désigna un prêtre saxon, Teddon, doyen de saint Séverin de Cologne [3].

En France le roi, qu'il s'agisse du pieux Robert ou de l'irre-

---

[1] *Chronicon S. Laurentii Leodiensis*, 15 (MGH, SS, t. VIII, p. 267).
[2] *Gesta Lietberti, episcopi Cameracensis*, 3 (MGH, SS, t. VII, p. 490-491).
[3] *Gesta episcoporum Cameracensium*, I, 92 (MGH, SS, t. VII, p. 438).

ligieux Henri I<sup>er</sup>, agit avec la même désinvolture [1]. En 1031,
à la mort de Lambert, évêque de Langres, raconte la chronique
de saint Bénigne de Dijon, Robert, malgré la volonté contraire
du clergé et du peuple, nomme comme évêque un certain
Richard qui a toutes sortes de difficultés avec ses diocésains
et meurt finalement empoisonné après cinq mois d'épiscopat.
Le roi ne tient aucun compte de ces graves événements et c'est
encore lui qui, de sa propre initiative, désigne un clerc de
l'église de Chartres, le fameux Hugues, dont il sera question
plus loin [2]. Robert le Pieux s'est conduit à Langres comme
Othon à Cambrai ; en France comme en Allemagne l'évêque
est à la discrétion du roi. Une différence toutefois est à noter :
tandis qu'en Allemagne et le plus souvent en Italie, le roi a
conservé le pouvoir de désigner les évêques, en France ce
pouvoir a été souvent usurpé par les seigneurs féodaux avec
les autres droits régaliens, d'où la distinction classique entre
évêchés royaux et évêchés seigneuriaux [3].

Quoi qu'il en soit, un fait domine tous les autres : la liberté
des élections épiscopales est devenue un vain mot ou plus

---

[1] On trouvera de très nombreux exemples dans PFISTER, *Études sur le règne
de Robert le Pieux*, Paris, 1885, où ont été analysées toutes les élections du
règne. M<sup>lle</sup> LUCIE MAZAURIC, dans un mémoire encore manuscrit sur *La
politique religieuse de Henri I<sup>er</sup>*, présenté en 1922 à la Faculté des Lettres de
Montpellier, a fait le même travail pour le règne de Henri et les conclusions
qui s'en dégagent sont identiques : le roi nomme les titulaires de tous les évêchés
royaux.

[2] *Chronicon S. Benigni Divionensis* (BOUQUET, *Recueil des historiens de
France*, t. XI, p. 12).

[3] En Allemagne, au moment où, après la chute de l'empire carolingien,
se sont constitués les grands duchés nationaux, les ducs ont paru un moment
accaparer pour eux la nomination des évêques, mais Othon le Grand a très
habilement ressaisi les évêchés. La politique ecclésiastique du fondateur de
la dynastie saxonne a été fort adroite : d'une part il a doté les évêques de riches
domaines et a ainsi constitué une nouvelle féodalité rivale de celle des ducs ;
d'autre part il a fréquemment conféré des privilèges de liberté, tout en sur-
veillant de près les élections et en les empêchant d'aboutir à la désignation de
candidats autres que les siens ; il a si bien fait que la nomination de l'évêque
est considérée comme un droit régalien. En France, au contraire, le roi s'est
laissé arracher ce droit ou l'a volontairement abandonné pour se concilier
certains seigneurs. Cfr HAUCK, *Kirchengeschichte Deutschlands*, t. III, p. 1 et
suiv. ; IMBART DE LA TOUR, *Les élections épiscopales*, p. 209 et suiv.

exactement un privilège, une faveur, que le prince temporel se réserve d'accorder ou de refuser. C'est ainsi que Gérard, évêque de Toul, obtint d'Othon Ier « la libre faculté pour les fidèles de son diocèse d'élire comme pontife celui qui leur semblerait pouvoir être utile [1] ». Il n'en reste pas moins que la liberté est l'exception et que dans la grande majorité des cas c'est le souverain temporel qui pourvoit aux vacances épiscopales.

Ce n'est pas tout. A l'époque carolingienne, le bâton pastoral était souvent déposé entre les mains du nouveau titulaire, non pas par le métropolitain qui seul avait qualité pour investir au spirituel, mais par le roi. Cette habitude se généralise au temps des Othons. Othon le Grand, raconte Thietmar de Mersebourg à propos d'une nomination épiscopale, remit le bâton au prélat en lui confiant la *cura pastoralis* [2]. L'expression vaut la peine d'être relevée, car elle prouve que l'investiture d'un évêque par le roi est quelque chose de plus que l'hommage féodal : ce n'est pas seulement un fief ecclésiastique, analogue à un comté ou à un duché, que reçoit le nouveau dignitaire de l'Église, c'est aussi la mission de conduire et de diriger les âmes à laquelle se rapporte le mot de *cura pastoralis* et que seule, d'après le droit canon, l'autorité sacerdotale peut conférer. Il y a donc là un abus plus grave encore que le cardinal Humbert, au milieu du XIe siècle, stigmatisera avec la plus précise indignation quand il écrira dans son traité *Adversus simoniacos* : « En quoi les laïques ont-ils le droit de distribuer des fonctions ecclésiastiques, de disposer de la grâce pontificale et pastorale, d'investir par le bâton et par l'anneau par lesquels s'achève et se fortifie la consécration épiscopale ? [3] »

Cet abus en engendre lui-même un autre. Le roi, qui s'est arrogé un pouvoir d'ordre spirituel, s'imaginera bientôt qu'il a le droit de reprendre ce bâton pastoral remis par lui aux évêques

---

[1] *Widrici vita S. Gerardi, episcopi Tullensis*, 21 (MGH, SS, t. IV, p. 502).

[2] *Chronicon Thietmari*, II, 14 : « curamque ei baculo committens pastoralem » (MGH, SS, t. III, p. 750).

[3] *Adversus simoniacos*, III, 6 (MGH, *Libelli de lite*, t. I, p. 205 ; PL, CXLIII, 1149).

nouvellement promus; en d'autres termes il déposera les prélats issus de son choix, ce qui canoniquement constitue un véritable sacrilège, en rompant le mariage spirituel contracté entre un pasteur et son église. Henri II, qui a laissé la réputation d'un saint, a chassé de son siège Adalbert de Ravenne [1] et Conrad II a fait de même pour Jérôme de Vicence [2].

En résumé le pouvoir temporel a commis du ixᵉ au xiᵉ siècle une triple usurpation : 1) au lieu de se confiner strictement dans son pouvoir de *consensus*, reconnu par les conciles, il s'est substitué au clergé et au peuple, considérés par le droit canon comme les électeurs réguliers de l'évêque; 2) il s'est attribué la prérogative spirituelle réservée au métropolitain en conférant la *cura pastoralis* par la remise du bâton et de l'anneau; 3) il a déposé des prélats qui avaient cessé de lui plaire.

Il est à remarquer — et le fait a la plus grande importance — que ces pratiques illicites, contre lesquelles papes et conciles n'osent plus réagir, n'ont jamais réussi à être codifiées dans les collections canoniques qui seules, aux mauvais jours traversés par l'Église, maintiennent avec une rigoureuse fermeté la tradition ecclésiastique. Dans les chapitres du *Decretum* qui ont trait à l'élection épiscopale, Burchard de Worms rappelle qu'on ne peut imposer un évêque à une église malgré elle, mais que l'on doit toujours requérir le consentement du clergé et du peuple, que ceux-ci ont la faculté de résister, si l'on passe outre à leur volonté [3], qu'on ne peut considérer comme évêques ceux qui n'ont pas été « élus par les clercs, sollicités par le peuple, consacrés par les évêques comprovinciaux après avis du métropolitain [4]. » A peu près à la même époque, Fulbert de

---

[1] *Chronicon Thietmari*, VII, 2 (MGH, SS, t. III, p. 837).

[2] Stumpf, 1908 : « Juste et legaliter episcopatum predictum perdidit. »

[3] *Decretum*, I, 7 : « Nullus invitis detur episcopus; cleri, plebis et ordinis consensus et desiderium requiratur... Sit facultas clericis renitendi, si se viderint praegravari. Et quos sibi ingeri, ex transverso cognoverint non timeant refutare » (PL, CXL, 551).

[4] *Decretum*, I, 11 (PL, CXL, 552-553); cfr aussi I, 27 et 28 (PL, *ibid.*, 556-557), où il est dit qu'il faut, pour que la consécration soit valable, qu'elle ait lieu en présence de trois prélats.

Chartres insiste, lui aussi, sur la nécessité de l'élection d'où procède le pouvoir épiscopal [1].

Grégoire VII pourra donc affirmer avec raison, quand il condamnera l'investiture laïque en 1075, qu'il ne fait que restaurer une tradition tombée en désuétude [2]. Sans doute, il ira en deçà de cette tradition, puisqu'il ne reconnaîtra même plus à l'autorité temporelle le pouvoir de *consensus* que lui accordaient les conciles mérovingiens, et le concordat de Worms, en 1122, en laissant une part au roi dans la nomination de l'évêque, s'y conformera peut-être davantage. Mais peu importe pour le moment; il suffit de constater ici qu'à l'aurore du XIe siècle se pose un grave problème qui peut se formuler ainsi : le droit canon se laissera-t-il entamer et fléchir par des usages qui lui sont contraires ou réussira-t-il à triompher d'eux, à restaurer une tradition séculaire en supprimant l'investiture laïque telle qu'elle était pratiquée par les Carolingiens, les Othons et les Capétiens ?

### III

La crise ecclésiastique, telle qu'elle vient d'être analysée, engendre à son tour une crise morale. L'investiture laïque est la source première de deux abus déshonorants, la simonie et le nicolaïsme.

Le terme de simonie n'a pas toujours revêtu la même signification au cours de l'histoire [3]. A l'origine il désigne la vente de l'ordination sacerdotale par l'évêque. Tel est son sens exclusif

---

[1] FULBERT DE CHARTRES, *Epist.* 26 (PL, CXLI, 212-213).

[2] GRÉGOIRE VII, *Registrum*, III, 10 (JAFFÉ, *Monumenta Gregoriana*, p. 220; PL, CXLVIII, 441) : « nihil novi, nihil adinventione nostra statuentes, sed primam et unicam ecclesiacae disciplinae regulam et tritam sanctorum viam relicto errore repetendam et sectandam esse censuimus. »

[3] Son origine se rattacherait à Simon le Magicien dont il est question dans les Actes des Apôtres et qui offrit de l'argent pour obtenir de Pierre et de Jean le pouvoir d'imposer les mains, c'est à dire de conférer l'Esprit Saint; il s'attira par là cette verte réprimande de saint Pierre : *Que ton argent périsse avec toi, puisque tu as cru que le don de Dieu s'acquérait à prix d'argent* (*Act.*, VIII, 20).

chez saint Grégoire le Grand qui, après avoir constaté avec douleur dans une de ses lettres que personne, en Gaule ni en Germanie « ne peut parvenir aux ordres sacrés sans faire de présents », flétrit ce commerce honteux sous le nom d' « hérésie simoniaque [1] ». Progressivement, au fur et à mesure que se multiplie le trafic des choses saintes, le sens du mot va s'élargir. Lorsqu'au milieu du IX<sup>e</sup> siècle Pascase Radbert commente dans l'évangile de saint Matthieu l'épisode des vendeurs du temple, il en fait l'application à « l'hérésie simoniaque », très répandue en Gaule, à plusieurs reprises ; or, il englobe sous cette formule l'ordination sacerdotale qui transmet le Saint-Esprit et « les églises consacrées au Christ », livrées par d'indignes trafiquants à des « hommes vicieux et avares [2] ». Vers la même époque, un concile, réuni à Meaux en 843, prescrit aux évêques, aux rois, et plus généralement à tous ceux qui ont un pouvoir d'élection, de veiller à ce que personne ne parvienne à une fonction ecclésiastique « par le moyen de l'hérésie simoniaque » ; il condamne aussi bien les habiles manœuvres et les fallacieuses promesses que les dons d'argent et vise les personnes interposées comme les tractations directes [3]. Il est clair que dans ce texte

---

[1] GRÉGOIRE LE GRAND, *Registrum*, V, 62 (édit. EWALD, t. I, p. 377 ; PL, LXXVII, 791) ; cfr aussi *Registrum*, V, 58 ; VI, 7 ; IX, 218 (*ibid.*, t. I, p. 369 et 386 ; t. II, p. 207 ; PL, LXXVII, 783, 800, 1029).

[2] PASCASE RADBERT, *Expositio in Matthaeum*, IX, 21 : « Caeterum de venditione columbarum satis abundeque disputatum est a sanctis Patribus multis in locis ; maxime contra simoniacam heresim quae multoties est propugnata in Galliis, sed nunquam expugnata... Non enim dico isto in tempore qui cathedras tenent ecclesiarum quod columbas vendant, sed quia quibus non oportet ecclesiae committuntur, non ad lucrum animarum, sed ad luxum et voluntates proprias. Hinc sane praecavendum valde arbitror, ne forte columbas sit eis vendere qui tradunt ecclesias Christo Domino consecratas flagitiosis et avaris hominibus, tyrannice, quibus non oportuerat indisciplinatis et irreligiosis » (PL, CXX, 710).

[3] *Concilium Meldense*, 43 : « Cavendum est et summopere praecavendum ac per virtutem Christi sanguinis interdicendum episcopis et regibus et omnibus sublimioribus potestatibus atque cunctis fautoribus et electoribus quorumcunque, atque consensoribus seu ordinatoribus in gradu ecclesiastico, ut nemo simoniacam heresim regiminis locum obtineat quacunqne factione, calliditate, promissione seu commoditate ; aut dationem per se aut per emissam personam, cum spiritus sanctus inter cetera documenta per os dicat

il ne s'agit pas de l'ordination sacerdotale, mais bien de la vente des évêchés et autres dignités ecclésiastiques par le pouvoir temporel ou par des électeurs quelconques.

Au cours du Xe siècle ce sens nouveau qu'a pris le mot simonie se précise et se fortifie. Atton de Verceil, dans son *De pressuris ecclesiasticis*, cite les bulles de Grégoire le Grand relatives à l'ordination sacerdotale, mais il les applique plus spécialement au trafic des évêchés qui lui apparait comme la forme essentielle de « l'hérésie simoniaque [1] ». Au début du XIe siècle, Burchard de Worms transcrit dans son *Decretum* le canon du concile de Meaux [2]. Au même moment, Abbon de Fleury énumère avec une grande précision les diverses formes de simonie : vente de l'ordination sacerdotale par l'évêque, vente de la consécration épiscopale par le métropolitain, vente des évêchés et des abbayes par les princes laïques [3]. Elles se relient d'ailleurs les unes aux autres, comme le remarque l'auteur anonyme du *De informatione episcoporum* : l'évêque simoniaque, qui a payé parfois fort cher sa dignité, cherche à rentrer dans ses débours en trafiquant des sacrements que sa fonction l'oblige à distribuer aux fidèles [4].

Tout est donc vénal dans l'Église, mais, si le mal simoniaque se répand à travers tous les rameaux, son aspect le plus grave réside avant tout dans la vente par les puissances temporelles des charges épiscopales dont elles disposent souverainement.

Ainsi considérée, la simonie, quoique fort ancienne a atteint au Xe siècle, et pendant la première moitié du XIe, à la faveur du régime électoral instauré par les Carolingiens, un maximum qui n'a jamais été dépassé. Le chroniqueur Raoul Glaber, qui écrivait vers le milieu du XIe siècle les « cinq livres de ses histoires », constate avec douleur qu'au temps d'Othon III

---

Gregorii: cur non perpendit quia benedictio illi in maledictionem convertitur ?» (MANSI, XIV, 828-829).

[1] ATTON DE VERCEIL, *De pressuris ecclesiasticis*, 2 (PL, CXXXIV, 69).
[2] BURCHARD DE WORMS, *Decretum*, I, 21 (PL, CXL, 555).
[3] ABBON DE FLEURY, *Apologeticus* (PL, CXXXIX, 465 et suiv.).
[4] *Sermo de informatione episcoporum* (PL, CXXXIX, 174); cfr L. SALTET, *Les réordinations*, Paris, 1907, p. 171.

et de Hugues Capet le fléau sévissait dans presque toutes les églises et que « les rois eux-mêmes, corrompus par de larges présents, au lieu de mettre à la tête des églises, ainsi qu'ils l'auraient dû, des personnes d'une religion éprouvée, considéraient comme le plus capable de les gouverner celui dont ils espéraient recevoir les plus magnifiques cadeaux [1] ». On serait tenté de taxer le moine bourguignon de quelque exagération, si les incidents qui ont marqué le premier des conciles réformateurs tenus par Léon IX, ne venaient confirmer son témoignage : le pape, après avoir manifesté au synode romain de 1049 l'intention de sévir contre toutes les ordinations conférées par des évêques simoniaques, dut renoncer à son projet au risque de priver la plupart des églises de leurs pasteurs et il se contenta de sévir contre celles qui avaient été entachées de vénalité [2]. La plupart des évêques italiens avaient donc acheté leur charge ou leur consécration. On verra par la suite que, la même année, au concile de Reims, plusieurs prélats français ne purent se justifier d'une accusation analogue et qu'en Allemagne, si les efforts de Henri III ont réussi à enrayer momentanément le mal, la simonie avait exercé aussi ses ravages sous certains de ses prédécesseurs [3].

Les renseignements livrés par les chroniqueurs et les doléances des écrivains ecclésiastiques permettent de reconstituer assez exactement la physionomie d'une élection simoniaque. Il y a d'ailleurs de nombreuses variétés et le trafic des évêchés n'affecte pas toujours les mêmes formes.

Le cas le plus simple et le plus fréquent est celui d'un don pécuniaire. En 999, à Worms, l'évêché est vacant : de nombreux candidats surgissent et assiègent l'empereur Othon III

---

[1] RAOUL GLABER, *Historiarum libri quinque*, II, 6 (édit. PROU, p. 37-38).

[2] PIERRE DAMIEN, *Liber gratissimus*, 37 (MGH, *Libelli de lite*, t. I, p. 70 ; PL, CXLV. 150).

[3] On trouvera de nombreux exemples pour l'Italie dans : DRESDNER, *Kultur und Sittengeschichte der italienischen Geistlichkeit im X. und XI. Jahrhundert*, Breslau, 1890, *passim* ; pour l'Allemagne, dans HAUCK, t. III, p. 563 et suiv. ; pour la France, dans IMBART DE LA TOUR, *Les élections épiscopales*, p. 378 et suiv.

de « leurs sollicitations variées et de leurs promesses d'argent »;
un certain Razon se montre particulièrement actif et finalement
l'emporte sur ses concurrents [1]. Même surenchère à Narbonne
où, en 1016, plusieurs prétendants se disputent la succession
de l'archevêque Ermengaud : Adalger, abbé de Conques, qui
avait déjà obtenu cette dignité par simonie, vend les biens
de son monastère pour acheter le siège épiscopal; il est évincé
par Guifred, fils puiné du comte de Cerdagne lequel, afin de
pourvoir grassement sa progéniture, a offert au vicomte Ray-
mond et au marquis de Gothie la somme de deux mille sous
d'or à partager entre eux [2]. Pour être évêque il suffit donc d'être
riche. A défaut de fortune personnelle, il est toujours possible
d'utiliser celle d'autrui : pour fléchir le roi Henri Ier « très
cupide et habitué à vendre les évêchés », Élinand utilise,
en 1052, les ressources infinies dont disposait le roi d'Angleterre, son protecteur, et enlève sans lutte aucune l'église
de Laon [3]. A Ratisbonne, l'évêque Michel désire voir parvenir
à l'épiscopat un de ses neveux; il n'est pas insensible aux
suggestions d'hommes pervers et, sur leur conseil, s'en va,
en 972, à Beretzhausen, pour porter à l'empereur les trésors
sacrés du bienheureux martyr Emmeran [4].

Comme on le voit par ce dernier exemple, ce n'est pas toujours
le candidat qui intervient directement. De même, à Halberstadt, en 1013, c'est la noblesse qui, par des promesses d'argent,
essaie de décider l'empereur Henri II à se prononcer en faveur
de celui qu'elle souhaite avoir pour évêque [5]. Il sera souvent
très difficile aux conciles réunis par Léon IX et Grégoire VII
ou par leurs légats de dépister les personnes interposées et de

---

[1] *Vita Burchardi episcopi*, 4 (MGH, SS, t. IV, p. 834).

[2] VAISSETTE, *Histoire de Languedoc*, nouv. édit., t. III, 1872, p. 248; *Gallia christiana*, t. I, p. 241.

[3] GUIBERT DE NOGENT, *De vita mea*, III, 2 (édit. BOURGIN, p. 130-131; PL, CLVI, 909).

[4] ARNOLD DE SAINT-EMMERAN, *De miraculis beati Emmeranni*, I, 17 (MGH, SS, t. IV, p. 554).

[5] *Annales Quedlinburgenses*, a. 1013 et 1023 (MGH, SS, t. III, p. 81 et 88).

découvrir la source véritable des sommes qui ont assuré le succès de tel ou tel clerc.

La simonie ne revêt pas toujours ce caractère financier. Dans son *De pressuris ecclesiasticis*, Atton de Verceil applique à la vente des dignités ecclésiastiques un passage de Grégoire le Grand [1], où le docteur énumère les diverses formes de présents qui aident en général à obtenir l'ordination sacerdotale; avec lui il distingue le *munus ab obsequio*, le *munus a manu*, le *munus a lingua* ou, si l'on aime mieux, la servilité, l'argent et la flatterie. Fort d'une telle autorité, il reproche âprement aux princes temporels de se laisser corrompre par la fortune d'autrui, de trop tenir compte de la parenté et de l'amitié, de céder à la pression de leurs familiers [2]. Rathier de Liége, évêque de Vérone et contemporain d'Atton, tient à peu près le même langage : « On ne recherche pas, écrit-il, celui qui l'emporte sur les autres par son obéissance aux lois de l'Église, mais celui qui a des coffres bien remplis et une table bien garnie, qui distribue largement les terres et les bénéfices ecclésiastiques, ou encore celui qui a un père très puissant, un frère très riche, une famille très généreuse, un fils très influent. On ne tient plus compte de l'âge; les jeunes gens s'emparent d'une dignité due aux vieillards et ce qui est divin est mis à l'encan [3]. »

Ainsi on n'attache plus aucune importance aux mérites spirituels des candidats. Fortune, parenté, servilité entrent seules en ligne. «Si une même personne, écrit encore Atton, réunit

---

[1] GRÉGOIRE LE GRAND, *Homilia IV in evangelia* (PL, LXXVI, 1091-1092).

[2] ATTON DE VERCEIL, *De pressuris ecclesiasticis*, 2 (PL, CXXXIV, 74).

[3] RATHIER DE LIÈGE, *Praeloquia*, V, 24 (PL, CXXXVI, 307). — Atton, au livre II du *De pressuris ecclesiasticis* (PL, CXXXIV, 74-75) remarque lui aussi que les princes temporels ne tiennent pas compte des conditions d'âge requises pour l'épiscopat. « Certains, dit-il, ont l'esprit et les sens tellement aveuglés qu'ils n'hésitent pas à promouvoir à la charge pastorale des enfants qui visiblement ne réunissent pas les conditions intellectuelles et physiques indispensables. Alors qu'ils n'ont pas encore eu le temps de discerner les traits essentiels de la nature humaine, ces princes n'hésitent pas à faire d'eux des maîtres, à les ériger en juges des âmes. » Bien entendu, leur formation morale n'est pas plus avancée et leur chasteté, dûe à leur âge tendre, ne résistera pas à la première épreuve.

ces trois qualités ou pour le moins deux d'entre elles, elle prend place à coup sûr parmi les *cœlicolae* ; une seule même peut suffire pour obtenir la dignité épiscopale [1]. »

Une telle méconnaissance des principes les plus élémentaires du droit canon devait fatalement soulever les protestations de ceux à qui était réservé autrefois le pouvoir d'élire l'évêque. Clergé et peuple se sont parfois insurgés contre les choix singuliers issus de l'avidité royale ou du caprice seigneurial, mais leur résistance a été généralement sans effet. A Sens, en 1032, à la mort de l'archevêque Liétry, le clergé et le peuple élisent à l'unanimité pour lui succéder le trésorier de l'église, Mainard; Henri Ier lui substitue Gelduin qui l'a comblé de présents et qu'il fait consacrer à Paris le 16 novembre. Lorsque ce simoniaque veut prendre possession de son siège, les Sénonais, sous la conduite du comte Eudes et du vicomte Daimbert, lui ferment les portes de la cité, mais le roi tient bon; il dirige en personne deux expéditions contre Sens et réussit à introniser son favori non sans violences de toutes sortes, dont les monastères eurent beaucoup à souffrir [2]. C'est seulement du jour où la papauté voudra sérieusement empêcher de telles promotions que les choses changeront; à la fin de son règne, Henri Ier sera obligé de s'incliner devant la volonté de Léon IX, plus forte que la sienne.

Il faudra d'ailleurs au Saint-Siège beaucoup d'énergie et aussi beaucoup de temps pour mettre fin aux pratiques scandaleuses qui ont été énumérées. Si l'évêché n'avait été, comme aux premiers siècles, qu'une dignité spirituelle, le courant eût été facile à remonter, mais le régime féodal en a fait une seigneurie à laquelle sont attachées des propriétés foncières et qui a sa place dans la hiérarchie des fiefs [3]. De ce fait ceux

---

[1] Atton de Verceil, *De pressuris ecclesiasticis*, 2 (PL, CXXXIV, 69).

[2] Clarius, *Chronicon S. Petri Vivi*, a. 1032 (Duru, *Bibliothèque historique de l'Yonne*, t. II, p. 503).

[3] En Allemagne, notamment les Othons et leurs successeurs, pour rendre plus forte l'autorité royale, ont imaginé de concéder de nombreux comtés ou marquisats à des évêques, afin d'en maintenir le caractère viager, alors qu'une noblesse laïque s'y fût rendue héréditaire et eût ainsi échappé à l'influence du souverain.

qui achètent l'investiture laïque ont à leur disposition un argument excellent : « Ce n'est pas, disent-ils, la fonction spirituelle
qui est l'objet de la vente, mais bien le fief. Loin de nous la
pensée d'acheter la consécration ! C'est la possession de la
terre et des revenus qui y sont attachés que seule nous ache-
tons [1]. » Or, comme le remarque le cardinal Humbert [2], la
jouissance des biens attachés à l'évêché est inséparable de la
consécration épiscopale qui fatalement est vendue avec eux;
le roi ne remet-il pas lui-même le bâton pastoral, insigne des
pouvoirs d'ordre spirituel inhérents à l'épiscopat ?

En d'autres termes le spirituel et le temporel sont étroitement confondus et ce n'est pas là un des aspects les moins graves
de la crise religieuse du XI<sup>e</sup> siècle. L'évêché étant un fief,
son suzerain, le roi, tient à placer à sa tête un vassal sur lequel
il puisse compter; il ne peut renoncer de bon gré à son droit
de nomination; son autorité limitée, ses finances obérées le
pressent d'investir le candidat riche ou influent, capable de lui
fournir un sérieux appui.

L'Église est donc victime de l'engrenage féodal dans lequel
elle est prise. La simonie découle d'une situation de fait à
laquelle il lui est impossible de remédier et il semble que pendant
longtemps elle en ait subi passivement toutes les conséquences,
moralement désastreuses.

On devine, en effet, ce que pourra être l'évêque qui a gagné
son siège par sa fortune ou par ses relations. Il ne sera guère
disposé à se plier aux règles de la discipline ecclésiastique.
S'il a convoité cette haute fonction, c'est, comme on l'a vu,
pour jouir des revenus qui y sont attachés et non pour conduire
les âmes des fidèles dans les voies du salut. Non content de
vendre à son tour les dignités inférieures qui dépendent de

---

[1] Cfr ABBON DE FLEURY, *Apologeticus* (PL, CXXXIX, 466; PIERRE DAMIEN, *Epistolae*, I, 13 et V, 13 (PL, CXLIV, 218-223, et 358-367); HUMBERT, *Adversus simoniacos*, III, 1 (MGH, *Libelli de lite*, t. I, p. 199; PL, CXLIII, 1140-1141).

[2] *Adversus simoniacos, loc. cit.*

lui [1], il n'est pas non plus étranger aux passions du siècle que son avidité a pour but de satisfaire. Aussi, la simonie peut-elle être considérée comme la source de l'autre maladie morale qui ravage la société ecclésiastique, le nicolaïsme ou désordre des mœurs du clergé [2].

Ici encore le mal est ancien, aussi ancien que la règle du célibat ecclésiastique [3]. A la faveur de l'anarchie pontificale et par suite de l'accaparement des dignités épiscopales par des princes simoniaques, il a exercé à l'époque féodale des ravages croissants que certains conciles ont essayé, — assez platoniquement d'ailleurs, — d'enrayer ou de limiter. En 909, l'assemblée réunie à Trosly, au diocèse de Soissons, sous la présidence de l'archevêque de Reims, Hervé, constate non sans amertume que dans les monastères la clôture est supprimée et que les mœurs y sont dissolues, puis il renouvelle les canons qui défendent aux clercs d'habiter avec des femmes [4]. En 952, le synode d'Augsbourg, présidé par l'archevêque de Mayence, Frédéric, rappelle qu'il est interdit aux évêques, prêtres, diacres et sous-diacres d'avoir commerce avec des personnes de l'autre sexe [5].

---

[1] A Toul, par exemple, jusqu'à l'épiscopat de Gérard, l'évêque vendait les prébendes. Cfr *Vita Gerardi*, 21 : « Xenia, quae ab antecessoribus eius pro dandis praebendis exigebantur potestati canonicorum pro augmento religionis tradidit (Gerardus) » (MGH, SS, t. IV, p. 502).

[2] L'origine du mot *nicolaïsme* est assez difficile à déterminer. Dans l'Apocalypse (II, 6 et 15) il est déjà question des *nicolaïtes*, mais, si leurs doctrines sont condamnées, elles ne sont l'objet d'aucun détail précis ; il semble, toutefois, qu'elles aient été assez semblables à celles de Balaam qui « enseignait à forniquer. » Saint Irénée (*Adversus haereses* I, 26, 3 ; PL, VII, 687), prétend que le promoteur de cette hérésie était Nicolas, prosélyte d'Antioche, nommé dans les Actes des Apôtres (VI, 5). En tous cas, aux xe et xie siècles le mot *nicolaïsme* est synonyme de fornication.

[3] Sur les origines du célibat ecclésiastique, cfr l'article de VACANDARD dans ses *Études de critique et d'histoire religieuse*, t. I, p. 71-120, qui résume et discute avec beaucoup de sagacité tous les travaux antérieurs. On y verra que le célibat a été, au début, une pieuse pratique qui remonte aux temps apostoliques, mais qu'il n'est devenu loi canonique dans l'Église d'Occident qu'à partir du ive siècle. Les principaux décrets conciliaires antérieurs au xie siècle ont été recueillis par Burchard de Worms dans son *Decretum*, II, 108-118 (PL, CXL, 645-646).

[4] MANSI, XVIII, 263-308.

[5] MGH, *Constitutiones Imperatorum*, t. I, p. 19.

Les conciles d'Anse (994) et de Poitiers (1000) réitèrent ces
prescriptions [1]. En 1023, le pape Benoît VIII, qui forme une
heureuse exception parmi les pontifes de son temps, se plaint,
au concile de Pavie, de l'inobservation de la règle du célibat
et tonne contre les clercs qui ont auprès d'eux des épouses ou
des concubines [2].

Le canon du concile de Pavie, qui servit de conclusion au
discours de Benoît VIII, signale la présence aux côtés des clercs
soit de femmes légitimes, soit de courtisanes. Il en résulte
que la loi du célibat était violée sous deux formes différentes,
celle du mariage et celle du concubinage.

La seconde forme, à en juger par les textes des moralistes
ou des chroniqueurs, semble avoir été de beaucoup la plus
répandue. L'épiscopat et la papauté étant incapables de faire
respecter la discipline, les clercs, au Xe siècle, ont versé dans
la plus basse débauche. C'est de concubines et non d'épouses
qu'il est question dans les lettres d'Atton de Verceil : « J'ai
honte de le dire, mais je crois dangereux de le taire, écrit le
pieux prélat aux prêtres de son diocèse, plusieurs d'entre
vous sont tellement subjugués par la passion qu'ils permettent à
d'obscènes courtisanes d'habiter dans leurs demeures, de partager
leur nourriture, de se montrer avec eux en public. Conquis par
leurs charmes, ils les laissent diriger leur maison, instituent leurs
bâtards pour héritiers,... et, afin que ces femmes puissent être
bien parées, les églises sont dépouillées, les pauvres souffrent [3]. »
De même, Rathier de Liége remarque avec douleur que, si
dans l'église de Vérone, dont il est évêque, il voulait appliquer
le canon du concile de Néocésarée suivant lequel un prêtre
marié doit être déposé, tous les clercs de son diocèse seraient
privés de leurs fonctions et que, s'il chassait ceux qui ont épousé
plusieurs fois, c'est à dire ceux qui ont contracté des unions
illégitimes, il n'y aurait plus dans son église que des enfants [4].

---

[1] MANSI, XIX, 101 et 265.
[2] MGH, *Constitutiones Imperatorum*, t. I, p. 70.
[3] ATTON DE VERCEIL, *Epist.* 9 (PL, CXXXIV, 116-117).
[4] RATHIER DE LIÉGE, *Itinerarium Romanum*, 5 (PL, CXXXVI, 585-586).

Au XI<sup>e</sup> siècle la situation n'a pas changé. Les portraits de prélats et de clercs débauchés abondent dans les traités et dans la correspondance de Pierre Damien, qu'il s'agisse de Raimbaud, évêque de Fiesole, « entouré d'un essaim de femmes », de Denis de Plaisance « plus expert à juger de la beauté des dames que des qualités requises d'un candidat à des fonctions ecclésiastiques » ou de cette foule de prêtres, esclaves de « tigresses assoiffées » et de « vipères venimeuses [1] ».

Dans les abbayes le relâchement moral est identique. Richer de Senones et Sigebert de Gembloux ont laissé un tableau peu édifiant des mœurs monastiques dans la région lorraine où s'étalait librement la plus impudique licence [2]. En Italie, les *Historiae farfenses* rapportent qu'à Farfa, au temps de l'abbé Hildebrand, c'est à dire au milieu du X<sup>e</sup> siècle, les moines entretenaient des concubines qui tout d'abord crurent prudent de se cacher, mais qui ne tardèrent pas à étaler leurs vices au grand jour [3]. Ce fut bien pis encore quand le marquis Thibaud eut installé comme abbé son frère Hubert : la débauche prit des proportions insensées et on se livra sans réserve à « toutes les obscénités du siècle [4] ». Peut-être faut-il voir là une allusion à la sodomie, très développée à cette époque, si l'on en juge par le *Liber Gomorrhianus* de Pierre Damien [5], si fertile en descriptions réalistes d'une peu édifiante précision.

Au milieu de cette extraordinaire dépravation, certains clercs s'efforçaient, au mépris des canons de l'Église, de régulariser leur situation et, soi-disant pour résister à la luxure, affectaient de considérer le mariage unique comme un remède salutaire. Les arguments par lesquels ils tentaient de justifier cette entorse à la discipline traditionnelle ne manquent pas de saveur. « Il en est, dit Atton de Verceil, qui prétendent

---

[1] PIERRE DAMIEN, *Opuscula*, VI, 18 et XVIII, II, 7 (PL, CXLV, 124 et 410).

[2] RICHER, *Gesta Senoniensis ecclesiae*, I, 18 (MGH, SS, t. XXV, p. 265); SIGEBERT DE GEMBLOUX, *Gesta abbatum Gemblacensium*, 17 (MGH, SS, t. VIII, p. 532); cfr aussi *Gesta abbatum Lobbensium*, 26 (MGH, SS, t. IV, p. 67-69).

[3] *Historiae Farfenses*, Hugonis opuscula, 6 (MGH, SS, t. XI, p. 535).

[4] *Historiae Farfenses*, loc. cit. (MGH, SS, t. XI, p. 537-538).

[5] PIERRE DAMIEN, *Opuscula*, VII (PL, CXLV, 159-190).

excuser leur commerce en alléguant la nécessité. Ils affirment que, sans le concours de mains féminines, nous péririons victimes de la faim ou de la nudité [1]. » A l'époque de Pierre Damien, on continuait à soutenir que pour les clercs le mariage était une nécessité sociale : l'homme ne pouvait vivre matériellement sans une femme auprès de lui, sans quoi il lui était impossible de subvenir aux besoins de l'existence journalière. A ces arguments pratiques s'en ajoutaient d'autres d'ordre théologique, que l'on empruntait aux textes pauliniens, en particulier à la première épître aux Corinthiens : *Que pour éviter la fornication, chaque homme ait son épouse et chaque femme son époux. Que l'homme paye sa dette à son épouse et l'épouse à son époux* (I Cor. VII, 2-3). Cette parole n'était-elle pas l'aveu que la continence était chose impossible et n'impliquait-elle pas la nécessité pour tout homme, quel que fût son état, de s'unir à une compagne, à condition de lui garder la plus exclusive fidélité ? [2]

Quelles que soient les formes du nicolaïsme, on peut conclure que la loi du célibat ecclésiastique est tombée en désuétude au cours du X<sup>e</sup> siècle. Aucun pays ne fait exception. En Italie, Atton de Verceil, Rathier, Pierre Damien se sont plaints tour à tour de la multiplicité d'évêques et de clercs débauchés épars dans la péninsule; leur témoignage s'accorde avec celui de l'historien de Milan, Landulf, qui rapporte le propos ainsi formulé d'Anselme de Baggio : « Tous les prêtres et lévites ont des femmes [3] ». En Allemagne, on est très exactement renseigné sur l'état des mœurs cléricales à Brême où successivement Libentius (1029-1032) et Adalbert (1045-1072) durent chasser de la cité les épouses des chanoines et des clercs, « de peur que le voisinage malsain des courtisanes ne fût fatal à ceux qui voulaient

---

[1] ATTON DE VERCEIL, *Epist.* 9 (PL, CXXXIV, 117-118).

[2] PIERRE DAMIEN, *Opuscula*, XVIII, 1, 4 (PL, CXLV, 392-394). Il ne semble pas que les clercs aient dès ce moment invoqué pour leur justification, comme ils le feront plus tard, la première épître à Timothée qui admet à l'ordination les prêtres ou évêques, époux d'une seule femme (I *Tim.*, III, 2).

[3] LANDULF, *Historia Mediolanensis*, III, 5 (MGH, SS, t. VIII, p. 76).

rester chastes [1] »; il est fort probable, comme le remarque l'historien allemand Hauck [2], que le cas de Brême n'était pas isolé et l'on verra que Léon IX a dû réprimer l'impudicité de plusieurs prélats allemands. Quant à la France, elle ne le cède en rien à l'Allemagne ou à l'Italie et, là aussi, le haut clergé donne trop souvent l'exemple de l'impureté : l'archevêque de Rouen, Robert, fils de Richard Ier (990-1037), a eu trois fils que nomme expressément le chroniqueur Orderic Vital et son successeur, Mauger (1037-1055), a été également déshonoré par une paternité selon la chair [3]. En 1049, l'évêque de Langres, simoniaque avéré, sera accusé devant le concile de Reims d'avoir pratiqué la sodomie et enlevé une femme mariée avec laquelle il vécut longtemps dans l'adultère. L'Occident s'est laissé contaminer par les mœurs orientales qui, comme on le voit par la polémique engagée sous le pontificat de Léon IX entre le cardinal Humbert et le moine de Studium, Nicetas Pectoratus, s'insurgent contre la règle du célibat ecclésiastique [4].

Ce désordre des mœurs cléricales a été favorisé par l'inertie de l'épiscopat qui a souvent cédé à la contagion et par celle, plus coupable encore, du siège apostolique où le nicolaïsme, à certaines heures, s'est installé en maître souverain. Quelques rares conciles ont bien rappelé pour la forme les vieilles traditions du corps ecclésiastique, mais l'absence, peut-être voulue, de sanctions efficaces a enlevé toute autorité et tout prestige à leurs décisions. Seul le droit canon a résisté. Ni Burchard de Worms, ni Abbon de Fleury n'ont consenti à garder un lâche silence ni à interpréter les épîtres pauliniennes dans un sens favorable aux prêtres mariés; l'un et l'autre étalent dans leurs recueils la législation relative au célibat ecclésiastique qu'il suffira au Saint-Siège de restaurer pratiquement [5], en apportant

---

[1] ADAM DE BRÊME, *Gesta Hammaburgensis ecclesiae pontificum*, II, 61 et III, 29 (MGH, SS, t. VII, p. 328 et 346).

[2] HAUCK, t. III, p. 566.

[3] ORDERIC VITAL, *Historia ecclesiastica*, III, 2 (édit. LEPRÉVOST, t. II, p. 39).

[4] Cfr HUMBERT, *Contra Nicetam*, (PL, CXLIII, 983-1000).

[5] BURCHARD DE WORMS, *Decretum*, II, 108-118 (PL, CXL, 645-646); ABBON DE FLEURY, *Collectio canonum*, 39 (PL, CXXXIX, 495-496).

à cette rude tâche une indomptable volonté mise au service
d'une éclatante sainteté.

Tels sont les grands traits de la crise religieuse des Xᵉ et
XIᵉ siècles. Ruine de l'institution pontificale et affaiblissement
de la hiérarchie, mainmise des rois et des seigneurs sur les
évêchés et les abbayes, vente des dignités ecclésiastiques et des
saints ordres, dépravation des mœurs cléricales, rien ne manque
à ce sinistre tableau où se pressent tous les symptômes avant-
coureurs de la mort.

Un espoir pourtant persiste : les coutumes néfastes qui se
sont insinuées dans l'Église à la faveur du césaropapisme
carolingien et de l'anarchie que en est résultée, n'ont pu pénétrer
le droit canon, immuable gardien de la tradition et de la discipline, rempart inébranlable que n'ont point entamé les assauts
des laïques. Les recueils italiens, allemands, français qui ont
vu le jour aux Xᵉ et XIᵉ siècles persistent, comme on l'a
remarqué à plusieurs reprises, à maintenir les vieilles règles
relatives au mode des élections épiscopales et au célibat ecclésiastique, sans même chercher à en atténuer la rigueur; ils
condamnent l'investiture laïque, la simonie, le nicolaïsme;
tout au plus peut-on les trouver un peu sobres de textes concernant l'autorité suprême du siège apostolique, qui pourtant
reste à leurs yeux la pierre angulaire sur laquelle repose l'ordre
chrétien. Il suffira de faire revivre pratiquement les prescriptions qu'ils renferment pour que l'ordre renaisse dans la maison
de Dieu. Tel sera précisément le but de la réforme grégorienne
qui apparaîtra du même coup non pas comme une révolution,
mais comme une restauration des usages anciens [1]. La tradition
sauvera l'Église.

---

[1] C'est ce qu'a fort bien mis en lumière M. PAUL FOURNIER dans sa
magistrale étude sur les *Collections canoniques de l'époque de Grégoire VII* dans :
*Mémoires de l'Académie des Inscriptions et Belles Lettres* t. XLI, 1918, p. 271
et suiv. « Il suffit écrit-il (p, 271-272), d'ouvrir le registre des lettres de
Grégoire VII pour se convaincre qu'en toutes matières ce Pontife s'appuie
sur les prescriptions et les maximes du droit ancien qu'il prétend restaurer et

De bonne heure, dès la seconde moitié du Xe siècle, certaines âmes d'élite, restées pures en un siècle corrompu, ont eu le sentiment de l'œuvre à tenter et éprouvé l'ardent désir de remettre en vigueur les préceptes figés dans les collections canoniques, mais leurs efforts ont été stériles, faute de cohésion, faute de direction et aussi faute de programme précis. On a cherché tout d'abord à remédier uniquement à la crise morale, mais on n'a pas compris que la crise morale découlait de la crise ecclésiastique et qu'elle ne pouvait être enrayée tant que subsisterait l'investiture laïque, imaginée par les Carolingiens au mépris des canons. Et surtout on n'a pas vu pendant fort longtemps que la crise ecclésiastique, origine de la crise morale, dérivait de la crise pontificale, que la réforme ne pouvait être réalisée que par la papauté et par une papauté rendue indépendante du pouvoir temporel. Il faudra attendre le milieu du XIe siècle pour que cette unité de vues et de direction soit assurée. Seul Grégoire VII sera capable de la réaliser, de poursuivre simultanément l'exaltation du siège apostolique, la réforme ecclésiastique, la réforme morale, mais chacune de ces diverses réformes, qu'il a si admirablement coordonnées, a été préparée avant lui par des évêques ou des papes dont

---

qu'il désigne par des noms variés : *Sanctorum Patrum decreta, statuta, regula, doctrina, dicta, auctoritas, constitutiones, sanctiones.* Sous ces désignations, d'un caractère assez vague, le pape semble placer à la fois les décisions tirées des lettres de ses prédécesseurs et les règles éparses dans les ouvrages des écrivains ecclésiastiques, connus sous le nom de Pères, dont une liste fut donnée par la célèbre décrétale attribué à Gélase Ier; sans aucun doute, il y faut aussi comprendre les canons des anciens conciles reconnus par l'Église romaine, que Grégoire VII mentionne quelquefois sous le nom de *sacricanones, canonicae traditiones.* Tel est l'ensemble de règles auxquelles se réfère sans cesse le pontife suprême; il se couvre de leur autorité pour faire accepter ses décisions et se défend volontiers de l'imputation, que ne lui ménagent pas ses adversaires, d'innover au mépris des traditions du passé. Il aime à faire remarquer qu'il n'édicte aucune règle nouvelle, *nihil novi, nihil adinventione nostra statuentes,* qu'en aucune façon il n'abandonne la voie que lui ont tracée ses prédécesseurs.... C'est à leur enseignement et à leurs préceptes qu'il renvoie, sans se lasser, le clergé et les fidèles de son temps; c'est dans les précédents et les exemples de l'histoire ecclésiastique qu'il aime à chercher des arguments ».

4

l'œuvre, sans avoir porté de résultats décisifs, n'en a pas moins une réelle importance. Pierre Damien, le cardinal Humbert, Nicolas II, avant eux Atton de Verceil, Rathier, Wason ont contribué à la rénovation de l'Église.

# CHAPITRE I

## L'ESPRIT DE RÉFORME
## AVANT LE PONTIFICAT DE LÉON IX

Sommaire. — I. La réforme clunisienne : Saint Odon, l'organisation de l'ordre clunisien, les *Collationes ;* Abbon de Fleury, ses rapports avec l'épiscopat, ses œuvres, caractère de son action réformatrice. — II. La réforme épiscopale : Atton de Verceil, la tendance italienne ; Rathier de Liège, la tendance lorraine. — III. La réforme impériale : comment les empereurs et les rois sont amenés à coordonner les efforts de l'épiscopat ; les Othons ; Henri II et Robert le Pieux ; recul de la réforme sous les règnes de Conrad II en Allemagne et de Henri Ier en France ; la politique religieuse de l'empereur Henri III et le triomphe du césaropapisme. — IV. La réforme lorraine : Wason de Liège, nouveauté de ses idées sur les rapports des pouvoirs spirituel et temporel ; le *De ordinando pontifice ;* en quoi la réforme lorraine prépare la réforme grégorienne.

### I

On a souvent cru que la réforme grégorienne avait eu pour prélude la réforme clunisienne dont elle dériverait en ligne directe[1]. Cette opinion est pour le moins exagérée et il suffit, pour en saisir l'inexactitude, d'examiner le programme clunisien tel qu'il a été conçu au xe siècle par saint Odon, abbé de Cluny

---

[1] Nous rappelons pour mémoire que l'abbaye de Cluny a été fondée le 11 septembre 910 par Guillaume, duc d'Aquitaine, sur les bords de la Grosne, dans un des coins les plus riants de la Bourgogne. La charte de fondation (Bernard et Bruel, *Recueil des chartes de Cluny*, t. I, n. 112) a fait d'elle une abbaye exempte, c'est à dire affranchie de toute juridiction laïque et subordonnée exclusivement au Saint-Siège. Sur la réforme clunisienne, cfr Pignot,

de 926 à 942, tel qu'il a été développé ensuite par ses successeurs, tel enfin qu'il apparaît chez certains moines qui, comme
Abbon de Fleury, ont laissé un nom dans la littérature théologique ou polémique.

Saint Odon, s'il n'est pas le fondateur de Cluny, peut
être considéré à bien des égards comme le véritable initiateur
du mouvement. Son prédécesseur, Bennon, a marqué dans son
testament sa volonté de ressusciter à Cluny les traditions du
Mont-Cassin en y instaurant la régle bénédictine dans toute
sa rigueur [1]. Chant des psaumes, silence, frugalité extrême
dans la nourriture et le vêtement, mépris absolu de tout ce
qui ressemblerait à des biens personnels, telles sont les obligations qu'il impose à ses moines, et auxquelles s'ajoutent
bientôt le travail manuel et le travail intellectuel, également
préconisés par saint Benoît. C'est cette discipline qu'Odon,
avec un zèle enflammé, cherche à répandre à travers la France
et l'Italie. Déjà Bennon avait ramené l'esprit de saint Benoît
à Déols et à Massay en Berry. Odon compte à son actif comme
abbayes réformées : en Aquitaine, Aurillac, Tulle, Sarlat, Saint-
Martial de Limoges, Saint-Jean d'Angély, Saint-Allyre de Cler-
mont; en Bourgogne Romainmoutier; en Normandie Jumiéges;
dans le domaine royal, Fleury-sur-Loire et Saint-Pierre-le-Vif
de Sens; à Rome, Saint-Paul, Sainte-Marie de l'Aventin, Saint-
Laurent, Sainte-Agnès; dans le reste de l'Italie, Subiaco, Saint-
Hélie, près Népi, et même Farfa. Cette prodigieuse extension
se prolongera sous ses successeurs, sous Aymar (942-948),
surtout sous Mayeul (948-994) et sous Odilon (990-1049)
qui par leur intelligence, par leur volonté réformatrice, par
leur inlassable activité perpétueront et développeront en France,

---

*Histoire de l'ordre de Cluny depuis la fondation de l'abbaye jusqu'à la mort de
Pierre le Vénérable* (909-1157) Autun. Paris, 1868, 3 vol., et surtout E. SACKUR,
*Die Cluniacenser in ihrer kirchlichen und allgemeingeschichtlichen Wirksamkeit
bis zur Mitte des elften Jahrhunderts*, Halle, 1892-94, 2 vol.

[1] MARRIER, *Bibliotheca Cluniacensis*, c. 9. La règle clunisienne, telle que
nous l'avons conservée, n'a été rédigée que pendant la seconde moitié du
XIᵉ siècle, mais il est peu probable qu'elle ait subi beaucoup de modifications
depuis le temps de Bennon et d'Odon.

en Italie, en Allemagne, en Espagne l'œuvre accomplie par leur illustre devancier [1].

L'extraordinaire succès obtenu par saint Odon ne doit pas faire illusion sur les difficultés qu'il a rencontrées. Lorsque, par exemple, il arriva à Fleury-sur-Loire, les moines l'accueillirent par des menaces de mort que calmèrent peu à peu ses protestations d'humilité [2]. On pourrait citer plusieurs autres traits du même genre : ils prouveraient que l'intervention de Cluny n'a pas toujours été accueillie avec enthousiasme. Aussi, pour rendre son action efficace et durable, Odon a-t-il songé à grouper les diverses abbayes qu'il avait ramenées à l'observation de la règle bénédictine en une congrégation fortement centralisée, dont le chef aurait une autorité absolue et illimitée. En 931, le pape Jean XI, par un privilège spécial, décide que les monastères réformés resteront subordonnés à Cluny [3]. C'était leur enlever toute autonomie. Désormais l'abbé de Cluny sera l'abbé de toutes les filiales où il délègue, pour le représenter, un simple prieur. Saint Odon a fait de Cluny une congrégation et c'est là, à n'en pas douter, le caractère primordial de son œuvre.

Par là le rôle de Cluny dans l'histoire religieuse des xe et xie siècles est immense : Cluny, peut-on dire, réalise l'unité de l'Église régulière, mais sa mission s'est bornée là. Le mouvement clunisien est exclusivement monastique et il ne pénétrera guère l'Église séculière. Saint Odon et ses successeurs ont remis la règle bénédictine en vigueur dans les abbayes qu'ils ont réformées; il ne semble pas qu'ils aient essayé d'entraîner l'épiscopat à tenter la même œuvre d'assainissement. Ils n'ont pas davantage utilisé en faveur d'une réforme générale de l'Église le très réel ascendant qu'ils ont acquis auprès des papes et de certains princes temporels; ils n'en ont usé que pour faciliter leur propre pénétration dans des monastères qui

---

[1] Pour plus de détails sur les monastères réformés, voir SACKUR, *op. cit.*, où l'on trouvera tous les textes.

[2] *Vita Odonis*, III, 8-9 (PL, CXXXIII, 80-82).

[3] JAFFÉ-WATTENBACH, 3584.

jusque-là avaient échappé à leur influence. Saint Odon, *persona grata* auprès des papes Jean XI et Étienne VIII comme auprès du roi Hugues, personnage d'ailleurs peu recommandable, et du sénateur Albéric, fils de Marozie, a su très adroitement arracher à Jean XI, dont le zèle pour la réforme parait avoir été de plutôt mince, des privilèges pour Cluny et, avec la même habileté, s'est fait introduire par Albéric dans l'abbaye de Saint-Hélie de Subpentone en Étrurie qu'il voulait astreindre à la discipline clunisienne. Comme lui, son second successeur Odilon exploitera dans l'intérêt de sa congrégation ses excellents rapports avec les papes Grégoire V et Silvestre II, avec l'empereur Othon III et le roi de France Robert le Pieux [1], mais il paraît s'être tout autant désintéressé de la réforme du clergé séculier. L'exemple le plus caractéristique est peut-être celui de Richard de Saint-Vannes, au début du XIᵉ siècle. Archidiacre de Reims, bientôt épris d'un idéal de vie plus parfaite, Richard, sur les conseils d'Odilon de Cluny, est entré à Saint-Vannes, au diocèse de Verdun. En 1004 il en devient abbé. En 1008, le comte de Flandre, Baudouin IV, l'appelle à Saint-Vaast, dont les moines étaient tombés dans la plus abjecte dépravation. Il y court, puis, aidé de son disciple, Poppon de Stavelot, encouragé par plusieurs évêques, tels que Erluin et Gérard Iᵉʳ à Cambrai, Baudri II et Wolbodon à Liége, il introduit la réforme dans une quantité de monastères, à Florennes, à Lobbes, à Gembloux, à Stavelot, à Saint-Laurent de Liége, qui deviennent autant de foyers clunisiens, mais le silence des chroniques prouve nettement que son action sur le clergé séculier a été nulle [2]. Pas plus qu'Odon et qu'Odilon, Richard n'a envisagé un instant la pos-

---

[1] Voir SACKUR, *op. cit.*, t. I, p. 334 et suiv.; PFISTER, *Études sur le règne de Robert le Pieux*, p. 305 et suiv. Le biographe d'Odilon, Jotsaldus, a pu écrire de lui (*Vita Odilonis*) : « Il ne résista en rien aux princes et aux pouvoirs chrétiens » (PL, CXLII, 902).

[2] *Vita Richardi* (MGH, SS, t. XI, p. 280-290); HUGUES DE FLAVIGNY, l. II (*Ibid.*, t. VIII, p. 368-408) ; *Gesta episcoporum Virdunensium* (*Ibid.*, t. IV, p. 47-49). Cfr SACKUR, *op. cit.*, t. II, p. 135; CAUCHIE, *La querelle des investitures dans les diocèses de Liége et de Cambrai*, t. I, p. XXIX-XLVI.

sibilité ou la nécessité d'une réforme de l'Église, telle que la concevra Grégoire VII:

En résumé, l'idéal de saint Odon et de ses successeurs a été avant tout de soustraire les âmes aux dangers du siècle en les jetant dans les monastères clunisiens. Richard de Saint-Vannes n'a-t-il pas été d'abord clerc séculier? Aussi le mouvement clunisien est-il borné et incomplet. En outre, l'étude de la littérature clunisienne, représentée par les œuvres de saint Odon et d'Abbon de Fleury, achève de prouver qu'aucune des idées essentielles qui constituent le programme grégorien n'a été entrevue à Cluny.

Le plus ancien parmi les monuments de la littérature clunisienne, ce sont les *Collationes* de saint Odon. Elles ont été écrites à la demande de l'évêque de Limoges, Turpion, avec lequel Odon avait eu l'occasion de s'entretenir des maux qui désolaient l'Église [1]. Turpion, préoccupé d'y porter remède dans son diocèse, avait sollicité les directions et les avis d'un homme dont la sainteté avait sans doute produit une forte impression sur lui. La lecture du livre composé à son intention par l'illustre abbé lui suggéra-t-elle des mesures d'un effet immédiat? On peut en douter, car on ne trouve dans les *Collationes* ni une analyse raisonnée de la situation ni une indication un peu précise des solutions à faire prévaloir.

La peinture des vices de la société ecclésiastique et laïque y occupe une large place. Odon les rattache à une série de causes d'ordre métaphysique ou historique sur lesquelles il n'y a pas lieu d'insister, car elles sont dépourvues de toute originalité [2]. L'exposé des tares contemporaines est beaucoup plus curieux et révèle un moraliste averti qui s'acharne avec une mordante

---

[1] Cfr *Collationes*, *Epistola nuncupatoria* (PL, CXXXIII, 517-520).

[2] Tout le livre I (PL, CXXXIII, 519-548) est, en effet, consacré à prouver que les épreuves du temps présent sont une conséquence de la chute originelle et qu'elles attestent la victoire du démon ou encore le triomphe des fils de Caïn, « c'est à dire des riches qui oppriment les pauvres ou des hypocrites qui cachent leurs faiblesses jusque sous l'habit religieux sur les fils d'Abel, personnifiés par les justes qui pratiquent la loi de Dieu. »

ténacité contre les deux péchés capitaux, racines de tous les autres, l'orgueil et la luxure.

Saint Odon stigmatise en termes plutôt âpres les grands de la terre dévorés par la soif de paraître et de dominer, attentifs à tous les moyens de remplir leur sac et toujours prêts, pour amasser de l'argent, à charger les épaules des petits et des humbles du joug de la servitude, ou encore à « domestiquer les pauvres pour s'en faire une clientèle qu'ils traînent avec faste derrière eux. » Leur avidité rapace éteint chez eux tout autre sentiment : ils sont insensibles à l'amitié, à l'affection conjugale, à l'amour paternel. Comment auraient-ils le temps de les cultiver, alors qu'ils sont absorbés par le souci de « suffire aux prodigalités de chaque jour ? » Veut-on leur rappeler leur éternelle destinée et les moyens d'y parvenir ; ils « ricanent, se bouchent les oreilles, tournent le dos pour reprendre leur course folle vers la réalisation de leurs insatiables désirs [1]. »

L'orgueil entraîne à sa suite gourmandise et luxure. Celui qui veut éblouir ses semblables se doit à lui-même de les grouper autour d'une table bien garnie et de les associer à ses ripailles, mais bientôt, amolli par la bonne chère et par les vins généreux, il prêtera le flanc à la volupté, se ravalera au rang des animaux qui ignorent les joies de l'esprit et de l'âme, se laissera exclusivement séduire par la beauté corporelle, sans penser un seul instant que « cette beauté corporelle s'arrête à la peau » et que, « si les hommes voyaient ce qu'il y a au-dessous de la peau, comme le lynx de Thrace dont la vue pénètre, dit-on, tous les objets, ils éprouveraient un profond dégoût en regardant les femmes [2]. »

Et avec quelle douleur le pieux ascète se voit contraint d'avouer que ces vices détestables ont entamé les rangs du clergé ! « Les ministres de l'Église se rassasient de chair ; ils sont enivrés par l'orgueil, desséchés par l'avarice, amollis par la volupté, tourmentés par la méchanceté, enflammés par la

---

[1] *Collationes*, II, 1 (PL, CXXXIII, 549).
[2] *Collationes*, II, 9 et 18-23 (PL, CXXXIII, 556 et 564-568).

colère, divisés par la discorde, altérés par l'envie, tués par la
luxure. L'orgueil d'abord les séduit et les entraîne au mal;
il se glisse dans leur cœur et s'y installe en maître; il est puis-
samment aidé par les richesses provenant des revenus des églises
et des dons des fidèles, source de l'oisiveté. La loi du travail,
obligatoire pour le commun des mortels, n'existe plus pour les
clercs. Les mains pleines, ils se précipitent dans le vice. A
l'exemple du riche vêtu de pourpre, ils passent leurs journées
en festins, se parent avec une joyeuse vanité de vêtements
luxueux, puis, oublieux des devoirs de leur état, ils se jettent
à corps perdu dans la luxure. Selon l'expression du poète
comique, Vénus aurait froid si Bacchus et Cérès ne produisaient avec une telle abondance [1]. »

Ces lignes et d'autres, plus réalistes encore, dénotent une
connaissance approfondie des mœurs nicolaïtes. L'analyse de
l'autre vice qui déshonore tout à la fois la société ecclésiastique et les princes laïques, la simonie, est plus faible : Odon
se contente de rappeler le souvenir de Simon le Magicien et,
sous l'ancienne Loi, d'Ananie [2]; il paraît plus indifférent
à cette maladie du siècle dont évidemment il n'aperçoit pas
avec la même netteté les effets néfastes.

Aussi le tableau qu'il trace à son ami de la grande désolation
du Xe siècle reste-t-il bien superficiel. Pour lui, le seul mal
dont souffre la société de son temps, c'est la fornication sacerdotale à laquelle il n'attribue, en somme, d'autre origine que la
faiblesse inhérente à la nature humaine de par la faute d'Adam.
Il ne voit à aucun moment qu'elle a aussi des causes plus
actuelles, qu'elle procède d'un mauvais recrutement sacerdotal,
conséquence lui-même du recrutement épiscopal, de la mainmise des laïques sur les charges ecclésiastiques, de l'affaiblissement de l'autorité pontificale. Il ne soupçonne pas que, pour
tarir l'immonde luxure dont son âme d'ascète ne peut souffrir
la vue, il faut avant tout arracher l'Église aux griffes de ces

---

[1] *Collationes*, II, 6-7 (PL, CXXXIII, 552-555).
[2] *Collationes*, III, 1-3 (PL, CXXXIII, 589-590).

princes riches et puissants qu'il flétrit et condamne pour leur immoralité, mais non pour leurs atteintes à l'indépendance cléricale.

Pour extirper les vices qu'il déplore, saint Odon, en un mot, ne suggère aucun remède pratique et il s'enferme dans un pessimisme découragé, assez singulier chez cet homme d'action. « Pour ces raisons et pour tant d'autres qu'il est plus facile de regretter que d'énumérer, dit-il en conclusion du livre II qui, dans le plan primitif, terminait son œuvre, il ne reste plus qu'à pleurer et qu'à espérer de Jésus les consolations nécessaires... Quel que soit celui qui s'afflige, il recevra le titre d'ange de paix, suivant la parole d'Isaïe : *Les anges de paix pleureront amèrement*. Il méritera, selon Ézéchiel, d'être marqué du signe des élus et le T sera gravé sur le front des hommes qui pleurent. N'est-ce donc pas un grand bien que de s'affliger et de porter ce signe qui revêt la forme de la croix du Sauveur [1] ? »

Pleurer, lire et méditer l'Écriture qui nous exhorte à craindre Dieu et à penser aux fins dernières [2], souffrir avec patience et résignation en gardant la ferme persuasion que Dieu nous éprouve pour notre bien [3], s'écrier avec le saint homme Job *Bienheureux l'homme qui est affligé par le Seigneur* [4], vivre par le souvenir avec saint Augustin, assiégé dans Hippone, ou avec saint Grégoire, menacé par les Lombards jusque dans sa capitale [5], ne pas s'attacher aux choses de ce monde fragiles et périssables [6], ne pas murmurer contre Dieu ni lui reprocher de se désintéresser des choses d'ici-bas [7], demeurer persuadé que le juste expie pour les fautes de son prochain [8], tels sont, d'après saint Odon de Cluny, les grands devoirs de l'évêque. On conviendra qu'ils sont plutôt négatifs et que, s'il faut voir

---

[1] *Collationes*, II, 42 (*Ibid.*, CXXXIII, 588).
[2] ID., I, 1 (*Ibid.*, 520-521).
[3] ID., I, 4 (*Ibid.*, 522-523).
[4] ID., III, 38 (*Ibid.*, 620-622).
[5] ID., I, 4 (*Ibid.*, 521-522).
[6] ID., III, 29 (*Ibid.*, 659-660).
[7] ID., III, 39 (*Ibid.*, 665-666).
[8] ID., III, 41 (*Ibid.*, 667).

là un programme de réforme de l'Église, il manque à coup
sûr d'audace et d'ampleur.

En réalité ce moine d'élite, ce fondateur d'ordre ne parvient
pas à s'élever au-dessus de l'horizon très limité de sa congrégation. Dans un autre traité, les *Occupationes*[1], il avoue sans
phrases que le salut pour ses contemporains réside dans le retour
à l'idéal tracé par saint Benoît, « ce conducteur providentiel
des hommes dans leur marche vers le ciel ». Aucun roi, dit-il,
aucun empereur n'a pu lever de milices aussi nombreuses
que celles du Mont-Cassin et, au jour de la résurrection générale,
le plus émouvant de tous les spectacles sera sans contredit la
radieuse apparition du grand maître de la vie monastique,
escorté des légions qui se sont enrôlées sous sa sainte bannière.

Acheminer l'humanité pécheresse vers les monastères où
l'on renoncera au siècle et à ses joies trompeuses, la ramener
par là à des mœurs chrétiennes, voilà le programme clunisien
tel qu'il a été tracé par celui qu'on peut considérer comme
le fondateur de la congrégation. Il y a loin de cet idéal étroitement monastique au vaste plan de régénération religieuse et de
reconstitution sociale que concevra Grégoire VII.

On peut alléguer, comme circonstance atténuante, qu'à
l'époque où saint Odon écrivait, soit entre 930 et 940, il était
difficile de voir aussi grand, mais ses disciples immédiats
ou lointains n'ont pas su davantage tirer des événements ultérieurs les leçons qu'ils comportaient. Un demi-siècle environ
après la mort d'Odon, l'autre grand écrivain clunisien, Abbon
de Fleury, malgré un tempérament très différent, se montre
tout aussi incapable d'élargir un programme d'une inflexible
rigidité et de préconiser d'autre moyen de salut que la diffusion
de Cluny qui, à ses yeux, incarne l'Église universelle.

Les circonstances qui ont entouré la vie d'Abbon ont beaucoup influé sur les caractères de son œuvre[2].

---

[1] Ce traité a été reconstitué et publié par SWOBODA dans la *Bibliotheca
scriptorum medii aevi Teubneriana*, Leipzig, 1900.

[2] La vie d'Abbon a été racontée par son disciple AIMOIN, *Vita S. Abbonis,
abbatis Floriacensis* (PL, CXXXIX, 387) auquel nous empruntons la plupart

Né aux environs d'Orléans, Abbon entre fort jeune à l'abbaye de Fleury-sur-Loire où il reçoit sa première éducation, étudie ensuite à Paris et à Reims où il se passionne pour la philosophie et l'astronomie, revient à Fleury, mais, à peine de retour, il est envoyé en Angleterre pour diriger le monastère de Ramsay et y introduire les méthodes d'enseignement en usage dans son abbaye. Il y reste deux ans, rentre de nouveau à Fleury, après avoir été ordonné prêtre par l'archevêque d'York, Oswald, qui avait sollicité sa venue. En 988, à la mort de l'abbé Oybold [1], Abbon est élu pour lui succéder, malgré l'opposition assez vive de certains moines très soutenus par l'évêque d'Orléans, Arnoul, son adversaire implacable qui essaya un jour de le faire périr dans une embuscade, tandis qu'il se rendait à Tours. En 991, le concile de Saint-Basle, chargé de juger l'archevêque de Reims, Arnoul, qui avait trahi Hugues Capet, fournit aux deux rivaux l'occasion de s'affronter : Arnoul d'Orléans représente le ministère public et Abbon la défense, mais ce serait singulièrement diminuer la portée du débat engagé que de le réduire à une question de personnes. Autour de l'accusé se livre un combat d'une exceptionnelle gravité : Abbon n'est pas seulement l'avocat d'Arnoul de Reims; il est, plus encore, celui de la réforme clunisienne, détestée et combattue ardemment par un épiscopat féodalisé qui lui reproche d'avoir soustrait à son autorité les abbayes et les moines pour les subordonner par l'exemption au pontife romain, devenu le seul chef de l'Église régulière [2]. Du même coup, Abbon est amené à défendre les droits et prérogatives du Saint-Siège, dont la juridiction suprême est discutée par les évêques français réunis à Saint-Basle [3], à parer vigoureusement

---

des détails qui suivent. Sur Abbon, cfr PFISTER, *op. cit.*, p. 9 et suiv; SACKUR, *op. cit.*, t. I, p. 270-299 et surtout LOT, *Étude sur le règne de Hugues Capet et la fin du X<sup>e</sup> siècle, passim.*

[1] Sur la date de cette mort, cfr LOT, *op. cit.*, p. 13, n. 5, dont nous adoptons les conclusions.

[2] Cfr LOT, *op. cit.*, p. 124-126.

[3] Cfr *supra*, p. 13-14.

aux attaques impétueuses lancées contre la papauté par Arnoul
d'Orléans, plus soucieux peut-être de substituer la sentence
d'un concile quelque peu gallican au jugement irréformable
du siège apostolique que de prouver la trahison plus qu'évidente, de l'archevêque de Reims. Après de multiples péripéties, la lutte se termina par le triomphe du pape et de Cluny :
en 997 Arnoul de Reims, déposé par l'épiscopat français six
ans auparavant, fut réintégré à la tête de son diocèse par la
volonté de Grégoire V et c'est Abbon que l'on chargea de
notifier la sentence pontificale à laquelle le roi Robert le Pieux
dut acquiescer [1]. Le Capétien ne lui garda d'ailleurs pas ran-
cune du rôle qu'il avait joué : jusqu'à sa mort, survenue en
1004, Abbon, aidé tout à la fois par le roi de France et par le
pape, put poursuivre son œuvre réformatrice, et, malgré l'épiscopat contre lequel il n'a cessé de lutter toute sa vie, rétablir
à Fleury et dans d'autres abbayes la discipline de saint Benoît.

Abbon de Fleury a laissé une œuvre littéraire fort importante. Plusieurs de ses traités ont marqué sa place dans le
mouvement philosophique et scientifique du moyen âge [2].
C'est aussi un canoniste et un polémiste qui, dans ses lettres,
dans son *Apologeticus* adressé aux rois Hugues Capet et Robert
le Pieux, a été amené à dire son mot sur les grandes questions
qui intéressaient l'avenir de l'Église et du christianisme. Continuateur de saint Odon et gardien des traditions clunisiennes,
il a cependant des vues plus vastes que le second abbé de
Cluny, mais, comme lui, il aperçoit toutes choses sous l'angle
de l'institution monastique qui n'eut jamais de plus ardent
défenseur. Son but primordial, c'est de relever le niveau moral
du monachisme et de le rapprocher, autant que possible, de la
perfection.

Les moines, à ses yeux, constituent dans l'Église et dans la
société une sainte phalange, qui doit constamment donner

---

[1] Cfr Lot, *op. cit.*, p. 34 et suiv.
[2] On trouvera la liste des œuvres d'Abbon dans Molinier, *Les sources
de l'histoire de France*, t. II, n. 960.

l'exemple de toutes les vertus chrétiennes. Si l'on embrasse cet état, c'est pour satisfaire à un désir de mener une vie plus conforme à l'idéal chrétien [1]. « Il y a, lit-on dans l'*Apologeticus*, trois degrés ou trois ordres parmi les hommes : le premier est celui des laïques, le second celui des clercs, le troisième celui des moines. Entre ces degrés existent des différences : le second est meilleur et plus saint que le premier, le troisième que le second [2]. » Le clergé séculier, d'après lui, c'est Marthe, image de la vie active, *quae turbatur erga plurima* [3], qui s'occupe des soins du ménage, en l'espèce des intérêts temporels et matériels des églises, tandis que Marie qui a choisi la meilleure part, à savoir la contemplation, personnifie le moine qui, étranger aux affaires du siècle, n'a d'autre occupation que de « couvrir les pieds de Jésus de ses larmes », ce qui lui permet de dire fièrement au Christ avec saint Pierre : *Nous avons tout laissé pour vous suivre* [4].

Pénétré de cet idéal, Abbon n'a cessé de lutter, par la plume aussi bien que par la parole, contre tous ceux qui pouvaient faire obstacle à sa réalisation. Ses pires ennemis sont d'abord les moines et les nonnes qui, au mépris des censures canoniques, ont mis à profit leur retraite pour se livrer aux plus affreuses turpitudes [5]. Avec une véhémente indignation il les conjure de ne pas oublier que les deux vertus inhérentes à l'état monastique sont la continence et l'obéissance, sans lesquelles l'Église régulière ne saurait exister [6]. En ne ménageant pas les prières et les objurgations à ses frères en saint Benoît l'abbé de Fleury peut compter parmi les continuateurs de saint Odon. C'est un apôtre du monachisme.

Comme Odon aussi, il n'est que cela. En isolant certains passages de ses œuvres, où il a recueilli et commenté des textes

---

[1] *Collectio canonum*, 23 (PL, CXXXIX, 488-489).
[2] *Apologeticus (Ibid.*, 463).
[3] Luc, X, 41.
[4] Matth., XIX, 27 ; voir *Apologeticus (Ibid.*, 464).
[5] *Collectio canonum*, 22 (PL, CXXXIX, 489).
[6] *Epist.* 5, 8, 9, 11 (*Ibid.*, 423, 429, 432, 436).

qui condamnent la simonie et le nicolaïsme [1], on pourrait croire
*a priori* qu'il a rêvé d'une réforme plus large, englobant l'Église
séculière. En réalité, il a cherché dans les textes en question
une arme contre l'épiscopat, l'éternel ennemi auquel il ne
pouvait permettre de reconquérir sur les abbayes clunisiennes
la juridiction qu'il avait perdue. Pour comprendre l'œuvre
d'Abbon, il faut, en effet, se souvenir que le développement
du monachisme, tel qu'il était conçu, dirigé, centralisé par
Cluny, était pour les prélats féodaux un grave sujet d'inquiétude. Ils y voyaient non seulement une atteinte à leurs droits,
mais aussi un germe de purification dont la vertu fécondante
détruirait l'ivraie païenne dont ils se nourrissaient [2]. Pour
défendre contre leurs attaques, ouvertes ou sournoises, l'institution qui lui était chère, Abbon a pris hardiment l'offensive
et s'est livré à une critique sévère des mœurs épiscopales, ce
qui était le plus sûr moyen de diminuer le prestige et l'influence
de ses adversaires.

C'est avec cette préoccupation qu'il a flétri la simonie, dont
il a fort bien caractérisé les différentes formes avec une verve
ironique qui porte de terribles coups. Tantôt, dit-il, on achète
la consécration du métropolitain, ce que condamnent tout à la
fois la loi ecclésiastique, formulée par le concile de Chalcédoine,
et la loi civile, représentée par les *Novelles*, qui l'une et l'autre
prévoient en pareil cas la déposition aussi bien de celui qui
donne que de celui qui reçoit [3]. Tantôt on affecte au contraire
de recevoir gratuitement la consécration, mais on indemnise le
pouvoir laïque, « l'autel appartenant à l'évêque, l'église à un
seigneur quelconque », et l'on estime être en règle avec sa
conscience, car « l'on n'a pas acheté la bénédiction par laquelle se
communique la grâce de l'Esprit-Saint, mais les biens attachés
à l'église [4]. » Abbon est peut-être le premier écrivain qui ait réfuté
ce sophisme et sa démonstration sera reprise plus d'une

---

[1] *Epist.* 4 (*Ibid.*, 449-460).
[2] Sur ce conflit de l'épiscopat et des moines, cfr LOT, *op. cit.*, p. 34-36.
[3] *Collectio canonum*, 13 (PL, CXXXIX, 483-484).
[4] *Apologeticus* (*Ibid.*, 464-465).

fois par la suite. « Peut-on, s'écrie-t-il, toucher au feu sans ressentir la chaleur qui en est inséparable ? Y a-t-il du miel sans douceur, de l'absinthe sans amertume ? » Si ces images, chères aux écrivains du moyen âge, ne signifient pas grand'chose, la conclusion qui les accompagne est plus significative et Abbon prouve avec une vigoureuse justesse que la fonction épiscopale ne peut être disjointe du patrimoine qui y est attaché, que l'on ne peut vendre celui-ci sans celle-là. Aussi bien, suivant le mot de saint Grégoire le Grand, une bénédiction intervenue dans de telles conditions « se change en malédiction [1] » ; celui qui a une telle soif de lucre est hérétique et ne peut être légitimement considéré comme évêque. En outre, les laïques qui ont concouru à cet indigne trafic — Abbon insiste sur ce point en s'appuyant sur l'autorité du même docteur [2] — sont, eux aussi, gravement coupables et ne manqueront pas d'attirer sur eux la colère de Dieu [3] ; ils doivent, comme le veut saint Jérôme, être déposés des magistratures qu'ils exercent et « être condamnés à un exil irrévocable [4] ».

Abbon a également fort bien vu que, si le trafic des évêchés constitue la forme la plus répandue de simonie, il n'est pas la seule. A l'aide d'un passage du *Liber de dignitate sacerdotali* de saint Ambroise, qu'il s'est approprié, il montre que le prélat qui achète sa dignité ne risque pas de devenir pauvre : en vendant l'ordination sacerdotale, le diaconat et les autres fonctions, il sera bientôt plus riche qu'il n'était autrefois. « J'ai été ordonné, dira-t-il, par l'archevêque et, pour obtenir la grâce épiscopale, je lui ai versé cent sous; si je ne les avais versés, je ne serais pas évêque; il vaut donc mieux pour moi sortir mon or de mon sac plutôt que de laisser échapper un si grand sacerdoce. J'ai donné l'or; j'ai obtenu l'épiscopat;

---

[1] Grégoire le Grand, *Registrum*, IX, 218 (édit. Ewald, t. II, p. 206; PL, LXXVII, 1029).

[2] Grégoire le Grand, *ibid.*, IX, 215 (édit. Ewald, t. II, p. 201-203; PL, LXXVII, 1039-1041).

[3] *Apologeticus* (PL, CXXXIX, 466-467).

[4] *Epist.* 14 (*Ibid.*, CXXXIX, 452).

et cependant, si je ne meurs pas, je recouvrerai bientôt mes
sous. J'ordonne des prêtres, je consacre des diacres et je reçois
de l'or... Voici rentré dans mon sac l'or qui en est sorti ; j'ai
donc reçu gratuitement l'épiscopat. » Et Abbon, à la fin de son
épître, de s'écrier avec saint Ambroise comme avec l'Apôtre [1] :
*Que votre argent soit pour vous une cause de perdition* ! Dure
parole sans doute, mais qu'il n'accompagne d'aucune proposition de sanctions efficaces [2].

Il en est de même pour le nicolaïsme. Abbon dans la même
lettre [3] a recueilli un bon nombre de textes qui prescrivent le
célibat à tous les clercs [4] et il fait ressortir que l'évêque, investi
du sacerdoce, ne peut échapper à la règle commune. « Qu'aucun
évêque, a dit saint Jérôme, n'habite avec une femme ! S'il
est prouvé qu'il n'a pas observé cette prescription, qu'il soit
privé de l'honneur de l'épiscopat ! » Chargé de veiller à l'observation de la loi du célibat parmi ses prêtres, *pudicitiae custos*,
pour employer l'expression de Faustin au concile de Carthage,
l'évêque doit donner l'exemple de la plus parfaite continence
et ne pas avoir d'épouse, à plus forte raison de concubine,
sous peine d'être déposé. Sans doute, saint Paul l'autorise à
être « l'époux d'une seule femme », mais saint Ambroise a soin
de faire remarquer, à propos de ce passage de l'épître à Tite,
que « pour être vraiment digne de l'épiscopat il faut s'abstenir même de celle qui est autorisée », sans quoi l'évêque ne
pourrait être « irréprochable ». Avec les commentateurs, avec
saint Jérôme et saint Ambroise surtout, Abbon de Fleury
a longuement paraphrasé ce mot et ceux qui l'accompagnent
dans la première épître à Timothée [5] : « Vous devez, dit-il aux

---

[1] *Act.* VIII, 20.
[2] *Epist.* 14 (PL, CXXXIX, 440, 460).
[3] *Epist.* 14 (*loc. cit*).
[4] Ces textes proviennent de : SAINT JÉRÔME, *Adversus Iovinianum*, l. I ;
SAINT AMBROISE, *In epistolam ad Romanos*, 8, *in epistolam ad Titum, ad Pam-
machium* ; SAINT ISIDORE DE SÉVILLE, *Liber officiorum sacrorum* ; SAINT LÉON ;
SAINT INNOCENT ; des conciles de Carthage, Ancyre, Nicée, Laodicée et
Néocésarée.
[5] I *Tim*, III, 4.

candidats à l'épiscopat, être sobres, sages, dignes, hospitaliers, capables d'enseigner, ne pas vous adonner au vice ni avoir l'esprit querelleur, mais garder un caractère égal, aimer la paix, éviter l'avarice et bien gouverner votre maison [1] ». Autant de vertus qui ne se rencontrent pas très fréquemment chez les évêques féodaux du Xe siècle !

Telles sont les critiques adressées par Abbon de Fleury à l'épiscopat de son temps. Elles ne comportent aucune conclusion pratique et, si les sanctions prévues par les Pères n'ont pas été éliminées des citations, elles ne reçoivent aucun commentaire et ne sont pas adaptées à la réalité actuelle. Comment pourrait-on réaliser la réforme ecclésiastique qui paraît s'imposer ? A aucun moment ni dans ses lettres, ni dans son Apologétique, ni dans sa collection canonique, Abbon n'a répondu à cette angoissante question qui, au fond, ne le préoccupe guère. S'il reproche aux prélats de son temps d'être cupides et débauchés, c'est uniquement pour prouver que dans le conflit entre moines et évêques, auquel pendant toute sa vie il a été personnellement mêlé, les moines ont raison. Comment, en effet, pourrait-on raisonnablement soutenir que la sainte phalange monastique doive être soumise à des chefs en révolte contre les lois de Dieu ? Comment des prélats cupides et débauchés oseraient-ils prétendre à exercer une juridiction quelconque à l'intérieur d'abbayes où règnent la pauvreté et la chasteté ?

Les attaques d'Abbon contre la simonie et le nicolaïsme ont donc pour but de préparer, dans la grande querelle engagée entre séculiers et réguliers, une solution favorable à ces derniers. La lettre à laquelle ont été empruntés les développements qui précèdent la prouve clairement [2]. Après avoir étalé au grand jour la dépravation des prélats simoniques et nicolaïtes, Abbon s'étonne de ce que ces indignes ministres ne respectent pas la liberté ni l'indépendance des monastères. Ils veulent imposer

---

[1] *Epist.* 14 (*loc. cit.*).
[2] *Epist.* 14 (*loc. cit.*).

leur juridiction, saisir indûment des biens qui ne leur appartiennent pas, accaparer la totalité des dîmes ecclésiastiques, sans en abandonner la moindre partie aux moines, sans même accorder à ceux-ci une rétribution pour le service de jour et de nuit qu'ils assurent dans bon nombre d'églises. Quel scandale !

Cette question des rapports entre l'épiscopat et les monastères est reprise par Abbon dans sa collection canonique où il s'acharne à prouver par des textes que l'indépendance monastique a été de tout temps reconnue par les canons. Sans doute, l'évêque a le droit de confirmer l'abbé nouvellement élu [1], mais il doit respecter la liberté de l'élection, éviter avec soin de blesser les moines par des interventions inopportunes [2]. Si l'abbé est l'objet d'une plainte, il n'examinera pas l'affaire sans avoir requis l'assistance des évêques des diocèses voisins et il observera rigoureusement la procédure canonique [3]. De graves sanctions, pouvant aller jusqu'à l'excommunication, frappent les prélats qui outrepassent leurs droits en ordonnant aux moines ce qui n'est pas prévu par les canons ou en se rendant coupables d'une usurpation quelconque à l'égard des biens monastiques [4].

Comme les évêques n'observent pas la loi canonique, Abbon juge qu'il y a lieu d'affranchir les abbayes de leur domination et de substituer à leur juridiction celle du siège apostolique. S'il eût été logique avec lui-même, il eût dû rappeler que les mœurs romaines, au moment où il écrivait, ne valaient guère mieux que les mœurs épiscopales, mais le pape était loin et ses interventions étaient par suite moins redoutables que celles de l'évêque dont la demeure était voisine du monastère. Et voilà comment Abbon de Fleury a été amené à être, à la fin du Xe siècle, l'un des rares théoriciens de la primauté romaine.

Il ne faut pourtant pas exagérer ni tirer de quelques passages

---

[1] *Collectio canonum*, 14 (PL, CXXXIX, 484).
[2] *Collectio canonum*, 15 (*Ibid.*, 484).
[3] *Collectio canonum*, 17 (*Ibid.*, 486).
[4] *Collectio canonum*, 23 (*Ibid.*, 488).

où Abbon exalte l'autorité du siège apostolique des conclusions qui dépasseraient les prémisses ni faire de lui un précurseur de Grégoire VII. S'il reconnaît la juridiction suprême de Pierre [1], c'est surtout pour faire prévaloir la théorie de l'exemption qui, en rattachant directement les abbayes clunisiennes au siège apostolique, les aide à se dérober aux sévices de l'épiscopat, et, lorsqu'il rappelle avec Grégoire le Grand qu'il faut respecter les décisions du pontife romain, il applique immédiatement cette prescription aux bulles du même Grégoire qui interdisent aux évêques de molester les moines [2]. « Sous les auspices du Christ notre Seigneur, lit-on également dans la collection canonique, l'autorité du siège romain et apostolique brille par toute l'Église universelle. Cela n'est pas surprenant, puisque les pontifes de ce siège tiennent la place du bienheureux Pierre qui est le prince de toute l'Église. » Mais ici encore, cette assertion se rapporte à la défense des droits et privilèges monastiques [3].

En un mot Abbon, pas plus qu'avant lui saint Odon, n'a conçu ni cherché à concevoir un programme de réforme générale ; il veut protéger la congrégation, chère à son cœur, contre les entreprises des mauvais pasteurs et n'a pas d'autre but que celui-là. A plus forte raison n'a-t-il pas soupçonné que le seul moyen de sauver l'Église et d'avoir un meilleur épiscopat, c'était de briser l'étreinte des laïques.

Les dures paroles, par lesquelles l'abbé de Fleury a flétri la rapacité des seigneurs féodaux, lui ont été inspirées par la colère qu'a suscitée en lui le pillage, trop fréquent, des terres monastiques, mais, pour calmer leurs belliqueuses ardeurs, il compte sur un autre pouvoir laïque pour lequel il éprouve une admiration sans réserves, la royauté capétienne ; il ne songe pas un seul instant que cette royauté peut, du jour où elle

---

[1] Encore a-t-il soin de faire remarquer à deux reprises (*Epist.* 4 et *Apologeticus, loc. cit.*) que l'Église n'appartient pas à Pierre, mais au Christ, le Christ ayant dit à Pierre : *Sur cette pierre j'édifierai mon église* (MATTH., XVI, 18).

[2] *Epist.* 14 (PL, CXXXIX, 449).

[3] *Collectio canonum*, 5 (PL, CXXXIX, 479). Cfr aussi *Epist.* 5 (*ibid.*, 423-424) où, pour appuyer les droits des moines de Saint-Martin de Tours vis-à-vis de leur archevêque, Abbon rappelle incidemment la primauté romaine.

aura changé de titulaire, se rendre coupable des mêmes excès et des mêmes déprédations; dans sa béate admiration pour Robert le Pieux, il n'a prévu ni Henri I<sup>er</sup> ni Philippe I<sup>er</sup>.

En elle-même sa théorie du pouvoir royal est assez intéressante et, par quelques traits, annonce celle qu'élaboreront les disciples de Grégoire VII. Abbon avance avec le concile de Tolède que la royauté est, comme l'épiscopat, une fonction qui impose à celui qui en est investi des devoirs précis. Le roi doit se garder d'opprimer ses sujets, d'être partial en sa justice; il est tenu de défendre la veuve et l'orphelin, de poursuivre le vol, de punir l'adultère, l'impudicité et la luxure, de protéger les églises, de nourrir les pauvres, de s'entourer de conseillers équitables, sages et sobres. Pour s'acquitter de cette sainte mission, il lui faut vivre en communion avec Dieu, s'adonner à la prière, ne pas se laisser gagner par l'orgueil [1]. Par contre il a droit au respect et à la soumission, en vertu de la parole de l'Apôtre : *Craignez Dieu, honorez le roi* [2]. Abbon de Fleury ne reconnaît pas aux sujets le droit de déposer leur souverain, si celui-ci vient à faillir à sa mission et, s'il n'envisage d'autre mode d'accession à la royauté que l'élection, il accorde à celle-ci un caractère définitif, ce que ne feront pas les Grégoriens : les sujets qui auront été mal inspirés dans le choix de la personne royale devront supporter avec patience et résignation les conséquences de leur erreur. « Il vaut mieux ne pas souscrire à l'élection du prince plutôt que de mépriser ou de proscrire l'élu, après lui avoir donné son adhésion [3]. » Les écrivains carolingiens ne se sont pas exprimés autrement et Abbon doit être classé parmi les théoriciens de l'omnipotence royale.

En réalité la question de la souveraineté, prise en elle-même, l'intéresse peu. Comme toujours, la théorie n'est formulée qu'en vue de l'application. En veut-on la preuve ? Dans la collection canonique, les canons III et IV, *De ministerio regis* et

---

[1] *Collectio canonum*, 3 (PL, CXXXIX, 477).
[2] I PETR., II, 17.
[3] *Collectio canonum*, 4 (PL, CXXXIX, 478).

*De fidelitate regis* font suite immédiatement à deux autres (I et II) intitulés : *De honore ecclesiarum et monasteriorum* et *De defensoribus ecclesiarum et monasteriorum* [2]; le canon III commence par un hommage rendu à Constantin, à Charlemagne et à son fils Louis pour le zèle qu'ils ont mis à défendre les églises et les monastères, ce qui forme une transition curieuse avec les canons qui suivent. Le roi est donc avant tout le défenseur né de l'ordre monastique contre les mauvais seigneurs et les mauvais évêques. L'*Apologeticus* est encore plus explicite à cet égard; il se présente sous la forme d'une supplique adressée aux rois Hugues Capet et Robert le Pieux pour que, dans la lutte engagée par Abbon au nom de Cluny contre l'épiscopat, ils se prononcent pour les moines contre les évêques [2]. De là le violent réquisitoire auquel il a été fait allusion plus haut [3]; de là aussi un émouvant appel aux « rois très illustres, soucieux d'être sur la terre des vivants les héritiers du Christ [4] », plus spécialement à Robert que « sa divine piété a conduit au faîte du royaume [5] », pour qu'ils contraignent les évêques à respecter les droits et l'indépendance de l'ordre monastique.

En résumé, qu'il s'agisse de l'épiscopat, du Saint-Siège ou du pouvoir temporel, Abbon de Fleury n'envisage ces diverses institutions que par rapport au monachisme et à Cluny. S'il reproche à l'épiscopat sa simonie et ses mauvaises mœurs, c'est parce qu'il pense que des évêques moins âpres au gain et moins avides de jouissances terrestres ne chercheraient sans doute pas à s'enrichir aux dépens des moines. S'il proclame la préémi-

---

[1] *Collectio canonum,* 1-4 (*Ibid.,* CXXXIX, 475-479).

[2] Ce plaidoyer a été écrit après les incidents tumultueux qui avaient marqué, entre 992 et 995, le concile de Saint-Denis au cours duquel le peuple, favorable aux moines dont il recevait de larges aumônes, avait quelque peu malmené les évêques. Abbon, accusé d'avoir fomenté ce mouvement, crut devoir se défendre et il écrivit aux rois Hugues et Robert la longue lettre qui nous a été conservée sous le titre d'*Apologeticus* (PL, CXXXIX, 461-472). Cfr PFISTER, *Études sur le règne de Robert le Pieux,* p. 315; LOT, *Étude sur le règne de Hugues Capel et la fin du Xe siècle,* p. 184, n. 3.

[3] Cfr *supra,* p. 51-52.

[4] *Apologeticus* (PL, CXXXIX, 470).

[5] *Apologeticus* (*Ibid.,* 462).

nence du Saint-Siège, c'est parce que l'exemption peut arracher les abbayes à la juridiction très redoutée de l'ordinaire. S'il reconnaît aux rois un pouvoir absolu, c'est afin qu'ils en usent pour mettre à la raison seigneurs ou évêques et pour qu'ils fassent respecter les privilèges d'exemption.

Aussi, tout en reconnaissant qu'Abbon a mis en circulation un certain nombre de textes et d'arguments qu'utiliseront plus tard les premiers apôtres de la réforme, on ne saurait le compter, pas plus que saint Odon, parmi les précurseurs de Grégoire VII à cause du but particulariste, et en somme assez égoïste, qu'il n'a cessé de poursuivre comme écrivain et comme polémiste.

Que l'on étudie l'œuvre clunisienne à la lumière des faits ou de la littérature, on parvient donc à la même conclusion. Cluny a voulu avant tout favoriser le libre développement de l'institution monastique suivant la règle de saint Benoît, préserver ses filiales des entreprises menaçantes des évêques ou des seigneurs féodaux, mais ce n'est qu'une congrégation, étrangère à ce qui se passe dans le siècle. Sans doute, son esprit a gagné quelques prélats qui essaieront de ramener leur clergé à des mœurs meilleures, quoiqu'il y ait eu des évêques réformateurs avant la diffusion de l'ordre clunisien et que d'autres, tout en étant animés du même zèle, n'aient pas eu de rapports suivis avec ses moines. Sans doute aussi Cluny a créé, notamment dans certaines paroisses où ses moines avaient la *cura animarum*, une atmosphère favorable à l'éclosion de la réforme grégorienne, mais on ne saurait s'autoriser de quelques faits isolés pour affirmer que la réforme grégorienne est sortie de la réforme clunisienne. Si Cluny a été le refuge des traditions chrétiennes de chasteté, d'humilité, de renoncement, bafouées et tournées en dérision par les hommes du Xe siècle, on peut affirmer par ailleurs qu'aucune des grandes idées dites grégoriennes n'y a eu son berceau. Personne, pas plus Abbon de Fleury que saint Odon, n'y a entrevu les deux principes fondamentaux sur lesquels reposera la réforme de Grégoire VII, à savoir que seul le Saint-Siège, tête de tous les églises de la chrétienté, a suffisamment d'autorité et de prestige pour purifier l'Église des vices contre lesquels Cluny veut réagir, et que, d'autre part, on ne pourra mettre fin au désordre moral qu'en arrachant le pape et les évêques, par la suppression de l'investiture laïque, à la tutelle du pouvoir temporel.

Bref, l'apport de Cluny dans la formation des idées grégoriennes se ramène aux deux points suivants : 1) la congrégation clunisienne a mis à l'ordre du jour la question de la réforme morale et tué, à l'intérieur de l'Église régulière, les pratiques simoniaques et nicolaïtes ; 2) sa forte organisation a été un curieux exemple de centralisation dont Grégoire VII pourra s'inspirer, quand il cherchera à resserrer les liens qui unissent l'Église séculière au siège apostolique. A cela et à cela seulement se réduit la part de Cluny dans l'élaboration de la grande réforme religieuse du XIe siècle.

## II

Tandis que saint Odon astreint les abbayes bénédictines à la discipline clunisienne, l'esprit de réforme se glisse aussi dans l'Église séculière. Au cours du Xe siècle on voit surgir ça et là des évêques animés du pur esprit chrétien, soucieux d'enrayer le courant dévastateur qui risque de submerger la société ecclésiastique et laïque : tels en Italie, Atton à Verceil (924-964) et Rathier de Liège à Vérone (931-968) [1], en Allemagne, Ulrich à Augsbourg (924-973) [2], Wolfgang à Ratisbonne (974-994) [3], Conrad à Constance (mort en 976) [4], Bernard (mort en 1022), puis Gothard (mort en 1039) à Ratisbonne [5], en France, Gérard (mort en 994) à Toul [6], Fulbert à Chartres (1007-1029) [7],

---

[1] Il va être question d'eux dans les pages qui suivent.
[2] Voir sa vie (PL, CXXXV, 1009).
[3] Voir sa vie (PL, CXLVI, 391).
[4] PL, CLXX, 865.
[5] PL, CXLI, 1161 et 1201 ; MGH, SS, t. XI, p. 167.
[6] AA. SS. *Aprilis*, 13 avril, t. III, p. 206-213.
[7] Cfr PFISTER, *De Fulberti Carnotensis vita et operibus*, Nancy, 1885.

Fulcran (949-1006) à Lodève[1], pour ne citer que les plus illustres. On est malheureusement mal renseigné sur ces efforts dispersés et sans cohésion, dont le souvenir n'a été le plus souvent conservé que par quelques vies de saints, où il est difficile d'isoler ce qui est vraiment historique. Seuls Atton, évêque de Verceil, et Rathier de Liège, évêque de Vérone, ont laissé une œuvre littéraire qui constitue un précieux document pour l'histoire de la réforme épiscopale au xe siècle. A travers leurs traités, leurs opuscules, leurs lettres et leurs sermons on peut saisir dès l'origine les deux tendances entre lesquelles jusqu'au temps de Grégoire VII se partageront tous ceux qui veulent déraciner les abus et qu'on peut appeler, dès cette époque, la tendance italienne et la tendance lorraine. Atton, qui représente la première, poursuit uniquement la réforme morale de son clergé; Rathier de Liège, qui incarne en quelque sorte la seconde à ses débuts, tout en étant animé des mêmes intentions, aperçoit en même temps la nécessité d'affranchir l'Église du pouvoir temporel et de revenir aux vieilles traditions de liberté dans les élections épiscopales, mais l'un et l'autre gardent pour l'institution impériale une confiante et respectueuse admiration qui contredit leurs théories et stérilise leurs efforts.

Si infructueuse qu'ait été leur action, c'est pourtant dans leurs écrits qu'il faut chercher l'esquisse première et encore bien pâle du programme grégorien.

Atton de Verceil a été, au xe siècle, le plus ardent défenseur du célibat ecclésiastique, de la discipline cléricale. Du jour [2] où il fut consacré évêque de Verceil (924) et jusqu'à sa mort survenue au plus tard en 964 [3], il n'a cessé de pourchasser

---

[1] Cfr sa vie par BERNARD GUI dans AA. SS. *Februarii*, 13 février, t. II, p. 711-717.

[2] On a une charte de lui, datée de l'année 945, « vingt et unième de son pontificat (PL, CXXXIV, 18).

[3] Une charte du successeur d'Atton, Ingon, datée de cette année là, prouve que l'évêché de Verceil avait changé de titulaire. (PL, CXXXIV, 22-24). SCHULZ (*Atto von Vercelli*, Göttingue, 1885, p. 15) fixe la mort d'Atton au 31 décembre 961, sous prétexte qu'au concile de Pavie, le 27 septembre 962, figure un *Ingo episcopus* et qu'un nécrologe de Monza, copié au xive siècle sur un

les prêtres mariés et concubinaires, fort nombreux, semble-t-il, dans son diocèse [1] et de chercher chez les apôtres et chez les Pères, dans les canons conciliaires et dans les décrétales, des armes efficaces. C'est, en même temps qu'un homme d'action, un théologien, doublé d'un excellent polémiste dont la plume acérée a fort bien servi la science canonique [2].

Atton de Verceil est le premier écrivain qui ait nettement vu toutes les conséquences de l'inobservation de la loi du célibat par les clercs [3]. Il redoute d'abord le scandale provoqué par la présence, sous un toit qui devrait être le sanctuaire de la chasteté, d'infâmes courtisanes, scandale que perpétuent en quelque sorte les enfants nés de ces amours illicites et qu'aggrave la dilapidation des biens ecclésiastiques. Certains prêtres n'ont pas craint de laisser comme héritage à leurs bâtards les revenus de leur église ou même le patrimoine des pauvres. Leur cupidité est insatiable : pour parer leurs femmes, ils pillent les temples et font souffrir les indigents; pour enrichir leur famille, ils se montrent « rapaces, usuriers, avares, envieux, fraudeurs ». La ruine des églises est le résultat le

---

manuscrit du XIe, donne la date du 31 décembre. Or, rien ne prouve que l'évêque Ingon, qui a siégé à Pavie, ait été titulaire de Verceil et, d'autre part, le nécrologe de Monza, de l'aveu de Schulz lui-même, fourmille d'erreurs. Il faut donc convenir qu'il est impossible d'indiquer une date précise.

[1] Cfr la lettre 9 (PL, CXXXIV, 115-119).

[2] Atton a laissé notamment un recueil canonique, connu sous le nom de *Capitulare*, véritable traité du sacerdoce, destiné à fixer les clercs sur les obligations inhérentes à leur état; un *Libellus de pressuris ecclesiasticis*, composé sans doute dans l'automne de 940 et certainement avant 943 (cfr SCHULZ, *op. cit.*, p. 42), un commentaire des épîtres de saint Paul, des sermons et des lettres. On trouvera ces divers traités dans PL, CXXXIV, 27-900). La chronologie de ces œuvres reste très incertaine et leur auteur lui-même est mal connu. Toutes les hypothèses de Schulz, *op. cit.*, sur ses rapports avec le roi Hugues, dont Atton aurait été le chancelier de 938 à 941 (p. 8), sur sa brouille et sa réconciliation avec le même Hugues (p. 42 et suiv.), ne reposent sur aucun texte précis. Avec plus de raison le biographe d'Atton (*op. cit.*, p. 58), tire d'une autre œuvre de l'évêque de Verceil, le Polyptique, quelques considérations sur son patriotisme italien et sur sa haine des étrangers, Allemands ou Bourguignons. Peu importe d'ailleurs; ce qui vaut d'être retenu ici, c'est l'action réformatrice d'Atton dont ses traités et ses lettres ont conservé le souvenir.

[3] Cfr *Epist.* 9 (PL, CXXXIV, 115-119).

plus clair de ces désordres moraux : les fidèles, qui connaissent la destination de leurs offrandes, se lassent d'être généreux. Bientôt aussi la discipline se relâche, l'autorité épiscopale est méconnue et les laïques, avides de s'enrichir au détriment de l'Église, trouvent dans ces clercs qui vivent en marge de la loi les plus complaisants auxiliaires.

Alarmé de cette situation tragique, Atton entend faire respecter les décisions synodales qu'il a groupées en un solide faisceau dans son *Capitulare*. Or, les conciles interdisent à ceux qui sont parvenus au sous-diaconat de vivre *in consortio familiaritatis* avec aucune femme, qu'elle soit de condition libre ou servile [1], d'avoir même avec une personne de l'autre sexe une conversation publique ou secrète qui fatalement serait mal interprétée [2].

Il ne suffisait pas de rappeler la législation dont un clergé corrompu se souciait fort peu et c'est ici que commençaient les difficultés. Atton s'est ingénié à les surmonter. D'abord il essaie d'user de persuasion et de justifier par des arguments probants la rude discipline imposée par les conciles. Ses réflexions, sans être très neuves, ne manquent pas d'intérêt [3]. Il reprend, en les adaptant aux circonstances présentes, les sentences des Pères contre la luxure, le plus redoutable parmi les vices, car il laisse ses traces sur le corps aussi bien que sur l'âme, et n'a-t-il pas triomphé de la sagesse d'un David ou d'un Salomon ? Il attire l'attention sur le sacrilège qui peut en être la conséquence : chargé de la distribution des sacrements et du service de l'autel [4], le ministre de Dieu ferait preuve d'une audace bien coupable, s'il osait consacrer le corps et le sang du Christ, puis les porter aux autres, alors qu'il est lui-même plongé dans l'impudicité. Au sacrilège viendrait

---

[1] *Capitulare*, 36 (PL, CXXXIV, 36).
[2] *Capitulare*, 37 (*Ibid.*).
[3] *Epist.* 9 (PL, CXXXIV, 115-119).
[4] Le texte latin est significatif : « Nostri denique officii nomina a talibus abstinendum esse nobis insinuant. Sacerdos namque quasi sacrum dicitur; minister autem a ministrando... » (PL, CXXXIV, 116).

se joindre le scandale : comment en effet le prêtre, qui doit donner à tous le bon exemple, pourrait-il prêcher avec efficacité, si sa conduite était l'objet de la réprobation générale ? On ne manquerait pas de lui opposer la parole de l'Écriture : *Hypocrite, arrache d'abord la poutre de ton œil et tu pourras alors songer à enlever le fétu de l'œil de ton frère* [1].

Après avoir développé ces arguments qui eurent, semble-t-il, peu de prise sur un clergé particulièrement corrompu, Atton conclut par cette paternelle exhortation restée sans écho : « Gardez-vous, mes très chers frères, de tout commerce avec les femmes, de façon à *ne pas faire des membres du Christ les membres des courtisanes* (I *Cor.* VI, 15), ce que vous éviterez difficilement, si vous ne fuyez tout entretien avec elles. Qui donc ne se laisserait tenter par des cheveux bien tressés, par de beaux visages, par des paupières clignotantes, par de douces paroles, par d'aimables regards, par de persuasives flatteries, par d'élégantes toilettes, par d'odorants parfums, par de voluptueuses démarches, en un mot par le luxe de tout le corps ? En songeant à ce danger, saint Paul s'écrie [2] : *Fuyez la fornication*, car si nous pouvons résister aux autres vices, il faut pour celui-ci tenir de pied ferme et, afin de ne pas défaillir, implorer le secours divin [3]. »

C'est, sans doute, pour faciliter cette pénible défensive qu'Atton impose au prêtre ou au diacre qui prend la tête d'une paroisse un solennel serment de chasteté, prononcé en présence de l'évêque [4], et surtout qu'il veut plier son clergé à une discipline morale, destinée à le mettre à l'abri des perfides sollicitations du vice. Il défend aux clercs de paraître en public avec des vêtements séculiers [5], d'assister aux spectacles et aux repas de noces [6], de déambuler dans les villes et de fréquenter les

---

[1] Luc, VI, 42.
[2] I *Cor.*, II, 18.
[3] *Epist.* 10 (PL, CXXXIV, 118-119).
[4] *Capitulare*, 38-39 (PL, CXXXIV, 36).
[5] *Ibid.*, 15 (PL, CXXXIV, 31).
[6] *Ibid.*, 42 (*Ibid.*, 37).

tavernes [1], de chanter à l'issue d'un festin [2], de se mêler aux affaires séculières sans la permission de l'évêque, à moins qu'une veuve ou un orphelin ne soit en cause [3], de se livrer à des plaisanteries déplacées et de flatter les laïques [4], de consulter les augures, les sorciers et en général tous ceux qui font profession de magie [5], de pratiquer l'usure et d'acheter à vil prix pour revendre plus cher [6], de s'adonner à l'ivresse « qui alimente et nourrit tous les vices [7] ». En un mot celui qui est investi de la dignité sacerdotale devra renoncer au monde pour se consacrer tout entier à la célébration des saints mystères et à la distribution des sacrements [8].

A cette discipline morale doit s'ajouter une discipline intellectuelle. De l'avis d'Atton c'est à l'ignorance « mère de toutes les erreurs », suivant l'expression du concile de Tolède [9], qu'il faut imputer pour une large part la dépravation des mœurs cléricales. Aussi prescrit-il à ses prêtres de partager leur temps entre la prière et la lecture [10]. Il est capital pour eux de connaître à fond les canons de l'Église, pour éviter de se mettre en opposition avec les saintes règles, de se pénétrer notamment de la bulle de Gélase Ier où sont consignés les livres apocryphes « que ne reçoit pas l'Église catholique et apostolique », à côté de ceux qu'elle considère comme authentiques [11]. Ainsi ils pourront en imposer aux fidèles aussi bien par leur « science de la foi » que par leurs « œuvres [12] ».

On voit quelle a été, pendant ses quarante années d'épiscopat, la préoccupation dominante d'Atton de Verceil. Arracher

---

[1] *Capitulare*, 43 (PL, CXXXIV, 37).
[2] *Ibid.*, 46 (*Ibid.*, 37).
[3] *Ibid.*, 47 (*Ibid.*, 37).
[4] *Ibid.*, 44 et 45 (*Ibid.*, 37).
[5] *Ibid.*, 48 (*Ibid.*, 37).
[6] *Ibid.*, 49-50 (*Ibid.*, 38).
[7] *Ibid.*, 69 (*Ibid.*, 41).
[8] *Ibid.*, 7-12 et 17-20 (*Ibid.*, 31-32).
[9] *Ibid.*, 3 (*Ibid.*, 29); *Concil. Toletanum*, IV, 24.
[10] *Ibid.*, 57 (PL, CXXXIV, 39).
[11] *Ibid.*, 100 (*Ibid.*, 49-52).
[12] *Ibid.*, 3 (*Ibid.*, 29).

son clergé à l'horrible fornication, favoriser sa formation morale et intellectuelle, voilà le but primordial qu'il n'a cessé de poursuivre. Ce saint évêque semble aussi s'être rendu compte que, pour aboutir à un résultat durable, il fallait purifier l'atmosphère avoisinante et que le nicolaïsme ne prendrait fin autour de lui que si l'on débarrassait l'Église d'un épiscopat simoniaque.

Ici également Atton a fort bien saisi d'où venait le mal. Il constate avec une vive amertume que les vieilles règles, empreintes de la divine sagesse, sont tombées en désuétude. Des princes irreligieux, qui ne connaissent que leur intérêt ou leur caprice, n'admettent pas que d'autres qu'eux-mêmes désignent l'évêque et s'indignent violemment, si l'on se permet de critiquer leurs choix, si déplorables qu'ils puissent être [1]. Dès lors la charité et la foi du candidat importent peu ; la fortune, la parenté, la servilité en tiennent lieu. Tantôt la dignité épiscopale est livrée pour une somme d'argent; tantôt on écoute la voix du sang, on se laisse circonvenir par des amis ou par des familiers, mais le résultat est toujours le même : les églises sont l'objet d'un trafic infâme et livrées à des indignes. On n'hésite pas à promouvoir à l'épiscopat des hommes tarés ou même des enfants « dont l'âme ni le corps ne sont encore formés » et qui ont juridiction sur des âmes alors qu'ils « peuvent à peine se représenter ce qu'est l'âme [2] ». C'est à de tels prélats qu'il est fait allusion dans cette parole de l'Évangile [3] : « *Laissez-les; ils sont aveugles et conduisent des aveugles* » ou encore dans ce passage du prophète Isaïe : « *Les pasteurs eux-mêmes ont ignoré la science [4]* ».

Atton a donc vu clairement que la simonie était la conséquence de l'intrusion des laïques dans les affaires de l'Église et il n'a pas ménagé ses critiques aux princes qui attentaient à la liberté des élections. Comme pour le nicolaïsme, il a rappelé les canons qui condamnent un pareil trafic qu'il n'hésite pas à

---

[1] *De pressuris ecclesiasticis*, 2 (PL, CXXXIV, 69).
[2] *De pressuris ecclesiasticis*, 2 (*Ibid.*, 74).
[3] Voir MATTH., XV, 14, et Is., LVI, 11.
[4] *De pressuris ecclesiasticis*, 2 (PL, CXXXIV, 75 et 81).

qualifier d'hérésie [1]. Il est le premier écrivain, du moins parmi ceux dont les œuvres sont parvenues jusqu'à nous, qui ait appliqué à la vente des évêchés par les princes temporels le terme d'*hérésie simoniaque* dont se sert Grégoire le Grand pour désigner la vente non pas de la dignité épiscopale, mais de l'ordination sacerdotale. Ce qualificatif lui paraît trouver sa justification dans l'Écriture. « Quel commerce, dit-il, peut être pire que celui qui consiste à livrer pour de l'argent à des prêtres indignes la sainte Église, épouse sans tache du Christ, mère de tous les fidèles, que le Maître a rachetée de son sang précieux. Le Seigneur n'a-t-il pas dit dans l'Évangile : *Ne faites pas de la maison de mon père une maison de négoce* ? [2] Le bienheureux Pierre, pasteur de l'Église, déclare, à son tour, à Simon le Magicien qui lui offrait de l'argent pour obtenir le don de l'Esprit Saint : *Que ton argent soit pour toi une source de perdition, puisque tu as pensé que le don de l'Esprit Saint pouvait s'acquérir pour de l'argent* [3]. Voilà pourquoi on a qualifié de simoniaque cette hérésie aussi néfaste pour celui qui vend que pour celui qui achète [4]. »

Ainsi se trouve formulée pour la première fois au milieu du $X^e$ siècle, la thèse grégorienne suivant laquelle la simonie est une hérésie à laquelle participent tout à la fois l'acheteur et le vendeur, l'évêque qui reçoit sa dignité pour de l'argent et le prince laïque qui l'en investit, sans même consulter au préalable les électeurs canoniques, à savoir le clergé et le peuple. C'est là ce qui fait la très grande importance du *De pressuris ecclesiasticis* dans l'histoire de la formation des idées grégoriennes.

La conclusion qui se dégage de cette doctrine, c'est tout naturellement qu'il faut en revenir aux règles plus d'une fois formulées par les conciles, dont l'observation peut seule assurer l'accès de la chaire épiscopale à l'élu de Dieu. « Dans l'élection des pontifes, que l'on garde en tout l'ordre des saints canons,

---

[1] *Capitulare*, 33 (PL, CXXXIV, 35).
[2] JEAN, II, 16.
[3] *Act.*, VIII, 20.
[4] *De pressuris ecclesiasticis*, 2 (PL, CXXXIV, 71).

que le clergé et le peuple ne souffrent aucun préjudice, mais
qu'ils aient la faculté d'élire en toute indépendance et en toute
tranquillité celui qui leur paraîtra le meilleur. Que l'élu soit
minutieusement examiné tant par le métropolitain que par les
autres évêques de la province... S'il est jugé digne, qu'avec
l'assentiment du prince de l'autorité duquel relève le diocèse
il soit solennellement consacré. Que du jour où il sera ordonné,
les langues des adversaires se taisent... et que personne n'ose
l'accuser ou le juger sinon dans les conditions prescrites par les
canons [1]. »

Le rôle du pouvoir laïque se réduit donc au simple *consensus*
que lui ont toujours accordé les conciles. Il reste inférieur à
celui du métropolitain et des évêques comprovinciaux, seuls
juges des qualités intellectuelles et morales du nouvel élu.

Atton attache une grande importance au recrutement de l'épiscopat, comme à celui du clergé. Ne lit-on pas dans l'Écriture
à propos des Apôtres, dont les évêques sont les successeurs,
cette grave sentence : *Vous n'êtes pas du monde, mais je vous ai
choisis dans le monde* [2]. Qu'est-ce à dire sinon qu'il faut « élever à
cette haute fonction des hommes qui, « choisis dans le monde, »
n'en fassent plus partie en ne vivant pas selon la chair ? [3] »
Il faut que l'évêque soit d'une chasteté et d'une prudence
éprouvées et, comme ces vertus ne peuvent être solidement
ancrées en nous qu'à un certain âge, il faut appliquer la règle
formulée par les Pères qui « s'inspirant de l'exemple du Christ
qui attendit d'avoir atteint trente ans pour commencer sa prédication, n'ont jamais voulu concéder la fonction pastorale à
une personne qui n'eût pas atteint cet âge [4]. »

Tel est le programme de réforme épiscopale qu'a tracé
Atton de Verceil. L'exécution comportait de sérieuses difficultés. Elle entraînait fatalement à l'égard des « hérétiques »
des sanctions qu'Atton ne paraît avoir jamais envisagées. On

---

[1] *De pressuris ecclesiasticis*, 2 (PL, CXXXIV, 87).
[2] JEAN, XV, 19.
[3] *De pressuris ecclesiasticis*, 2 (PL, CXXXIV, 69).
[4] *De pressuris ecclesiasticis*, 2 (*Ibid.*, 77).

touche ici au point faible de son œuvre. Il a senti la nécessité
d'une réforme de l'Église; il a vu que le nicolaïsme du clergé
procédait de la simonie de l'épiscopat et que celle-ci avait pour
cause la transformation du mode d'élection des évêques; il
a catégoriquement affirmé qu'il fallait revenir à la tradition,
mais il n'a pas indiqué le moyen efficace de briser la résistance
des princes laïques qui ont accaparé les églises et en dilapident
les revenus.

Il prononce à leur égard une série d'interdictions : interdiction de se substituer aux électeurs dans les élections épiscopales, interdiction de juger et de déposer les évêques ou leurs
subordonnés, interdiction de s'emparer des biens épiscopaux
pendant la vacance du siège, interdiction de s'immiscer dans les
procès ecclésiastiques, à moins d'y avoir été invités par les
évêques du ressort [1]. Mais quelle doit être l'attitude du pouvoir
spirituel, si les rois et seigneurs passent outre à ces diverses
injonctions? Doit-il tenir pour nulles leurs sentences et refuser
de s'y conformer? Doit-il opposer aux princes injustes d'autres
princes disposés à servir davantage la cause de Dieu? Il semble
que de telles conclusions s'imposent, mais Atton a reculé devant
le danger qu'elles pouvaient entraîner. Il prêche uniquement
la résignation. Aux évêques qui seraient tentés d'user, pour se
défendre, des armes séculières il rappelle que le Christ les a
méprisées et qu'il a guéri de sa main Malchus frappé par
l'Apôtre [2]. Le bon pasteur se contentera donc d'offrir sa vie
pour ses brebis, de prier pour ses persécuteurs, d'implorer
le secours de Dieu et d'attendre avec confiance le jour du jugement [3]. Il acceptera docilement les sentences rendues par les
puissants de ce monde, si iniques qu'elles soient, et, persuadé
que de rudes châtiments frapperont tôt ou tard les rois impurs [4],
il n'attendra le salut que d'une intervention miraculeuse [5].

---

[1] *De pressuris ecclesiasticis*, I (PL, CXXXIV, 68).
[2] *De pressuris ecclesiasticis*, I (*Ibid*, 61).
[3] *Ibid.*, I (*Ibid.*, 62-63 et 67).
[4] *Ibid.*, I (*Ibid.*, 64-65).
[5] *Ibid.*, I (*Ibid.*, 58-60).

On peut rapprocher ce passage du *De pressuris ecclesiasticis* des exhortations prodiguées par saint Odon de Cluny à l'évêque Turpion de Limoges. Atton n'envisage aucun moyen pratique de réaliser la réforme dont il a si bien vu la nécessité; il n'autorise aucune sanction à l'égard de ceux qui méprisent les canons de l'Église et, chose curieuse, ne suggère même pas l'emploi des armes spirituelles, de l'excommunication et de l'anathème, contre les fauteurs de «l'hérésie simoniaque». C'est qu'en réalité il n'a pas su se dégager entièrement des idées de son temps; il est nourri de la littérature carolingienne qui professe pour l'institution royale un respect tout religieux. Son œuvre procède à n'en pas douter de deux sources contradictoires : il a recueilli et codifié dans son *Capitulare* les canons de l'Église empruntés à des collections du même genre, qu'on ne saurait identifier, puis, observant à la lumière du droit les faits contemporains, il a souligné avec une radieuse clarté la révolte des clercs débauchés, des évêques simoniaques et des princes cupides contre les lois ecclésiastiques, mais d'autre part il a lu les écrivains du IXe siècle qui ont érigé l'obéissance à l'empereur et aux rois à l'état de précepte divin; incapable de dépister le sophisme, il n'a osé se soustraire aux conclusions des théoriciens du césaropapisme, si contraires qu'elles fussent à sa conception de la réforme.

L'épître à Valdon, où Atton a exposé sa conception des rapports qui devaient exister entre les évêques et les rois, n'est que le reflet *De institutione regia* de Jonas d'Orléans [1] et du *De regia persona et regio ministerio* d'Hincmar de Reims [2]. Pour ces deux écrivains le roi est astreint de par sa fonction à certains devoirs, mais son pouvoir est d'origine divine et résister au roi, c'est résister à Dieu lui-même [3]. Aussi, tout en admettant la supériorité du pouvoir sacerdotal sur le pouvoir royal, Jonas et Hincmar ne prévoient, au cas où le second viendrait à opprimer

---

[1] PL, CVI, 285 et suiv.

[2] PL, CXXV, 833 et suiv.; cfr aussi le *De fide Carolo regi servanda* (*Ibid.*, CXXV, 961-984).

[3] JONAS D'ORLÉANS, *De institutione regia*, 7-8 (PL, CVI, 295-297).

le premier, aucune sanction qui, en atteignant le souverain, risquerait d'être injurieuse pour Dieu qui « crée les bons rois et punit les méchants [1] ». On aboutit donc fatalement à cette conclusion que l'Église n'a qu'à subir passivement les tyrans qui relèvent directement et sans son intermédiaire de l'autorité divine, seule qualifiée pour les juger et les condamner.

L'effort des Carolingiens pour conformer leurs capitulaires aux canons conciliaires, pouvait justifier dans une certaine mesure de semblables théories, mais, au milieu du Xe siècle, elles constituent un anachronisme. Pourtant Atton de Verceil les a reproduites à peu près intégralement, sans s'apercevoir que les rois avaient cessé d'être les exécuteurs tutélaires des décisions de l'Église, devenue la proie d'une insatiable cupidité. Aussi bien, quand il s'agit de la simonie, flétrit-il les princes qui paralysent la liberté des élections épiscopales et usurpent les biens ecclésiastiques, mais, si un évêque vient, comme Valdon, à leur résister pour un motif quelconque, il lui jette à la tête les considérations et les textes qu'ont colligés les écrivains de la précédente génération.

On ne sait exactement quelles raisons avaient amené Valdon à s'insurger contre le pouvoir temporel. Ce qui est certain, c'est qu'il s'est attiré de la part de son collègue les plus véhéments reproches [2]. « Il est grave, lui écrit Atton, de combattre la majesté royale, même si elle a fait preuve d'injustice, car elle a été ordonnée par Dieu, dispensée par Dieu et c'est un sacrilège que de violer ce qui a été ordonné par Dieu [3]. » Ce sont à peu de chose près les expressions de Jonas d'Orléans au chapitre VIII du *De institutione regia*. Commentant à son tour les textes qui prescrivent l'obéissance au souverain, notamment celui-ci : *Craignez Dieu, honorez le roi* [4], Atton en vient à conclure qu'il faut placer aussitôt après la crainte de Dieu le respect

---

[1] HINCMAR, *De regia persona et regio ministerio*, 1 (PL, CXXV, 833).
[2] *Epist.*, 1 *ad Valdonem episcopum* (PL, CXXXIV, 95-104).
[3] *Epist.*, 1 (*Ibid.*, 95).
[4] *Epist.*, 1 (*Ibid.*, 97).

dû au roi [1]. Émanation de Dieu, le roi ne doit de comptes qu'à
Dieu seul. « Quand le roi est coupable, il n'est responsable
qu'envers Dieu, car il n'y a pas d'homme qui puisse juger ses
actions [2] », y compris le prêtre qui évitera de participer à tout
mouvement de révolte fomenté par des chevaliers, car, en cherchant à faire descendre un roi de son trône, il résisterait à Dieu
lui-même [3]. Qu'on n'oublie pas que Dieu a prescrit de *rendre
à César ce qui est à César* [4], ce qui implique « non seulement
le paiement du tribut, mais une grande révérence envers la
fonction prise dans son ensemble [5]. »

Atton a donc emprunté à Jonas et à Hincmar leur doctrine
de l'omnipotence du pouvoir temporel issu de Dieu. Avec eux
encore il en déduit des conséquences qui vont compromettre
tout son programme de réforme. « On saura, dit-il, que, si le
Dieu tout puissant daigne donner au peuple un prince qui
cherche à lui être utile, il faut l'attribuer à sa bonté et le remercier comme il le mérite. Si au contraire ce prince est pervers,
les sujets imputeront ce malheur à leurs péchés et ne cesseront
de demander à Dieu de disposer les choses suivant sa miséricorde infinie, car celui qui a été ordonné par Dieu ne peut en
aucune façon être déposé ou combattu par le peuple. On lit
en effet dans Daniel [6] : *Le Très Haut domine dans le royaume
des hommes et le donne à qui il veut* [7]. » Et Atton de remarquer
que Grégoire le Grand, malgré certaines erreurs de l'empereur
Maurice, l'a très humblement reconnu pour son seigneur

---

[1] I PETR., II, 17.

[2] *Epist.*, 1 (PL, CXXXIV, 97).

[3] *Epist.*, 1 (*Ibid.*, 96). Cfr JONAS, *op. cit.*, 8 (PL, CVI, 296-297).

[4] MATTH., XXII, 28.

[5] *Epist.*, 1 (PL, CXXXIV., 96-97). Il est à remarquer qu'Atton reconnaît au
peuple le droit d'élire le roi et il cite à ce sujet (*Ibid.*, 99) une homélie de saint
Jean Chrysostome où il est dit : « Personne ne peut se faire roi ; le peuple élit
le roi qui lui convient, mais, quand le roi a été élu et confirmé, il a tout pouvoir
sur le peuple et celui-ci ne peut plus secouer son joug. Le peuple a, en effet,
le pouvoir de se donner le roi qu'il désire, mais il n'a pas le droit de chasser
du royaume celui qu'il s'est donné et ainsi la volonté du peuple se transforme
en nécessité. »

[6] DAN., IV, 14.

[7] *Epist.*, 1 (PL, CXXXIV, 97-98).

et lui a gardé sa foi [1], que saint Ambroise, injustement persécuté, « se confiait à Dieu sans songer à se défendre ni à résister [2] », ce qui, en fin de compte, amène cette conclusion : « C'est ainsi que les prêtres de Dieu doivent se protéger contre les princes impies. Comme le dit le bienheureux apôtre Paul, *ne vous faites pas justice à vous-mêmes, mes bien aimés, mais laissez libre carrière à la colère, car il est écrit : La vengeance m'appartient et c'est moi qui rendrai à chacun son dû, dit le Seigneur* [3]. En effet, se défendre par les armes, se venger en pillant et en dévastant, s'enrichir par le butin, se faire redouter en donnant la mort, cela n'est pas d'un prêtre, mais d'un démon [4]. »

Subir l'oppression et ne jamais y résister, telle est donc la conception que se fait Atton des rapports qui doivent exister entre les deux pouvoirs spirituel et temporel. Si la puissance laïque en vient à un tel degré d'arbitraire que la vie devienne impossible pour les clercs, ceux-ci pourront prendre le chemin de l'exil, conformément à la parole du Seigneur [5] : *S'ils vous persécutent dans une cité, fuyez dans une autre* [6], mais il est bien entendu qu'ils ne recourront à cette extrémité qu'après avoir épuisé tous les moyens de conciliation [7]. Pour Atton un seul remède est efficace, la prière, qui attire sur les rois impies les châtiments de Dieu [8].

Il y a, en résumé, dans l'œuvre d'Atton bien des contradictions qui proviennent, comme on l'a vu, de ce qu'il n'a pas su adapter aux circonstances les sources dont il s'est servi. Le saint évêque de Verceil veut affranchir l'Église afin de la purifier, mais son désir est purement platonique, car il ne consent à aucune sanction, même d'ordre spirituel, à l'égard de ceux qui l'oppriment. Il n'admet pas un instant que le pouvoir sacerdotal puisse déposer les rois injustes et, ce qui est plus curieux

---

[1] *Epist.*, i (.PL, CXXXIV, 98).
[2] *Ibid.*, (*Ibid.*, 98).
[3] *Rom.*, XII, 19.
[4] *Epist.* i (PL. CXXXIV, 98).
[5] MATTH., X, 25.
[6] *Epist.* i (PL, CXXXIV, 99).
[7] *Ibid.* (*Ibid.*, 101-102).
[8] *De pressuris ecclesiasticis*, i (PL, CXXXIV, 64-65).

encore, il fait le silence sur les peines canoniques d'excommunication, d'anathème, d'interdit qui frappent ordinairement
les hérétiques. Cela prouve à quel point le césaropapisme,
restauré par Charlemagne, qui place le souverain au-dessus des
lois ecclésiastiques, était encore vivace au milieu du X$^e$ siècle.
Il faudra toute l'énergie d'un Grégoire VII pour arracher
l'Église à son étreinte. Cependant certains écrivains ont entrevu,
de bonne heure, toutes les conséquences de ce système politico-
religieux et, en théorie sinon en pratique, ont proclamé la
supériorité du pouvoir sacerdotal sur le pouvoir laïque. C'est
en Lorraine que va s'ébaucher, timidement d'abord avec
Rathier de Liège, plus hardiment ensuite avec Wason, cette
thèse sur laquelle s'échafaudera la réforme grégorienne et que
le timide Atton n'a même pas osé formuler.

Le milieu dans lequel Rathier est né à la vie religieuse a eu
vraisemblablement une influence sur la formation de ses idées.
Le royaume de Lorraine a été dès le début du X$^e$ siècle le centre
d'un mouvement de réforme assez analogue à celui de Cluny,
en ce sens qu'il revêt à l'origine la forme monastique, mais dont
le rayonnement au dehors a peut-être été plus intense. L'initiateur est un jeune seigneur, tourmenté par le dégoût du
siècle, Gérard, qui, en 913, bâtit sur sa terre de Broigne, près de
Namur, une église où il réunit d'abord des chanoines ; bientôt
il implante parmi ses compagnons la règle de saint Benoît
et, renonçant au siècle, devient lui-même abbé du monastère
qu'il avait fondé. Il donne l'exemple du plus rigoureux ascétisme,
acquiert très vite une grande réputation de sainteté, gagne à la
cause de la réforme les seigneurs du nord et de l'est de la France,
tels qu'Arnoul de Flandre et Giselbert de Lorraine ; grâce à
leur appui, il réussit, avant sa mort survenue en 959, à réformer
les abbayes de Saint-Ghislain, de Saint-Bavon de Gand, de Saint-
Pierre au Mont-Blandain, de Saint-Bertin, de Saint-Omer [1].

---

[1] Sur la vie et l'œuvre de Gérard de Broigne, cfr *Virtutes S. Eugenii* (MGH,
SS, t. XV, p. 646) ; *Vita Gerardi* (*Ibid.*, t. XV, p. 654) ; *Annales Blandinienses*
(*Ibid.*, t. V, p. 124). Cfr aussi SACKUR, *Die Cluniacenser*, t. I, p. 123 et suiv.

Cette réforme monastique, indépendante de celle de Cluny, affecte d'autres régions : la Lorraine, la Flandre, l'Allemagne rhénane. Elle se différencie aussi du mouvement clunisien par quelques traits qu'il importe de noter [1]. Cluny est une congrégation; les monastères lorrains conservent leur pleine autonomie. Cluny relève directement du Saint Siège; aucune des abbayes réformées par Gérard et ses disciples n'a été affranchie de la juridiction de l'ordinaire. Enfin, tandis que la réforme clunisienne s'opère souvent contre l'épiscopat, la réforme lorraine, dès qu'elle prend de l'extension, rencontre dans les évêques de précieux collaborateurs; le contact avec l'Église séculière a été beaucoup plus étroit. Au début du XIe siècle, il est vrai, la fusion des deux réformes sera réalisée par un archidiacre de Reims, disciple et ami de saint Odilon, Richard, qui, devenu en 1004 abbé à Saint-Vannes, au diocèse de Verdun, subordonnera à Cluny les monastères où il aura pu pénétrer, Florennes, Lobbes, Gembloux, Stavelot, Saint-Laurent de Liége [2]; mais, au moment où le jeune Rathier, originaire du diocèse de Liège où il est né dans les dernières années du IXe siècle, entre au monastère de Lobbes sur la Sambre, c'est l'esprit de Gérard de Broigne qui anime toute cette région gouvernée par Giselbert, seigneur de Basse-Lorraine, ami et protecteur de Gérard.

Lobbes est à ce moment un foyer de vie religieuse et intellectuelle [3]. L'abbé Hilduin groupe autour de lui plusieurs élèves remarquables par leur science et par leur talent, dont Folcuin, auteur d'une histoire de l'abbaye, a laissé les noms,

---

[1] L'histoire du développement et des progrès de la réforme lorraine ne concernant pas notre sujet, nous nous contentons de renvoyer aux ouvrages déjà cités de SACKUR, t. I, p. 114 et suiv., et de HAUCK, t. III, p. 370 et suiv.

[2] Sur Richard de Saint-Vannes, cfr *Vita Richardi* (MGH, SS, t. XI, p. 280-290); HUGUES DE FLAVIGNY, l. II (*Ibid.*, t. VIII, p. 368-408); *Gesta episcoporum Virdunensium* (*Ibid.*, t. V, p. 47-49); et SACKUR, *op. cit.*, t. II, p. 135; CAUCHIE, *La querelle des Investitures*, t. I, p. XXXIX-XLVI.

[3] C'est seulement dans le second quart du Xe siècle que commencera la décadence, pour se précipiter lors de l'invasion hongroise de 954. Cfr FOLCUIN, *Gesta abbatum Lobiensium*, 19 et 25-26 (MGH, SS, t. IV, p. 63 et 65-68).

mais, au dire du même Folcuin, le plus distingué parmi eux
était Rathier [1]. Hilduin en faisait un tel cas qu'il l'emmena
avec lui, lorsqu'en 926, il quitta Lobbes pour l'Italie où, semble-
t-il, l'appelait son cousin, le roi Hugues [2].

En 931, Hilduin, qui avait tout d'abord succédé à Notger
de Vérone, devient archevêque de Milan. L'évêché de Vérone
se trouvant de nouveau vacant, Rathier, grâce à l'appui de son
protecteur, en prend possession, mais il se heurte de la part
du roi Hugues à une opposition dont on ne soupçonne pas
les motifs. Hugues s'inclina pourtant devant les instances
plusieurs fois renouvelées du pape Jean XI [3], mais il garda
contre le jeune prélat un vif ressentiment. Finalement il le
déposa, le retint prisonnier pendant deux ans et demi (936-
938) dans une tour, située aux environs de Pavie, où Rathier
composa ses *Praeloquia*. Il lui rendit enfin la liberté, mais les
tribulations du malheureux prélat n'étaient pas terminées :
il ne put recouvrer son siège et son compétiteur victorieux
l'obligea à s'enfuir dans le midi de la France, où il mena quelque
temps une vie des plus misérables [4]. En 944, tout espoir paraissant perdu, il rentre à Lobbes, mais il est bientôt rappelé en
Italie par le soulèvement de Bérenger contre Hugues, récupère
un instant son siège épiscopal, s'entend assez mal avec le
nouveau roi d'Italie, plus mal encore avec son clergé qu'il
prétend réformer, si bien qu'il lui faut encore quitter Vérone
et retourner à Lobbes [5]. En 952 le roi de Germanie, Othon,
le fait venir à sa cour [6] et le nomme peu après évêque de Liége
où il rencontre, de la part de son clergé, la même opposition
qu'à Vérone [7]. Il ne peut pas davantage rester dans son diocèse,
revient à Lobbes pour la troisième fois, mais Othon persiste
à le protéger et, lors de son expédition en Italie (961), le réin-

---

[1] FOLCUIN, *Gesta abbatum Lobiensium*, 19 (MGH, SS, t. IV, p. 63).
[2] FOLCUIN, *ibid.*, 19 (*Ibid.*, p. 63).
[3] RATHIER, *Epist.*, 5 (PL, CXXXVI, 657-658).
[4] FOLCUIN, *op. cit.*, 20 (MGH, SS, t. IV, p. 64).
[5] RATHIER, *Epist.*, 6 (PL, CXXXVI, 665 et suiv.).
[6] FOLCUIN, *op. cit.*, 22 (MGH, SS, t. IV, p. 64).
[7] FOLCUIN, *op. cit.*, 23 (*Ibid*, t. IV, p. 65).

stalle à Vérone. Rathier, pendant six ans, s'efforce d'appliquer ses idées réformatrices [1]; en 968, il doit de nouveau se retirer, mais il ne peut trouver à Lobbes son asile habituel, car l'abbaye est en pleine décadence [2] et c'est à Namur que la mort vient, en 974, mettre fin à son existence si fertile en incidents de toute sorte [3].

Malgré cette vie extraordinairement mouvementée, Rathier a beaucoup écrit. La plupart de ses œuvres sont des opuscules de circonstance, inspirés par ses démêlés avec son clergé ou avec le pouvoir temporel, mais, à propos de faits qui le concernent personnellement et en quelque sorte pour se justifier, il a été amené à esquisser un programme de réforme qui, précisément à cause des persécutions endurées par son auteur, a un caractère plus radical que celui d'Atton de Verceil [4].

---

[1] FOLCUIN, *op. cit.*, 24 (MGH, SS, t. IV, p. 65).

[2] FOLCUIN, *op. cit.*, 28 (*Ibid.*, t. IV, p. 69).

[3] FOLCUIN, *op. cit.*, 29 (*Ibid.*, t. IV, p. 70).

[4] Sur Rathier de Liége il n'y a guère à signaler que l'ouvrage déjà ancien de VOGEL, *Rathier von Verona und das zehnte Jahrhundert*, Iéna, 1854, 2 vol., très utile encore pour fixer la chronologie des œuvres, mais où l'on chercherait en vain une étude critique des théories de l'évêque de Vérone. On trouvera également quelques indications dans G. PAVANI, *Un vescovo belga in Italia nel secolo X. Studio storico-critico su Raterio di Verona*, Turin, 1920. — La seule édition complète est celle de MIGNE (PL, CXXXVI). Voici, dans leur ordre chronologique, les plus importants opuscules dus à la plume de Rathier. Il faut d'abord citer les *Praeloquia*, composés en 936-937 dans la prison de Pavie (Folcuin est formel à ce sujet) et divisés en six livres : le premier est consacré aux diverses obligations qui incombent au chrétien et Rathier y passe en revue toutes les professions en analysant les devoirs d'état qu'elles impliquent; le second livre a trait aux devoirs des époux, des personnes non mariées, des parents et des enfants; les livres III à V, de beaucoup les plus intéressants, concernent l'épiscopat; c'est là que Rathier expose ses idées sur les rapports des évêques avec les rois et sur la réforme de l'Église; le livre VI est une conclusion où l'auteur parle surtout de ses propres souffrances avec une grande confiance dans la miséricorde divine. On constate ensuite une interruption de vingt années qui correspond à la période la plus troublée de la vie de Rathier; il ne reprend la plume qu'au moment où il est obligé de quitter l'évêché de Liége, à Pâques 955, avec la *Conclusio deliberativa Leodici acta, sive climax syrmatis ejusdem, qui cetera non adeo parvi [pendenda scripsit]*, véritable plaidoyer en sa faveur. Viennent ensuite : le *Dialogus confessionalis*, antérieur au 1er mai 917 (cfr VOGEL, *op. cit.*, t. II, p. 197-198); le *Volumen perpendiculorum*, écrit à Vérone en novembre 963 avec l'aide d'un recueil de textes canoniques que Rathier avait réunis en 947-948; le *De proprio lapsu*, qui

Comme Atton, Rathier veut avant toute chose réformer les mœurs du clergé qui laissaient autant à redire à Vérone qu'à Verceil. Élevé dans une région où avait déjà passé le souffle vivifiant de la réforme, il a du sacerdoce une conception très élevée qu'il résume fortement en cette phrase lapidaire : « Dans le prêtre, c'est le Christ que l'on honore [1]. » Aussi bien, celui qui reçoit les ordres sacrés, du fait qu'il doit désormais refléter l'image du Christ, est-il contraint de se livrer à Dieu corps et âme et de fuir tout ce qui pourrait ternir ou altérer en lui ce caractère divin [2]. De là de redoutables obligations que Rathier a plus spécialement définies dans une lettre pastorale, remplie de « préceptes paternels » qu'il adressa au clergé de son diocèse en 966, à l'occasion du carême [3].

En tête de ces obligations figure naturellement celle du célibat. « Nous vous demandons avant tout, écrit l'évêque à son clergé, d'avoir une vie et une conversation irréprochables ; votre demeure doit être proche de l'Église et aucune femme ne peut l'habiter avec vous [4]. »

L'ordre est impératif. A la différence d'Atton de Verceil, Rathier juge inutile de le justifier par des raisons d'ordre moral et théologique. Les Pères en ont ainsi décidé et cela suffit : le troisième canon du concile de Nicée n'autorise dans la maison du clerc, en fait de femmes, que ses très proches parentes et

---

date, semble-t-il, de l'été de 964 (cfr VOGEL, *op. cit.*, t. II, p. 205) ; le *De otioso sermone*, qui est de la même époque, et le *Coniectura qualitatis*, postérieur à 965 (il y est fait allusion à des événements qui se sont passés cette année-là) et antérieur à décembre 966 (il est cité dans l'*Iter romanum*), qui ont l'un et l'autre l'allure d'une confession où Rathier expose ses idées sur la réforme des mœurs cléricales ; les *Synodica* décret synodal du concile tenu pendant le carême 966 ; l'*Iter romanum* qui date des premiers jours de 966 ; enfin l'*Apologeticus* qui, par suite d'une allusion à une donation faite par Othon pendant son séjour à Vérone, se place en 951, 961 ou 967, mais plus vraisemblablement en cette dernière année (cfr VOGEL, *op. cit.*, t. II, p. 67). De 968 à 974 Rathier semble n'avoir rien écrit.

[1] *Praeloquia*, III, 4 (PL, CXXXVI, 224).

[2] *De nuptu illicito*, 12 (PL, CXXXVI, 568-570).

[3] *Synodica ad presbyteros et ordines caeteros forinsecus, id est per universam diocesim constitutos.* (PL, CXXXVI, 553-568).

[4] *Synodica*, 6 (PL, CXXXVI, 558-559).

celui de Néocésarée est plus formel encore : « Si un prêtre s'est marié, qu'il soit déposé [1].» L'interdiction s'applique *a fortiori* aux unions charnelles autres que le mariage ; celles-ci constituent des impuretés plus graves encore et tombent sous le coup de la condamnation ainsi formulée par l'apôtre [2] : *Nul forni-cateur, nul impudique, nul cupide, c'est à dire nul idolâtre, n'a d'héritage dans le royaume du Christ et de Dieu* [3]. Conformément à cette doctrine le concile de Néocésarée — et Rathier à sa suite — retire le pouvoir de consacrer à un clerc qui s'est rendu coupable avant son ordination d'un péché contre la chair. L'évêque de Vérone s'empresse d'ajouter : « Si celui qui avoue avoir commis un tel péché avant l'ordination est si durement frappé, quel sera donc le sort de celui qui, après l'ordination, a forniqué des milliers de fois ? » Une conclusion s'impose : tout clerc coupable d'adultère, d'inceste ou même simple-ment de concubinage devra renoncer à sa fonction [4].

Rathier, toujours en vertu de la très haute idée qu'il a du sacerdoce, ne s'arrête pas là. Il prétend exiger de ses clercs la plus parfaite sainteté et ne craint pas, pour les y amener, d'entrer dans les plus minutieux détails. L'instruction pastorale attire leur attention sur la nécessité de célébrer pieusement le saint sacrifice, de recevoir le corps et le sang du Christ « avec crainte et respect », d'avoir soin personnellement des vases sacrés. Elle leur prescrit encore de ne pas chanter la messe autrement qu'à jeun et sans être vêtus des ornements sacer-dotaux qui ne serviront à personne autre, de visiter les malades et de leur porter eux-mêmes la communion sans jamais recourir à l'intermédiaire d'un laïque ni surtout d'une femme, de n'exiger aucune rémunération pour baptiser, pour réconcilier les pécheurs avec Dieu ou pour enterrer les défunts, de veiller à ce qu'aucun enfant en bas-âge ne meure sans baptême et à ce qu'aucun adulte ne se dérobe à la pratique du jeûne, d'inviter

---

[1] *Ratherii Romam euntis itinerarium*, 5 (PL, CXXXVI, 585).
[2] *Ephes.*, V, 5.
[3] *Itinerarium*, 15 (PL, CXXXVI, 598).
[4] *Itinerarium*, 10 (*Ibid.*, 592).

les fidèles à la confession pendant le carême, de leur rappeler qu'ils doivent communier à Noël, le jeudi saint, à Pâques, à la Pentecôte et qu'à certaines époques de l'année ils doivent s'abstenir de leurs épouses [1].

Voilà pour les obligations professionnelles. Pour les remplir comme il faut, les clercs doivent avoir une vie exemplaire. Rathier leur interdit de s'adonner à l'ivrognerie et de fréquenter les tavernes, de porter les armes, de chasser avec des chiens ou avec des oiseaux; il leur recommande de pratiquer largement l'hospitalité surtout à l'égard des pauvres, des orphelins et des étrangers, d'éviter l'usure, de toujours se rappeler que ce qu'ils ont acquis au moment de leur ordination appartient à leur église et non pas à eux-mêmes [2]. Il les met en garde contre les générosités des princes laïques et contre la tentation de gains illicites, ce qui l'amène à condamner formellement l'investiture laïque. « Que personne d'entre vous, dit-il, n'obtienne une église du pouvoir séculier. Que personne par de l'argent ne s'empare de l'église d'autrui. Que personne n'abandonne l'église qui lui a été attribuée pour une autre qui rapporte davantage... Que personne ne reçoive une dîme qui ne lui revient pas [3]. » Rathier rappelle enfin qu'il est interdit de vendre ou d'aliéner les biens ecclésiastiques [4] et que ces mêmes biens doivent être partagés en quatre parts, l'une destinée à l'évêque, la seconde à la fabrique de l'église, la troisième aux clercs, la quatrième aux pauvres et aux hôtes [5].

Ces recommandations ne sont pas très différentes de celles qu'Atton adressait au clergé de Verceil, et il est probable qu'elles ont dû venir sous la plume de la plupart des évêques réformateurs, dont les lettres pastorales ne sont pas parvenues jusqu'à nous. Rathier traduit aussi le sentiment général quand il insiste

---

[1] *Synodica*, 6-10 (PL, CXXXVI, 559-562).
[2] *Ibid.*, 8 (*Ibid.*, 560-561).
[3] *Ibid.*, 9 (*Ibid.*, 561).
[4] *Ibid.*, 11 (*Ibid.*, 562).
[5] *Ibid.*, 14 (*Ibid.*, 564-565). Cfr aussi *Liber apologeticus*, 4 (*Ibid.*, 635); *Praeloquia*, V, 7 (*Ibid.*, 293).

sur les règles à suivre dans le recrutement du clergé séculier.
A son avis — et il ne fait qu'appliquer de vieux décrets conciliaires — un clerc ne peut être ordonné s'il n'est de naissance
libre ou s'il n'est sorti de la condition servile par une charte
d'affranchissement qu'il devra produire ; il lui faut aussi connaître les divers symboles de la foi, avoir une intelligence
suffisante des prières de la messe, notamment des épîtres et
des évangiles, être au courant des rites suivant lesquels on
baptise et on absout aussi bien que de ceux qui règlent les
cérémonies essentielles. « Sachez enfin, ajoute l'évêque, que
nous n'admettrons à l'ordination personne qui n'ait séjourné
le temps voulu soit dans notre ville, soit dans un monastère,
soit auprès de quelque personne éprouvée et qui n'ait fait preuve
d'une instruction suffisante, afin que personne n'ait accès
à la dignité ecclésiastique en dehors des conditions requises [1]. »

Ces diverses prescriptions furent accueillies à Vérone par
un *tolle* général ; le clergé s'insurgea contre l'évêque réformateur qui dut céder la place à plusieurs reprises, mais n'apporta
jamais aucun tempérament à ce qu'il considérait comme la
vérité canonique. Rathier en appela au pouvoir apostolique [2],
source et soutien de la hiérarchie ecclésiastique, et les amères
réflexions auxquelles il eut plus d'une fois l'occasion de se
livrer, le persuadèrent de la nécessité de renforcer cette hiérarchie, de la mettre à l'abri des sévices du pouvoir temporel,
de restaurer l'autorité pastorale méconnue ou méprisée un
peu partout et, au-dessus d'elle, la juridiction suprême du
pontife romain. La réforme épiscopale est à ses yeux le gage
de la réforme générale du clergé séculier. Sur ce point il est,
comme on va le voir, assez en avance sur son siècle et achemine,
plus qu'Atton, vers le programme grégorien.

Ce n'est pas qu'il énonce des vérités bien nouvelles. Lui
aussi utilise les écrivains carolingiens qui, pour défendre l'épis-

---

[1] *Synodica*, 12-13 (PL, CXXXVI, 563-564) ; *De contemptu canonum*, 6 et
suiv. (*Ibid.*, 494 et suiv.).
[2] Cfr *Epist.* 5 (PL, CXXXVI, 660).

copat contre les empiétements du pouvoir impérial ou royal,
ont cherché à établir à l'aide de textes que l'on se transmet
d'une génération à l'autre la prééminence du sacerdoce [1]. Il
trouvait surtout dans les recueils canoniques antérieurs, notamment dans le *De ecclesiasticis disciplinis et religione christiana*
de Réginon de Prüm, qu'il paraît avoir connu, l'origine et
pour ainsi dire l'ossature des théories exposées dans les
*Praeloquia* [2]; mais, ce qui appartient en propre au polémiste
lorrain du xe siècle, c'est la construction, l'organisation logique
de ces théories, c'est plus encore leur adaptation aux circonstances présentes.

Il était manifeste que dans beaucoup de diocèses italiens
l'épiscopat avait perdu toute autorité et tout prestige: le clergé
inférieur ne lui obéissait pas; les princes apercevaient en lui
l'instrument docile et complaisant de leurs ambitions. Il n'en
était pas ainsi dans la région de la Meuse où Rathier avait vécu
jusqu'en 926; promu évêque de Vérone, il voulut exercer
effectivement ses fonctions et, comme on l'a vu, il lui en coûta
très cher. C'est dans la geôle de Pavie qu'il a écrit ses *Praeloquia* où il a révélé la conception qu'il s'est forgée du rôle, du
pouvoir et de l'indépendance de l'épiscopat.

L'évêque, plus encore que le clerc, lui apparaît comme l'image
de Dieu. « Vous nous avez été donnés par Dieu comme d'autres
dieux », disait Constantin aux prélats de son temps [3], en para-
phrasant la parole du psalmiste [4] : *Dieu s'est assis au milieu
des dieux* [5]. Suivant sa méthode habituelle, Rathier rattache à
ce caractère sacré toutes sortes de conséquences pratiques.
« Vous êtes évêque; que ce nom même soit pour vous un aver-

---

[1] Cfr surtout HINCMAR DE REIMS, *De divortio Lotharii et Tetbergae ; De
fide Carolo regi servanda; Ad proceres regni et de ordine palatii.*

[2] On trouve, en effet, dans cette œuvre de Réginon (lequel est mort vers
915) la plupart des canons, concernant l'incontinence des clercs, les devoirs
de l'évêque, les rapports de l'Église avec le pouvoir laïque, sur lesquels Rathier
appuie toutes ses thèses (PL, CXXXII, 185 et suiv.).

[3] Cfr RUFIN, *Historia ecclesiastica*, I, 2.

[4] *Psalm.*, 81,1.

[5] *Praeloquia*, III, 4 (PL, CXXXVI, 223).

tissement et qu'il vous instruise de vos devoirs ! [1] » Le pasteur, suivant la parole de l'Écriture, doit donner sa vie pour ses brebis, ce qui signifie veiller constamment sur elles. Il n'est pas, comme le commun des chrétiens, uniquement responsable de ses propres actions ; il devra rendre compte à Dieu du troupeau qui lui est confié, car il est « le dispensateur fidèle et prudent que le Seigneur a établi sur sa famille pour qu'il lui donne sa mesure de froment [2]. » Qu'adviendra-t-il de lui, s'il ne s'acquitte de cette mission, s'il ne donne l'exemple d'une vie innocente, s'il ne se soucie d'évangéliser le peuple chrétien [3] ? Aussi Rathier n'hésite-t-il pas à faire retomber sur les mauvais pontifes toute la responsabilité des désordres nombreux et variés qui attristent son temps, notamment du mépris dont font preuve ses contemporains à l'égard des canons de l'Église [4].

Toutefois l'évêque, même s'il a démérité, conserve un pouvoir intangible. L'Esprit-Saint, qu'il a reçu au jour de sa consécration, demeure en lui et a droit au respect de tous [5]. Rathier revient avec insistance sur cette idée aussi bien dans le *Dialogus confessionalis*, qui est des environs de 957, que dans les *Praeloquia* qui lui sont de vingt ans antérieurs [6]. Il s'appuie sur l'autorité du Christ qui, à propos des scribes et des pharisiens assis sur la chaire de Moïse, s'exprimait en ces termes : *Tout ce qu'ils vous diront gardez-le et observez-le* [7]. « Cela revient à dire : Vénérez ceux que Dieu a placés à votre tête ; supportez ce qu'ils vous font, non pas à cause d'eux, parce qu'ils sont mauvais, mais à cause de la charge qu'ils ont reçue ». Saint Pierre n'a pas hésité, lui non plus, à obéir à Caïphe lequel, malgré son indignité, avait prophétisé, *parce qu'il était le prophète de*

---

[1] *Praeloquia*, V, 2 (PL, CXXXVI, 286).

[2] Cfr Luc XII, 42.

[3] *Praeloquia*, V, 4-5 (PL, CXXXVI, 289-290).

[4] *De contemptu canonum*, II, 1 (PL, CXXXVI, 515); *Dialogus confessionalis*, 23 (*Ibid.*, 412 et suiv.).

[5] *Praeloquia*, III, 16 (PL, CXXXVI, 230).

[6] *Praeloquia*, III, 15 (PL, CXXXVI, 229-230); *Dialogus confessionalis*, 20 (*Ibid.*, 408-409).

[7] Matth. XXXIII, 2-3.

*cette année-là* [1]. Il en est de même des évêques négligents ou coupables : ils ont le droit d'exercer leur ministère et leur autorité sacerdotale [2].

Rathier n'a abordé ce sujet délicat que pour mieux établir l'obligation très stricte qui s'impose à tous les fidèles, quelle que soit leur condition, d'obéir à leurs pasteurs. S'il insiste sur les devoirs de l'évêque, c'est afin de mieux mettre en relief ses droits et ses pouvoirs.

Ils dérivent eux aussi du caractère divin attribué à l'épiscopat. Rathier assimile les évêques à Dieu et au Christ ; il aperçoit en eux des anges, des patriarches, des prophètes, des apôtres, des évangélistes, des martyrs, des rois et des princes appelés à juger non seulement les hommes, mais les anges. Pasteurs des brebis lavées dans le sang du Christ, docteurs, pupilles des yeux de Dieu, lumière du monde, colonnes de l'Église, médecins des âmes, portiers du paradis, ils sont au-dessus de l'humanité et échappent à tout jugement humain [3]. *Ne touchez pas mes Christ* [4], s'écriait déjà le psalmiste, avant que le Seigneur eût proclamé que celui qui méprise ses témoins le méprise lui-même, que celui qui les contriste le contriste [5]. Attenter à l'épiscopat, c'est donc attenter à Dieu [6].

Pratiquement il résulte de cette vérité que personne n'a le droit de juger les évêques, cette prérogative étant réservée à Dieu seul. « Qui oserait, en effet, juger un juge, reprendre

---

[1] JEAN, XI, 51.

[2] Sur ce point pourtant Rathier a manqué de fermeté dans sa doctrine. En 957, dans le *Dialogus confessionalis*, il soutient que l'évêque indigne possède le Saint-Esprit, mais, en 963, lorsque pour la troisième fois il reprend possession du siège de Vérone, il publie un édit qui prescrivait aux clercs ordonnés pendant son absence par l'évêque intrus Milon de se faire réordonner à la prochaine ordination (PL, CXXXVI, 477). Cet édit souleva une vive opposition et entraîna de nombreuses polémiques, si bien que Rathier finalement en référa au siège apostolique, en apportant un certain nombre de textes peu probants (*Ibid.*, 479-482). Cfr SALTET, *Les réordinations*, p. 163-168.

[3] *Praeloquia*, III, 12 (PL, CXXXVI, 227).

[4] *Psalm.* CIV, 15.

[5] *Praeloquia*, III, 13 (PL, CXXXVI, 227-228).

[6] *Ibid.*, III, 14 (*Ibid.*, 229).

un ange sinon celui qui est au-dessus des anges ? [1] » De même
que les rois prennent certaines personnes sous leur mondebour et les arrachent ainsi par un privilège spécial à toute
sentence de leurs représentants, de même l'évêque est sous
le mondebour de Dieu [2]. C'est dire qu'il ne peut être jugé que
par l'autorité ecclésiastique qui représente Dieu et conformément aux canons, soit par un concile devant lequel il doit
être appelé à se justifier et, s'il y a lieu, à confesser ses
fautes [3].

C'est dire aussi qu'il échappe à toute juridiction laïque, en
particulier à la juridiction royale.

Sur ce point, particulièrement délicat, le prélat prisonnier
s'est exprimé avec la plus courageuse netteté. Il prévoit l'objection que ne manqueront pas de soulever les défenseurs de
la puissance laïque : le roi, comme l'évêque, a été institué par
Dieu et, comme lui, gouverne en son nom. Rien n'est plus exact
et Rathier, tout comme Atton, accorde volontiers que la souveraineté temporelle est d'origine divine, mais il s'empresse
d'ajouter que le pouvoir de l'évêque, tout en ayant la même
source que celui du roi, lui est supérieur tout à la fois par son
étendue et par sa nature.

Tandis que les rois ne règnent que sur un nombre limité
de sujets, le pouvoir sacerdotal s'étend sur l'univers entier.
«Partout où le Christ est adoré, on rend un culte au prêtre
ou plus exactement c'est le Christ que l'on honore en la personne
du prêtre [4]. » De ce principe découle l'unité du sacerdoce :
s'il y a des diocèses, il n'existe pourtant qu'une église qui est
une dans tous ses évêques, car chacun d'eux, représentant
de Dieu, détenteur et distributeur de l'Esprit Saint, étend son
autorité au-delà des limites de sa circonscription et règne
sur le monde entier. Le Christ n'a-t-il pas conféré à ses apôtres
un pouvoir universel en vertu de la parole bien connue : *Tout*

---

[1] *Praeloquia*, III, 17 (PL, CXXXVI, 231).
[2] *Ibid.*, IV, 12 (*Ibid.*, 259-260).
[3] *Ibid.*, IV, 11 (*Ibid.*, 259).
[4] *Ibid.*, III, 8 (*Ibid.*, 224).

*ce que vous lierez sur la terre sera lié dans le ciel* [1]? Quel roi peut se vanter d'avoir un état aussi étendu ? [2]

Il y a plus : le pouvoir épiscopal est supérieur aussi dans son essence. Rathier n'a pas de peine à prouver, par des textes empruntés à l'Écriture, que l'autorité du roi a été limitée par Dieu aux choses de la terre, que sa justice est purement humaine. *Soyez soumis*, écrit saint Pierre, *à toute puissance humaine, soit au roi comme souverain* [3]... L'Apôtre ne dit pas « au roi souverain de Dieu », « au roi souverain des évêques », ce qui signifie que le roi « n'est souverain que des choses de la terre [4]. » Il résulte, au contraire, de plusieurs passages de l'Écriture que les rois sont placés sous l'autorité du sacerdoce. *Je t'ai établi Dieu de Pharaon* [5], a dit le Seigneur à Moïse. On lit également dans Jérémie : *Voici qu'aujourd'hui je t'ai établi sur les nations et les royaumes* [6]. Le Nouveau Testament est non moins formel [7] : *Tout ce que vous lierez sur la terre sera lié dans le Ciel et tout ce que vous délierez sur la terre sera délié dans le Ciel. — Je vous donnerai les clefs du royaume des cieux* [8].

Il est fort curieux de rapprocher ce passage des *Praeloquia* de la fameuse lettre adressée par Grégoire VII à Hermann de Metz où sont exposés dans toute leur ampleur les principes de la théocratie pontificale [9]. On y relève bien des analogies et on peut constater que l'idée qui anime les deux textes est exactement la même : plus d'un siècle avant Grégoire VII et tandis que la crise religieuse atteignait son maximum, Rathier, reprenant hardiment une thèse traditionnelle, n'a pas craint d'affirmer que la puissance du prêtre est supérieure

---

[1] MATTH. XVI, 19.
[2] *Praeloquia*, III, 9 (PL, CXXXVI, 224-225).
[3] I PETR., II, 13.
[4] *Praeloquia*, III, 10 (PL, CXXXVI, 225).
[5] *Exod.*, VII, 1.
[6] JÉRÉMIE, VII, 10.
[7] MATTH., XVIII, 18 et XVI, 19.
[8] *Praeloquia*, III, 22 (*Ibid.*, 236-238).
[9] GRÉGOIRE VII, *Registrum*, VIII, 21 (JAFFÉ, *Monumenta Gregoriana*, p. 453-467 ; PL, CXLVIII, 594-601.)

à celle du roi parce que le prêtre peut — Grégoire VII utilisera les mêmes expressions— ouvrir au roi l'accès du royaume céleste, parce que l'autorité royale est d'ordre naturel, tandis que l'autorité sacerdotale est d'ordre surnaturel, parce qu'en un mot « les évêques ont été institués par Dieu seul comme les rois, mais à un degré supérieur à celui des rois, les rois étant sacrés par les évêques, tandis que les évêques, quoiqu'élus ou désignés par les rois, ne peuvent être ordonnés par eux [1]. »

Après avoir posé le principe, tout grégorien dans son contenu comme dans sa forme, de la supériorité du sacerdoce, Rathier en déduit une théorie fort curieuse des rapports qui doivent exister entre le pouvoir spirituel et le pouvoir temporel. Pour lui le roi est « l'avoué de l'Église et non son maître, car personne ne peut prétendre sans être taxé d'absurdité à exercer une autorité quelconque sur sa mère », ou encore « son tuteur et non son administrateur lequel, suivant l'enseignement du Seigneur, ne peut être que le pontife, son patron et non son ministre ». Il n'interviendra à l'intérieur de l'Église que pour faire respecter « par la terreur de la discipline » les décisions du sacerdoce que la persuasion n'aurait pas suffi à imposer. Il est, en un mot, le défenseur naturel de l'évêque, lui-même pasteur du roi [2].

En conséquence le roi ne pourra usurper les biens ecclésiastiques qui « n'appartiennent pas à l'évêque, mais au Seigneur», en vertu de cette parole de saint Paul [3] : *Si nous avons semé chez vous les choses spirituelles, est-ce donc une prétention excessive de vouloir récolter vos biens matériels ?* [4] Il ne peut davantage

---

[1] *Praeloquia*, IV, 2 (PL, CXXXVI, 249). On remarquera que Rathier admet l'intervention du roi dans l'élection épiscopale et qu'il lui fait même la part assez belle, mais le rôle primordial appartient au métropolitain qui, avant de consacrer, examine les mérites du candidat.

[2] *Praeloquia*, IV, 33-34 (PL, CXXXVI, 284).

[3] I *Cor.*, IX, 11.

[4] *Praeloquia*, IV, 3 (PL, CXXXVI, 250). Cfr aussi *Apologeticus*, 4 : « Quidquid Domino offertur sanctum esse dicam et ad usus delegatum non vero quorumlibet, sed sanctorum qui ubique in nostris domiciliis aut requiescunt aut specialius venerantur; usus vero eorum, usus eis sit famulantium » *(Ibid.*, CXXXVI, 635).

attenter à la personne de l'évêque qui ne dépend que du pouvoir canonique. Il n'est pas la verge que le Seigneur envoie pour réprimer l'iniquité de certains prélats et n'a jamais été chargé de punir les négligences ou les fautes pastorales [1].

Les biens et la personne de l'évêque échappent donc à l'autorité royale, mais le roi n'est pas uniquement astreint à ces obligations toutes négatives. Rathier veut encore qu'il soit docile aux directions du sacerdoce et il entrevoit l'un des principes fondamentaux de ce qui sera la théocratie de Grégoire VII. Après avoir rappelé que les évêques, détenteurs du Saint-Esprit, ont reçu de Dieu le pouvoir de juger, de lier et d'absoudre conféré aux Apôtres et à leurs successeurs, il conclut : « Ne dédaignez pas, ô roi, d'être soumis à de tels hommes, car bon gré mal gré vous les aurez comme dieux, comme anges, comme princes, comme juges. Ils peuvent vous délier et vous lier, car ils sont supérieurs à vous comme à tous les hommes. Entourez-les donc de toute la vénération possible, afin qu'ils vous payent de retour. Veillez à ne vous rendre coupable à leur égard d'aucune injustice et punissez selon votre pouvoir celles dont ils seraient victimes. Évitez de contrister en quelque façon le Saint-Esprit qui est en eux [2]. »

Protecteur des évêques, le roi dans son gouvernement n'aura d'autre souci que de mettre en acte la doctrine chrétienne, en se persuadant bien que la royauté n'est pas un honneur, mais une fonction. Il est, en effet, le « dispensateur de tout ce que Dieu lui a confié », et, comme Dieu lui a donné beaucoup, il doit à son tour dépenser beaucoup. Aussi sera-t-il « dur pour les orgueilleux, déférent envers les humbles, doux et affable pour tous, discret, généreux, modéré », ce qui équivaut à dire qu'il pratiquera toutes les vertus chrétiennes inhérentes à son état, en se souvenant de la parole des Proverbes [3] : *Chasse l'impiété du cœur du roi et son trône sera affermi par la clémence* [4].

---

[1] *Praeloquia*, III, 11 (PL, CXXXVI, 226).
[2] *Praeloquia*, III, 11 (*Ibid.*, 225).
[3] *Prov.*, XX, 28.
[4] *Praeloquia*, IV, 23 (PL, CXXXVI, 272-273).

En exposant de tels principes, Rathier marque la transition entre les écrivains de l'époque carolingienne et ceux de la génération suivante. Les premiers, pénétrés de césaropapisme, ont admis la supériorité théorique du pouvoir sacerdotal, mais ils sont loin d'avoir envisagé avec la même précision que l'évêque de Vérone toutes les conséquences qu'elle comporte. En revanche, si sur certains points de doctrine les *Praeloquia* annoncent la lettre de Grégoire VII à Hermann de Metz; on y chercherait en vain l'indication des mesures d'ordre spirituel ou temporel par lesquelles le sacerdoce peut atteindre les souverains qui ne se conformeraient pas à ses directions. Rathier n'a pas envisagé un instant la possibilité d'excommunier ou de déposer un souverain rebelle aux lois de l'Église; les solutions qu'il propose en cas de conflit n'ont en aucune façon le caractère positif et pratique des solutions grégoriennes. Du moins a-t-il le mérite, à la différence d'Atton qui à l'avance se résignait à subir la tyrannie des princes laïques, d'avoir prévu l'éventualité d'un désaccord violent et cherché à y remédier en sauvant l'indépendance de l'Église.

Il a été conduit par là à esquisser encore une autre idée grégorienne, celle de la primauté romaine.

Dans les *Praeloquia* Rathier suppose, — peut-être en songeant à lui-même, — qu'un évêque a désobéi au roi dans le domaine des choses temporelles. Il convient que c'est là de sa part un tort grave, car les textes sont formels[1] : *Que toute âme soit soumise aux pouvoirs plus élevés; — Rendez à César ce qui est à César et à Dieu ce qui est à Dieu; — Rendez à chacun ce qui lui est dû, le tribut à qui vous devez le tribut, l'impôt à qui vous devez l'impôt.*

Que fera le roi en pareil cas ? Aura-t-il le droit de juger et de punir directement celui qui l'a offensé ? Nullement : il ne peut que poursuivre canoniquement cet évêque rebelle, le traduire devant un concile et, au besoin en appeler au « siège

---

[1] *Rom.* XIII, 1, Matth., XXII, 21, et *Rom.* XIII, 7.

universel, tête des têtes de l'Église », dont la juridiction s'étend
à tous les hommes [1].

Ainsi, en cas de différend entre un roi et un évêque, c'est le
Saint-Siège qui doit décider. Rathier ne définit pas, comme
le fera Hildebrand, de quelle nature peuvent être ses sentences
où comment il peut les faire exécuter ; la possibilité de délier
les sujets du serment de fidélité n'a été entrevue par personne
avant le pontificat de Grégoire VII. Ici encore le polémiste
lorrain se contente de poser des principes d'un caractère très
général, mais on doit retenir qu'il n'a jamais varié dans sa conception du pouvoir apostolique. Lorsqu'il aura à se défendre
contre l'intrus Milon qui postulait l'évêché de Vérone, il décla-
rera, dans une émouvante lettre au pape Jean XII, accepter
par avance la décision du « seigneur respecté, archevêque des
archevêques, pape universel », qui n'a été investi de sa dignité
que « pour empêcher les portes de l'enfer de prévaloir contre
l'Église [2] ». Et à la fin de la même lettre il condense toute sa
pensée en cette brève formule : « Le souverain pontife ne peut
être repris par personne [3] ». Même doctrine dans l'*Itinerarium*
où l'on relève ces phrases non moins significatives : « Où sinon
à Rome puis-je remédier à mon ignorance et m'instruire ?
Où connait-on mieux qu'à Rome les dogmes ecclésiastiques ?
Sur ce siège ont brillé les docteurs du monde entier et les princes
illustres de l'Église universelle... Nulle part on n'approuve
ce que Rome a rejeté et nulle part on ne rejette ce qui lui a paru
orthodoxe [4]. »

Il n'est donc pas douteux que pour Rathier de Liège l'Église
romaine soit l'infaillible gardienne des canons, la mère et la
maîtresse des autres églises de la chrétienté. Il ne faut, toutefois,
pas exagérer. Si Rathier a eu le grand mérite de maintenir sous
le pontificat d'un Jean XII le principe de la primauté du siège
apostolique, il y a loin de sa conception à celle de Grégoire VII :

---

[1] *Praeloquia*, IV, 4 (PL, CXXXVI, 250).
[2] *Epist.*, 5 (PL, CXXXVI, 656).
[3] *Epist.*, 5 (*Ibid.*, 663).
[4] *Itinerarium*, 2 (*Ibid.*, 581-582).

à aucun moment il n'a vu que l'action pontificale pouvait être le principe d'unité nécessaire à la réalisation de la réforme objet de ses vœux et que seule la papauté, telle qu'il la conçoit, aurait l'autorité suffisante pour mener le combat contre les abus qu'il déplore.

Il ne faut pas oublier que les opuscules de Rathier sont des œuvres de circonstance et qu'on ne doit pas y chercher un programme systématique. Le moine de Lobbes, improvisé évêque de Vérone, a semé beaucoup d'idées que reprendront les écrivains du siècle suivant et qui constituent autant d'esquisses lointaines des thèses formulées par Grégoire VII, mais ces idées apparaissent toujours à l'état isolé et manquent de coordination. Si Rathier a fort bien saisi que le désordre des mœurs cléricales résultait d'un mauvais recrutement de l'épiscopat, il n'a indiqué qu'en passant que ce mauvais recrutement était la conséquence de l'investiture laïque, de la nomination des évêques par le roi que tantôt il condamne et que tantôt il considère comme tout à fait normale [1]. Et pourtant il a soutenu ailleurs l'indépendance de l'Église à l'égard de la société laïque et prétendu soustraire les évêques à la juridiction des princes ! De même, s'il revendique pour le Saint-Siège un pouvoir universel et illimité, il ne voit pas que là résident le salut de l'Église et l'avenir de la réforme, à la condition que les papes ne reculent pas devant les réalités pratiques qui résultent de leurs droits. De même encore cet évêque qui proclame la prééminence du pouvoir sacerdotal sur le pouvoir royal, a mis finalement toute sa confiance dans le roi de Germanie, devenu l'empereur Othon le Grand, et l'a félicité d'avoir « institué » un pape [2].

---

[1] Cfr *supra*, p. 84 et suiv., 87 n. 1

[2] Voici, en effet, ce qu'il écrit dans son *Itinerarium*, 2 : « Accedit ad cumulum commoditatis quod misericordia conditoris imperatorem nobis concessit aequissimum, pissimum, sapientissimum, dominum scilicet nostrum Caesarem gloriosissimum, qui cum prae omnibus qui sub caelo sunt iam dictis caeterisque regalium praerogativarum insigniis inaestimabiliter polleat, sanctissimum papam, dominum utique Ioannem episcopum, secundum proprietatem sui vocabuli, gratia Dei ad idem opus electum, Romulae quidem urbi papam

Ce sont là autant de contradictions qui diminuent l'autorité de Rathier de Liège. Elles ne doivent pas faire oublier toutefois que, si on le compare aux autres écrivains de son temps, il est singulièrement en avance sur eux. Les Clunisiens, animés d'un idéal monastique très exclusif et quelque peu étroit, n'ont pas même posé la question de la réforme de l'Église séculière et se sont contentés de jeter dans l'arène les textes qui condamnent le nicolaïsme et la simonie. Atton de Verceil a tenté un effort très méritoire pour ramener son clergé à des mœurs meilleures et pour purifier l'Église des nausées simoniaques, mais il n'a pas envisagé d'autre remède qu'une plus ou moins persuasive prédication. Le Lorrain Rathier de Liège a, au contraire, franchement abordé le grave problème des rapports de l'Église avec les princes temporels et, s'il n'a pas toujours su le résoudre pratiquement, si surtout il n'a pas conduit ses théories jusqu'à leurs conséquences ultimes, il a proclamé tout à la fois le principe de la théocratie et celui de la supériorité du Saint-Siège qui, en fin de compte, constituent les deux colonnes fondamentales sur lesquelles reposera l'édifice grégorien. C'est donc en Lorraine et non pas à Cluny qu'il faut chercher l'origine première des idées qu'Hildebrand mettra en œuvre ; c'est en Lorraine aussi qu'elles prendront, au milieu du XIe siècle, avec Wason de Liége, une ampleur et une précision nouvelles, mais, Wason bénéficiera d'une expérience que ne pouvait avoir Rathier et qui est le résultat, après la carence de la réforme clunisienne et les déconvenues de la réforme épiscopale, de l'échec de ce qu'on peut appeler la réforme impériale.

### III

La réforme épiscopale, telle qu'elle a été conçue et exécutée par Atton de Verceil, par Rathier de Liège et par d'autres prélats

---

institut dignissimum, orbi vero patrem et provisorem industrium » (PL, CXXXVI, 582).

animés des mêmes intentions, n'a donné et ne pouvait donner
que des résultats insignifiants. Cela se comprend aisément.
L'élection étant à la merci du pouvoir temporel, l'évêque réformateur est le fruit d'un heureux hasard qui tôt ou tard ne se
renouvellera pas; le plus souvent son successeur ne lui ressemble guère et l'œuvre ébauchée est interrompue, compromise ou même entièrement détruite.

Un exemple mettra mieux en lumière l'instabilité de la
réforme épiscopale pendant la seconde moitié du Xe et la
première du XIe siècle.

L'histoire de l'archidiocèse de Sens à cette époque est très
caractéristique. De 958 à 967, Archembaud, un soldat devenu
archevêque par la volonté et l'appui de son parent, le comte
Renaud, amoncelle autour de lui les ruines matérielles et
morales. Dès son avènement il quitte le palais archiépiscopal,
s'établit au monastère de Saint-Pierre-le-Vif, en vend tous les
biens, transforme cette pieuse retraite en un lieu de débauches
et d'orgies et, avec ses chiens, ses vautours, ses courtisanes,
se livre à des excès de tout genre qui, après bien des années,
arrachaient encore des larmes aux chroniqueurs de l'abbaye [1].
En 967 ce monstre, qui trafiqua toute sa vie des églises, des
villas et des ornements sacrés, finit enfin par mourir. Il est
remplacé par le pieux Anastase, « un homme d'une honnêteté
remarquable » qui fut « le père nourricier des clercs, l'ami des
moines, le consolateur des affligés, le tuteur des pauvres, des
orphelins, des veuves [2] ». Une réforme s'annonce; elle s'accentue
sous l'épiscopat suivant: Seguin (977-999) est un saint prêtre,
très austère, très respectueux de la hiérarchie; au concile de
Saint-Basle, en 991, il défend à peu près seul parmi les évêques
français les prérogatives et les droits du pontife romain, alors
que sa dignité de primat des Gaules et de Germanie eût pu

---

[1] CLARIUS, *Chronicon S. Petri Vivi Senonensis*, a. 877 (DURU, *Bibliothèque historique de l'Yonne*, t. II, p. 486-487).

[2] CLARIUS, *Chronicon S. Petri Vivi Senonensis*, a. 877 (DURU, *op. cit.*, t. II, p. 488).

lui suggérer la tentation de devenir le chef d'une Église gallicane [1]. A Sens il relève les monastères, y remet en honneur la vie religieuse, réédifie les sanctuaires, notamment la cathédrale, développe le culte des reliques, s'entoure de collaborateurs animés des mêmes préoccupations que lui, restaure la discipline parmi son clergé [2]; il est le type accompli de l'évêque réformateur. A sa mort (999), certains clercs dessinent un mouvement d'opposition et trouvent dans le comte Fromond, inquiet des progrès de l'autorité archiépiscopale, le plus bienveillant des auxiliaires, mais il ne peuvent empêcher l'élection de Liétry qui, de 999 à 1032, continue la tradition d'Anastase et de Seguin [3]. Une véritable renaissance s'opère dans le diocèse; églises et monastères reprennent leur essor; la culture littéraire brille d'un vif éclat grâce à Odoran, grâce aux hagiographes qui amplifient et développent la légende de saint Savinien, premier apôtre de la contrée [4]. Brusquement, à la mort de Liétry (1032), cette ascension est brisée, Gelduin réussit à s'emparer du siège apostolique par simonie; il est installé de force par le roi Henri Ier malgré la résistance du clergé; en quelques mois il anéantit tout ce qui avait été réalisé depuis un demi siècle et plonge le diocèse dans une telle anarchie que le chroniqueur Clarius n'hésite pas à le qualifier du titre de « nouvel Archembaud [5] ».

On voit par là à quel point la réforme, à Sens, a été éphémère; une élection simoniaque a suffi pour en arrêter le développement et faire renaître le désordre. Il est à remarquer aussi que, limitée dans le temps, elle n'a pas davantage rayonné en étendue; les effets bienfaisants du gouvernement de Seguin et de Liétry

---

[1] Cfr supra, p. 13-14.

[2] ODORAN, *Chronicon S. Petri Vivi Senonensis*, a. 999 (DURU, *Bibl. hist. de l'Yonne*, t. II, p. 395-396); CLARIUS, *Chronicon S. Petri Vivi*, a. 877 (*Ibid.*, t. II, p. 491 et suiv.).

[3] CLARIUS, *Chronicon S. Petri Vivi*, a. 1015 (*Ibid.*, t. II, p. 498 et suiv.).

[4] Cfr A. FLICHE, *Les vies de saint Savinien, premier évêque de Sens. Étude critique suivie d'une édition de la première « Vita »*, Paris, 1912.

[5] CLARIUS, *Chronicon S. Petri Vivi*, a. 1046 (DURU, *op. cit.*, t. II, p. 504).

n'ont pas atteint les diocèses suffragants dont certains sont restés la proie de prélats simoniaques ou débauchés [2].

Aussi bien les tentatives de réforme épiscopale étaient-elles vouées à un échec certain. Pour parvenir à un résultat d'ensemble, il eût été nécessaire de relier tant d'efforts isolés, de réintroduire dans l'organisation ecclésiastique le principe d'unité sur lequel avait reposé autrefois l'ordre chrétien. De ce principe la papauté était canoniquement — Rathier et quelques autres l'ont aperçu — la gardienne et la dépositaire, mais au xe siècle elle a perdu l'autorité et le prestige indispensables à une action efficace; les quelques pontifes qui, comme Silvestre II, ont appelé la réforme de leurs vœux, n'ont pas régné assez longtemps pour mettre sur pied un programme qu'ils n'auraient pas eu la liberté d'exécuter. Depuis le couronnement d'Othon le Grand les papes ne sont, comme on l'a vu [2], que les instruments de l'empereur. De là résulte, en fin de compte, que l'initiative de la réforme ne peut provenir que de l'empereur. C'est en lui que les âmes restées chrétiennes placent leurs suprêmes espérances, et lui seul, semble-t-il, a l'autorité suffisante pour coordonner les efforts de quelques évêques dispersés. A la réforme épiscopale va se substituer ce qu'on peut appeler la réforme impériale, troisième stade vers la conception définitive qui sera celle de la réforme romaine au temps de Nicolas II et de Grégoire VII.

Les origines premières de cette réforme impériale remontent au milieu du xe siècle. Le premier, Othon le Grand, tout en maintenant énergiquement la mainmise de la royauté germanique sur les évêchés, a permis aux conciles réunis sous sa présidence de condamner la simonie et les autres abus ecclésiastiques. En 948, le synode d'Ingelheim, auquel prennent part de nombreux prélats allemands et parmi eux Ulrich d'Augsbourg, Conrad de Constance, animés l'un et l'autre du zèle

---

[1] On verra plus loin qu'au moment de l'avènement de Léon IX il en était ainsi pour les évêchés de Nevers et de Langres, suffragants de Sens.

[2] Cfr *supra*, p. 9 et suiv.

le plus ardent pour la réforme, s'occupe, au dire de Flodoard, « des unions incestueuses, de la collation irrégulière et simoniaque des églises [1] ». Le 7 août 952 le concile d'Augsbourg, présidé par l'archevêque de Mayence, Frédéric, qu'entourent la plupart des évêques allemands et italiens, prend, en la présence du roi qui sanctionne ses décrets, plusieurs mesures réformatrices : l'évêque, prêtre, diacre ou sous-diacre qui se marie doit conformément au canon 25 du concile de Constance être dépouillé de ses fonctions (canon 1); aucun clerc ne doit entretenir pour la chasse des chiens ou des faucons (c. 2) ni avoir sous son toit des femmes de mauvaise vie, sous peine d'être fouetté et tonsuré (c. 4); il est rappelé aux évêques, prêtres, diacres et sous-diacres qu'ils ne peuvent en aucun cas avoir commerce avec des femmes (c. 11) [2]. De telles dispositions sont conformes aux vœux exprimés à la même époque par Atton de Verceil, par Rathier de Vérone et sans doute par beaucoup d'autres évêques; elles apparaissent comme la somme de tous les efforts tentés par eux pour réprimer le désordre des mœurs cléricales; l'empereur, loin d'y faire obstacle, s'y associe pleinement, mais il ne permet pas qu'on parle de la liberté des élections épiscopales, car il a soin de se réserver le droit depuis longtemps usurpé de pourvoir à toutes les vacances. La réforme impériale est exclusivement une réforme morale.

Il faudrait savoir dans quelle mesure les sanctions prévues à Ingelheim ont été appliquées, combien de clercs ont été fouettés pour avoir forniqué, combien d'évêques ont été déposés pour s'être engagés dans les liens du mariage. Une telle statistique est malheureusement impossible à établir. Toutefois, il reste évident qu'Othon le Grand n'a pas entravé l'action réformatrice de Frédéric de Mayence, de Brun de Cologne, de Conrad de Constance et les difficultés qui surgirent parfois dans ses rapports avec l'épiscopat ont été d'ordre politique

---

[1] FLODOARD, *Historia ecclesiae Remensis*, IV, 35 (MGH, SS, t. XIII, p. 585); *Annales*, a. 948 (*Ibid.*, t. III, p. 395 et suiv.).

[2] MANSI, t. XVIII, p. 435.

plutôt que religieux [1]. Othon II (973-983) et Othon III (983-
1002) sont restés fidèles aux directions tracées par le fondateur
de la dynastie et, s'ils n'ont jamais songé à se dépouiller de
leurs prérogatives quant à la nomination des évêques, ils ne
paraissent pas avoir vendu les dignités et ont laissé les conciles
promulguer des canons qui condamnent la simonie, au moins
sous sa forme ecclésiastique ; c'est le cas du synode romain
de 981 [2], des conciles de Pavie [3] et de Ravenne [4], en 996, qui
visent très directement les ordinations faites à prix d'argent.

Avec le successeur d'Othon III, Henri II (1002-1024), la
réforme impériale entre dans une phase décisive, sans pourtant
changer de caractère ni d'allure. Henri II est un prince très pieux,
très scrupuleux, très docile dans sa vie privée aux prescriptions
de la morale chrétienne, mais il reste empereur avant tout
et, fidèle à la pensée de Charlemagne, il juge que le meilleur
moyen de sauver l'Église est de subordonner étroitement le
pouvoir sacerdotal au pouvoir impérial. Plus encore que ses
prédécesseurs il garde jalousement le droit de nommer les
évêques, qu'il considère avant tout comme de précieux collaborateurs politiques [5]. Non seulement il ne songe pas à rétablir
la liberté des élections, seul gage d'une réforme profonde
et durable, mais il n'hésite pas à déposer de sa propre autorité
des prélats auxquels on ne pouvait reprocher aucune infraction
à la discipline, qui étaient seulement coupables d'avoir manqué
de fidélité à l'empereur [6].

On ne peut donc pas dire que ce prince, auquel on a fait une
réputation de sainteté, ait été très respectueux des règles cano-

---

[1] Cfr HAUCK, *Kirchengeschichte Deutschlands*, t. III, p. 33 et suiv.
[2] MANSI, t. XIX, p. 71.
[3] MANSI, t. XIX, p. 221.
[4] MANSI, t. XIX, p. 219.
[5] C'est ce qu'à notre avis a fort bien montré HAUCK, *op. cit.*, t. III, p. 397
et suiv., auquel nous renvoyons pour plus amples détails sur les rapports de
Henri II avec l'épiscopat allemand.
[6] C'est le cas d'Adalbert de Ravenne (cfr THIETMAR DE MERSEBOURG, VII,
2, dans les MGH, SS, t. III, p. 837) et de Jérôme de Vicence dont il est dit dans
un diplôme de Conrad II qu'il a « justement et légalement perdu son évêché »
(STUMPF, 1908).

niques, ni que ce soi-disant réformateur ait admis la prééminence ou même l'indépendance du pouvoir spirituel. Pour lui la puissance impériale est supérieure à toutes les autres, laïques ou ecclésiastiques, mais celui qui en est investi doit témoigner envers l'Église d'une certaine condescendance et ne tolérer aucune atteinte à la loi religieuse. L'empereur oublie de se réformer lui-même, mais il mettra beaucoup de diligence à réformer les autres [1].

De 1019 à 1023, trois grands synodes ont été convoqués par ses soins, à Goslar en mars 1019, à Pavie et à Seligenstadt en 1023 [2]. A Pavie, après un énergique discours du pape Benoît VII et sous l'impulsion de Henri II, on a renouvelé les anciens décrets sur le concubinage des clercs : aucun prêtre ne doit, sous peine d'être déposé, avoir auprès de lui une femme ou une concubine et il en est de même pour l'évêque; les fils et les filles qui viendraient à naître de telles unions seront considérés comme la propriété de l'Église et ne pourront être affranchis, même si leur mère est une femme libre [3]. Les décrets de Seligenstadt ont trait à certains détails de discipline et tendent à remettre en vigueur les pratiques un peu négligées du jeûne, de l'abstinence et plus généralement de la pénitence sous toutes ses formes [4]. Mais ni à Pavie, ni à Goslar, ni à Seligenstadt il n'a été question de la simonie, encore moins de l'investiture laïque et des règles canoniques relatives aux élections.

---

[1] Plusieurs diplômes expriment très nettement l'idée que l'empereur doit diriger la réforme. Cfr MGH, série in-4°, *Diplomata*, t. III, p. 32, n. 29 : «Justa regum et religiosa cogitatio debet ecclesiis Dei... aliquod accommodare.» p. 261, n. 225 : « Divinae pietatis clementia, quae nos ad culmen regiae majestatis perduxit, ad hoc voluit regnare, ut ecclesiarum ordini firmando atque corroborando subveniamus. » On trouvera encore d'autres textes dans HAUCK, t. III, p. 409, n. 2-4.

[2] Sur la date, cfr GIESEBRECHT, *Geschichte der Kaiserzeit*, t. II, p. 168 qui veut placer le concile en 1018; BRESSLAU, *Jahrbücher des deutschen Reichs unter Heinrich II*, t. III, p. 342 et suiv., et surtout HAUCK, t. III, p. 528 n. 2, qui réfute la thèse de Giesebrecht.

[3] MANSI, t. XIX, p. 343.

[4] MANSI, t. XIX, p. 389.

Sous Henri II, comme sous les Othons, la réforme impériale n'a donc d'autre but que l'assainissement des mœurs cléricales. Dans ces limites étroites, elle a été vigoureusement poursuivie. Les évêques, désignés par le tout puissant souverain, sont les dignes émules d'Atton de Verceil ou de Rathier de Liège. En outre Henri II s'est proposé de propager la réforme au-delà des limites du saint Empire romain germanique; il a cherché à s'entendre avec le roi de France dont les idées n'étaient pas différentes des siennes.

Comme Henri II, Robert le Pieux (996-1031) a tenté, à l'intérieur de son royaume, de coordonner les efforts de l'épiscopat. Comme Henri II, il a favorisé les réunions de conciles dont les plus remarquables ont été tenus, pendant la dernière année du règne (1031), à Bourges et à Limoges [1]. Ces assemblées sont particulièrement connues pour les discussions relatives à l'apostolicité de saint Martial et à l'organisation de la trève de Dieu, mais leur activité ne s'est pas bornée là. On a pris des mesures contre le nicolaïsme : le canon 5 de Limoges qui, comme les autres, confirme une décision prise à Bourges, prescrit que « aucun prêtre, diacre ou sous-diacre ne peut avoir de femme ou de concubine sous peine de déposition » et le canon 6 que « tout clerc doit promettre, avant d'être promu au sous-diaconat, de ne prendre ni femme ni concubine » ; de plus les enfants nés d'une faute de ce genre ne pourront avoir accès dans les rangs du clergé et ceux qui y sont déjà entrés ne pourront atteindre des ordres plus élevés (c. 8). Quelques dispositions d'ordre disciplinaire interviennent aussi : les clercs doivent porter la tonsure et se couper la barbe (c. 7); les hosties consacrées seront renouvelées chaque dimanche (c. 2); on ne fera pas servir à l'autel des linges qui ont touché un cadavre (c. 14). La simonie est également visée : le canon 3 interdit à l'évêque de recevoir de l'argent pour la collation des ordres; le canon 12 pose en principe la gratuité du bap-

---

[1] MANSI, t. XIX, p. 501. Cfr PFISTER, *Études sur le règne de Robert le Pieux*, p. 339-340; HEFELÉ-LECLERCQ, *op. cit.*, t. IV, 2ᵉ partie, p. 950-959.

tême, de la pénitence, de la sépulture et, si l'on ne prévoit
pas la vente par les seigneurs des dignités ecclésiastiques,
on interdit timidement aux laïques de « placer un clerc dans
une église, car l'évêque seul peut donner charge d'âmes » (c. 22)
et on décide que ces mêmes laïques ne pourront exercer sur
des clercs un pouvoir suzerain (c. 21)[1].

Ces canons ne différent guère de ceux qui ont été promulgués par les conciles allemands et italiens. La réforme française concorde chronologiquement avec les deux autres et n'en
diffère pas : dans sa biographie de Robert le Pieux, Helgaud
indique clairement qu'elle a été voulue par ce souverain animé
lui aussi d'une vive piété et d'un zèle ardent pour la religion[2].
La volonté royale a été, comme dans l'empire, le trait d'union
entre les tentatives dispersées de l'épiscopat.

Il suffisait, pour généraliser la réforme, d'établir une règle
de conduite commune et c'est à cela que Henri II paraît avoir
songé. Au moment de sa mort (13 juillet 1024), il se proposait
de réunir, de concert avec Robert le Pieux, un grand concile
où l'on s'efforcerait d'arriver à une entente entre évêques
allemands, italiens et français sur les directions qu'il convien-
drait d'adopter dans tout l'occident chrétien[3]. Ce projet marque
le point culminant de la réforme impériale. La disparition
prématurée de Henri II va le faire avorter, en prouvant
que l'empereur n'était pas qualifié pour la grande œuvre de
régénération cléricale que souhaitaient tant d'évêques. Un simple
changement de souverain, en France et en Allemagne, amènera
une réaction qui soulignera la vanité et l'inutilité de l'œuvre
accomplie par des princes animés d'excellentes intentions, mais
trop disposés à se substituer à ceux qui avaient qualité pour
réformer l'Église.

---

[1] Ce canon est ainsi conçu : « ut saeculares viri ecclesiastica beneficia quae
fevos presbyterales vocant non habeant super presbyteros. »

[2] HELGAUD, *Vita Roberti regis* (BOUQUET, t. X, p. 17); cfr PFISTER, *op. cit.*,
p. 205-206.

[3] *Gesta pontificum Cameracensium*, III, 37 (MGH, SS, t. VII, p. 480). Cfr
PFISTER, *op. cit.*, p. 369.

Conrad II (1024-1039) en Allemagne, Henri I<sup>er</sup> (1031-1060) en France ont eu l'un et l'autre une politique religieuse en contradiction avec celle de leurs prédécesseurs.

Conrad II est un souverain sans foi [1], dénué de tout respect pour les personnes ecclésiastiques [2]. Comme ses prédécesseurs, il refuse à l'Église toute indépendance, nomme et dépose les évêques, n'hésite pas à les emprisonner, s'ils contrarient ses desseins politiques [3]. Au lieu de réprimer les abus, il les encourage et les favorise; on ne compte sous son règne que deux nominations épiscopales qui n'aient pas été entachées de simonie, celles de Brunon (le futur pape Léon IX) à Toul et de Nithard à Liège [4]. Parfois l'argent intervient brutalement : à Liège, en 1025, à la mort de Durand, Rainard va trouver Conrad II et lui achète l'évêché [5], mais bientôt il est tourmenté par des scrupules de conscience, part pour Rome, remet son bâton pastoral au pape qui, par égard pour un repentir qui paraissait sincère, peut-être aussi par crainte de blesser l'empereur, lui donne l'absolution et lui rend sa charge [6]. A Bâle, la même année, Conrad II reçoit d'un clerc nommé Ulrich, candidat à la succession d'Adalbéron, une « somme énorme »,

---

[1] RAOUL GLABER, *Historiarum liber*, IV, 1 : « audax animo et viribus ingens, sed fide non multum firmus » (édit. PROU, p. 90).

[2] Son biographe Wipon raconte, au chapitre V (MGH, SS, t. XI, p. 260) comment il s'emporta un jour contre Egilbert, évêque de Freising, au point de le mettre violemment à la porte.

[3] Il jeta notamment en prison l'archevêque de Milan, Héribert, ainsi que les évêques de Verceil, Plaisance et Crémone qui faisaient obstacle à sa domination en Italie. Cfr WIPON, *Vita Chuonradi*, 35 (MGH, SS, t. XI, p. 272); HERMANN DE REICHENAU, a. 1037 (*Ibid.*, t. V, p. 122); *Annales Hildesheimenses*, a. 1037 (*Ibid.*, t. III, p. 101); ARNULF, *Gesta archiepiscoporum Mediolanensium*, II, 12 (*Ibid.*, t. VIII, p. 15). Wipon conclut à ce propos : « Quae res displicuit multis sacerdotes Christi sine iudicio damnari ».

[4] Pour le détail des élections qui eurent lieu pendant le règne de Conrad II, cfr HAUCK, t. III, p. 546, n. 7.

[5] *Chronicon S. Laurentii Leodiensis*, 28 : « Anno dominicae incarnationis MXXV Reginardus post Durandum fit episcopus. Hic, non attendens ostium,... aliunde ascendit in ovile ovium. Designatus enim ad episcopatum Virdunensem, ipse Leodiensem ecclesiam, eodem tempore Durando mortuo praesule, vacantem magis ambivit, aditoque Cunrado tunc temporis imperatore, pecunia obtinuit ut optato potiretur » (MGH, SS, t. VIII, p. 271).

[6] *Chronicon S. Laurentii Leodiensis*, 30 (MGH, SS, t. VIII, p. 273).

mais, saisi de remords, il se montrera à l'avenir plus désintéressé [1]. Toutefois, s'il n'y a plus vente positive, le choix de
l'empereur se porte toujours sur ceux qui lui sont recommandés
par ses familiers, ce qui est une autre forme de simonie,
également condamnée par les canons.

La papauté elle-même, lors de l'avènement de Jean XIX,
en 1024, a été l'objet d'un honteux trafic, si l'on en croit l'historien français Raoul Glaber [2]. En tous cas, que Jean XIX ait
ou non acheté la dignité pontificale, il n'est pas douteux qu'au
moment de sa promotion il n'avait pas même reçu les ordres
mineurs et que par là son élection était anticanonique [3]. Il
était également impossible de faire un choix plus scandaleux.
« Sénateur de tous les Romains » avant de remplacer son frère
Benoît VIII sur le siège pontifical, Jean XIX ne pouvait songer
qu'à satisfaire ses ambitions temporelles et, dédaigneux de tout
intérêt spirituel, il enterra joyeusement la réforme rêvée par
Henri II. Après lui, en 1032, la noblesse romaine réussit à
faire imposer la tiare à son candidat, un enfant de douze ans,
Benoît IX, dont les turpitudes rappellent celles du siècle précédent [4]. Conrad II ratifia volontiers ce choix qui soulevait
tant d'objections, avec l'espoir de satisfaire ses rancunes contre
l'épiscopat italien, rebelle à sa politique.

Telle fut la politique religieuse de Conrad II : le programme
réformateur de Henri II est abandonné, l'Église livrée à toutes

---

[1] WIPON, *Vita Chuonradi*, 8 : « Ibi simoniaca heresis subito apparuit et
cito evanuit. Nam dum rex (Chuonradus) et regina a quodam clerico, nobili
viro, nomine Uodalrico, qui ibi tunc episcopus effectus est, immensam pecuniam pro episcopatu susciperent, postea rex, in poenitentia motus, voto se
obligavit pro aliquo episcopatu vel abbatia nullam pecuniam amplius accipere,
in quo voto pene bene permansit » (MGH, SS, t. XI, p. 263).

[2] RAOUL GLABER, *Historiarum liber* IV, 1 : « Erat quippe Iohannes iste, co-
gnomento Romanus, frater illius Benedicti cui in episcopatum successerat, largi-
tione pecuniae, repente ex laicali ordine neoffitus constitutus est praesul »
(Édit. PROU, p. 93-94).

[3] Cfr RAOUL GLABER, *loc. cit.*; HERMANN DE REICHENAU, a. 1024 (MGH, SS,
t. V, p. 120).

[4] Cfr STEINDORFF, *Jahrbücher des deutschen Reichs unter Heinrich III*, t. I,
p. 255.

les ambitions temporelles et à tous les vices. Il a suffi d'un changement de règne pour que tout fût à recommencer et, par un singulier synchronisme, en France, où la régénération ecclésiastique paraissait également en bonne voie, au pieux Robert succède le simoniaque Henri Iᵉʳ dont le règne marque un recul identique à celui qui vient d'être observé en Allemagne et en Italie.

Dans son traité *Adversus simoniacos* qui parut en 1058, le cardinal Humbert de Moyenmoutier qualifie le roi Henri Iᵉʳ de « tyran de Dieu »; il lui reproche de conduire son royaume à sa ruine, de se révolter contre le Christ, comme « un fils de perdition et un antéchrist », à qui « Dieu a permis de régner à cause des fautes de son peuple »; il l'accuse enfin d'avoir péché contre le Saint-Esprit plus que Simon le Magicien lui-même [1]. Ce témoignage tout à fait contemporain est confirmé par d'autres de provenance différente : Guibert de Nogent affirme, lui aussi, que Henri Iᵉʳ était « cupide et habitué à vendre les évêchés » [2]; Hariulf, dans sa chronique de Saint-Riquier, s'exprime en des termes identiques et illustre son affirmation de quelques exemples probants [3].

Les faits attestent que ces divers écrivains n'ont pas exagéré. On a vu comment, à la mort de Liètry (1032), Gelduin avait acheté au roi le siège métropolitain de Sens [4]. C'est également grâce à de larges présents qu'Élinand conquiert, en 1052, l'évêché de Laon, malgré l'absence de mérites personnels autres que sa grosse fortune [5]. Au concile de Reims (1049), dont il sera question plus loin, Léon IX se trouvera en présence de plusieurs cas très suspects et, un peu plus tard, en 1053, il sera obligé

---

[1] HUMBERT, *Adversus simoniacos*, III, 7 (MGH, *Libelli de lite*, t. I, p. 206; PL, CXLIII, 1150).

[2] GUIBERT DE NOGENT, *De vita sua*, III, 2 (édit. BOURGIN, p. 131; PL, LVI, 909).

[3] HARIULF, *Chronicon Centulense*, IV, 7 (édit. LOT, p. 191).

[4] Cfr *supra*, p. 94.

[5] GUIBERT DE NOGENT, *De vita sua*, III, 2 (édit. BOURGIN, p. 131; PL, CLVI, 909).

de tenir tête au roi pour empêcher une élection simoniaque au Puy.

La France de Henri Ier ne le cède en rien à l'Allemagne de Conrad II. D'un côté comme de l'autre, c'en est fini des grands projets de réforme de l'Église; la simonie reprend son vieil empire et développe ses conséquences néfastes; le nicolaïsme, un instant contenu, est toléré ou favorisé par les prélats investis par des rois qu'Humbert compare à Julien pour leur paganisme impudent [1]. L'expérience a prouvé que la réforme, telle que l'avait voulue Henri II, était à la merci d'un changement de règne; l'empire a échoué dans la trop lourde mission qu'il avait cru devoir assumer et déçu les espoirs de ceux qui avaient oublié que le centre religieux de la chrétienté était à Rome et non pas à Aix-la-Chapelle.

Il semble pourtant que la leçon des événements n'ait pas encore été comprise. La mort prématurée de Conrad II (4 juin 1039), l'avènement de son fils Henri III, qui ne lui ressemble guère et que l'on sait résolu à poursuivre l'œuvre ébauchée par Henri II, réveillent l'enthousiasme des partisans de la réforme. Une fois encore on va faire crédit au césaropapisme impérial qui enregistrera pendant le nouveau règne le plus éclatant, mais aussi le plus éphémère triomphe qu'il ait jamais remporté sur l'Église et sur la papauté.

Henri III a suscité un concert unanime de louanges parmi ses contemporains. « Pendant toute sa vie, écrit Wipon, il n'a jamais reçu la moindre obole pour les dignités ecclésiastiques qu'il a conférées [2]. » Pierre Damien le compare à un nouveau Daniel et le félicite « d'avoir arraché la chrétienté à la gueule de l'insatiable dragon, en tranchant avec le glaive de la divine vertu les têtes multiples de l'hydre qui a nom simonie [3] ». Le cardinal Humbert lui-même, pourtant peu tendre pour le pouvoir tem-

---

[1] HUMBERT, *Adversus simoniacos*, III, 7 (MGH, *Libelli de lite*, t. I, p. 206; PL, CXLIII, 1150).

[2] WIPON, *Vita Chuonradi*, 8 (MGH, SS, t. XI, p. 263).

[3] PIERRE DAMIEN, *Liber gratissimus*, 38 (MGH, *Libelli de lite*, t. I, p. 71; PL, CXLV, 154).

porel, qualifie sa mémoire d'auguste et de divine, toujours à cause de la lutte qu'il a courageusement entreprise contre la redoutable hérésie [1].

Il est difficile à l'historien moderne de souscrire à ces trop flatteuses appréciations. Les écrivains qui les ont formulées ont été les dupes de Henri III dont la politique habile a fait plus de mal à l'Église, sous de pieuses apparences, que les violences de Conrad II.

Le zèle antisimoniaque du nouveau souverain, célébré par Pierre Damien et par le cardinal Humbert, n'a pas exclu chez lui une excessive docilité aux directions de ses prédécesseurs en matière de politique ecclésiastique. Si Henri III n'a personnellement reçu aucune somme d'argent, en revanche il n'a pas un instant songé à restaurer les règles prévues par les canons pour les élections épiscopales ni à mettre fin aux usurpations commises par le pouvoir temporel depuis près de deux siècles. Comme son père, il veut rester le maître absolu des évêchés; comme lui, il en nomme et, au besoin, dépose les titulaires; comme lui enfin, il ne s'inspire, dans les choix qu'il fait, que de raisons d'ordre temporel et d'intérêts politiques. Si quelques-uns furent heureux, il y en eut aussi de contestables, comme celui de Sibichon pour succéder à Spire, en 1039, au très digne Regimbaud; Sibichon dut rendre compte plus tard au concile de Mayence (1049) de sa conduite qui laissait fort à désirer [2]. En 1039 également, Henri III désigne pour Freising un certain Nitker qui n'était pas lui non plus, un modèle de vertus sacerdotales [3]. En 1044, il nomme évêque

---

[1] HUMBERT, *Adversus simoniacos*, III, 7 (MGH, *Libelli de lite*, t. I, p. 206; PL, CXLIII, 1150).

[2] HERMANN DE REICHENAU, a. 1039 : « Reginbaldus quoque, Nemetensis episcopus, vir vita et habitu reverendus, 3 Idus octobris decessit, eique Sibicho, fama longe dissimilis, successit » (MGH, SS, t. V, p. 123). Sur le procès de Sibichon au concile de Mayence cfr LAMBERT DE HERSFELD, a. 1050 (*Ibid.*, t. V, p. 154) et ADAM DE BRÊME, *Gesta Hammaburgensis ecclesiae*, III, 29 (*Ibid.*, t. VII, p. 346).

[3] HERMANN DE REICHENAU, a. 1052 : « Et Nizo, Frisigiensis episcopus, prius ex superbissimo vitae habitu ad humilitatis et religionis speciem conversus, ac denuo ad pristinae conversationis insolentiam reversus» (MGH, SS, t. V, p. 131).

de Ravenne Widger qui se déshonore par de tels scandales, qu'il faut le déposer et c'est l'empereur qui se charge de cette opération, au mépris de toutes les règles canoniques [1].

Le césaropapisme de Henri III ne diffère donc pas de celui de Conrad II. Exempt de simonie, il est pire par ailleurs, car Henri III va prendre à l'égard du siège apostolique une attitude dominatrice, qui n'a d'autre précédent que celle d'Othon le Grand lors de la déposition de Jean XII [2].

En 1044, les Romains se révoltèrent contre le trop fameux Benoît IX qui les accablait de sa lourde tyrannie, le chassèrent de la cité et, le 22 février, lui substituèrent Jean, évêque de Sabine, auquel ils imposèrent le nom de Silvestre, mais, quelques semaines plus tard, les partisans de Benoît IX reprirent l'avantage et, le 10 avril 1044, tandis que Silvestre regagnait son évêché, installèrent à nouveau leur pape au Latran [3]. Il n'y resta guère : le 1er mai 1045, Benoît IX, décidément las du pontificat et jugeant sa situation chancelante [4], abdiqua en faveur de Jean

---

[1] HERMANN DE REICHENAU, a. 1046 : « Quibus etiam diebus Widgerum, qui Ravennae praesulatum iam biennio inepte et crudeliter nondum consecratus tenebat, ad se vocatum episcopatu privavit » (MGH, SS, t. V, p. 126). Si l'on en croit Pierre Damien (*Epist.* VII, 2 dans PL, CXLIV, 436), Widger était peu recommandable ; il n'en reste pas moins que Henri III l'a déposé de sa propre autorité, sans même avoir recours à un simulacre de concile.

[2] Les événements romains de 1044-1047 ont donné lieu à de graves divergences entre historiens. On a généralement témoigné d'une foi crédule envers Bonizon de Sutri (cfr notamment DELARC, *Saint Grégoire VII et la réforme de l'Église au XIe siècle*, t. I, p. 9 et suiv.), alors que ce polémiste a pris le plus souvent à l'égard des faits une liberté qui enlève toute autorité à l'ensemble de son œuvre (voir notre étude sur HILDEBRAND, dans le *Moyen âge*, 2e série, t. XXI, 1919, p. 77-79.) Il importe donc de ne l'utiliser qu'avec la plus grande prudence et de le confronter avec d'autres sources plus impartiales auxquelles on doit, à notre avis, attribuer plus de valeur qu'on ne l'a fait jusqu'ici.

[3] *Annales Romani*, a. 1046 (MGH, SS, t. V, p. 468) ; *Annales Farfenses* (*Ibid.*, t. XI, p. 575) ; HERMANN DE REICHENAU, a. 1044 (*Ibid.*, t. V, p. 125) ; LÉON D'OSTIE, *Chronica monasterii Casinensis*, II, 77 (*Ibid.*, t. VII, p. 682) ; *Victorii papae dialogi*, lib. III (PL, CXLIX, 1003).

[4] C'est la raison donnée par Didier du Mont-Cassin, *Dialogi*, lib. III : « Cumque se a clero simul et populo propter nequitias suas contemni respiceret et fama suorum facinorum omnium aures impleri cerneret... » (PL, CXLIX, 1004). » Il n'y a donc pas lieu d'ajouter foi à l'anecdote rapportée par le seul Bonizon de Sutri suivant laquelle Benoît IX ayant voulu épouser

Gratien, archiprêtre romain de Saint-Jean Porte-Latine, qui
prit le nom de Grégoire VI [1]. Bien que les textes qui ont trait
à cette transmission du pontificat ne fassent pas allusion à
l'intervention du clergé et du peuple, l'assentiment des Romains
a dû être requis, car on ne voit pas que l'avènement de Grégoire VI ait suscité une opposition quelconque de leur part.
Quant à l'assertion de quelques polémistes, suivant laquelle
Jean Gratien aurait acheté sa dignité à Benoît IX, elle doit
être reléguée parmi les légendes [2]. Tout s'est régulièrement

la fille du comte Gérard de Galéria, celui-ci aurait exigé, avant de lui accorder
la main qu'il sollicitait, qu'il renonçât à la papauté.

[1] *Annales Romani*, a. 1046 (MGH, SS, t. V, p. 468); DIDIER DU MONT-
CASSIN, *Dialogi*, lib. III (PL, CXLIX, 1004); BONIZON DE SUTRI, *Liber ad
amicum*, lib. V (MGH, *Libelli de lite*, t. I, p. 584).

[2] L'intervention d'une somme d'argent dans le pacte passé entre Benoît IX
et Jean Gratien est mentionnée par Didier dans ses *Dialogues*, lib. III : « non
parva ab eo accepta pecunia » (PL, CXLIX, 1004), par deux listes des papes
(WATTERICH, *Vitae pontificum romanorum*, t. I, p. 93 et p. 70, n. 16), enfin par
le cardinal BENON, *Gesta Romanae ecclesiae*, II, 7 (MGH, *Libelli de lite*, t. II,
p. 378). La seule mention de Didier importe, car c'est d'elle que dérivent les
autres. Or, elle paraît infirmée par le silence de Pierre Damien (*Epist.* I, 1 dans
PL, CXLIV, 205-206) qui, si l'élection de Grégoire VI avait donné lieu à un
tel trafic, n'aurait pas salué avec enthousiasme l'avènement d'un pape dont il
attend des mesures énergiques contre le « faussaire Simon », par le silence encore
plus significatif des *Annales Romani*, très hostiles à la réforme romaine, qui
n'auraient pas manqué de flétrir le maître d'Hildebrand, s'il avait prêté à la
moindre critique, par le silence enfin des textes relatifs au concile de Sutri
sur lesquels on reviendra plus loin. De plus, Grégoire VI n'aurait pas publié
son intention de poursuivre les prélats simoniaques (JAFFÉ-WATTENBACH,
4126 et 4130) et Wason, évêque de Liége, n'aurait pas violemment pris à partie
Henri III pour la déposition de Grégoire VI, si la promotion de ce pape avait
prêté à soupçon. Il est donc probable que la légende de simonie a dû être forgée
dans l'entourage de Henri III pour justifier après coup la déposition du pape
par l'empereur. Elle apparaît pour la première fois dans le *De abdicatione
episcopatus*, 11, de Pierre Damien (PL, CXLV, 441) qui date du pontificat
de Nicolas II (1059-1061) : « quia venalitas intervenerat » et qui est peut-
être la source de Didier du Mont-Cassin; il faut donc attendre quinze ans
pour en trouver la trace et tous les textes contemporains, à commencer par
Pierre Damien dans la lettre précédemment citée, n'y font pas la moindre
allusion. Il ne saurait donc y avoir le moindre doute sur la légitimité de l'élection
et l'abbé Delarc, qui en est encore à s'appuyer sur le texte tardif d'Othon
de Freising, eût pu s'épargner la peine de justifier Grégoire VI qu'il déclare
simoniaque, mais « mû uniquement par le désir de voir se terminer le honteux
pontificat de Benoît IX » (*op. cit.*, t. I, p. 13), ce qui pourrait laisser croire
qu'en certains cas la fin peut justifier les moyens.

passé et l'élection de mai 1045 ne peut prêter à aucune critique.

Elle en souleva cependant de la part de l'empereur qui jusque là s'était désintéressé des affaires romaines. L'attitude de Henri III en cette circonstance a été singulière. Il ne paraît pas avoir envisagé de prime abord la déposition de Grégoire VI, qui pendant plus d'un an peut faire acte de pape sans être inquiété. C'est seulement en 1046 qu'il vient en Italie. Le 25 octobre il réunit à Pavie un concile dont on connaît une décision relative à l'évêque de Vérone et où la question pontificale ne semble pas même avoir été effleurée [1]. Il se rend ensuite à Plaisance où il a, au mois de novembre, une entrevue avec Grégoire VI qu'il prie de convoquer un synode à Sutri [2]. C'est alors qu'il fait volte-face : à ce concile de Sutri, tenu le 20 décembre, il dépose Grégoire VI et, du même coup, l'anti-pape de l'année précédente, Silvestre III, après quoi dans un autre concile, réuni à Rome le 24 du même mois, il prend la même sanction à l'égard de Benoît IX dont la restauration se fût canoniquement imposée, si Grégoire VI et Silvestre III étaient considérés comme illégitimes [3].

---

[1] Mansi, t. XIX, p. 607. Contrairement à l'avis de Steindorff, op. cit., t. I, p. 307 et de Hauck, t. III, p. 586, n. 3, nous ne voyons aucune raison sérieuse de supposer que Henri III ait prononcé à cette assemblée le discours que lui prête Raoul Glaber (Historiae, V, 5) et dont il sera question plus loin. La question de la simonie n'a pas été traitée au concile et c'est faire preuve d'une ingéniosité excessive que d'y voir une allusion dans ce mot cité par l'éditeur de Hermann de Reichenau, a. 1046 d'après une note marginale d'un manuscrit de Burchard de Worms : « Cum multae res in eadem sinodo juste ac rationabiliter in regis praesentia... pertractarentur » (MGH, SS, t. V, p. 216 n. 21). D'autre part il n'est question dans aucun texte de la lutte de Henri III contre la simonie avant le concile de Rome (5 janvier 1047) où, comme on le verra plus loin, furent décidées quelques mesures qui s'accordent fort bien avec les propos que Raoul Glaber prête à Henri III.

[2] Hermann de Reichenau, a. 1046 (MGH, SS, t. V, p. 126) ; Arnulf, Gesta episcoporum mediolanensium, III, 3 (Ibid., t. VIII, p. 17) ; Bonizon de Sutri, Liber ad amicum, lib. V (MGH, Libelli de lite, t. I, p. 585).

[3] Le seul récit détaillé que l'on ait conservé du concile de Sutri, est celui de Bonizon de Sutri, Liber ad amicum, lib. V, mais il est contredit par les autres sources, quoique celles-ci soient beaucoup plus brèves. D'après Bonizon, le concile aurait d'abord déposé Silvestre III, puis ratifié l'abdication de Benoît IX, après quoi se posa la question de Grégoire VI que les évêques supplièrent

D'un geste impérieux l'empereur a rejeté de l'Église les trois personnages qui pouvaient prétendre à y exercer la dignité suprême, après quoi il leur substitue, le 24 décembre, un pape de son choix, l'évêque de Bamberg, Suidger, qui, après avoir reçu l'assentiment du clergé et du peuple de Rome, est consacré,

---

de faire connaître les circonstances qui avaient accompagné son élection. Grégoire VI aurait avoué avoir versé une somme d'argent pour délivrer l'Église de Benoît IX, puis, devant les remontrances des assistants, déposé la dignité pontificale. On a vu, p. 107, n. 2, ce qu'il fallait penser de la simonie de Grégoire VI. Reste à savoir si ce pape abdiqua de son plein gré. Didier du Mont-Cassin est seul à l'affirmer avec Bonizon (cfr *Dialogi*, lib. III ; PL, CXLIX, 1005). Une fois de plus se révèle la parenté des deux auteurs déjà constatée plus haut, mais aucun autre texte ne fait allusion à cette abdication volontaire et il y a unanimité pour constater que Grégoire VI a été déposé, comme Silvestre III et Benoît IX, sur l'ordre de Henri III. Cfr *Annales Hildesheimenses*, a. 1046 : « Heinricus rex papas tres non digne constitutos synodaliter deposuit » (MGH, SS, t. III, p. 104). LAMBERT DE HERSFELD, a. 1047 : « Tribus depositis qui sedem apostolicam contra ecclesiasticas regulas invaserant. » (*Ibid.*, t. V, p. 154). ADAM DE BRÊME, *Gesta pontificum Hammaburgensium*, III, 7 : « Depositis qui pro apostolica sede certaverant, Benedicto, Gratiano et Silvestro scismaticis. » (*Ibid.*, t. VII, p. 337). Même note dans les sources hostiles à la papauté : *Annales Romani*, a. 1046 : « In sancta igitur Sutrina ecclesia mirabile sinodum esse decrevit (Heinricus). Et Ioannem, Savinensem episcopum, cui posuerunt nomen Silvester et Ioannem archipresbyterum, cui posuerunt nomen Gregorius, et Benedictum pontificem, canonice et iuste iudicando, sacris et religiosis episcopis hec per canones ostendendo, perpetue anathematem obligavit » (MGH, SS, t. V, p. 469). Cfr aussi le pamphlétaire Benzon d'Albe (*Ibid.*, t. VII, p. 237). En outre Clément II, élevé à la tiare dès qu'elle fut disponible, affirme dans une lettre à l'église de Bamberg (JAFFÉ-WATTENBACH, 4149) que les trois papes ont été déposés par Henri III : « explosis tribus illis quibus nomen papatus rapina dedisset. » Ce témoignage, tout-à-fait contemporain, est décisif et conduit à éliminer les textes qui parlent de la déposition du seul Grégoire VI, à savoir Hermann de Reichenau, a. 1046 (MGH, SS, t. V, p. 126), *les Annales d'Augsbourg*, a. 1046 (*Ibid.*, t. III, p. 126) et la liste des papes publiée par WATTERICH (*op. cit.*, t. I, p. 70). Il ne semble d'ailleurs pas que Silvestre III et Benoît IX aient revendiqué la tiare lors de l'arrivée de Henri III en Italie et sur ce point nous nous rallions à l'opinion de Steindorff (*op. cit.*, t. I, p. 260) ; ils n'en ont pas moins été déposés avec Grégoire VI. Reste à savoir si les trois papes ont été jugés à Sutri. On remarquera que parmi les sources précédemment citées, seules les *Annales romaines* sont affirmatives à cet égard ; or elles ne sont pas toujours renseignées de première main. Les autres chroniques restent dans le vague. Nous croyons donc qu'il n'y a aucune raison de rejeter la version très précise des *Annales Corbeienses* suivant lesquelles Silvestre III et Grégoire VI auraient été déposés à Sutri, tandis que le sort de Benoît IX aurait été seulement réglé dans un autre concile, à Rome, le 24 décembre : « Synodus... secunda Sutriae in qua, in praesentia regis, secundum instituta canonum depositi sunt papae duo ; tercia Romae in qua canonice et synodice

le 25, sous le nom de Clément II. Son premier acte est de poser la couronne impériale sur la tête de Henri III et de son épouse, Agnès [1]. Après quoi le nouvel empereur reçoit des Romains le titre de patrice, qu'avaient porté Charlemagne et ses successeurs [2].

Les événements de décembre 1046 sont l'aboutissement logique de la politique suivie par les rois de Germanie depuis le rétablissement de l'empire. Henri III, en disposant souverainement du siège apostolique, n'a pas obéi à un sentiment religieux; il n'a pas voulu par un exemple retentissant assurer l'avenir de la réforme. Si telle avait été son intention, il ne pouvait avoir de meilleur appui que Grégoire VI dont les premières bulles avaient soulevé l'enthousiasme légitime de ceux qui voulaient en finir avec les abus. En réalité, pour Henri III comme pour tous ses prédécesseurs, les ambitions politiques priment les intérêts religieux et peu importe au fond ce que deviendra l'Église, pourvu que le roi de Germanie règne sur Rome, sur l'Italie, et qu'il puisse dans un avenir plus ou moins lointain, en accaparant à son profit l'autorité morale et le prestige du Saint-Siège, étendre son influence sur la chrétienté entière. Si le successeur de Conrad II a été plus audacieux que ce prince simoniaque et impie, s'il a brisé Benoît IX, Silvestre III et Grégoire VI, c'est qu'il n'a pu tolérer la présence sur le siège apos-

---

depositus est papa Benedictus » (MGH, SS, t. III, p. 6). Cela se conçoit parfaitement : il pouvait y avoir discussion canonique sur les élections de Silvestre III et de Grégoire VI, faites du vivant d'un autre pape, mais non sur celle de Benoît IX qui restait seul pape légitime après l'élimination des deux autres. Il fallut donc instruire son procès sur des bases nouvelles et par suite un nouveau délai était nécessaire. Sur tous ces événements cfr STEINDORFF, *op. cit.*, t. I, p. 309 et suiv.; HAUCK, t. III, p. 586 et suiv. Le récit de l'abbé DELARC (*op. cit.*, t. I, p. 30 et suiv.), est totalement dépourvu de critique.

[1] Cfr surtout sur cette élection le témoignage de Clément II lui-même (JAFFÉ-WATTENBACH, 4149) et aussi BONIZON DE SUTRI, *Annales Romani, loc. cit.* Pour les détails du couronnement, nous renvoyons à STEINDORFF (*op. cit.*, t. I, p. 475 et suiv.).

[2] *Annales Romani* (MGH, SS, t. V, p. 473). PIERRE DAMIEN, *Disceptatio synodalis*: « Piae memoriae Heinricus imperator factus est patricius Romanorum a quibus etiam accepit in electione semper ordinandi pontificis principatum » (MGH, *Libelli de lite*, t. I, p. 80; PL, CXLV, 71).

tolique des élus de l'aristocratie, hostile à l'hégémonie allemande
en Italie. Il apparaît, malgré le silence des textes, que Benoît IX,
Silvestre III et Grégoire VI, si différents si on les regarde du
côté de l'Église, ont également manqué de docilité et de sou-
plesse envers le roi de Germanie. Élu en 1039, Henri III n'a
pu ceindre aussitôt la couronne impériale. C'est pour en finir
avec l'opposition antiallemande qu'en 1046 il descend en
Italie, appuyé sur une solide armée et qu'il intronise par la
force un pontife de son choix. Sinon, pourquoi eût-il mis sept
ans à s'apercevoir que Benoît IX ne pouvait décemment garder
la tiare et reconnu pendant un an l'autorité de Grégoire VI ?
La déposition des deux pontifes, auxquels on adjoignit pour
plus de sûreté Silvestre III, ne peut s'expliquer que par leur
refus réitéré de couronner Henri III comme empereur, refus
que leur imposaient ceux qui les avaient élevés ou affermis
sur le trône pontifical, les nobles romains. Dès lors, pour
réaliser son vœu le plus cher, le César germanique a besoin
d'un pape qui soit à son entière dévotion et voilà pourquoi,
avec une rare désinvolture, il remet, sans consulter personne, le
soin de gouverner l'Église à son fidèle Suidger de Bamberg ;
voilà pourquoi aussi, prévoyant l'avenir tout en parant au
danger actuel, il contraint les Romains à prendre le solennel
engagement de n'accepter désormais aucun pape qui n'eût été
désigné par le roi de Germanie ; c'est là, comme l'avoue avec
une inquiétante candeur saint Pierre Damien, la principale
prérogative que lui confère son titre de patrice [1].

L'Église romaine est désormais en esclavage ; le pape n'est
qu'une émanation de l'empereur. Pour faire accepter ce scandale inouï, Henri III, toujours diplomate, manifeste à l'égard
de la réforme un enthousiasme tardif et il sent aussitôt monter
vers lui l'encens de ses naïfs contemporains. Jusqu'à la fin de
1046, tout en se montrant très désintéressé dans les nominations

---

[1] Cfr le texte cité à la note précédente auquel on peut ajouter celui-ci du
*Liber gratissimus*, 38 : « Ut ad eius nutum sancta Romana ecclesia nunc ordi-
netur ac praeter ejus auctoritatem apostolicae sedi nemo prorsus eligat sacer-
dotem » (MGH, *Libelli de lite*, t. I, p. 71 ; PL, CXLV, 154).

épiscopales, il n'a pris dans son royaume aucune mesure contre
la simonie ni contre le nicolaïsme, afin de ne pas s'aliéner l'épiscopat ni le clergé; mais Clément II est à peine élu qu'il réunit,
le 5 janvier 1047, à Rome un synode où Henri III, non content
de venir en personne, prononce un discours programme,
destiné évidemment à une large publicité [1]; après quoi l'assemblée décide que quiconque aurait reçu de l'argent pour consacrer
une église, pour ordonner un clerc ou pour conférer une dignité
ecclésiastique serait frappé d'anathème et que le clerc qui
aurait reçu gratuitement les ordres d'un évêque simoniaque
serait astreint à une pénitence de quarante jours [2]. Henri III,
qui a tenu en cette circonstance la place du pape, donne à
ces décisions force de loi dans tout l'empire [3].

Pratiquement il ne semble pas qu'elles aient produit des
résultats tangibles. Deux ans plus tard, lors du concile romain
de 1049, Léon IX se trouvera en présence d'une situation
inchangée, ce qui prouve que les canons de 1047 n'ont guère
été exécutés. Au fond Henri III, malgré ses scrupules personnels,
reste indifférent à la réforme de l'Église et ne poursuit que des

---

[1] C'est, en effet, à ce concile et non à celui de Pavie, où il n'aurait aucune
raison d'être, qu'il faut, à notre avis, placer le discours que Raoul Glaber, *Historiarum liber* V, 5 (édit. PROU, p. 133-134) met dans la bouche de Henri III.
On remarquera que l'édit qui l'aurait sanctionné d'après cet historien, reproduit
à peu de chose près le décret du synode romain de janvier 1047, alors qu'il
n'est nulle part question de simonie dans les textes relatifs au concile de Pavie.
Sur ce point nous nous séparons donc de Steindorff et de Hauck, mais nous
sommes d'accord avec eux au sujet de l'historicité des propos prêtés à Henri III.
Il est impossible que l'empereur ait jugé la politique de son père dans les
termes si durs que lui attribue Raoul Glaber. On ne peut admettre, notamment,
qu'il ait manifesté des inquiétudes pour le salut de Conrad II, au moment
où, comme l'atteste le panégyrique de Wipon, on cherchait à effacer le souvenir
de tout ce qui eût pu ternir la mémoire de ce prince.

[2] MANSI, t. XIX, p. 617-625.

[3] RAOUL GLABER, *Historiarum liber* V, 5 : « Tunc proposuit edictum omni
imperio suo ut nullus gradus clericorum vel ministerium ecclesiasticum precio
aliquo adquireretur. At si quis dare aut accipere praesumeret, omni honore
destitutus, anathemate multaretur. Spopondit insuper promissum huius
modi dicens : « Sicut enim Dominus mihi coronam imperii sola miseratione
sua gratis dedit, ita et ego id quod ad religionem pertinet gratis impendam.
Volo si placet ut et vos similiter faciatis » (édit. PROU, p. 134).

buts politiques [1]. On ne peut aujourd'hui se laisser aveugler comme les contemporains, par des apparences trompeuses et il est clair que les décrets réformateurs ont été destinés à masquer le plus formidable attentat, qui ait jamais été commis par le pouvoir temporel à l'égard de l'autorité spirituelle. Une fois de plus il est prouvé que la réforme, telle qu'elle a été conçue par les évêques, théologiens et moralistes, ne peut aboutir, parce qu'elle reste à la merci des fantaisies, des caprices, des ambitions des souverains. Même les princes qui, pour des raisons diverses, veulent améliorer les mœurs cléricales, sont incapables de s'élever à l'idée d'une Église libre et indépendante. De là une aggravation constante de la situation. Après un siècle de tâtonnements, d'efforts inconsistants et stériles, de capitulations et de faiblesses, la papauté eût été étranglée par l'empire et la réforme eût succombé avec elle, si dans un coin de la chrétienté, au pays de Liège, où déjà au Xe siècle s'esquissait la théorie de la prééminence du sacerdoce, une vigoureuse protestation, étayée sur le droit canonique, ne s'était élevée en faveur du siège apostolique. La réforme clunisienne n'a rien donné, la réforme épiscopale s'est émiettée sans porter de fruits durables et la réforme impériale a été un remède pire que le mal. En Lorraine va jaillir, au lendemain du monstrueux attentat de Henri III, l'étincelle de la réforme grégorienne.

## IV

Un seul homme dans la chrétienté occidentale a eu le courage de dénoncer les abus de pouvoir commis par Henri III dans sa politique ecclésiastique; c'est Wason, évêque de Liège entre 1041 et 1048 [2].

---

[1] A la mort de Clément II (9 octobre 1047), il nomme un nouveau pape allemand, Poppon, évêque de Brixen, qui devient Damase II. Celui-ci meurt à son tour le 10 août 1048, après quelques années de pontificat et Brunon, évêque de Toul (Léon IX), est encore désigné par l'empereur. Il n'y aura pas un seul pape italien jusqu'à la fin du règne de Henri III.

[2] Sur Wason, cfr BITTNER, *Waso und die Schulen von Lüttich*, Breslau, 1879. — On ne connaît les rapports de Wason et de Henri III que par le récit d'Anselme

En 1044, comme on l'a déjà vu [1], Henri III avait donné le siège métropolitain de Ravenne à un chanoine de Cologne, du nom de Widger. Deux ans plus tard, Widger fut traduit devant une assemblée d'évêques à Aix-la-Chapelle pour se justifier d'accusations formulées contre lui. Les prélats, qui connaissaient le secret désir du roi, émirent l'avis unanime qu'il fallait déposer leur collègue. Seul Wason gardait le silence; pressé d'indiquer son opinion, il s'exprima en ces termes : « Nous devons au pontife l'obéissance, à vous, ô roi, la fidélité. A vous nous rendons compte de notre administration séculière, à lui de tout ce qui concerne l'office divin. Aussi, à mon sens, — et je l'affirme bien haut, — toutes les fautes d'ordre ecclésiastique qu'il (Widger) a commises, relèvent uniquement du souverain pontife. Si au contraire il a fait preuve quant aux choses séculières de négligence ou d'infidélité, il vous appartient sans aucun doute de lui en demander raison [1] ».

Lors de la crise qui a suivi la venue de Henri III en Italie, Wason a défendu avec le même courage les droits et préro-

---

dans les *Gesta episcoporum Leodiensium* dont le texte a été publié à deux reprises et sous deux formes différentes par Koepke, dans les MGH, au tome VII des *Scriptores*, et par Waitz, au tome XIV. Cette seconde rédaction est plus développée que la première, mais n'ajoute rien d'essentiel quant aux faits qui nous intéressent ici. Il est fort possible que les paroles, par lesquelles Wason condamne la politique impériale, n'aient pas été rapportées avec une scrupuleuse exactitude, mais il n'y a pas lieu de supposer, à notre avis, que la pensée ait été mal interprétée. L'œuvre d'Anselme est dédiée à l'archevêque de Cologne, Annon, mort en 1075; elle est par suite antérieure au décret de Grégoire VII sur l'investiture laïque et à la rupture de la papauté avec la Germanie; il n'y avait donc aucune raison de prêter à Wason une attitude intransigeante, si la protestation ne s'était pas réellement produite. De plus, comme on le verra, il y a une parenté évidente entre le récit d'Anselme et le traité *De ordinando pontifice*, écrit à l'occasion des événements de 1046.

[1] Cfr *supra*, p. 105-106.

[2] *Gesta episcoporum Leodiensium*, II, 58 (MGH, SS, t. VII, p. 224). Dans l'autre rédaction on trouve cette version qui ne diffère pas sensiblement de celle que nous avons traduite : « In saecularibus negotiis imperiali excellentiae debemus fidelitatem; in ecclesiasticis vero excessibus apostolicam tantum prestolari debemus ordinationem ; ideoque quod iste contra ecclesiasticum ordinem deliquit, apostolica tantum censura discutiendum iudico; sin autem in secularibus a vobis illi creditis reprehensibiliter gesserit, vestro debere stare iudicio » (*Ibid.*, t. XIV, p. 115).

gatives du Saint-Siège. S'il n'a pu prévenir la déposition de
Grégoire VI, du moins a-t-il essayé, après la mort de Clément II,
d'obtenir de Henri III une juste réparation. Consulté par lui
sur le choix du pape, l'évêque de Liège se mit à compulser les
gestes des pontifes romains, les décrétales, tous les « canons
authentiques » et il put constater, dit son biographe, que « le
souverain pontife, quel que soit son genre de vie, doit être
tenu en grand honneur, que nul n'a jamais eu le droit de le
juger et que l'accusation d'une personne d'un degré inférieur
contre une autre qui lui est supérieure ne peut être reçue [1] ».
Fort de cette expérience canonique, il tint à Henri III ce langage :
« Que votre sérénité veuille bien songer que la place du souverain pontife, déposé par des hommes qui n'avaient pas qualité
pour le juger, est réservée par une disposition de Dieu à ce même
pontife, étant donné que celui que vous avez fait ordonner
est mort du vivant de celui-là. Aussi, puisqu'il vous a plu
de solliciter notre avis en cette matière, que votre sublimité
cesse donc de chercher un successeur à celui qui vit encore,
car de toute évidence les lois divines et humaines ne vous
concèdent pas ce droit et les écrits comme les paroles des saints
Pères stipulent que le souverain pontife ne peut être jugé par
personne si ce n'est par Dieu seul [2]. » Le biographe de Wason
ajoute que le conseil parvint trop tard à Henri III qui avait
déjà désigné, pour succéder à Clément II, un autre évêque
allemand, Poppon de Brixen (Damase II) [3].

Il résulte de ces textes que la politique religieuse de Henri III
n'a pas soulevé que des louanges, mais, si cette critique mérite
déjà d'être retenue, l'argumentation sur laquelle elle repose
est sans contredit plus décisive encore.

Sur les rapports des deux pouvoirs spirituel et temporel

---

[1] *Gesta episcoporum Leodiensium*, II, 65 (MGH, SS, t. VII, p. 228).

[2] *Gesta episcoporum Leodiensium*, II, 65 (MGH, SS, t. VII, p. 228-229).
La seconde rédaction (*Ibid.*, t. XIV, p. 117-118) présente une interpolation
qui rappelle certains souvenirs de l'Écriture, mais qui n'ajoute rien à la pensée
de Wason.

[3] *Gesta episcoporum Leodiensium*, loc. cit.

Wason professe, avec une tranchante netteté, une théorie qui
contredit la conception qui avait prédominé depuis Charlemagne
et que Henri III avait poussée à l'extrême. Pour lui le roi n'a
pas la moindre puissance spirituelle ; il ne peut juger les évêques
ni, à plus forte raison, le pape ; suzerain de prélats vassaux, il
a droit à la « fidélité » féodale, mais non pas à l'obéissance,
réservée au souverain pontife, chef de l'Église universelle, qui
seul peut retirer des fonctions ecclésiastiques à ceux qui ont
démérité. Sans doute, Wason ne va pas encore, comme le fera
Grégoire VII, jusqu'à refuser au roi de Germanie le pouvoir
de désigner des évêques ni même le pape. Ce qu'il reproche
à Henri III, c'est la liberté qu'il a prise de déposer Grégoire VI
et de nommer, du vivant de celui-ci, un autre titulaire du
siège apostolique, alors que « le souverain pontife ne peut
être jugé que par Dieu seul ». Le principe de l'indépendance
du pouvoir spirituel n'en est pas moins formellement posé ;
Wason proclame, en outre, la supériorité de ce pouvoir spirituel
sur le pouvoir temporel : Henri III lui ayant fait remarquer qu'au
jour de son sacre l'empereur recevait le droit de commander
à tous, il repartit : « L'onction dont vous parlez est bien différente de celle que confère le sacerdoce ; elle vous aide à semer
la mort ; nous, nous recevons de Dieu le pouvoir de répandre
la vie et autant la vie l'emporte sur la mort, autant sans aucun
doute notre onction est supérieure à la vôtre [1]. »

Cette thèse de l'indépendance et de la supériorité du sacerdoce, que Wason oppose au césaropapisme triomphant de
Henri III, il ne l'a pas absolument inventée. Très préoccupé
de traduire dans sa réponse à la consultation impériale la véritable tradition catholique, il avait prié un clerc de son diocèse
ou d'un diocèse voisin de l'éclairer à la lumière de l'histoire.
Par un heureux hasard l'opuscule composé à sa demande et
dont on ignore l'auteur est parvenu jusqu'à nous sous le titre
*De ordinando pontifice* [2].

---

[1] *Gesta episcoporum Leodiensium*, II, 65 (MGH, SS, t. VII, p. 230).

[2] Cet opuscule a été édité par Dummler dans les MGH, *Libelli de lite imperatorum et pontificum*, t. I, p. 8-14. Dümmler y voit (*Libelli*, t. I, p. 8) l'œuvre

Entre la lettre de Wason à Henri III, telle que l'ont rapportée les *Gesta episcoporum Leodiensium*, et le *De ordinando pontifice* il y a des analogies frappantes qui permettent de conclure à une filiation. Les *Gesta episcoporum Leodiensium* révèlent d'ail-

---

d'un clerc français, mais il ne donne d'autre raison de cette attribution que le ton acerbe du traité à l'égard de l'empereur Henri III; SACKUR (*Die Clunincenser*, t. II, p. 305, n. 2) est d'avis qu'il est d'origine lorraine, mais destiné à l'épiscopat français, sous prétexte que l'auteur proteste contre la non-invitation de l'épiscopat français au concile tenu par Clément II : « Episcopi Franciae nec invitati sunt nec dedere consensum » (*Libelli de lite*, t. I, p. 11) et que d'autre part cette phrase : « Si igitur per vestram exhortationem et hanc sagacissimam inceptionem etnico episcopi vestri omnes ubicunque cum magistris suis ad hoc loquuntur » (*Ibid.* p. 9) laisse supposer que l'auteur n'avait pas la même nationalité que le destinataire, sans quoi il aurait écrit non pas *episcopi vestri*, mais *episcopi nostri*. Cet argument n'est pas péremptoire: le texte est visiblement altéré et il semble bien qu'il faille lire *coepiscopi vestri*, c'est à dire non pas « vos évêques » mais « vos confrères dans l'épiscopat », terme qui s'explique fort bien sous la plume d'un simple clerc. A notre avis l'origine lorraine du traité est évidente : le ton à l'égard de Henri III et le fait de protester contre la non-invitation des évêques français n'impliquent pas fatalement que l'auteur appartenait à cette nationalité, auquel cas il aurait plus vraisemblablement écrit non pas « episcopi Franciae non invitati sunt », mais « episcopi nostri »; il souligne simplement le caractère non œcuménique du concile réuni par Henri III pour déposer le chef de l'Église universelle. Nous ajoutons que Wason a été certainement le destinataire du traité : 1) Si, comme le veut Sackur, il avait été adressé à un évêque français, l'auteur eût écrit non pas *episcopi Franciae*, mais *episcopi vestri* ou *vos et coepiscopi vestri*. — 2) Il y a, comme on le verra, identité entre la lettre de Wason à Henri III et l'argumentation du *De ordinando pontifice*. — 3) Au moment où le traité a été composé, Clément II était mort et Damase II n'était pas encore désigné. Les premiers mots prouvent que l'auteur avait été sollicité de donner un avis sur les graves questions que posait la vacance pontificale et qu'on le pressait de le fournir immédiatement, car il s'excuse d'avoir tardé à répondre et de n'apporter qu'une argumentation incomplète qu'il se promet d'enrichir, s'il y a lieu. Or on a vu plus haut (p. 115) que Wason, consulté par Henri III sur le choix d'un nouveau pape, avait mis une certaine lenteur à livrer son opinion, ce qui prouve qu'avant de formuler un jugement sur une question aussi grave, il avait tenu à s'éclairer. Anselme indique d'ailleurs les documents canoniques qu'il a utilisés et ils correspondent exactement à ceux que l'on trouve dans le *De ordinando pontifice*. — 4) Enfin, si l'on examine la liste des évêques présents au concile de Pavie, que l'auteur du *De ordinando pontifice* se refuse à considérer comme œcuménique, parce que les évêques français n'y assistaient pas (cfr MANSI, t. XIX, p. 618), on constate que la plupart des prélats allemands étaient présents, mais on ne relève le nom d'aucun évêque lorrain. Pour toutes ces raisons nous considérons le *De ordinando pontifice* comme étant l'œuvre d'un clerc de Liège ou d'un diocèse voisin; les écoles de toute cette région ont fourni des hommes instruits et très versés dans la science canonique.

leurs que Wason, avant de rédiger sa réponse à Henri III, fit procéder autour de lui à un vaste travail d'investigation canonique et qu'on scruta particulièrement les gestes des pontifes romains, leurs décrétales et les « canons authentiques »[1]. Tous ces éléments d'information figurent dans le *De ordinando pontifice*. Les *Gesta pontificum Romanorum* sont représentés par la vie du pape Libère, que déposa Constantin, les *decreta eorumdem* par de nombreux textes empruntés aux Fausses Décrétales, enfin les *autentici canones* par plusieurs canons des conciles de Chalcédoine, de Laodicée et de Tolède. Les *Gesta episcoporum Leodiensium* affirment encore que la conclusion de ce travail, ce fut que « le souverain pontife doit être tenu en très grand respect, qu'il ne peut être jugé par personne, que plus généralement on ne doit pas recevoir l'accusation d'une personne d'un degré inférieur contre une autre qui lui est supérieure[2]. » Or, dès le début, le *De ordinando pontifice* établit que « les supérieurs ne peuvent être repris par les inférieurs[3] » et la conclusion de tout le traité n'est autre que la formule dont se servent les *Gesta episcoporum Leodiensium* : « Le Seigneur s'est réservé la déposition des souverains pontifes[4] ».

L'anonyme *De ordinando pontifice* est donc la source de

---

[1] *Gesta episcoporum Leodiensium*, II, 65 : « Ille autem, ut erat in omnibus et in talibus maxime scrutator studiosissimus, vigilanter cum aliis, quibus laboris huius partes expenderat, hinc gesta pontificum Romanorum, hinc eorumdem decreta, hinc autenticos canones, capitulare recensere sollicitus fuit » (MGH, SS, t. VII, p. 228). Il est formellement dit dans ce passage que Wason a eu recours à des collaborateurs.

[2] *Gesta episcoporum Leodiensium*, II, 65 : « In quibus diligenter revolutis nihil aliud quam summum pontificem, cuiuscunque vitae fuerit, summo honore haberi, eum a nemine unquam iudicari oportere, immo nullius inferioris gradus accusationem adversus superiorem recipi debere invenire potuit » (MGH, SS, t. VII, p. 228).

[3] *Libelli de lite*, t. I, p. 8.

[4] *De ordinando pontifice* : « Quia secundum Anacletum eiectionem summorum sacerdotum sibi Dominus reservavit » (*Libelli de lite*, t. I, p. 13). Wason : « astipulantibus ubique sanctorum Patrum tam dictis quam scriptis summum pontificem a nemine nisi a solo Deo diiudicari debere » (MGH, SS, t. VII, p. 228-229).

la lettre de Wason à Henri III, ce qui donne à cet opuscule une certaine autorité. Toutefois, il ne faut pas exagérer l'importance de l'incident auquel il prétend apporter une solution. Pour saisir toute la valeur du *De ordinando pontifice*, il faut le juger d'un point de vue moins terre à terre et y chercher l'expression d'idées nouvelles sur la réforme de l'Église. Ainsi envisagé, il apparaît comme une œuvre de haute portée où est esquissé ce qu'on pourrait appeler le programme lorrain qui, dix ans plus tard, sera exposé dans toute son ampleur par le cardinal Humbert.

Ce programme comporte trois parties essentielles : 1) l'annulation de toutes les ordinations faites par un évêque simoniaque, sous prétexte que ce prélat n'ayant pas reçu le Saint-Esprit au jour de la consécration par suite de sa vénalité, ne peut livrer aux autres ce qu'il n'a pas lui-même ; — 2) Le retour aux vieilles règles d'élection par le clergé et par le peuple ; — 3) Les moyens d'assurer la prééminence du sacerdoce et notamment du pontife romain sur toute autorité temporelle. On trouve ces trois tendances dans le *De ordinando pontifice*.

Sans doute, la thèse de la nullité des ordinations simoniaques n'y fait pas l'objet d'un développement particulier que le sujet de l'opuscule ne comportait pas, mais elle est la conséquence logique de ce qui est dit au sujet de la consécration épiscopale. Celle-ci est considérée comme nulle, si un trafic simoniaque est intervenu ; l'auteur, comparant le cas de Benoît IX à celui de Libère, affirme que le fait d'avoir donné de l'argent pour obtenir la dignité pontificale ou d'en avoir laissé donner par ses familiers l'a empêché de recevoir le Saint-Esprit [1]. Il en résulte qu'un pape ou un évêque simoniaque ne peut exercer valablement sa fonction, qu'il ne peut notamment conférer le sacrement de l'ordre, puisque sa simonie l'a empêché d'obtenir ce pouvoir comme tous ceux qui sont inhérents à sa dignité.

L'auteur du *De ordinando pontifice* appartient donc à l'école radicale qui avait un moment compté parmi ses membres

---

[1] *De ordinando pontifice* (*Libelli de lite*, t. I, p. 13).

Rathier de Liège et qui imposera ses idées à tous les réformateurs lorrains du milieu du XIe siècle. Il n'est pas l'inventeur de la théorie qu'il développe en matière d'ordination simoniaque, mais il est presque seul à la soutenir dans la première moitié du XIe siècle [1].

Il est plus original encore dans la conception qu'il se fait des rapports à établir entre les deux pouvoirs impérial et pontifical. Il est le premier écrivain qui ait dénié à l'empereur le droit de s'occuper des choses spirituelles et contesté le privilège qu'il revendiquait de se placer au-dessus des canons. Il considère l'élection de Clément II comme nulle parce qu'elle a été l'œuvre du seul Henri III [2]. Il ne reconnaît d'ailleurs à aucun laïque le droit de promouvoir aux dignités ecclésiastiques ni de disposer des revenus de l'Église. L'élection de l'évêque est réservée au clergé et au peuple et le peuple ne peut intervenir qu'après le clergé. Quant au pouvoir de déposer il est réservé à Dieu seul; par conséquent aucun souverain ne peut le revendiquer à un degré quelconque. « Où voit-on que les empereurs aient obtenu la place du Christ ?... Il (Henri III) n'avait donc pas le droit de molester le souverain pontife, alors que même sur les évêques qui lui sont soumis, dans la

---

[1] Depuis l'annulation par le concile de 964 des ordinations faites par Léon VIII, on ne peut guère citer comme partisan de la nullité des ordinations simoniaques que le moine Guy d'Arezzo, dans sa lettre à l'archevêque de Milan, Héribert (*Libelli de lite*, t. I, p. 5-7). Encore cette lettre ne nous est-elle pas parvenue sous sa forme primitive et le texte en est fort difficile à établir exactement; cfr SALTET, *Les réordinations*, p. 168 et suiv.

[2] Henri III est très directement visé dans tout le traité et l'auteur cherche à le mettre en contradiction avec ses prédécesseurs, sans s'apercevoir qu'en réalité cet empereur n'a fait que développer leur politique et la pousser jusqu'à ses conséquences extrêmes. Après avoir prouvé l'illégalité de l'élection de Clément II qui n'a pas obtenu l'assentiment unanime de la chrétienté, il s'écrie avec indignation : « Mettons un terme à ces vains discours, convoquons cet empereur néfaste, introduisons des témoins de son rang; ils le convaincront qu'il n'aurait pas dû se saisir d'un prêtre (Grégoire VI). » Les témoins, Constantin, Valentinien, Valens, puis les Carolingiens viennent affirmer le respect qu'ils éprouvent pour le pouvoir sacerdotal et renforcer ainsi l'autorité, non moins fragile, des fausses Décrétales qui tiennent une grande place dans l'ouvrage.

mesure où ils le sont ou sont dits l'être, il n'a aucun pouvoir, car c'est un sacrilège que de tenter quelque chose contre les prêtres du seigneur qui, s'ils se distinguent les uns des autres par leur dignité, appartiennent tous au même ordre [1]. »

Liberté des élections, indépendance du pouvoir spirituel à l'égard du pouvoir temporel, ces deux articles du programme lorrain figurent dans le *De ordinando pontifice*. On y trouve également affirmée la prééminence du sacerdoce sur tous les souverains, y compris les empereurs. « Les empereurs sont soumis aux évêques » lit-on dans les dernières lignes qui malheureusement ont été mutilées [2]. N'est-ce pas déjà l'expression qui viendra sous la plume de Grégoire VII dans l'épître à Hermann de Metz, suprême manifestation du programme réformateur ébauché dans l'ancien royaume de Lorraine ?

Nulle part ailleurs qu'à Liége cette doctrine n'a été exprimée, même sous une forme plus atténuée. A Liége au contraire elle est traditionnelle. Si, en 1048, elle se traduit par la courageuse résistance de Wason au césaropapisme triomphant, si l'auteur du *De ordinando pontifice*, auquel Wason l'a empruntée, la formule avec une audacieuse netteté, il faut noter toutefois que l'un et l'autre ne l'ont pas inventée au moins dans son principe ; ils ont étendu à l'empire, — et le fait n'est pas sans importance, — les théories lancées un siècle plus tôt par Rathier, pieusement conservées dans les diocèses et dans les monastères lorrains où, tout en accordant à l'empire un admiratif respect, on a su maintenir les prérogatives spirituelles du sacerdoce.

Entre le *De ordinando pontifice* et les *Praeloquia* de Rathier de Liége la filiation, directe ou indirecte, paraît certaine.

1. - L'auteur du *De ordinando pontifice* interdit au roi de disposer des revenus et des fonctions ecclésiastiques. Avant lui Rathier s'est élevé aussi bien contre l'aliénation par les laïques des biens d'Église que contre la mainmise du roi sur les élec-

---

[1] *De ordinando pontifice* (*Libelli de lite*, t. I, p. 14).
[2] *De ordinando pontifice*, loc. cit.

tions épiscopales [1]. Pourtant il reconnaît à celui-ci le rôle qui lui est assigné par les canons [2] et sur lequel le *De ordinando pontifice* garde une réserve qui peut prêter à des interprétations différentes [3].

2. - Rathier ne permet pas au roi de déposer les évêques. Le *De ordinando pontifice* consacre, en les appliquant au cas particulier de Grégoire VI, les principes généraux qui, dans les *Praeloquia*, affranchissent l'évêque de toute juridiction temporelle [4].

3. - On a vu, enfin, que Rathier est le premier évêque qui n'ait pas craint d'affirmer la supériorité du sacerdoce en des termes énergiques que l'on chercherait en vain chez les écrivains carolingiens [5]. Ici encore l'auteur du *De ordinando pontifice* n'a fait que reprendre sa thèse, mais en se livrant à des applications pratiques que Rathier n'eût pas osé prévoir.

C'est précisément sur ce dernier point que le *De ordinando pontifice* marque un progrès décisif dans l'élaboration lorraine du programme grégorien.

Rathier s'est confiné dans les sphères un peu élevées du droit canon; il s'abaisse rarement à la réalité tangible, à moins qu'il ne soit personnellement en cause. Lorsque dans les *Praeloquia* il émet, du fond de sa prison, des idées qui pouvaient paraître hardies sur les rapports des deux puissances ecclésiastique et séculière, il pense surtout à lui et n'a d'autre souci que d'échapper aux fers où l'enchaîne son ennemi le roi d'Italie. A cette date l'empire n'est pas encore restauré, mais, du jour où Othon le Grand ressuscita la vieille organisation impériale, qui avait succombé dans l'anarchie consécutive à la déposition de Charles le Gros, du jour surtout où il fut admis dans les conseils, dans l'intimité du nouveau maître de l'Occident chrétien, l'ardent

---

[1] Cfr *supra*, p. 87.

[2] Cfr *supra*, p. 87 n. 1.

[3] Il semble bien que, au moins en ce qui concerne le Saint-Siège, le *De ordinando pontifice* supprime totalement l'intervention laïque.

[4] Cfr *supra*, p. 84-85.

[5] Cfr *supra*, p. 86.

prélat se montra moins absolu qu'il ne l'avait été dans l'adversité; il revint à la tradition des écrivains du ixe siècle, inventeurs ou adeptes fervents de la religion impériale; par rapport aux *Praeloquia*, qui datent des années 936-938, le *Conjectura qualitatis* et l'*Iter romanum*, écrits en 966, marquent un recul évident [1]. Rathier approuve Othon d'avoir donné un pape à l'Église en la personne de Jean XII et il voit en ce monarque l'instrument de la volonté divine [2]. Sans doute, il place l'institution pontificale au sommet de la hiérarchie catholique [3], mais logiquement il faudrait admettre que l'institution impériale dont elle dépend lui est encore supérieure. Que deviennent, dès lors, les belles théories sur l'indépendance et la supériorité du sacerdoce dont le chef suprême est à la merci des fantaisies d'un prince laïque? Rathier n'est pas conséquent avec lui-même; lorsqu'il a eu l'occasion d'appliquer les principes qu'il avait posés au début de sa carrière, il a trahi ses propres revendications.

Il était donné à l'auteur du *De ordinando pontifice* de tirer les conclusions de la thèse soutenue dans les *Praeloquia*. Il est aussi logique que Rathier est déconcertant et ne recule devant aucune conséquence, quitte à jeter par-dessus bord la vieille religion impériale qui avait fait verser dans l'idolâtrie plus d'un homme d'Église. Si les évêques sont, comme le veulent les canons, au-dessus de tous les souverains, il n'y a aucune raison d'autoriser une exception en faveur du roi de Germanie. La primauté du sacerdoce n'est plus quelque chose de vague, d'indéfini, de théorique; elle s'exerce sur tous les pouvoirs humains et plus spécialement sur le plus haut placé parmi eux, l'empereur. La thèse est autrement précise et catégorique, mais il faut convenir qu'elle découle des principes canoniques posés par Rathier dans ses *Praeloquia*.

C'est donc un Liégeois qui le premier a mis en lumière la prééminence du sacerdoce telle qu'elle sera comprise par Gré-

---

[1] Cfr *supra*, p. 77, n. 4.
[2] Cfr *supra*, p. 91, n. 2.
[3] Cfr *supra*, p. 89.

goire VII et c'est encore un Liégeois qui, un siècle plus tard, a proclamé que la primauté romaine ne pouvait être limitée par l'empereur. Il y a là une concordance curieuse, mais qui n'a rien de surprenant; Rathier et Wason semblent bien refléter les tendances qui ont toujours régné sur les bords de la Meuse; on peut çà et là saisir quelques-uns des anneaux de la chaîne qui les relie l'un à l'autre.

On a déjà noté, — et non sans raison, — la très grande fidélité de l'épiscopat lorrain à l'empire [1]. Il ne saurait y avoir aucun doute à ce sujet : les Othons et leurs successeurs ont trouvé chez les prélats des diocèses traversés par la Moselle, la Meuse et l'Escaut de dévoués auxiliaires qui les ont aidés à maintenir et à mater une féodalité toujours turbulente, parfois rebelle à leur autorité. Wason n'a pas failli à cette tradition : « Ma conscience, disait-il à son lit de mort, n'a pas à me reprocher d'avoir à aucun moment de ma vie commis une seule faute contre l'empereur. Au contraire j'ai toujours désiré, je désire encore son honneur et j'ai travaillé, dans la mesure de mes forces, à ce que, avec l'aide de Dieu, cet honneur s'accrût de jour en jour [2]. » Quelques années plus tôt ce saint évêque s'écriait déjà : « Quand même l'empereur me ferait arracher l'œil droit, je ne manquerais pas d'employer mon œil gauche pour son honneur et son service [3]. »

Toutefois, cette fidélité au service de l'empereur a trait uniquement aux affaires temporelles. Si respectueux qu'il se montre pour son souverain, Wason n'entend pas lui rendre plus qu'il n'est dû à César : « Nous devons, disait-il, au souverain pontife l'obéissance, à vous, ô roi, la fidélité. A vous nous rendons compte de notre administration séculière, à lui de tout ce qui concerne l'office divin [4]. » En un mot l'évêque se dédouble

---

[1] Cfr CAUCHIE, *La querelle des investitures dans les diocèses de Liége et de Cambrai*, t. I, p. VIII-X; PIRENNE, *Histoire de Belgique*, t. I, 3ᵉ édit., 1909, p. 61 et suiv.

[2] *Gesta episcoporum Leodiensium*, II, 70 (MGH, SS, t. VII, p. 232-233).

[3] *Gesta episcoporum Leodiensium*, II, 60 (MGH, SS, t. VII, p. 225).

[4] Cfr *supra*, p. 114.

et il sait parfaitement séparer son devoir féodal de son devoir ecclésiastique. C'est là ce qui fait la véritable originalité de la conception liégeoise des rapports de l'Église et de l'État.

Or, si elle est formulée avec une rigoureuse précision au temps de Wason, on devine à plusieurs indices que les prédécesseurs de Wason et leurs confrères lorrains la professaient déjà depuis le début du X^e siècle. Animés d'un sincère désir de réforme, ils n'ont pas oublié, dans leurs relations avec les empereurs, les obligations contractées au jour de leur sacre envers Dieu et envers l'Église. De là des périodes de tension passagère sur lesquelles nous sommes plus ou moins renseignés. Les *Gesta episcoporum Leodiensium* font allusion, par exemple, sans en indiquer l'origine, aux difficultés qui brouillèrent un moment Wolbodon de Liége (1018-1021) avec Henri II [1]. A Cambrai, le saint prélat qui a dirigé le diocèse de 1012 à 1048, Gérard I^er, a tenu tête aux empereurs en plusieurs circonstances et maintenu ses prérogatives. Dès son avènement un conflit s'éleva avec Henri II qui, après avoir désigné Gérard pour le siège de Cambrai, prétendait le faire consacrer à Bamberg en sa présence. Or, il était d'usage que l'évêque de Cambrai, tout en relevant de l'empire, reçût la consécration à Reims des mains de son métropolitain. Gérard n'accepta pas de rompre avec cette coutume et il contraignit l'empereur à incliner sa volonté devant la sienne [2]. Avec Henri III les rapports ont été à certains moments assez acerbes : les *Gesta episcoporum Camerensium* ont conservé une lettre de l'évêque à l'empereur dont il est impossible de saisir toutes les allusions, mais d'où il résulte que Gérard n'a pas craint de désobéir formellement au souverain [3]. Cela prouve que sa fidélité ne dépassait pas non plus les limites tracées par les canons. D'ailleurs l'évêque de Cambrai, comme celui de Liége et comme tous ses confrères lorrains, n'a pas accompagné Henri III dans son expédition

---

[1] *Gesta episcoporum Leodiensium*, II, 34 (MGH, SS, t. VII, p. 208).
[2] *Gesta episcoporum Cameracensium*, III, 1-2 (MGH, SS, t. VII, p. 465-466).
[3] *Gesta episcoporum Cameracensium*, III, 60 (*Ibid.*, t. VII, p. 488-489).

italienne en 1046 ni participé aux conciles tenus par l'empereur dont il paraît avoir, lui aussi, désapprouvé l'attitude. Peut-être faut-il voir là une des raisons de la défaveur dont il se plaint.

On peut enfin citer un autre trait significatif de l'état d'esprit qui régnait dans l'ancien royaume lorrain. Dans le *De ordinando pontifice* Henri III est violemment pris à partie pour son union incestueuse avec Agnès, fille du duc d'Aquitaine Guillaume V; l'auteur aperçoit là une des causes qui auraient décidé le roi à se débarrasser de Grégoire VI, gardien intransigeant de la loi d'indissolubilité, et à installer sur le siège pontifical un pape plus complaisant [1]. Il semble que, sur ce point particulier, la source du *De ordinando pontifice* soit une lettre de l'abbé de Gorze, Siegfried, à Poppon de Stavelot qui date de 1043. Après avoir prouvé que le mariage projeté était contraire aux canons et supplié Poppon de transmettre cet avis au souverain, le saint moine conclut : « Si d'aventure, — et je souhaite que cela ne soit pas, — le roi me reprochait cette épître et songeait à s'irriter contre nous, je dois pourtant, tout en lui témoignant le respect qui lui est dû, craindre et aimer davantage le Seigneur ; c'est pour cela que je ne puis taire la vérité [2]. » Ces paroles n'annoncent-elles pas la protestation de Wason, quoiqu'il s'agisse de droit privé ?

Ces divers textes indiquent quelles étaient les tendances lorraines au milieu du XIe siècle. Le pouvoir impérial était respecté et même aimé, mais les théories césaropapistes, qui plaçaient l'empereur au-dessus de l'Église, de sa hiérarchie et de ses lois n'avaient pas cours. On était habitué de longue date à séparer le spirituel du temporel ; aussi le jour où Henri III voulut se mêler de régir à sa guise les affaires du siège apostolique, l'évêque Wason protesta, en arguant d'une longue tra-

---

[1] *De ordinando pontifice* : « Noverat enim quia, cum in lege Domini voluntas papae illius esset, incestum suum nullis blandimentis, nullo terrore benediceret, ideo talem constituit qui nequitiae suae consentiret » (*Libelli de lite*, t. I, p. 13).

[2] La lettre a été publiée par GIESEBRECHT, *Geschichte der deutschen Kaiserzeit*, t. II, 5e édit., 1885, p. 718.

dition et de nombreux textes canoniques. En Lorraine, et en Lorraine seulement, on a compris que la réforme entrevue et souhaitée par bien des âmes généreuses ne pourrait être dirigée et réalisée par le chef temporel de la chrétienté, qu'elle n'aurait des chances de succès que le jour où l'Église et la papauté auraient recouvré leur indépendance totale à l'égard des puissances séculières. Aussi peut-on dire que c'est en Lorraine et nulle part ailleurs que la réforme grégorienne a pris naissance.

Il suffit de comparer le programme lorrain aux programmes formulés antérieurement pour s'en rendre compte. La réforme clunisienne a constitué une puissante congrégation, mais elle s'est montrée impuissante à régénérer l'Église séculière; en réagissant contre l'immoralité du temps, elle a simplement créé une atmosphère favorable à l'éclosion d'une réforme plus vaste qu'elle n'a pas entrevue. Ce résultat a été obtenu beaucoup plus encore par de pieux évêques qui ont essayé de mettre un frein à la luxure cléricale et aux habitudes de vénalité qui s'étaient glissées partout; ceux-ci ont poursuivi, dès le x$^e$ siècle, une réforme morale qui ne sera jamais abandonnée et par là tracé la plus lointaine ébauche du programme grégorien; pratiquement leurs efforts n'ont pas porté de fruits, parce qu'ils ont manqué d'unité et de continuité, parce qu'après leur mort leurs diocèses sont tombés entre les mains d'indignes successeurs, nommés par les princes laïques, qui n'ont rien eu de plus pressé que de détruire la moisson qui, péniblement, commençait à germer. Un empereur, Henri II, a bien essayé de coordonner ces actions dispersées; à la réforme épiscopale succède au début du xi$^e$ siècle la réforme impériale qui n'apporte aucune idée nouvelle, mais qui cherche uniquement à assurer le succès de la précédente en lui imprimant l'unité qui lui manquait, mais elle fait faillite à son tour et pour deux raisons : d'abord, elle aussi est remise en question à chaque changement de règne; ensuite et surtout elle est conduite par des hommes qui n'ont pas qualité pour l'entreprendre et qui n'obéissent qu'à des intérêts politiques. En réalité, elle n'a servi qu'à faire éclater au grand jour les inconvénients du césaropapisme et de la lourde domination que les princes laïques, maîtres des évêchés et autres dignités ecclésiastiques, faisaient peser sur l'Église. Par là elle a contribué à l'éclosion du programme lorrain que Wason jette à la face de Henri III et qui est autrement audacieux que celui des promoteurs de la réforme épiscopale, puisqu'il vise avant tout à libérer la papauté de la tutelle impériale, l'Église du joug des rois et des seigneurs; il complète le programme d'Atton de Verceil sans l'exclure; le programme grégorien sera la fusion de l'un et de l'autre.

Toutefois, ce n'est pas du jour au lendemain que les idées lorraines triompheront dans l'Église. Le programme de réforme morale, esquissé par les évêques du Xe siècle, aura ses défenseurs, surtout en Italie où il semble bien avoir vu le jour; des prélats et même des papes persisteront à attendre la réalisation de leur rêve réformateur d'une alliance étroite entre le sacerdoce et l'empire; l'attentat de décembre 1046 ne leur a rien appris. Les Lorrains, de leur côté, développant les théories de Rathier de Liège et du *De ordinando pontifice*, porteront de rudes coups à l'investiture laïque et finalement auront le dessus en 1059 et en 1075.

La lutte de ces deux tendances italienne et lorraine a donné lieu à tout un mouvement d'idées, que l'on peut désigner sous le nom de mouvement prégrégorien. Elle commence avec le pontificat de Léon IX (1048-1054). Alsacien d'origine, évêque de Toul, Léon IX abandonnera plus d'une fois les méthodes lorraines pour les méthodes italiennes; toutefois il empruntera aux deux programmes un article commun, celui qui vise la reconstitution de l'autorité apostolique. Avec lui la réforme n'est plus épiscopale, ni impériale; elle est romaine.

# CHAPITRE II

## L'ENTRÉE EN SCÈNE DE LA PAPAUTÉ : LÉON IX

I. — L'avènement et le programme de Léon IX : comment la réforme devient romaine ; les conciles de Rome, Reims et Mayence. — II. Le pontificat de Léon IX (1048-1054) : restauration de l'autorité apostolique, lutte contre la simonie et le nicolaïsme, rapports de la papauté et de l'empire. — III. Victor II (1055-1057) : son origine, sa désignation par Henri III ; caractères de son pontificat. — IV. Étienne IX (1057-1058) : son élection par le clergé et le peuple romains, ses attaches lorraines ; tentatives de réaction contre le césaropapisme impérial.

### I

A la mort de Clément II (9 octobre 1047) [1], Henri III désigna, pour lui succéder, Poppon, évêque de Brixen, qui, sous le nom de Damase II, gouverna l'Église pendant quelques mois (25 décembre 1047-9 août 1048) [2]. Dans une grande assemblée tenue à Worms à la fin de 1048, au moment de Noël, l'empereur élut un nouveau pontife en la personne de l'évêque de Toul, Brunon, qui, après avoir tenté un instant de se dérober, finit par accepter la dignité qui lui était offerte, sous réserve que le choix dont il avait été l'objet serait explicitement ratifié par le clergé et par le peuple de Rome. Brunon s'achemina alors

---

[1] BERNOLDI NECROL. (MGH, SS, t. V, p. 392). La date est également donnée par deux bulles de Léon IX (JAFFÉ-WATTENBACH, n. 4283 et 4287).

[2] *Annales Romani* (MGH, SS, t. V, p. 469) ; HERMANN DE REICHENAU, a. 1049 (*Ibid.*, t. V, p. 128) ; LAMBERT DE HERSFELD, a. 1049 (*Ibid.*, t. V, p. 154).

vers la Ville éternelle, requit, comme il l'avait annoncé, les suffrages de ceux dont il allait devenir le pasteur, non sans avoir rappelé au préalable que « l'élection du clergé et du peuple précède canoniquement les autres désignations »; il ajouta même qu'il était prêt à retourner dans son diocèse si l'unanimité ne se réalisait pas sur son nom. Il se conformait en cela à la pure tradition lorraine, qu'il a, pourtant, il faut en convenir, singulièrement tempérée en subissant la désignation de Henri III. L'entente qu'il avait souhaitée se produisit; Brunon fut universellement acclamé sous le nom de Léon IX [1].

Son passé était plein des plus riches promesses. Né à Egisheim, en l'an 1002, le nouveau pape appartenait à une famille de vieille noblesse alsacienne, apparentée à la famille impériale. De bonne heure il quitte son pays natal pour l'école de Toul, où il est élevé en compagnie des jeunes seigneurs qui la fréquentaient. Bientôt il sent naître en lui la vocation sacerdotale, entre dans les ordres, ne tarde pas à acquérir un grand crédit auprès de son évêque et à gagner la confiance de l'empereur, Conrad II, qu'en 1025 il accompagne dans son expédition en Italie. L'année suivante (1026), l'évêque de Toul,

---

[1] Nous avons fidèlement suivi le récit de GUIBERT (*Vita Leonis*, II, 2, dans WATTERICH, *Vitae pontificum Romanorum*, t. I, p. 150). Cette biographie, commencée du vivant même de Léon IX et terminée peu de temps après sa mort, a été considérée avec raison par la plupart des historiens comme une œuvre sérieuse et digne de foi. Nous ne voyons donc aucune raison de rejeter comme l'ont fait MARTENS (*Die Besetzung des päpstlichen Stuhles*, p. 27), et, après lui, HAUCK (*Kirchengeschichte Deutschlands*, t. III, p. 593, n. 3), la version qu'elle donne de l'avènement de Brunon à la papauté. Certains faits nous paraissent au contraire la confirmer avec beaucoup de force : Léon IX, Alsacien d'origine, a toujours vécu en Lorraine, c'est à dire dans un milieu où le droit de l'empereur en matière d'élection pontificale était très discuté et il y a de fortes chances pour que l'écho des polémiques engagées ce sujet par Wason de Liége soit parvenu jusqu'à lui; aussi a-t-il dû, en recevant la tiare des mains de Henri III, éprouver quelques scrupules de conscience qu'il a essayé de calmer en réclamant l'intervention subsidiaire du clergé et du peuple. Suivant l'autre biographe de Léon IX, Brun de Segni, cette attitude lui aurait été suggérée par Hildebrand, alors en Allemagne, où il avait accompagné Grégoire VI exilé; nous avons montré dans notre article sur *Hildebrand* (*Le Moyen âge*, deuxième série, t. XXI, 1919, p. 87 et suiv.) que c'était là une pure légende.

Hermann, meurt; le clergé du diocèse tente une démarche auprès de Conrad, afin qu'il désigne Brunon pour lui succéder et il obtient un plein succès. Pendant plus de vingt ans Brunon gouverne l'église de Toul avec autant de zèle que d'intelligence, visitant fréquemment les paroisses qui relevaient de sa juridiction, prenant une part active aux synodes provinciaux, travaillant à introduire dans les abbayes, notamment à Saint-Mansuy et à Moyenmoutier la discipline clunisienne, luttant avec âpreté contre les seigneurs pillards qui rançonnaient églises et monastères. Lorsqu'en 1048 il parvient à la dignité apostolique, il s'est acquis une réputation d'évêque réformateur pleinement justifiée [1].

Nulle part cependant Brunon de Toul n'a encore indiqué quelles étaient ses tendances et ce seront seulement ses premiers actes comme pape qui les révéleront. On ne doit pas oublier cependant que toute son existence s'est déroulée dans cette Lorraine, où l'on avait sur la réforme de l'Église des idées radicales qui tranchaient avec la craintive routine à laquelle, en Italie et ailleurs, se laissaient doucement aller les meilleurs esprits et les âmes les plus généreuses, ni qu'il gravit les degrés du siège apostolique au moment où s'éteint son illustre confrère, Wason de Liége, qui, un an plus tôt, proclamait audacieusement, devant Henri III, les droits et prérogatives du pontife romain. Cet évêque lorrain, qui s'est montré le disciple de Wason en subordonnant son acceptation du pontificat au vote de ses électeurs canoniques, va-t-il mettre à exécution le programme lorrain qui comporte tout à la fois le retour aux vieilles règles d'élection par le clergé et par le peuple, l'annulation des ordinations simoniaques et la restauration dans sa plénitude de l'autorité apostolique, libérée de la tutelle impériale ? Telle est la question que pose l'avènement de Léon IX.

L'histoire de la première année du pontificat et l'analyse des premiers décrets de Léon IX prouveront amplement

---

[1] Tous ces détails sont empruntés à GUIBERT, *Vita Leonis*, I (WATTERICH, *op. cit.*, t. I, p. 127 et suiv.)

que le pape a l'intention d'appliquer les différents articles du programme lorrain, mais qu'il hésitera ou reculera parfois par crainte de Henri III qui l'a élevé à la tiare. Il n'en est pas moins vrai que, malgré ces faiblesses dans l'exécution, il y a quelque chose de changé dans l'Église et que l'année 1049 marque un tournant décisif dans l'histoire de la réforme avec la convocation de trois conciles successifs dans les trois grands pays de la chrétienté, à Rome, à Reims et à Mayence.

Le premier synode se tient à Rome du 9 au 15 avril 1049 [1], sans que l'empereur ait été consulté sur l'opportunité de sa convocation. C'est là un coup d'audace, si l'on se souvient que le précédent concile romain, en 1047, avait été voulu par Henri III, effectivement présidé par lui et que c'était le roi qui avait promulgué les décrets réformateurs [2]. En 1049 l'initiative est venue du pape et du pape seul [3]. N'y a-t-il pas là un premier essai d'application des théories liégeoises qui placent l'autorité pontificale au-dessus de toute autre autorité ecclésiastique ou laïque? Il est permis de le penser. En tout cas, les débats de l'assemblée vont mettre en évidence le lien qui rattache Léon IX à la tradition lorraine.

La question simoniaque paraît avoir presque exclusivement occupé les délibérations du concile. Elle donna lieu à des incidents d'une rare violence. Selon la doctrine lorraine, Léon IX voulut d'abord casser toutes les ordinations conférées par les prélats qui avaient acheté leur charge. Un grand tumulte s'éleva aussitôt dans l'assemblée. On fit remarquer au pape qu'il allait priver la plupart des églises de leurs pasteurs et que les fidèles n'auraient plus personne pour leur dire la messe. On lui rappela que Clément II n'avait pas été aussi loin et qu'il avait simple-

---

[1] HERMANN DE REICHENAU, a. 1049 : « In hebdomada post albas cum Italiae episcopis maxime contra simoniacam heresim celebrat » (MGH, SS, t. V, p. 128).

[2] Cfr *supra*, p. 112.

[3] Nous avons montré dans notre article déjà cité sur *Hildebrand* qu'il ne fallait attribuer aucun crédit à la version du *Liber ad amicum*, V (*Libelli de lite*, t. I, p. 588) suivant laquelle l'idée de convoquer un concile à Rome au moment de Pâques aurait été suggérée à Léon IX par Hildebrand.

ment enjoint aux clercs non simoniaques ordonnés par un
évêque simoniaque d'accomplir une pénitence de quarante jours,
après quoi ils pourraient reprendre l'exercice de leurs fonctions. Léon IX se rallia à ce point de vue et se contenta de
remettre en vigueur le décret de son prédécesseur [1].

C'est donc un compromis qui intervient et il a suffi d'évoquer le souvenir du synode impérial de 1047 pour que Léon IX
adoucisse l'exécution du programme apporté d'au-delà des
monts. Passer outre au précédent invoqué, annuler le décret
de Clément II dont Henri III avait fait une loi pour tout
l'empire, c'eût été prendre position contre le souverain, contester la légitimité du pape impérial et le souvenir de la
déposition de Grégoire VI était trop récent pour qu'un geste
de protestation, si minime qu'il fût, ne parût pas gros de
périls. Léon IX ne l'a pas esquissé et la crainte de l'empereur n'a pas été étrangère, semble-t-il, à la concession qu'il a
consentie à la suite de la discussion engagée au concile. [2]

---

[1] PIERRE DAMIEN, *Liber gratissimus*, 25 (*Libelli de lite*, t. I, p. 53; PL,
CXLV, 150).

[2] L'attitude de Léon IX à l'égard des ordinations simoniaques est assez
difficile à définir. Bérenger, dans son *De sacra coena* (édit. VISCHER, p. 40)
affirme que le pape a réordonné Magnus, évêque de Rennes, Itier, évêque
de Limoges, Pirenaeus, abbé de Redon, et qu'il a cédé sur ce point aux
suggestions du cardinal Humbert. Ce témoignage est évidemment fort sujet
à caution et il est surprenant que le cardinal Humbert, qui quelques années
plus tard réclamera dans son traité *Adversus simoniacos* l'annulation des
ordinations simoniaques, n'ait jamais invoqué l'autorité de Léon IX qui
eût été un argument précieux en faveur de sa thèse. D'autre part Pierre
Damien, dans ses *Actus Mediolanenses* (PL, CXLV, 93), s'exprime en ces
termes : « Id etiam nos non praeterit quod nostrae memoriae nonus Leo
papa simoniacos et male promotos tanquam noviter ordinavit ». M. Saltet
(*Les réordinations*, p. 408) a fort bien prouvé que ces derniers mots n'impliquent pas fatalement la réordination, appelée ailleurs par Pierre Damien
*reconsecratio*, et qu'ils désignent seulement la « réitération de l'institution
canonique », telle que la fera Léon IX au concile de Reims pour l'évêque
de Nevers. Dès lors il est fort possible que les évêques cités par Bérenger
aient été simplement l'objet d'une mesure analogue. De plus le même Pierre
Damien constate dans le *Liber gratissimus*, 35, (*loc. cit.*) que Léon IX a élevé
à l'épiscopat certains clercs ordonnés par des évêques simoniaques; il ne considérait donc pas leur ordination comme nulle. Quant à la bulle relative aux
évêques bretons (JAFFÉ-WATTENBACH, 4225) par laquelle Léon IX interdit à ces
évêques et à ceux qui ont été ordonnés par eux l'exercice de leurs fonctions

Par contre, il n'en a été que plus fort pour condamner l'hérésie simoniaque. Son biographe rapporte qu'il déposa plusieurs prélats coupables dont l'évêque de Sutri qui, pour se disculper, produisit de faux témoins et fut brusquement frappé d'une paralysie dont il mourut peu après [1]. Pour la première fois des sanctions sont édictées; c'est là une autre nouveauté qui mérite d'être relevée.

Guibert énumère encore d'autres mesures prises par l'assemblée et qui, elles aussi, traduisent des intentions réformatrices [2]. Le pape recommanda, dit-il, à tous les chrétiens de payer les dîmes à l'Église et enjoignit aux évêques de remettre aux prêtres desservants la part qui leur revenait [3]. On prohiba les mariages incestueux et on annula plusieurs unions ainsi contractées entre parents trop rapprochés. D'autres canons furent encore promulgués que Guibert juge fastidieux d'énumérer. Faut-il sous-entendre que Léon IX condamna l'incontinence cléricale et rapporter au concile romain de 1049 la curieuse décision pontificale qui condamnait les concubines des clercs à s'engager en qualité de servantes au palais de Latran, décision qui, au dire de Pierre Damien, aurait été rendue en un synode plénier? [4] Il n'y a pas certitude à cet égard. Léon IX a été à coup sûr un adversaire redoutable pour le nicolaïsme, mais il semble, à en juger par le silence des textes sur cette

---

sacerdotales, elle ne prouve pas que les clercs, qui font l'objet de cette interdiction, aient été ensuite réordonnés. En résumé les textes ne permettent pas d'affirmer que Léon IX ait procédé à des réordinations; il a simplement mis la question à l'étude, comme cela résulte de la préface du *Liber gratissimus* de Pierre Damien (*Libelli de lite*, t. I, p. 18; PL, CXLV, 99). — Sur cette question, voir : SALTET, *Les réordinations*, p. 181-189 et 408; E. HIRSCH, *Die Auffassung des simonistischen and schismatischen Wehen*, dans l'*Archiv für Katholisches Kirchenrecht*, t. XXXVII, 1907, p. 49-52.

[1] GUIBERT, *Vita Leonis*, II, 4 (WATTERICH, *op. cit.*, t. II, p. 154).

[2] GUIBERT, *Vita Leonis*, loc. cit.

[3] Ce partage des revenus ecclésiastiques était déjà réclamé par Atton de Verceil et par Rathier de Liége. Cfr *supra*, p. 80.

[4] PIERRE DAMIEN, *opusc.* XVIII, II, 7 : « In plenaria plane synodo sanctae memoriae Leo papa constituit ut quaecunque damnabiles feminae intra Romana moenia reperirentur prostitutae, extunc et deinceps Lateranensi palatio adiudicarentur ancillae » (PL, CXLV, 411).

grave question, qu'au début de son pontificat la défense du
célibat ecclésiastique l'ait moins préoccupé que l'organisation
de la lutte contre l' « hérésie simoniaque [1]. »

On a vu que celle-ci sévissait davantage encore en France.
Aussi le pape ne pouvait-il se contenter de promulguer les
décrets qui la condamnaient dans un concile romain où les évêques français brillaient par leur absence, malgré l'invitation
qui leur avait été adressée [2]. Il fallait saisir la première occasion

---

[1] Outre le texte de Pierre Damien cité à la note précédente, on peut invoquer
un passage de Bonizon de Sutri, *Liber ad amicum*, l. V : « Sub anathemate
interdictum est... ut sacerdotes et levitae et subdiaconi uxoribus non coeant »
(*Libelli de lite*, t. I; p. 588) et un autre de Berthold de Reichenau, a. 1049 :
« Idem papa Romae synodum maxime contra symoniacam heresim celebravit.
Hic in plenaria synodo constituit ut Romanorum presbyterorum concubinae
extunc et deinceps Lateranensi palatio adiudicarentur ancillae » (MGH, SS,
t. V, p. 426). Or Bonizon de Sutri est très sujet à caution et n'a d'autre préoccupation que de glorifier le futur Grégoire VII auquel il attribue indistincte-
ment toutes les mesures réformatrices édictées depuis 1048. Quant à Berthold
de Reichenau, il a pour source évidente le passage de Pierre Damien cité
à la note précédente qu'il a, en s'autorisant des mots *in plenaria synodo*, adapté
à la mention trouvée dans Hermann de Reichenau au sujet de la simonie
(cfr p. 132, n. 1). Ces divers témoignages ne prouvent donc pas grand'chose
et il est fort possible, quoiqu'en dise dom Leclercq dans sa traduction d'Hefele
(*op. cit.*, t. IV, II, p. 1007, n. 3), que le décret sur l'incontinence des clercs
n'ait été promulgué qu'à l'un des conciles qui ont suivi.

[2] Le concile de Rome, bien que composé à peu près exclusivement de prélats
italiens (cfr le texte d'Hermann de Reichenau cité p. 132, n. 1), représentait
théoriquement toute la chrétienté, car, si les évêques d'outre monts répondirent
peu à l'appel qui leur fut adressé, ils n'en ont pas moins été invités. Cela résulte
d'un passage de la chronique de saint Bénigne de Dijon : « Domno igitur
Leuchorum episcopo Brunone, qui appellatus est Leo papa, ordinato, evocatus
est ab ipso Romae ad concilium domnus archiepiscopus Halinardus, simulque
omnes episcopi Galliae ad pertractandum inibi de statu et correctione sanctae
ecclesiae » (MGH, SS, t. VII, p. 237). Avec Hauck, (*op. cit.*, t. III, p. 691, n. 1)
nous ne voyons aucune raison de contester ce témoignage, comme l'a fait
BRÖCKING (*Die französische Politik Papst Leos IX*, p. 7, n. 2). Le fait mérite
d'autant plus d'être signalé que les évêques français n'avaient pas été convoqués
au concile romain de 1047 et que cet oubli avait provoqué en Lorraine, comme
on l'a vu, des plaintes amères. Toutefois les évêques étrangers n'ont guère
répondu à l'appel du pape et on ne relève le noms que de deux d'entre eux
parmi les prélats présents à Rome en avril 1049, à savoir celui d'Halinard,
archevêque de Lyon, donné par la chronique de saint Bénigne et par une bulle
pontificale (JAFFÉ-WATTENBACH, 4158) et celui d'Eberhard, archevêque de
Trèves. qui avait accompagné Léon IX à Rome (cfr JAFFÉ-WATTENBACH,
4158, et GUIBERT, *Vita Leonis*, II, 2, dans WATTERICH, *op. cit.*; t. I, p. 150).

qui s'offrirait de leur notifier directement les décisions adoptées. Elle se présenta dès la première année du pontificat.

Presque aussitôt après le synode d'avril 1049, Léon IX quitte Rome, tient à Pavie pendant la semaine de la Pentecôte (14-20 mai) un nouveau concile dont on ne sait rien[1], franchit les Alpes et se rend à Cologne où il est fort bien accueilli par l'archevêque Hermann qu'il nomme chancelier de l'Église romaine[2]. C'est à Cologne qu'il est touché par l'invitation de l'abbé de Saint-Rémi de Reims, Hérimar, qui le priait de procéder en personne à la consécration de la nouvelle basilique élevée par ses soins[3]. Il se rend aussitôt à son appel. Il va profiter de la cérémonie et de la présence de nombreux évêques pour tenir un concile et introduire la réforme en France.

Les témoignages des chroniqueurs sur cette assemblée sont extrêmement brefs. En revanche on a conservé un récit détaillé, écrit, à la demande de l'abbé Hérimar, par un moine de Saint-Rémi, Anselme, que les historiens modernes ont considéré comme une sorte de procès-verbal du concile[4].

Voici comment d'après cette version les choses se seraient passées.

Avant d'être pape et alors qu'il n'était encore qu'évêque de Toul, Léon IX s'était engagé auprès de l'abbé Hérimar à faire

---

[1] MANSI, t. XIX, p. 725. HERMANN DE REICHENAU, a. 1049 : « Idem in hebdomada Pentecostes aliam synodum Papiae congregavit » (MGH, SS, t. V, p. 128).

[2] GUIBERT, *Vita Leonis*, II, 4 (WATTERICH, *Vitae pontificum Romanorum*, I, p. 155). Si l'on en croit les chroniqueurs allemands — et la chose n'a rien d'invraisemblable — Léon IX vient en Allemagne pour travailler à la réforme. Cfr LAMBERT DE HERSFELD, a. 1050 : « Leo papa propter componendum statum ecclesiarum et pacem Galliis reddendam Roma egressus » (MGH, SS, t. V, p. 154); ADAM DE BRÊME, *Gesta episcoporum Hammabuigensium*, III, 28 : «Papa Leo pro corrigendis sanctae ecclesiae necessitatibus venit in Germaniam » (*Ibid.*, t. VII, p. 154) C'est sans doute l'invitation de l'abbé Hérimar qui a contraint le pape à retarder jusqu'à la fin de l'année la publication des décrets sur la simonie.

[3] GUIBERT, *Vita Leonis*, II, 4 : « Hinc invitatur ab Herimaro abbate venerandi coenobii sancti Remigii, Remorum pontificis, ad consecrandam ecclesiam in hujus honore restructam » (WATTERICH, *op. cit.*, t. I, p. 155).

[4] Le seul texte complet se trouve dans PL, CXLII, 1411-1440. Le récit d'Anselme a été traduit par l'abbé DELARC (*op. cit.*, t. I, p. 135-169).

un pélerinage au tombeau de saint Rémi, mais son élection
l'obligea à différer son projet. Lorsqu'au bout de quelques mois
de pontificat il reparut en Allemagne, Hérimar songea aussitôt
à lui rappeler sa promesse et à lui demander du même coup
de consacrer la nouvelle basilique édifiée par ses soins. Il alla
s'ouvrir de ce projet au roi de France, Henri I$^{er}$, qui non seulement y acquiesça, mais qui promit encore d'assister à la cérémonie, si les affaires du royaume lui en laissaient le loisir. [1]
L'abbé se rendit alors à Cologne où se trouvait le pape. On
convint de la date, on régla tous les détails ; on décida aussi
de tenir un synode pendant les jours qui suivraient la dédicace
et on lança des convocations à cet effet. Pendant ce temps les
dispositions de Henri I$^{er}$ se modifièrent sous l'influence de
laïques en révolte contre les lois du mariage chrétien et d'évêques
« entrés dans la bergerie du Seigneur autrement que par la
porte ». Les uns et les autres firent valoir au souverain que son
autorité allait être supplantée par celle du pape, qu'aucun
de ses prédécesseurs n'avait toléré semblable réunion, que les
troubles du royaume s'en trouveraient accrus, si bien que
Henri I$^{er}$, cédant à ces avis pervers, dépêcha au pape l'évêque
de Senlis pour le prier de différer le concile, sous prétexte
qu'il était tenu « lui, ses évêques et ses abbés, de s'employer à
dompter l'audace des rebelles ». Léon IX répondit qu'il ne
pouvait manquer à sa promesse. Il vint à Reims, mais Henri I$^{er}$
n'en persista pas moins à marcher contre les « rebelles ». Il
constitua à cet effet une grande armée, obligea les évêques
et la plupart des abbés à le suivre, malgré la résistance de
quelques-uns d'entre eux ; il ne parut donc pas à Reims.

Anselme décrit ensuite jusque dans ses moindres détails la
cérémonie de la dédicace, puis il raconte les diverses péripéties
du synode qui se tint les 3 et 4 octobre 1049. Vingt évêques
et cinquante abbés étaient présents. On remarquait les archevêques de Reims, Trèves, Lyon et Besançon, les évêques de

---

[1] On remarquera qu'il n'est pas question de concile et que l'invitation
concerne seulement la cérémonie de la dédicace.

Soissons, Térouanne, Senlis, Metz, Langres, Coutances, Séez, Lisieux, Bayeux, Avranches, Verdun, Nevers, Angers, Nantes et même de Wells en Angleterre, du cardinal-évêque de Porto qui avait accompagné le pape, des abbés de Cluny, Gorze, Corbie, Saint-Riquier, etc... On trancha tout d'abord une question de préséance qui divisait les archevêques de Reims et de Trèves, puis, sur l'ordre du pape, Pierre, diacre de l'Église romaine, donna lecture du programme de l'assemblée : on devait s'occuper des différents abus, notamment de la simonie, de la mainmise des laïques sur les autels, des mariages incestueux. En fait la simonie absorba la presque totalité des séances.

Ces préliminaires une fois terminés, les délibérations commencent. Les évêques présents sont priés de déclarer publiquement qu'ils n'ont pas reçu simoniaquement les saints ordres et qu'eux-mêmes ne les ont jamais vendus. Les archevêques de Trèves, Lyon et Besançon prêtent sans difficulté le serment exigé; l'archevêque de Reims sollicite un délai et un entretien particulier avec le pape; les évêques de Langres, Nevers, Coutances et Langres se dérobent eux aussi et avec eux quelques abbés dont les noms ne sont pas conservés. Après quoi on demande encore aux évêques de jurer qu'ils n'ont jamais considéré comme primat de l'Église universelle un personnage autre que le pontife romain dont la primauté est solennellement proclamée, puis Léon IX défend aux assistants, sous peine d'excommunication, de se retirer avant la fin du concile et la première session prend fin là-dessus.

La journée du lendemain est consacrée à l'audition des prélats suspects. L'archevêque de Reims sollicite un nouveau délai pour établir son innocence; on remet au concile romain de l'année suivante l'examen des divers griefs qui pesaient sur lui. On traduit devant ce même concile l'évêque de Dol qui s'était séparé de la province de Tours et arrogé le titre d'archevêque. Puis on s'occupe du cas de l'évêque de Langres, Hugues; arrivé à l'épiscopat par la simonie, il avait vendu les saints ordres, commis des homicides et des adultères, pratiqué la sodomie, enlevé la femme d'un de ses clercs, torturé un autre

clerc pour lui arracher dix deniers. Hugues essaie de se défendre.
Il fait appel au concours de l'archevêque de Besançon qui prend
la parole en sa faveur, mais est aussitôt frappé de mutisme.
L'archevêque de Lyon, commis à son tour comme avocat,
déclare que Hugues avoue avoir vendu les saints ordres et
extorqué une somme à un clerc, mais qu'il nie les autres fautes
dont on l'accuse. On remet au lendemain la conclusion de ce
procès. Entre temps, Hugues de Langres prend la fuite, ce
qui lui vaut une excommunication immédiate. L'évêque de
Nevers confesse ensuite que ses parents ont dépensé beaucoup
d'argent pour lui permettre d'accéder à l'épiscopat, mais à son
insu, et, comme il se déclarait prêt à résigner sa charge, Léon IX
lui demande de jurer qu'il n'a pas connu les tractations auxquelles sa famille s'était livrée; il y consent et garde sa dignité.
Il en est de même pour l'évêque de Coutances. L'évêque de
Nantes au contraire ne peut prouver son innocence et il est
déposé.

Ces divers procès une fois terminés, on s'occupe des absents.
Le métropolitains sont priés de dénoncer ceux qui parmi leurs
suffragants étaient coupables de simonie. Ils déclarent n'en
connaître aucun et Léon IX se contente d'excommunier les
prélats qui n'avaient pas paru au concile sans fournir d'excuse
canonique, notamment l'archevêque de Sens, les évêques de
Beauvais et d'Amiens, et aussi l'abbé de Saint-Médard de
Soissons qui, comme Hugues de Langres, avait pris la fuite.
Pour finir, on promulgue les décrets du concile dont voici les
principaux : nul ne peut arriver aux charges ecclésiastiques
sans l'élection du clergé et du peuple; — nul ne peut vendre
ou acheter les saints ordres ni les dignités de l'Église; — les
évêques devront veiller à ce qu'aucun laïque ne possède de
charge ecclésiastique ni d'autel; — nul, à l'exception de l'évêque
ou de son ministre, ne pourra prélever de redevances à la porte
des églises. — Le concile défend encore aux clercs de faire
payer les enterrements, le baptême, l'Eucharistie, de porter
les armes, de pratiquer l'usure et d'apostasier, aux laïques
de causer quelque dommage aux clercs, de voler les pauvres,

de contracter des mariages incestueux, d'abandonner leurs épouses légitimes pour courir à d'autres unions.

Anselme mentionne encore la condamnation des sodomites, l'excommunication de quelques personnages en révolte contre la discipline canonique, puis il résume les adieux de Léon IX, raconte quelques miracles dus à l'intercession de saint Rémi, clôt enfin son exposé par la citation d'une bulle de Léon IX qui a trait au concile de Reims.

Tel est le récit du moine Anselme. Il a bénéficié jusqu'à présent d'un très grand crédit; on l'a considéré comme un procès-verbal, très fidèle et très autorisé, dont la valeur ne pouvait être discutée. On peut se demander pourtant si cette confiance illimitée n'a pas quelque chose d'excessif. Elle pourrait se justifier si l'histoire du concile de Reims avait été rédigée immédiatement après la dissolution de l'assemblée. Or, elle est postérieure d'au moins six ans, car elle a été composée après l'élection de Gervais de Château du Loir au siège archiépiscopal de Reims, soit au plus tôt à la fin de 1055 [1]. On ne peut donc la considérer comme absolument contemporaine et, de ce fait, elle perd un peu de son prestige; à supposer qu'elle date du début de l'épiscopat de Gervais (ce qui est peu probable, car l'avènement de ce prélat n'est pas présenté comme une chose tout-à-fait récente), les souvenirs de l'auteur s'étaient forcément un peu embrumés. On peut se demander aussi pourquoi, entre 1055 et 1060, on a senti un peu tardivement la nécessité de consigner dans une narration officielle les souvenirs laissés par le concile. Autant de raisons de se livrer à un examen critique un peu attentif.

Il y a lieu tout naturellement de rechercher les autres versions. En dehors de quelques mentions très brèves qui signalent

---

[1] Anselme raconte qu'au concile de Reims, Léon IX pria le comte d'Anjou, Geoffroy, de rendre la liberté à Gervais, alors évêque du Mans, que le comte avait incarcéré à la suite de démêlés graves. «Plus tard, ajoute-t-il, Guy, archevêque de Reims étant mort, ce même Gervais fut nommé à l'archevêché de Reims par Henri, roi des Francs.» Or, l'avènement de Gervais se place en 1055. Cfr HALPHEN, *Le Comté d'Anjou au XIᵉ siècle*, p. 80.

simplement l'existence du concile, il y en a deux, d'ailleurs fort succinctes ; celle de Léon IX lui-même dans la bulle à laquelle Anselme fait allusion et celle de Guibert dans sa *Vita Leonis*.

Léon IX, après avoir rapporté la dédicace de la basilique de saint Rémi, ajoute : « Après la consécration de l'église, nous y avons célébré un synode et confirmé plusieurs mesures nécessaires au bien de la religion chrétienne, avec le conseil de nos confrères dans l'épiscopat, l'assentiment du clergé et du peuple, venus en foule en raison de la célébrité du lieu ; nous avons décidé que ces mesures, groupées en chapitres, prendraient place parmi les canons et nous avons eu soin de les confirmer dans tous les conciles ultérieurs [1]. »

Le récit de Guibert concerne surtout la dédicace. On y lit pourtant : « Le glorieux pontife tint en ce lieu un concile d'évêques et déposa quelques prélats infestés par l'hérésie simoniaque. » Suit l'histoire de Hugues de Langres qui ne diffère de la version d'Anselme que sur un point : les aveux de Hugues, qu'Anselme place dans la bouche de l'archevêque de Lyon, sont ici transmis au concile par l'archevêque de Besançon qui avait recouvré la parole ; Halinard ne joue aucun rôle [2].

Si l'on rapproche ces deux versions de celle du moine Anselme, on constate bien des ressemblances : les débuts du concile ont la même allure, la question de la simonie est au premier plan et les sanctions sont mentionnées en bloc. On relève d'autre part, à défaut de divergences positives, certaines omissions qui ont leur importance ; le concile est présenté comme un épilogue de la dédicace de Saint-Rémi et paraît avoir été un peu improvisé ; en tous cas on ne saisit la trace d'aucune négociation préalable, analogue à celles dont parle Anselme : Léon IX vient à Reims pour la dédicace et profite du grand concours d'évêques attirés par la cérémonie pour régler certaines questions de discipline. En second lieu, aucune allusion n'est faite au rôle de Henri Ier qui disparaît totalement, en sorte que, si l'on peut admettre

---

[1] JAFFÉ-WATTENBACH, 4185 ; PL, CXLIII, 616-617.
[2] *Vita Leonis*, II, 4 (WATTERICH, *Vitae pontificum Romanorum*, t. I, p. 155).

la version d'Anselme pour tout ce qui a trait aux mesures disciplinaires et aux débats qu'elles ont suscités, il y a lieu de se demander, en présence du silence des autres textes, si elle rapporte avec exactitude les négociations engagées entre l'abbé de Saint-Rémi de Reims, le pape et le roi de France.

Un fait demeure certain. En ne paraissant pas à Reims, en n'assistant pas à la dédicace de Saint-Rémi qui avait attiré des pèlerins venus de la France entière, de l'Angleterre et de l'Espagne, Henri Ier a esquissé à l'égard de Léon IX un geste inamical; il a clairement montré qu'il ne tenait pas à se rencontrer avec le chef de l'Église universelle, qu'il savait peu tendre envers les simoniaques; la présence de l'empereur Henri III au concile de Mayence, quelques semaines plus tard, souligne l'absence du roi de France à la réunion de Reims.

Il y a plus : non seulement Henri Ier s'est abstenu, mais la plupart des titulaires des évêchés royaux ont imité son exemple. Sur quatre archevêques qui ont assisté à la dédicace de Saint-Rémi et au concile qui a suivi, un seul appartient au *regnum Francorum* et c'est celui de Reims qui décemment ne pouvait quitter sa ville pendant une semblable solennité; les deux grands métropolitains du domaine royal, ceux de Sens et de Bourges, ne figurent pas sur la liste des prélats présents au synode. On relève sur cette même liste les noms de cinq évêques normands, d'un anglais, d'un angevin, d'un breton, de trois lorrains, d'un italien. Les évêchés royaux sont uniquement représentés par Bérold de Soissons, Frolland de Senlis, Hugues de Langres et peut-être Hugues de Nevers[1]; sont absents les titulaires de Châlons, Laon, Beauvais, Paris, Orléans, Auxerre, Le Puy qui relevaient également du roi. Cette abstention a-t-elle été encouragée, conseillée ou dictée par Henri Ier? Aucune de ces hypothèses n'est invraisemblable. Quoi qu'il en soit, il reste

---

[1] Pour ce dernier siège il est impossible d'établir si le roi avait gardé le droit de nomination comme pour les autres évêchés bourguignons. Cfr PFISTER, *Études sur le règne de Robert le Pieux*, p. 189-190. Pour Soissons et Senlis, cfr *ibid.*, p. 184.

certain que Henri n'a pas été saluer le pontife romain, comme l'avaient fait jadis les rois carolingiens, et que ses évêques n'ont pas montré beaucoup plus d'empressement.

Anselme ne nie pas le fait, mais visiblement il cherche à atténuer la portée de cet acte peu courtois et qui forcément dut être interprété par Léon IX comme une manifestation d'hostilité. Il note l'accueil favorable que ménagea tout d'abord le roi à la proposition que lui fit l'abbé Hérimar d'inviter le pape à présider la cérémonie, l'enthousiasme avec lequel il offrit de se rendre, lui aussi, à Reims et il rejette sur ses mauvais conseillers l'origine du revirement qui se produisit ensuite. Il a soin d'ailleurs de trouver une raison avouable pour expliquer l'abstention royale, une expédition militaire contre des rebelles particulièrement dangereux. Malheureusement cette expédition, qui a eu une certaine importance, si l'on en juge par les préparatifs qu'elle a exigés et par la mobilisation de nombreux évêques et abbés qu'elle a provoquée, n'a laissé aucune trace dans l'histoire, ce qui est une assez grave présomption contre la version d'Anselme. Au surplus, quoiqu'Henri I$^{er}$ n'ait pas laissé la réputation d'un souverain de génie, l'attitude qui lui est prêtée est par trop ridicule : si on avait, comme le veut le chroniqueur, réussi à lui persuader que le concile présentait un danger pour son autorité, il eût évidemment interdit au pape l'accès du *regnum Francorum* ; il ne se serait pas contenté de bouder et de souligner ainsi son impuissance ; que le concile fût tenu en sa présence ou en son absence, le résultat était le même pour lui et son prestige devait être encore plus diminué, s'il n'était pas là pour le défendre.

La version d'Anselme soulève donc de réelles difficultés qu'accentue le silence des autres versions. Alléguera-t-on que le moine de Saint-Rémi, dont la version concorde par ailleurs avec celles de Léon IX et de Guibert, n'avait aucun intérêt à tenter de justifier un roi peu tendre pour les églises ? L'objection pourrait avoir de la valeur, si sa narration était bien un procès-verbal contemporain, mais, on l'a déjà noté, elle n'est pas cela et on peut se demander si, au moment où elle a été rédigée, il n'y avait pas intérêt à passer l'éponge sur certains souvenirs désagréables, à faire oublier la tension qui avait existé un instant entre la papauté et le roi de France. Comme on le verra plus loin, Gervais de Château du Loir, qui était archevêque de Reims au moment où écrivait Anselme, a été l'artisan d'un rapprochement entre ces deux puissances ; la narration d'Anselme n'a-t-elle pas pour but de concourir à cette entente, en montrant que la mésintelligence entre Léon IX et Henri Ier n'avait été due qu'à des causes accessoires et qu'elle n'avait pas empêché la publication en France des décrets réformateurs ?

Léon IX a, en effet, mis à profit l'occasion qui lui était offerte pour continuer et étendre l'œuvre commencée au concile de Rome, en avril 1049. Il paraît peu probable qu'il ait, connaissant les dipositions peu favorables du roi de France à l'égard de la réforme, divulgué à l'avance ses intentions [1]. Après avoir consacré la nouvelle basilique élevée en l'honneur de saint Rémi, il pria les prélats présents de s'y réunir pour prêter le serment antisimoniaque et pour aviser au moyen de réaliser en France la réforme de l'Église, puis les débats se déroulèrent tels que les a rapportés Anselme, d'accord ici avec Guibert et avec Léon IX lui-même.

Le concile de Reims, à en juger par ces différents textes, n'a guère été que la répétition de celui qui avait été tenu à Rome pendant le carême précédent. Condamnation de la simonie, des attentats contre les clercs et des mariages illégitimes, déposition d'évêques coupables d'avoir failli à la discipline, telle a été l'œuvre du pape à Reims comme à Rome. On ne voit pas que la question du célibat ecclésiastique ait été posée [2]. Le concile d'octobre 1049 a eu encore pour résultat de resserrer les liens un peu lâches qui subordonnaient l'église de France au Saint-Siège et de poser la question

---

[1] Cela semble bien résulter de la version de Guibert analysée, p. 141.

[2] L'abbé DELARC (*Saint Grégoire VII*, t. I, p. 163, n. 1) considère le canon 8 qui défend aux clercs d'apostasier comme une interdiction du mariage et du concubinage des clercs. Une telle interprétation ne tient pas debout, la papauté ayant toujours usé de désignations très nettes en cette matière.

de la réforme dans toute son ampleur. A cet égard Léon IX
a été plus hardi qu'au concile de Rome. Non seulement il a
condamné la simonie, mais il a rappelé en termes catégoriques
que nul ne peut obtenir une dignité ecclésiastique sans l'élection du clergé et du peuple. Dans aucune assemblée, tenue en
terre d'empire, il n'a osé ni n'osera professer cette doctrine
traditionnelle et c'est là ce qui donne au synode français sa
physionomie particulière. Toutefois, il ne faut pas voir dans cette
disposition, comme on l'a fait à tort [1], un prototype du décret
de Grégoire VII qui, en 1075, supprime totalement l'investiture
laïque. Léon IX exige le retour aux vieilles règles d'élection,
sans exclure l'assentiment du pouvoir laïque prévu par les
canons ; il prétend uniquement remettre en vigueur ce qui était
tombé en désuétude. Il faut croire qu'une telle restauration
était déjà bien audacieuse, car, au concile tenu à Mayence un
peu plus tard, sous l'œil de Henri III, le pape n'osera même
pas la proposer [2].

C'est à Mayence que Léon IX réunit, le 19 octobre 1049, [3]
le dernier des grands conciles par lesquels il a inauguré son
pontificat. Cette assemblée a été encore plus imposante que les
précédentes. L'empereur Henri III était présent, entouré des
métropolitains de Cologne, Salzbourg, Magdebourg, Brême et

---

[1] C'est le cas de MIRBT (*Die Publizistik im Zeitalter Gregors VII*, p. 475).
Cfr DREHMANN (*Papst Leo IX und die Simonie*, p. 14-15), qui combat avec
raison cette opinion.

[2] Nous ne pouvons nous dispenser de mentionner certaines interprétations
modernes du concile de Reims qui s'effrondrent devant le seul examen des
faits. BRÖCKING (*Die französische Politik Leos IX*, p. 1 et suiv.) pense qu'avant
Léon IX il n'y avait aucun rapport entre la curie romaine et l'épiscopat français,
qu'en venant en France Léon IX a voulu créer des liens qui se resserreront
par la suite ; il a été vigoureusement réfuté par M. Pfister (*Revue critique*,
deuxième série, t. XXXIII, 1892, p. 28-30), qui lui oppose une série de faits
probants allant à l'encontre de son hypothèse. Pour GIESEBRECHT (*Kaiserzeit*,
t. II, p. 431), le concile de Reims a pour but l'introduction en France des
principes pseudo-isidoriens. Aucun texte n'autorise cette hypothèse. En
outre le *De ordinando pontifice*, qui est de 1047, prouve qu'à l'époque de Léon IX
les Fausses Décrétales étaient connues en Lorraine (cfr *supra*, p. 118). Il est
probable qu'elles devaient l'être aussi en France.

[3] La date est donnée par une bulle de Léon IX (JAFFÉ-WATTENBACH, 4188).

de la plupart des évêques allemands dont une bulle pontificale donne la liste [1].

Les débats ne paraissent pas avoir beaucoup différé de ceux qui s'étaient déroulés aux synodes de Rome et de Reims. Léon IX fit condamner la simonie [2] et pour la première fois sévit contre le nicolaïsme dont les ravages étaient très intenses en Allemagne. Il flétrit les « abominables mariages des clercs » et examina notamment le cas de l'évêque de Spire, Sibichon, dont le dérèglement était notoire [3]. Le premier coup était porté. Il eut quelques effets; certains prélats essayèrent d'appliquer les ordonnances pontificales dans leurs diocèses. A Brême notamment, le pieux Adalbert décida que les femmes des prêtres seraient expulsées de la cité, « de peur que le voisinage malsain des courtisanes ne fût fatal à ceux qui voulaient rester chastes [4] ». Les résultats obtenus ne doivent pourtant pas faire illusion : lorsque Grégoire VII renouvellera les décrets de ses prédécesseurs sur le nicolaïsme, il provoquera en Germanie une véritable levée de boucliers [5]. Il n'en est pas moins vrai que dès 1049, la lutte est ouvertement engagée par la papauté [6].

A l'issue du concile de Mayence, Léon IX visita plusieurs diocèses ou abbayes d'Alsace, de Wurtemberg et de Bavière,

---

[1] Sur ce concile, cfr GUIBERT, *Vita Leonis*, II, 6 (WATTERICH, *op. cit.*, t. I, p. 156); HERMANN DE REICHENAU, a. 1049 (MGH, SS, t. V, p. 129); *Annales Altahenses majores*, a. 1049 (*Ibid.*, t. XX, p. 804); *Annales Augustani*, a. 1049 (*Ibid.*, t. III, p. 126) ; EKKEHARD D'AURA, a. 1049 (*Ibid.*, t. VI, p. 196) ; LAMBERT DE HERSFELD, a. 1050 (*Ibid.*, t. V, p. 154) et surtout ADAM DE BRÊME, *Gesta pontificum Hammaburgensium*, III, 29 (*Ibid.*, t. VII, p. 346) où l'on trouve le seul récit détaillé avec celui de Léon IX lui-même (JAFFÉ-WATTENBACH, 4188).

[2] JAFFÉ-WATTENBACH, 4188.

[3] ADAM DE BRÊME, *Gesta pontificum Hammaburgensium*, III, 29 (MGH, SS, t. VII, p. 346).

[4] ADAM DE BRÊME, *loc. cit.*

[5] LAMBERT DE HERSFELD, a. 1074 (MGH, SS, t. V, p. 217-218).

[6] Le concile de Mayence s'est encore occupé de plusieurs autres affaires : il eut notamment à examiner les revendications d'un certain Bertald qui déclarait avoir été nommé archevêque de Besançon par Rodolphe, roi de Bourgogne, et dont les prétentions furent jugées illicites; cfr JAFFÉ-WATTEN-BACH, 4188.

puis il regagna l'Italie, célébra à Vérone la fête de Noël et rentra
à Rome [1].

Cette première année du pontificat a une importance décisive
dans l'histoire de la réforme grégorienne. Au lendemain de l'avènement de Léon IX, le Saint-Siège se substitue décidément à
l'empire pour ramener l'Église dans le droit chemin et son effort
s'étend à tous les pays, à tous les diocèses du monde chrétien;
l'œuvre ébauchée par quelques évêques isolés au Xe siècle, par
quelques souverains animés de pieuses intentions au début du
XIe, revêt désormais un caractère universel, que souligne la simul-
tanéité des trois conciles tenus par Léon IX en Italie, en France
et en Allemagne. La réforme revêt donc le caractère primordial
qui sera, au temps de Grégoire VII, un de ses signes distinctifs :
elle est une et elle est romaine, mais cette réforme romaine, tant
que ne sera pas changé le mode de l'élection pontificale, reste
à la merci d'un changement de pape ou plus exactement d'un
changement d'empereur, puisque c'est l'empereur qui nomme
le pape. Que Henri III disparaisse, qu'il soit remplacé par un
prince irréligieux qui dispose de la tiare au gré de ses fantaisies et tous les résultats obtenus seront compromis. Léon IX,
si préoccupé de restaurer l'autorité apostolique et de faire d'elle
le levier de la réforme, n'a pas su la mettre à l'abri des ambitions
temporelles en promulguant le décret libérateur qui eût assuré
la continuité de l'œuvre romaine. L'ancien évêque de Toul,
qui a apporté à Rome le programme lorrain, a reculé devant les
conséquences que comportait son exécution. Au fond de son
âme, il réprouve le césaropapisme, condamné par Wason de
Liége, mais il n'ose entamer la lutte contre lui. Ce réformateur
lorrain opère suivant les méthodes des évêques italiens du
Xe siècle.

C'est, en effet, l'autre caractère de son œuvre au cours de
l'année 1049. Certains indices, certaines attitudes décèlent
le pays où il a vécu jusqu'à son avènement comme pape,
mais au fond c'est uniquement la réforme morale de l'Église

---

[1] HERMANN DE REICHENAU, a. 1049 (MGH, SS, t. V, p. 129).

qu'il poursuit. Encore sur ce point son action appelle-t-elle quelques réserves. S'il manifeste sa volonté formelle d'appliquer les décrets des Pères qui condamnaient la simonie et le nicolaïsme, s'il frappe les évêques coupables et s'il refuse délibérément de pardonner à ceux qui, comme Gelduin de Sens, ont provoqué d'affreux scandales, il se laisse parfois fléchir ; il a fait preuve envers Foulque d'Amiens, qui n'avait pas voulu répondre devant le concile de Reims de toutes les fautes dont il était chargé, d'une indulgence qui peut paraître excessive [1] et il n'a pas osé déposer Sibichon de Spire, dont les mœurs étaient plus que suspectes [2]. Il absoudra Guy de Reims malgré les lourdes accusations qui pesaient sur lui [3] et le sinistre Hugues de Langres, qui reçut lui aussi son pardon, eût été replacé à la tête de son diocèse s'il n'était mort en revenant de Rome [4].

Ce sont là autant de faiblesses qui ne doivent pas cependant faire oublier les immenses services rendus à l'Église par Léon IX au cours de cette année 1049. Une étape décisive est réalisée grâce à lui. Aussi sa contribution à l'élaboration du programme grégorien ne peut-elle être contestée.

## II

De 1050 à 1054, le programme de 1049 se développe normalement et Léon IX reste lui-même. Le pape ne cesse pas un instant de diriger la réforme au nom de l'Église romaine, mais il n'ose affranchir la papauté et l'Église de la tutelle impériale qui l'intimide et contrarie ses initiatives.

La restauration de l'autorité apostolique, telle qu'elle a été envisagée par Léon IX, affecte plusieurs formes différentes.

---

[1] HARIULF, *Chronicon Centulense*, IV, 36 (édit. LOT, p. 282).

[2] LAMBERT DE HERSFELD, a. 1050 (MGH, SS, t. V, p. 154) ; ADAM DE BRÊME, *loc. cit.*

[3] On note la présence à Rome, au concile de 1050, de Hugues, diacre de Reims, qui est venu évidemment pour justifier son évêque, cfr MANSI, t. XIX, p. 744.

[4] Cfr *Gesta episcoporum Virdunensium*, 4 (MGH, SS, t. X, p. 493).

Tout d'abord le pape donne une vive impulsion aux études de droit canon. Il espère, — et son attente ne sera point trompée, — en faire surgir une éclatante justification de cette primauté romaine qu'il prétend imposer à tous, évêques, clercs, laïques et prouver à ceux qui seraient tentés de critiquer ses continuelles interventions, qu'il a pour lui la tradition et l'autorité des Pères. C'est sous son pontificat et sans doute sous son inspiration directe qu'est élaborée, autour de 1050, la *Collection en soixante-quatorze titres*, ébauche des grands recueils composés à la fin du pontificat de Grégoire VII [1]. Pour la première fois les textes qui établissent la prééminence du Saint-Siège sont groupés en un faisceau compact et il suffit de comparer cette collection à celles qui l'ont précédée, pour saisir les tendances qui commençaient à prévaloir dans le gouvernement de l'Église. Tandis qu'au début du XIe siècle, Burchard de Worms faisait reposer sur l'évêque tout l'édifice catholique [2], le premier chapitre de la *Collection en soixante-quatorze titres* réunit sous cette rubrique significative *De primatu Romanae ecclesiae* une série de canons, empruntés surtout aux Fausses Décrétales et à saint Cyprien, qui ont pour but exclusif de mettre en lumière, les droits, privilèges et usages de l'Église romaine. Il apparaît clairement que la centralisation ecclésiastique, telle que la conçoit Léon IX, est une restauration de l'ancien droit canon et des usages traditionnels, que la papauté a tous pouvoirs pour réprimer les abus qui sont énergiquement flétris et condamnés dans les chapitres suivants. La légitimité d'une réforme générale, conduite par le Saint-Siège, se trouve du même coup établie et l'idée fondamentale du programme grégorien, déjà esquissée par Léon IX, est désormais assise sur des textes

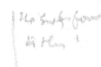

---

[1] Sur cette collection, cfr PAUL FOURNIER, *Le premier manuel canonique de la réforme du XIe siècle*, dans les *Mélanges d'archéologie et d'histoire publiés par l'École française de Rome*, t. XIV, p. 147-223. Il n'y a pas lieu de reproduire ici la magistrale démonstration, d'où il résulte que la *Collection en soixante-quatorze titres* ne saurait être ni antérieure ni postérieure au pontificat de Léon IX et qu'elle ne peut avoir d'autre lieu d'origine que la cour romaine où elle n'a cessé d'être en grande faveur.

[2] Cfr *supra*, p. 16.

canoniques qui leur impriment une force et une autorité nouvelles.

L'histoire du pontificat de Léon IX, de 1050 à 1054, n'est que l'illustration des principes canoniques posés dans la *Collection en soixante-quatorze* titres; la pratique concorde merveilleusement avec la théorie [1].

Tout d'abord Léon IX continue à réunir et à présider chaque année des conciles, qui lui permettent tout à la fois de faire sentir l'action du Saint-Siège et d'appliquer les décrets réformateurs promulgués au début du pontificat. En 1050, quatre synodes sont réunis successivement par ses soins à Salerne [2],

---

[1] Comme nous ne nous occupons du pontificat de Léon IX que dans la mesure où il a contribué à l'élaboration de la réforme grégorienne, il n'y a pas lieu d'analyser ici les rapports du pape avec les églises d'Orient et d'Afrique. Il suffira de constater que la même pensée directrice les anime et que Léon IX s'attache avant tout à faire triompher le principe de la primauté romaine. « Tout en proclamant la douleur que nous cause un tel affaiblissement de la religion, écrit-il en 1053 à l'archevêque de Carthage, nous nous réjouissons de ce que vous sollicitez pour ce qui vous concerne la sentence de la sainte Église romaine, votre mère. » Le pape compare ensuite les églises d'Afrique aux ruisseaux d'une même source et les félicite de venir chercher une direction à l'endroit où la source jaillit. Il ajoute encore : « Quoique le Seigneur ait dit en général à tous les apôtres : *Tout ce que vous lierez sur la terre sera lié dans le ciel et tout ce que vous délierez sur la terre sera délié dans le ciel* (MATTH. XVIII, 18), cependant ce n'est pas sans cause qu'il a dit spécialement et nommément au bienheureux Pierre, prince des Apôtres : *Tu es Pierre et sur cette pierre je bâtirai mon Église et je te donnerai les clefs du royaume des cieux* (MATTH. XVI, 18-19) et ailleurs : *Affermis tes frères* (LUC, XXII, 32), ce qui veut dire que les affaires importantes et particulièrement délicates doivent être tranchées par les successeurs de saint Pierre sur son siège saint et prééminent » (JAFFÉ-WATTENBACH, 4304; PL, CXLIII, 728). Lors du démêlé de l'Église romaine avec celle de Constantinople, qui survint à la fin de son pontificat, Léon IX oppose à l'ambitieux et intrigant patriarche de Constantinople, Michel Cérutaire, la même doctrine et, plutôt que d'y renoncer, il préfère laisser le schisme se consommer. Sa lettre à Michel (JAFFÉ-WATTENBACH, 4302; PL, CXLIII, 744-769) est un véritable traité des droits de l'Église romaine « tête et mère des églises » où il proclame hautement que tout peuple qui se sépare d'elle ne forme plus qu'« un conciliabule d'hérétiques, une assemblée de schismatiques, une synagogue de Satan. » La même doctrine sera développée à cette occasion et avec plus d'ampleur par le cardinal Humbert de Moyenmoutier dans son traité *Adversus Graecorum calumnias*, qui a été écrit pour la circonstance.

[2] LÉON D'OSTIE, *Chronica monasterii Casinensis*, II, 79 (MGH, SS, t. VII, p. 683). La date exacte de ce concile a prêté à discussion. Cfr HEFELE-LECLERCQ, *Histoire des conciles*, t. IV, II, p. 1037, n. 2.

à Siponto [1], à Rome [2], à Verceil [3]. Les deux premiers ont un caractère local et paraissent s'être exclusivement consacrés aux affaires de l'Italie méridionale. Les deux autres ont eu une portée plus générale; sans doute l'hérésie de Bérenger occupa pour une large part leurs délibérations, mais les simoniaques ne furent pas oubliés et l'on frappa plusieurs évêques coupables. En 1051, à Rome, au moment de Pâques, nouveau concile où Grégoire de Verceil est excommunié [4] et où l'on agite encore la question des ordinations simoniaques [5]. Pour 1052 on est plus mal renseigné; il ne semble pas qu'il y ait eu d'assemblée de quelque importance. L'année 1053 vit, au contraire, le quatrième concile romain du pontificat [6], précédé ou suivi d'un autre à Mantoue où, au cours d'un violent tumulte, partisans et adversaires de la réforme en vinrent aux mains, si bien que le pape dut finalement quitter la place [7]. C'est, d'ailleurs, le seul échec réel qu'ait subi Léon IX.

Ces assemblées ont eu les plus heureux résultats : elles ont contribué à rehausser le prestige de l'Église romaine, à resserrer les liens qui l'unissaient aux autres diocèses, à étendre l'autorité que lui reconnaissaient les canons et que l'inaction des prédécesseurs de Léon IX avait laissé émousser. Si les conciles se tiennent en Italie, de plus en plus les autres pays prennent l'habitude de se faire représenter et commencent à reconnaître que la juridiction pontificale est supérieure à toute autre. A Rome, en 1050, les métropolitains de Lyon, de Vienne et de Besançon prennent place à côté des archevêques de Sicile, de Capoue, de Porto, de Milan et les affaires de Reims et de Langres y sont réglées aussi bien que celles qui concernent

---

[1] GUIBERT, *Vita Leonis*, II, 6 (WATTERICH, *Vitae pontificum Romanorum*, t. I, p. 158).

[2] MANSI, t. XIX, p. 1050.

[3] MANSI, t. XIX, p. 749.

[4] HERMANN DE REICHENAU, a. 1051 (MGH, SS, t. V, p. 129-130).

[5] Cfr *supra*, p. 133 n. 2.

[6] MANSI, t. XIX, p. 809.

[7] GUIBERT, *Vita Leonis*, II, 8 (WATTERICH, *Vitae pontificum Romanorum*, t. I, p. 160); HERMANN DE REICHENAU, a. 1053 (MGH, SS, t. V, p. 132).

les évêchés lombards [1]. Seule, l'Allemagne, sur laquelle l'empereur Henri III veille jalousement, échappe à l'action conciliaire et à l'influence pontificale [2].

En restituant à l'Église romaine l'autorité qu'elle avait perdue au cours des deux siècles précédents, Léon IX n'a pas seulement pour but de restaurer l'ancien ordre chrétien. La *Collection en soixante-quatorze titres* unit étroitement la primauté romaine et la question de la réforme ; elle subordonne en quelque sorte la seconde à la première. Le gouvernement de Léon IX reflète cette tendance canonique : pour le saint pontife la réforme de l'Église d'Occident doit être la préoccupation exclusive du Saint-Siège qui mettra à son service toute la puissance dont il dispose.

De 1050 à 1054 le pape développe la politique réformatrice dont les conciles de 1049 ont été le point de départ ; il garde ses sympathies pour le programme lorrain qu'il essaie parfois d'appliquer, mais, le plus souvent, devant les protestations ou les difficultés que soulève son exécution, il se rallie timidement aux tendances qui avaient cours en Italie antérieurement à son arrivée.

Que le programme lorrain ait été celui de Léon IX, c'est un fait dont on ne saurait douter. Son entourage est presque exclusivement lorrain. Soit en venant à Rome prendre possession de la tiare, soit au cours du voyage qui l'a ramené en France et en Allemagne à la fin de 1049, il a recueilli des clercs ou des moines dont il a fait ses collaborateurs : Humbert, moine de Moyenmoutier, est devenu cardinal-évêque de Silva-Candida, puis archevêque de Sicile [3] ; Hugues Candide,

---

[1] On connaît les noms des évêques présents par la bulle relative à la canonisation de saint Gérard de Toul (JAFFÉ-WATTENBACH, 4219).

[2] Léon IX s'est bien rendu en Allemagne en 1051 et 1052, mais on ne voit pas qu'il y ait exercé une action religieuse quelconque. Sur son itinéraire : cfr STEINDORFF, *op. cit.*, t. II, p. 452 et suiv.

[3] Cfr RICHER, *Gesta Senoniensis ecclesiae*, 68 (MGH, SS, t. XXV, p. 280) ; JAFFÉ-WATTENBACH, 4219. Othlon de Saint-Emmeran dit de Humbert qu'il était « papae comes jugis consiliariusque amplissimus » (MGH, SS, t. XI, p. 384).

autrefois moine à Remiremont, est maintenant cardinal-prêtre [1] ;
Udon de Toul exerce à partir de 1050 les fonctions de chancelier [2] ; Frédéric de Lorraine, frère de Godefroy le Barbu,
duc de Lorraine, sera chargé avec Humbert d'une ambassade
à Constantinople pour négocier la délicate affaire des **rapports**
entre les Églises d'Orient et d'Occident, en attendant qu'il
devienne le pape Étienne IX [3]. La présence de tous ces personnages aux côtés de Léon IX ne peut manquer d'avoir une
signification ; elle est un des signes par lesquels se traduisent les
idées qu'il avait récoltées au cours de sa jeunesse dans les
monastères lorrains.

Ces idées il a tenté à plusieurs reprises et sous des formes
diverses de les appliquer et d'en assurer le succès.

En matière de réforme le programme lorrain préconisait
comme remède à la simonie le retour aux règles traditionnelles
d'élection par le clergé et par le peuple. Léon IX a essayé, au
moins en France, de les faire prévaloir ; il a même tenu tête au
roi Henri Ier qui ne partageait pas cette manière de voir.

Les décrets du concile de Reims n'ont pas été lettre morte.
A Sens, Mainard, qui avait été régulièrement élu, mais sup-
planté par le simoniaque Gelduin, peut grâce à l'appui du pape,
prendre possession de son église, sans que Henri Ier y mette
obstacle [4]. Le roi ne céda pas aussi facilement dans une autre
affaire qui le mit aux prises avec Léon IX, celle du Puy.

En 1053, à la mort d'Étienne, évêque du Puy, le clergé et
le peuple de cette ville élurent, pour lui succéder, le doyen
du chapitre, Pierre de Mercœur. Conformément à la tradition,
on sollicita la confirmation royale. On se heurta à un refus.
Henri Ier prétendait imposer un certain Bertrand, archidiacre
de Mende, qui lui avait versé de l'argent et que recommandait
très chaudement le comte de Toulouse. Les clercs du Puy ne
se laissèrent pas intimider ; ils firent appel à Rome. Léon IX

---

[1] BONIZON DE SUTRI, *Liber ad amicum*, lib. V (*Libelli de lite*, t. I, p. 588).
[2] JAFFÉ-WATTENBACH, 4239 (22 octobre 1050).
[3] LAMBERT DE HERSFELD, a. 1051 (MGH, SS, t. V, p. 155).
[4] CLARIUS, *Chronicon S. Petri Vivi*, a. 1046 (DURU, *op. cit.*, t. II, p. 505).

leur donna raison, cassa les décisions du roi et consacra lui-même Pierre de Mercœur dont l'élection avait été rigoureusement conforme aux canons. Comme à Sens, Henri Ier s'inclina finalement; la volonté pontificale avait triomphé de la volonté royale [1].

Ainsi en France, grâce à l'énergie de Léon IX, la tradition canonique est en voie de résurrection et, du même coup, la simonie recule.

Malheureusement le pape n'observe pas partout la même attitude. Si en France il se conforme strictement au programme lorrain et ne se laisse pas intimider par la résistance du pouvoir temporel, en Allemagne et en Italie il ne défend pas le principe de la liberté des élections épiscopales. En aucun cas il n'essaie de s'opposer à la nomination des évêques par l'empereur, pourtant si contraire aux canons de l'Église. Une bulle pour l'église de Cologne proclame solennellement que l'archevêque sera élu par les « fils de cette église [2] ». Peu de temps après, Henri III nomme Annon sans tenir le moindre compte de la prescription pontificale [3]. Et il en est ainsi partout. Engelhard à Magdebourg [4], Liébert à Cambrai [5], Rumold à Constance [6], Luitpold à Mayence [7], Henri à Ravenne [8] ont été désignés par l'empereur, sans qu'il y ait eu consultation du corps électoral. De ces exemples, sur lesquels on a les renseignements les plus précis, on peut inférer qu'il en a été de même partout. Aussi aucun doute ne saurait-il s'élever : Léon IX réserve toutes ses sévérités pour la France, mais son intransigeance plie devant la crainte de l'empereur et c'est là le point faible de son œuvre.

---

[1] VAISSETTE, *Histoire du Languedoc*, t. V, p. 468.

[2] JAFFÉ-WATTENBACH, 4271 : « habendam electionem quoque archiepiscopi secundum auctoritatem canonicam filiis ecclesiae sancimus per hanc praeceptionis nostrae paginam » (PL, CXLIII, 688).

[3] *Vita Annonis*, 4 (MGH, SS, t. XI, p. 468).

[4] *Annalista Saxo*, a. 1051 (MGH, SS, t. VI, p. 688).

[5] *Gesta episcoporum Cameracensium, Continuatio*, 3 (MGH, SS, t. VII, p. 490).

[6] HERMANN DE REICHENAU, a. 1051 (MGH, SS, t. V, p. 130).

[7] ID., a. 1051 (*Ibid.*).

[8] ID., a. 1051 (MGH, SS, t. V, p. 131).

Il faudra attendre Nicolas II et surtout Grégoire VII pour que la papauté ose briser le césaropapisme et se mette pour toujours, grâce à quelques mesures efficaces, à l'abri de ses empiètements et de ses menaces [1].

Application du programme lorrain en France, application du programme italien en Allemagne et en Italie, c'est par ces mots, semble-t-il, que peut se résumer la politique réformatrice de Léon IX. Elle comporte par conséquent une action directement exercée sur l'épiscopat, pour qu'il renonce à toute pratique simoniaque et pour qu'il fasse respecter par les clercs la loi du célibat ecclésiastique.

La simonie reste, semble-t-il, la préoccupation dominante du saint pontife. Le pape rappelle sans cesse que les charges ecclésiastiques, quelles qu'elles soient, ne peuvent être l'objet d'aucun commerce [2], que l'évêque n'a pas le droit, en ce qui le concerne, de vendre l'ordination ni la consécration et qu'au cas où il prétendait faire acheter l'une ou l'autre, celui qui sollicite un tel honneur a le droit de se passer de son ministère et de s'adresser à l'un de ses confrères ou au pape en personne [3]. Rien dans l'Église ne doit être vénal, pas plus la consécration

---

[1] On a cherché à expliquer cette attitude plus que conciliante qu'a observée Léon IX à l'égard de Henri III. D'après DREHMANN (op. cit., p. 87 et suiv.), il faudrait en chercher l'origine dans la politique sud-italienne. Le pape aurait eu besoin de l'appui impérial contre les Normands qui menaçaient les états pontificaux et constituaient un grave danger pour eux. Un texte de Hermann de Reichenau semble autoriser cette hypothèse. A l'entrevue de Worms, en 1052, Léon IX aurait sollicité ce secours impérial. « Cumque idem papa de Nordmannorum violentiis et injuriis, qui res sancti Petri se invito vi tenebant, malta conquestus esset, ad hos etiam inde propulsandos imperator ei auxilia delegavit » (MGH, SS, t. V, p. 132). Cfr aussi LAMBERT DE HERSFELD, a. 1052 (Ibid., t. V, p. 155) où il est dit que Godefroy de Lorraine alla au secours du pape. Cette hypothèse est ingénieuse. Elle soulève pourtant une objection : le danger normand ne s'est pas manifesté au lendemain de l'avènement de Léon IX. Or, la faiblesse de la politique pontificale à l'égard de Henri III s'observe dès ce moment. Il faut donc l'attribuer à un respect craintif et aussi au désir de ménager un souverain qui passait pour favorable à la réforme.

[2] JAFFÉ-WATTENBACH, 4225, 4279.

[3] JAFFÉ-WATTENBACH, 4189, 4211, 4273. On remarquera la tendance du pape à se substituer à l'évêque, ce qui est en conformité avec la tendance centralisatrice qui caractérise le gouvernement de Léon IX.

des saintes huiles que l'ordination sacerdotale [1]. Les condamnations depuis longtemps promulgués contre la simonie ecclésiastique sont donc rigoureusement maintenues.

Il en est de même pour le célibat que Léon IX considère
comme une loi fondamentale de l'Église. Ce qui importe plus
que les richesses de ce monde, c'est la pureté de l'âme et du corps,
écrit-il, le 12 mars 1051, aux chanoines de Lucques. « Que Dieu,
leur dit-il encore, délivre votre église des prêtres mariés, qu'il
les écarte du service de l'autel, que les incestueux deviennent
chastes, que les impurs soient purs, que les biens ecclésiastiques, jusqu'ici dissipés dans la luxure, soient désormais le
patrimoine commun de chanoines réguliers. Ainsi cette famille
pastorale qui marchait à sa perte, pourra consommer son salut
et cette fidèle communauté renoncera pour jamais à l'achat et
à la vente des prébendes. Jusqu'à présent les ténèbres vous
enveloppaient; maintenant la lumière est faite. Soyez donc des
fils de lumière; honorez Dieu, honorez votre père Jésus-Christ
qui est béni dans tous les siècles pour qu'il vous conserve et
vous unisse dans une concorde fraternelle [2]. »

Les mêmes idées réapparaissent sous une forme plus catégorique encore dans une lettre à Nicétas, moine de Studium,
qui avait prétendu que le mariage était une obligation pour les
prêtres. Aux théories byzantines Léon IX oppose la pure tradition romaine : « Personne, dit-il, ne sera admis au sous-diaconat,
s'il n'a juré une perpétuelle continence, même vis-à-vis de sa
propre épouse et celui qui n'est pas marié au moment de son
ordination ne prendra jamais femme. [3] »

Pour faire respecter ces préceptes, Léon IX compte avant
tout sur l'épiscopat. Les évêques doivent être les auxiliaires
du Saint-Siège et s'attacher à préparer dans leurs diocèses le
triomphe des idées réformatrices. A cette fin il leur appartient
avant tout de donner constamment le bon exemple : « Si les

---

[1] JAFFÉ-WATTENBACH, 4294.
[2] IDEM, 4254.
[3] IDEM, 4308.

bergers, écrit le pape en 1052 à Luitpold, archevêque de Mayence [1], affrontent joyeusement jour et nuit le soleil et le froid pour garder leurs troupeaux, s'ils ont toujours l'œil en éveil pour éviter qu'aucune brebis ne s'égare ou ne soit dévorée par les fauves, avec quel soin devons-nous veiller sur les âmes, nous qui sommes leurs pasteurs ! Soyons attentifs, ne cessons dans l'accomplissement de notre charge de garder les brebis du Seigneur, afin qu'au jour du jugement nous ne soyons pas accusés de négligence par le Pasteur suprême et que nous ne risquions pas d'encourir une sentence d'autant plus dure que nous aurons été plus élevés et plus honorés. » Pour s'acquitter d'une charge aussi lourde, l'évêque devra être un modèle de vertu ; il sera modeste et confiant en Dieu, ne se laissera pas abattre par l'adversité ni enivrer par la prospérité ; inaccessible à la faveur comme à la haine, il jugera en toute justice et en toute sincérité, sauvera les innocents et punira les coupables ; sévère quand il le faut, mais doux, miséricordieux, charitable, il s'appliquera à réaliser l'idéal tracé par l'apôtre : *Il faut que l'évêque soit irréprochable* (I *Tim.* III, 2).

Par ces moyens divers se réalisera la réforme de l'Église séculière, dirigée par l'Église romaine, opérée dans chaque diocèse par les évêques étroitement rattachés et subordonnés au siège apostolique.

Léon IX n'a pas perdu de vue l'Église régulière. Pour elle il s'en remet entièrement à Cluny, dont, six mois après son avènement, le 10 juin 1049, il renouvelle les privilèges [2]. A cela rien de surprenant : la congrégation échappe à la juridiction épiscopale et relève directement du Saint-Siège, ce qui la met en parfaite harmonie avec les tendances du gouvernement de Léon IX. Aussi le pape cherche-t-il à introduire partout la discipline clunisienne. Au Mont-Cassin, il confirme la coutume de la libre élection de l'abbé [3]. A Fulda, il interdit aux femmes

---

[1] JAFFÉ-WATTENBACH, 4281.
[2] IDEM, 4169.
[3] IDEM, 4164.

de pénétrer dans le monastère, sous quelque prétexte que ce soit[1]. La bulle pour Saint-Mansuy de Toul, en 1050, et celle pour Saint-Pierre de Pérouse, en 1052, caractérisent encore mieux le régime monastique qu'il a rêvé[2]. A Saint-Mansuy ni l'évêque ni aucune autre personne séculière n'exerceront aucun droit à l'intérieur de l'abbaye; c'est le régime de la liberté complète. A Saint-Pierre de Pérouse, les évêques ne pourront mettre la main sur les offrandes ni pénétrer dans le monastère, sauf à quelques dates fixes; l'abbé sera élu, puis consacré par le pontife romain en personne. Ces deux abbayes reçoivent donc la règle de Cluny avec ses traits primordiaux : indépendance totale à l'égard des rois et des seigneurs, liberté de l'élection abbatiale, subordination directe au Saint-Siège.

Léon IX est mort le 19 avril 1054[3]. Son pontificat, si court qu'il ait été, a dans l'histoire de l'Église une importance décisive. L'ancien évêque de Toul est le premier pape qui ait non seulement voulu la réforme, mais aussi essayé de mettre en œuvre quelques-uns des moyens propres à en assurer le succès. S'il n'en a inventé aucun, il a le grand mérite d'avoir pris la tête du mouvement, d'avoir coordonné les efforts isolés et impuissants de quelques évêques perdus dans la masse, d'avoir restauré la primauté romaine et permis à la papauté de reprendre son rôle traditionnel de « mère de toutes les églises ». Son œuvre n'en reste pas moins incomplète et on peut reprocher à Léon IX de s'être arrêté à mi-chemin. S'il a considéré la papauté comme la puissance universelle, il n'a pas su ou n'a pas osé revendiquer l'obéissance de tous ceux qui reconnaissent la loi du Christ; l'empereur échappe à la règle commune. C'est là, on l'a déjà dit et on ne saurait assez le répéter, l'immense lacune de son gouvernement. Aveuglé par l'apparente piété de Henri III, tranquillisé par les choix souvent heureux

---

[1] JAFFÉ-WATTENBACH, 4170.

[2] IDEM, 4239 et 4267.

[3] LAMBERT DE HERSFELD, a. 1054 (MGH, SS, t. V, p. 156); *Annales Romani* (*Ibid.*, t. V, p. 470). Le jour est donné par HERMANN DE REICHENAU, a. 1054 (*Ibid.*, t. V, p. 133).

que fit ce roi pour les évêchés, Léon IX n'a songé qu'au présent et n'a pas vu que pour être viable, la réforme ne devait pas être à la merci de la puissance impériale, source de la puissance pontificale. Au lendemain de la mort de Léon IX, c'est encore Henri III, représentant éminent du pouvoir temporel, qui va disposer de la tiare en faveur d'un de ses amis, au mépris de la tradition ecclésiastique et des canons de l'Église.

## III

Bonizon de Sutri raconte qu'avant de mourir Léon IX confia à Hildebrand, « en présence du clergé et du peuple romain », le gouvernement de l'Église, après quoi il rendit son âme à Dieu. Aussitôt Hildebrand fut unanimement désigné pour lui succéder, mais il refusa et, à force de larmes et de supplications, obtint que pour le choix du nouveau pontife on se contenterait de suivre ses avis. Bientôt il passa les Alpes, alla trouver l'empereur et lui fit honte du péché qu'il commettrait en nommant lui-même le pape. Henri III se rendit à ses raisons, renonça au patriciat et restitua aux Romains le privilège de libre élection dont ses prédécesseurs les avaient dépouillés. Gebhard, évêque d'Eichstaedt, fut alors emmené à Rome contre la volonté de l'empereur, élu par le clergé, approuvé par le peuple, intronisé par les cardinaux-évêques qui lui donnèrent le nom de Victor [1].

Avant de confronter ce récit avec les autres témoignages relatifs à l'avènement de Victor II [2], nous pouvons en éliminer quelques détails évidemment légendaires. Il est faux que Léon IX ait remis à Hildebrand le gouvernement de l'Église romaine, puisque Hildebrand était en Gaule au moment de la mort du pape. Il est non moins faux que les Romains aient

---

[1] BONIZON DE SUTRI, *Liber ad amicum*, lib. V (MGH, *Libelli de lite*, t. I, p. 589).

[2] La version de Bonizon est adoptée dans ses grandes lignes par DELARC (*op. cit.*, t. II, p. 1-8) et par HEFELE-LECLERCQ (*op. cit.*, t. IV, II, p. 1113-1115).

supplié Hildebrand d'accepter la tiare. Le chroniqueur du
Mont-Cassin, Léon d'Ostie, qui reproduit dans son ensemble
la version de Bonizon, la rectifie sur ce point et affirme
qu'Hildebrand fut envoyé en Allemagne pour y chercher un
pape, « parce qu'on ne pouvait trouver dans l'Église romaine
personne qui fût capable de remplir une aussi haute fonction [1]. »
Et, comme Léon n'est pas un adversaire mais un admirateur
de Grégoire VII, qui n'a jamais cherché à diminuer ses mérites,
il n'y a aucune raison de le suspecter.

On peut relever entre Bonizon de Sutri et le chroniqueur
du Mont-Cassin une autre divergence non moins grave. Suivant
Bonizon, Hildebrand conjure Henri III de renoncer au patriciat et d'accorder au clergé et au peuple de Rome la libre élection du pape, et il obtient gain de cause, après quoi il emmène
avec lui Gebhard d'Eichstaedt. Léon d'Ostie présente les
choses sous un jour tout différent. Aucune allusion n'est faite
au patriciat; Hildebrand met en avant le nom de Gebhard et
enlève sans difficulté l'assentiment de Henri III.

Cette version se rapproche de celle des *Annales Romani* qui
est ainsi conçue : Les Romains assemblés envoyèrent des
ambassadeurs à l'empereur pour lui demander, — tels des serviteurs à leur maître, — de donner à la Sainte Église romaine
un pieux pasteur. Aussi, après avoir rassemblé une multitude
de clercs et de laïques, celui-ci choisit un pontife agréable à
Dieu et l'envoya à Rome avec les ambassadeurs. Les Romains
se réjouirent tous de son arrivée, procédèrent à sa consécration et lui imposèrent le nom de Victor [2]. » Ici non plus il
n'est pas question du patriciat, mais, en outre, Hildebrand
ne paraît plus à la tête de l'ambassade.

Il n'est pas davantage mentionné chez Berthold de Rei-

---

[1] Léon d'Ostie (*Chronica monasterii Casinensis*, II, 86) : « Hildebrandus,
tunc Romane ecclesie archiadiaconus, a Romanis transmissus est, ut, quoniam
in Romana ecclesia persona ad tantum officium idonea reperiri non poterat,
de partibus illis quem ipse tamen vice cleri populique Romani in Romanum
pontificem elegisset adduceret » (MGH, SS, t. VII, p. 686).

[2] *Annales Romani* (MGH, SS, t. V, p. 470).

chenau [1], ni dans le *De episcopis Eichstetensibus* qui gardent l'anonymat aux délégués romains venus à Mayence [2] « pour demander à l'empereur de leur donner un pape » et qui, après mûre réflexion, « ne voulurent accepter que notre Gebhard [3] ». Gebhard aurait alors refusé la dignité qu'on lui offrait, envoyé à Rome des émissaires chargés de ternir sa réputation et de le « rendre abominable aux yeux des Romains ». Peine inutile ! Alors, dans une nouvelle réunion de la cour à Ratisbonne, l'évêque d'Eichstaedt, s'adressant à Henri III, se serait exprimé en ces termes : « Je me livre tout entier à saint Pierre avec tout mon corps et toute mon âme et, quoique je me sache indigne d'un siège aussi saint, j'obéis à vos ordres, à condition toutefois que vous rendiez à saint Pierre tous ses droits. » Henri promit de les restituer et Gebhard partit pour Rome [4].

Telles sont les principales versions qui nous sont parvenues de l'élection de Victor II [5]. Si on les rapproche les unes des

---

[1] BERTHOLD DE REICHENAU, a. 1054 : « Conventus ab imperatore Moguntiæ factus est in quo Gebehardus, Aureatensis episcopus, electus ab episcopis Romamque missus, ibique honorifice susceptus, in sequenti quadragesima in cœna Domini 154us papa ordinatus, Victoris secundi nomen accepit » (MGH, SS, t. V, p. 269).

[2] La présence de Henri IV à Mayence est mentionnée par un diplôme le 17 novembre 1054 (BOEHMER, *Regesta imperii*, 1657).

[3] *Anonymus Haserensis de episcopis Eichstetensibus*, 38 : « Leone ergo papa non simpliciter defuncto, sed vere in numero sanctorum computato, primores Romanorum Mogontiam veniunt, papam sibi ab imperatore deposcunt et post longam deliberationem nullum nisi nostrum episcopum Gebehardum accipere voluerunt » (MGH, SS, t. VII, p. 265).

[4] *Anonymus Haserensis de episcopis Eichstetensibus, loc. cit.*

[5] Nous noterons pour mémoire le récit, plus que légendaire, de Benzon d'Albe (*Ad Heinricum*, VII, 2, dans MGH, SS, t. XI, p. 671). D'après lui, les trois moines vagabonds qui, au moment de la mort de Léon IX, étaient partis de côté et d'autre, Hildebrand, Humbert et Boniface, évêque d'Albano, s'en vont en Allemagne où l'on refuse de les recevoir et de s'occuper avec eux de l'élection pontificale. Une seconde ambassade est nécessaire et c'est avec elle que Henri III s'entend pour le choix de Victor II, non sans avoir fait jurer à Hildebrand et à ses compagnons qu'ils ne brigueraient jamais la papauté. On voit de suite la raison d'être de ce prétendu serment : il s'agissait de prouver qu'Hildebrand était parjure et aussi de mettre en lumière le mépris qu'il in-spirait à la cour. Il n'y a donc pas lieu d'insister sur cette version, d'ailleurs empruntée en grande partie au concile de Worms (1076) ; elle est contredite

autres, on constate qu'elles varient sur deux points essentiels :

1 - Pour les unes (Bonizon de Sutri, Léon d'Ostie, *De episcopis Eichstetensibus*), le choix de Victor II a été fait à la suite de négociations entre les délégués des Romains et l'empereur qui, suivant Bonizon et le *De episcopis Eichstetensibus*, aurait renoncé au patriciat. Pour les autres (*Annales Romani*, Berthold de Reichenau), Henri III a notifié aux délégués qu'il désignait Gebhard d'Eichstaedt.

2 - Certains textes (Bonizon, Léon d'Ostie) placent Hildebrand à la tête de l'ambassade; les autres ne nomment aucun délégué. En présence de ces contradictions quel parti faut-il prendre?

Notons tout d'abord que la présence d'Hildebrand en Germanie est mentionnée, en dehors du *Liber ad amicum*, par le seul chroniqueur du Mont-Cassin qui a plus d'une fois utilisé Bonizon et lui a certainement emprunté ce détail. Le récit de Léon d'Ostie ne diffère d'ailleurs de celui de Bonizon que par deux suppressions (l'élection d'Hildebrand par les Romains et l'affaire du patriciat), mais en revanche il ne lui ajoute rien d'essentiel. Chez l'un comme chez l'autre, Hildebrand propose Gebhard d'Eichstaedt (sur la biographie duquel Léon a eu quelques renseignements complémentaires) et le choix de Gebhard se heurte aussi bien à la volonté royale qu'à celle de Gebhard lui-même. Bref, Léon d'Ostie se contente de défigurer légèrement le texte par quelques variantes [1]; la parenté

---

par toutes les chroniques et Benzon oublie trop facilement que le cardinal Humbert, qui était en Orient au moment de la mort de Léon IX, eût éprouvé quelque peine à se rendre en Allemagne.

[1] Ainsi BONIZON dit que Gebhard était économe de l'empereur ; LÉON D'OSTIE note simplement la très grande richesse de Gebhard. — BONIZON DE SUTRI, *Liber ad amicum*, l. V : « Moxque quendam Astensem episcopum, prefati imperatoris economum *contra voluntatem eiusdem imperatoris Romani secum ducunt invitum* » (MGH, *Libelli de lite*, t. I, p. 589). — LÉON D'OSTIE (*Chronica monasterii Casinensis*, II, 86) : « Erat enim idem episcopus, super id quod prudentia multa callebat, post imperatorem potentior ac ditior regno. Hunc ergo Hildebrandus *invito licet imperatore, invito etiam eodem ipso episcopo, Romam secum adduxit* » (MGH, SS, t. VII, p. 686-687). — En dehors de cette variante, on remarquera la similitude, presque complète, des expressions employées.

entre les deux récits ne peut être contestée et le chroniqueur
du Mont-Cassin n'a pas la moindre originalité.

La filiation n'est pas moins certaine entre le *Liber ad amicum*
et le *De episcopis Eichstetensibus*. En effet : 1) Hildebrand
dans l'un, Gebhard dans l'autre, refuse la dignité qui lui est
offerte et cherche à l'éluder par tous les moyens; 2) Hildebrand d'un côté, Gebhard de l'autre, obtient de Henri IV
la renonciation au patriciat et le retour aux règles de la libre
élection. — Or, la notice qui, dans le *De episcopis Eichstetensibus*, concerne Gebhard a été composée quelques années
seulement après sa mort; le *Liber ad amicum* date, au contraire,
de 1085 ou 1086. Bonizon a donc pu connaître la notice et,
suivant le procédé qui lui est familier, il a mis dans la bouche
d'Hildebrand les propos qui auraient été tenus par Gebhard.
Nous avons déjà noté, à propos des événements de 1048, une
transposition du même ordre; la *Vita Leonis* de Guibert et le
*De episcopis Eichstetensibus* de l'anonyme de Haserieth ont subi
une déformation identique et Hildebrand a été successivement
substitué à Brunon de Toul, puis à Gebhard d'Eichstaedt.
Bonizon a, d'ailleurs, été logique avec lui-même : en 1048, comme
en 1054, il prête à Hildebrand le même programme, à savoir la
réalisation de l'indépendance du Saint-Siège à l'égard du pouvoir
temporel. Il y a là une légende à laquelle il est temps de renoncer.

Reste à choisir entre la version du *De episcopis Eichstetensibus*
et celle que représentent Berthold de Reichenau et les *Annales
Romani*. Ici encore, on ne saurait hésiter :

1 - L'abandon du patriciat par Henri III doit être aussi relégué
au rang des légendes. Comment, en effet, l'empereur eût-il pu
renoncer à une dignité dont les rois de Germanie ont été si
jaloux et faire si bon marché d'un droit si souvent revendiqué ?
Au reste, lorsque, quelques années plus tard, Pierre Damien
écrira, à propos de l'élection d'Alexandre II, sa *Disceptatio
synodalis*, une bonne partie de la discussion roulera sur le
patriciat [1]. Donc Henri III ne l'avait pas abdiqué.

---

[1] Pierre Damien, *Opusc.*, IV (PL, CXLV, 67).

2 - En ce qui concerne la désignation de Gebhard par Henri III, on peut affirmer, avec Berthold de Reichenau et les *Annales Romani*, que les choses se sont passées pour Victor II comme pour Léon IX. En 1048, les Romains ont déjà demandé à l'empereur de leur procurer un pape; il est plus que vraisemblable qu'ils ont agi de même en 1054. S'ils avaient proposé un candidat, ils n'auraient certainement pas eu recours à un évêque allemand, inconnu pour eux, alors qu'ils avaient sous la main des personnages tout à fait *papabiles*, tels que Pierre Damien, Humbert, Frédéric de Lorraine, que l'empereur n'avait aucune raison positive d'écarter. Mais, puisqu'aucun nom n'était mis en avant, Henri III avait, au contraire, toutes sortes de motifs pour conférer la tiare à Gebhard d'Eichstaedt, son ami et son conseiller.

3 - Enfin, pour en revenir à Hildebrand, ni Berthold de Reichenau ni les *Annales Romani* ne signalent sa présence et, sur ce point, ils sont d'accord avec toutes les sources autres que Bonizon de Sutri et Léon d'Ostie qui dérive lui-même de Bonizon. Si Hildebrand était venu à la cour impériale, les *Annales Romani* n'eussent pas manqué de rapporter le fait, en cherchant à l'exploiter contre lui. Leur silence, mis en regard des anecdotes de Benzon d'Albe qui transforme à sa façon le récit de Bonizon de Sutri, paraît un argument très sérieux en faveur de la thèse que nous nous efforçons d'établir. De plus, au moment de la mort de Léon IX, Hildebrand n'était pas à Rome, mais en Gaule où il tenait le concile de Tours. En admettant même qu'il soit revenu sans tarder, il est difficile qu'il ait pu être mêlé aux conciliabules qui, en général, se produisaient aussitôt après les funérailles du pontife défunt et sa désignation comme ambassadeur auprès de Henri III paraît chronologiquement impossible [1].

---

[1] Nous nous séparons donc des autres historiens de Grégoire VII qui ont trop facilement accueilli, sans les critiquer suffisamment, les versions de Bonizon de Sutri et de Léon d'Ostie. Cfr notamment DELARC (*op. cit.*, t. II, p. 5 et suiv.), qui, guidé comme toujours par une idée préconçue, se préoccupe d'adapter les textes à sa thèse et se contente d'en extraire ce qui lui convient,

En résumé, Victor II est l'élu de Henri III, comme l'avaient été avant lui Clément II, Damase II et Léon IX. Le nouveau pape ne trompera en aucune façon les espérances que pouvait placer en lui son impérial protecteur, Son pontificat (13 avril 1055-28 juillet 1057) est la continuation exacte et fidèle de celui de Léon IX; il est caractérisé par une docilité plus grande encore à l'égard de la Germanie; Henri III essaie de reprendre en mains le gouvernement de l'Église.

Presque aussitôt après son arrivée en Italie, le 4 juin 1055, Victor II réunit un concile à Florence. Il y fait venir Henri III qui, depuis 1047, n'avait pas reparu dans la péninsule [1]. Les décisions prises par cette assemblée n'offrent d'ailleurs rien de très nouveau : on semble s'être borné à renouveler les décrets de Léon IX sur le nicolaïsme et sur la simonie [2], puis à frapper

---

pour repousser ce qui ne serait pas d'accord avec elle; MARTENS (*op. cit.*, t. I, p. 20-22) et HAUCK (*op. cit.*, t. III, p. 620-621), qui rejettent les légendes de Bonizon sur le patriciat, mais adoptent à peu de chose près la version de Léon d'Ostie. On pourrait opposer à notre théorie l'objection suivante : lorsqu'en janvier 1076 les évêques allemands, réunis à Worms, se révoltèrent contre l'autorité pontificale, ils reprochèrent à Grégoire VII, en une lettre solennelle (MGH, *Constitutiones et acta*, t. I, p. 106-108), d'avoir violé un serment qu'il avait jadis prononcé à la cour de Henri III et en vertu duquel il aurait promis de ne jamais devenir pape sans l'assentiment de l'empereur. Il résulte de cette affirmation qu'Hildebrand est venu à la cour du vivant de Henri III, mais on remarquera qu'il y a déjà paru en 1048, aux côtés de son maître Grégoire VI qui venait d'être déposé sur l'initiative du souverain, et, à supposer que l'engagement auquel fait allusion le concile de Worms ait été pris, il aurait eu davantage sa raison d'être en 1048, au moment où Henri III vient, par sa propre autorité, de mettre fin à un schisme et de régler la situation troublée du Saint-Siège, qu'en 1054 où Hildebrand serait venu, au nom des Romains, humblement solliciter la désignation d'un pape. Benzon d'Albe est le seul écrivain qui ait utilisé la lettre de Worms et on a vu plus haut comment il l'avait déformée; on sait aussi quelle est la valeur de ce témoignage.

[1] Suivant les *Annales Altahenses*, a. 1055 (MGH, SS, t. XX, p. 807), Victor II aurait même prié Henri III de diriger les débats. D'après Berthold de Reichenau, a. 1055 (*Ibid.*, t. V, p. 260) le pape aurait conservé la présidence de l'assemblée. Il est bien difficile de se prononcer. En tous cas la présence de l'empereur au concile ne fait aucun doute; elle est mentionnée par PIERRE DAMIEN, *Epistolae*, IV, 12 (PL, CXLIV, 322).

[2] C'est du moins ce que rapporte Bonizon de Sutri, *Liber ad amicum*, lib. V (MGH, *Libelli de lite*, t. I, p. 590) en attribuant, sans doute à tort, à Hildebrand l'initiative de ces décrets. On a déjà constaté combien cet écrivain est sujet à caution et on ne doit accepter son témoignage que sous toutes réserves.

d'excommunication les évêques qui causeraient quelque dommage aux biens de l'Église [1].

Le concile de Florence a été suivi d'autres synodes du même genre tenus en Gaule au cours de l'année 1056 par les légats du pape. Hildebrand, chargé d'une mission dans ce pays à la fin du précédent pontificat, a réuni deux assemblées, l'une, le 13 février, à Châlon-sur-Saône où il contraignit un certain comte Gautier à restituer à l'Église des biens qu'il avait usurpés [2], l'autre à Lyon [3] où la simonie fut à nouveau condamnée et où l'on déposa six évêques coupables [4]. Le 13 septembre 1056, dans un autre concile, à Toulouse, les légats Raimbaud d'Arles et Ponce d'Aix firent interdire aux prêtres, diacres et autres clercs exerçant des fonctions ecclésiastiques d'avoir commerce avec aucune femme [5].

Victor II n'a donc rien changé aux directions données à l'Église par Léon IX. Toutefois, son pontificat a été trop court pour que l'on puisse porter un jugement catégorique sur son œuvre. Ce pape n'a guère eu le temps de marquer la réforme de son empreinte personnelle, car son activité a été presque exclusivement absorbée par la question de la succession impériale.

---

[1] PIERRE DAMIEN, *Epistolae*, IV, 12 (PL, CXLIV, 322).

[2] MANSI, t. XIX, 843 ; HEFELE-LECLERCQ, *op. cit.*, t. IV, II, p. 1122.

[3] L'indication est donnée par PAUL DE BERNRIED et par BONIZON DE SUTRI, *Liber ad amicum*, lib. VI (MGH, *Libelli de lite*, t. I, p. 592). Ce dernier place à tort le concile sous Étienne IX.

[4] PIERRE DAMIEN, *Opusc.*, XIX, 6 (PL, CXLV, 433). Cfr aussi PAUL DE BERNRIED, *Gregorii papae VII vita*, 17 (WATTERICH, *Pontificum Romanorum vitæ*, t. I, p. 479-480) et DIDIER DU MONT-CASSIN, *Dialogi* (PL, CXLIX, 1013 et suiv.). Paul de Bernried place à tort le concile sous Léon IX ; il ne contredit pas formellement Pierre Damien et Didier du Mont-Cassin qui affirment l'un et l'autre que, lorsque Hildebrand tint ce synode, il avait été envoyé en Gaule par Victor II. — D'après ces trois sources, le concile fut marqué par un miracle qui fit sur les assistants une impression profonde. L'évêque de Lyon avait acheté sa charge à prix d'argent et l'on ne pouvait opposer à ses négations aucun fait positif. Hildebrand le somma d'invoquer le Père, le Fils, le Saint-Esprit en ajoutant : « Fasse le ciel que vous ne puissiez prononcer le nom de l'Esprit-Saint, jusqu'à ce que vous ayez confessé la vérité ! » L'évêque articula fort bien les mots Père et Fils, mais il lui fut impossible de nommer le Saint-Esprit. Il avoua alors qu'il était simoniaque.

[5] Canon 7 (MANSI, t. XIX, p. 847).

Pendant l'automne de 1056, Victor II entreprend au-delà des monts un voyage dont le but primitif reste inexpliqué. Il arrive en Allemagne pour voir mourir Henri III (5 octobre 1056) [1]. Il fait aussitôt jurer fidélité au fils du défunt empereur, le jeune Henri IV, qui est reconnu comme roi sans difficulté, puis il organise la régence qui est confiée à la veuve de Henri III, l'impératrice Agnès [2]. A la fin de février 1057, il regagne l'Italie [3], rentre à Rome vers Pâques [4] et meurt à Arezzo le 28 juillet [5].


# IV


Après la mort de Victor II, raconte Bonizon de Sutri, « les clercs de l'Église romaine se réunissent et, avec l'approbation du peuple, élisent Frédéric, abbé du Mont-Cassin..., auquel ils donnent le nom d'Étienne, puis, suivant un antique usage, le consacrent comme pontife romain auprès de l'autel de saint Pierre [6]. »

Léon d'Ostie a laissé de cette élection un récit plus détaillé. Frédéric aurait commencé par se dérober et aurait mis en avant d'autres noms parmi lesquels celui d'Hildebrand. Mais, ajoute le chroniqueur, les Romains ne trouvèrent aucun de ceux-ci digne de la papauté et Frédéric n'eut qu'à s'incliner [7].

---

[1] LAMBERT DE HERSFELD, a. 1056 (MGH, SS, t. V, p. 157-158).

[2] Cfr MEYER VON KNONAU, *Jahrbücher des deutschen Reichs unter Heinrich IV und Heinrich V*, t. I, 1893, p. 12 et suiv., où l'on trouvera tous les textes.

[3] Le 9 février 1057, Victor II est encore à Fulda (JAFFÉ-WATTENBACH, 4363 et 4364). La chronique de Wurzbourg le fait partir au début du carême qui commençait cette année là le 12 février (MGH, SS, t. VI, p. 31).

[4] JAFFÉ-WATTENBACH, 4365.

[5] LAMBERT DE HERSFELD, a. 1057 (MGH, SS. t. V, p. 158); BERNOLDI NECROL. (*Ibid.*, t. V, p. 392).

[6] BONIZON DE SUTRI, *Liber ad amicum*, lib. V (*Libelli de lite*, t. I, p. 590).

[7] LÉON D'OSTIE, *Chronica monasterii Casinensis*, II, 94 (MGH, SS, t. VII, p. 692-693). — Les *Annales Romani (ibid.*, t. V, p. 470) rapportent très brièvement l'élection d'Étienne IX; elles se contentent de faire remarquer que ce pape appartenait à la maison de Lorraine et ajoutent, à tort, qu'au moment de la mort de Victor II, il revenait de Constantinople avec d'immenses trésors. Or, c'est à la mort de Léon IX que Frédéric est revenu d'Orient avec le cardinal Humbert et il semble bien que les *Annales Romani* n'aient signalé le fait que pour jeter

Cette version paraît quelque peu suspecte. Il ne faut pas oublier que les chroniqueurs du Mont-Cassin ont toujours tendance à embellir les gestes de leurs abbés. En la circonstance, Léon n'a pas manqué à la tradition et a tenu à célébrer l'humilité de Frédéric; il paraît s'être inspiré du passage, précédemment cité, du *Liber ad amicum* dans lequel Hildebrand refuse la tiare qu'on lui offrait et il n'y a pas lieu, à notre avis, d'ajouter foi à un récit tendancieux que l'on peut considérer comme un véritable cliché. Toutefois, l'élection de Frédéric de Lorraine — et c'est là tout ce qu'il faut retenir de la chronique du Mont-Cassin aussi bien que du *Liber ad amicum* — ne ressemble en rien à celles de Léon IX et de Victor II. On n'a pas été demander un pape à la cour de Germanie; on a choisi un représentant de la maison de Lorraine qui, fortement assise dans l'Italie du nord, constituait le plus sérieux obstacle à l'influence allemande. Le parti hostile à l'empire a donc tenté une sorte de coup d'état [1].

Le nouveau pape éprouva quelque appréhension et songea à se mettre en règle avec la Germanie. Il eut alors recours à Hildebrand qui, pour la première fois, est investi d'une mission importante.

Bonizon de Sutri ne mentionne pas le voyage d'Hildebrand en Germanie [2], mais il le fait aller à Milan où il était chargé

---

la suspicion sur la fortune du nouveau pape; les Romains la convoitaient, disent-elles; elle amena sa brouille avec eux et son départ de Rome; il aurait été empoisonné au cours du voyage.

[1] CHALANDON, *Histoire de la domination normande en Italie et en Sicile*, t. I, 1907, p. 164, considère que la nomination de Frédéric de Lorraine est l'œuvre d'Hildebrand, sous prétexte qu'elle a marqué le terme d'une politique de rapprochement avec la maison de Lorraine, inaugurée sous Léon IX et continuée sous Victor II. « La continuité de vues, écrit-il, qui inspire sous ces trois règnes la politique pontificale, est un témoignage certain de l'influence d'Hildebrand. » Cette supposition est toute gratuite et aucun texte ne l'autorise.

[2] Il est fort possible que Bonizon, qui écrit d'après ses souvenirs, ait fait une confusion et qu'il ait placé à l'avènement de Victor II la légation qui, en réalité, s'est produite à l'avènement d'Étienne IX. Son silence nous paraît prouver une fois de plus qu'Hildebrand n'a fait qu'un seul voyage en Allemagne (placé à tort par Bonizon en 1054) et non pas deux, comme on l'a généralement admis jusqu'ici.

de réprimer l'incontinence sacerdotale [1]. De fait, il n'est pas impossible qu'Hildebrand se soit arrêté en Lombardie avant de franchir les Alpes : les sources milanaises attestent sa venue, mais n'en indiquent pas la date [2]. Son séjour fut, sans doute, de courte durée et il reprit bientôt sa route vers l'Allemagne, principal objet de sa légation, où il arriva au moment de Noël [3].

L'empire était alors aux mains d'une femme, la veuve de Henri III, l'impératrice Agnès, qui exerçait la régence au nom de son fils, le jeune Henri IV. On n'a aucun détail sur les entretiens qui eurent lieu à Goslar [4] entre l'impératrice et le légat pontifical. La seule chose certaine, c'est qu'Agnès reconnut Étienne IX, malgré toutes les défiances que ce choix pouvait éveiller chez elle [5]. Si, en effet, on ne doit pas admettre avec Léon d'Ostie qu'Étienne IX ait songé à profiter de la minorité de Henri IV pour conférer à son frère, Godefroy, la dignité

---

[1] Bonizon de Sutri, *Liber ad amicum*, lib. VI (*Libelli de lite*, t. I p. 592).

[2] Cfr Landulf, *Historia Mediolanensis*, III, 12 (MGH, SS, t. VIII, p. 82) et Arnulf, *Gesta episcoporum Mediolanensium*, III, 14 (*Ibid.*, t. VII, p. 20). La chronologie de Landulf et d'Arnulf est en général fort inexacte. Cfr aussi Meyer von Knonau (*Jahrbücher des deutschen Reichs unter Heinrich IV und Heinrich V*, t. I, p. 68, n. 24 et 73, n. 36) qui prouve que Bonizon a commis une erreur, quand il fait fuir l'archevêque Guy à l'arrivée du légat pontifical.

[3] Lambert de Hersfeld, a. 1058 : « Rex nativitatem Domini Mersinburg celebravit aderatque ibi inter alios regni principes etiam Hildebrant, abbas de sancto Paulo, mandata deferens a sede apostolica » (MGH, SS, t. V, p. 159).

[4] Le renseignement est donné par les annales d'Altaich; Lambert de Hersfeld place à tort cette cour à Meresbourg. Les annales d'Altaich sont implicitement confirmées par Gundechar qui, dans son histoire des évêques d'Eichstaedt, rapporte qu'Hildebrand a assisté à son sacre comme évêque de cette ville qui eut lieu à Poehlde, tout près de Goslar : « Interfuit etiam eidem consecrationi dominus Hildebrandus, sanctæ romanæ et apostolicæ sedis cardinalis subdiaconus, tunc temporis in has partes ad regem Henricum apostolica legatione functus » (MGH, SS, t. VII, p. 246).

[5] *Annales Altahenses majores*, a. 1057 : « Ipsa aestate papa Victor moritur et in eius locum frater Gotefridi ducis Fridericus, cognomine Stephanus, a Romanis subrogatus, rege ignorante, postea tamen eius electionem comprobante » (MGH, SS, t. XX, p. 809). — Léon d'Ostie (*Chronica monasterii Casinensis*, II, 98 (*ibid.*, t. VII, p. 694) signale, en termes très vagues, la mission d'Hildebrand auprès de l'impératrice « ad quam pro quibusdam reipublicæ negotiis communi consilio mittebatur ». Il ne fait d'ailleurs que reprendre l'expression de Pierre Damien (*Epist.*, III, 4 à Henri, évêque de Ravenne) dont il s'est manifestement servi.

impériale, il n'en est pas moins vrai que son élection était un échec pour la politique germanique, un coup d'audace que les Romains n'eussent osé tenter sous le règne précédent. A la faveur de la régence, le programme lorrain a remporté pour la première fois un réel triomphe : la papauté cherche à s'affranchir de la tutelle germanique et elle y réussit, puisqu'Étienne IX reste pape.

Si les circonstances qui ont accompagné l'élection de 1057, sont l'indice d'une réaction contre le césaropapisme, le choix de Frédéric de Lorraine pour remplacer Victor II revêt en lui-même une signification particulière : Frédéric est le frère de Godefroy le Barbu, duc de Lorraine, qui, depuis son mariage avec Béatrix, règne aussi sur la Toscane et rêve de supprimer à son profit l'hégémonie allemande en Italie [1]. De plus il représente, plus que quiconque, la tendance lorraine, hostile à toute ingérence du pouvoir temporel dans les affaires ecclésiastiques. Si mal renseigné que l'on soit sur sa jeunesse et sur sa formation intellectuelle, l'on sait pourtant qu'au moment où Léon IX le fit venir en Italie (1049) [2], il était archidiacre de Saint-Lambert à Liége [3]. Il a donc occupé une situation en vue dans le diocèse dont Wason était évêque, ce qui n'était pas fait pour le rendre *persona grata* à la cour impériale. Son attitude sous le pontificat de Victor II acheva de le classer comme l'adversaire irréductible de la Germanie et du césaropapisme.

---

[1] Sur Godefroy le Barbu et son rôle politique, cfr WEDEMANN, *Gottfried der Bärtige, seine Stellung zum fränkischen Kaiserhause und zur römischen Curie*, Leipzig, 1876.

[2] C'est la date que nous adoptons avec U. ROBERT *(Le pape Étienne IX, dans la Revue des questions historiques*, t. XX, 1876, p. 49-76). Frédéric de Lorraine a succédé à Udon comme chancelier entre le 16 janvier et le 12 mars 1051 (JAFFÉ-WATTENBACH, 4251-4254), mais il pouvait être à Rome depuis un certain temps, en sorte qu'il n'y a aucune raison de suspecter le témoignage de Laurent de Liège (*Gesta episcoporum Virdunensium*, 4, dans BOUQUET, t. XI, p. 250 : MGH, SS, t. X, p. 493), qui le fait venir à Rome après le concile de Reims. Il est, au contraire, impossible chronologiquement d'accepter la version de Lambert de Hersfeld, qui place l'origine de ses rapports avec Léon IX lors du voyage du pape en Allemagne, en 1052 (MGH, SS, t. V, p. 155).

Cfr LAURENT DE LIÉGE, *loc. cit.*

En 1054, Léon IX avait prié Frédéric de Lorraine d'accompagner le cardinal Humbert à Constantinople pour y régler la question des rapports entre le Saint-Siège et les églises d'Orient [1]. Lorsque Frédéric revint en Italie, le pape était mort. Au lieu de rentrer à Rome, il courut s'enfermer au Mont-Cassin, peut-être par crainte de Henri III qui, si l'on en croyait Léon d'Ostie, aurait enjoint à Victor II de s'assurer de sa personne [2]. Toutefois, lorsque l'empereur eut conclu la paix avec le frère de Frédéric, Godefroy le Barbu, les rapports s'améliorèrent. Frédéric, devenu abbé du Mont-Cassin après la mort de Richer et la déposition de son successeur, Pierre, dont l'élection était anticanonique fut consacré comme tel par Victor II et créé par lui cardinal-prêtre du titre de Saint-Chrysogone (24 juin 1057) [3]. Malgré cette réconciliation apparente, au lendemain de la mort du pape il n'hésita pas, comme on l'a vu, à ceindre la tiare que lui offraient les Romains, au lieu de leur conseiller d'envoyer, suivant la tradition, une ambassade à la cour de Germanie pour solliciter d'elle la désignation d'un nouveau pontife. C'était indiquer qu'il y avait quelque chose de changé dans l'Église : la doctrine lorraine, telle qu'elle était exposée dans le *De ordinando pontifice*, se retrouve dans l'élection du 2 août 1057.

Il est probable que, si Étienne IX avait vécu, elle eût continué à inspirer tous les actes du gouvernement pontifical et que le successeur de Victor II eût fait preuve de plus d'énergie que Léon IX, qui trop souvent sacrifia ses idées personnelles aux contingences de la politique. Malheureusement ce règne si fertile en promesses n'a duré que huit mois, c'est à dire trop peu pour qu'un programme nouveau pût être esquissé.

On ne peut enregistrer, en effet, que quelques mesures de détail qui prouvent qu'Étienne IX a continué la lutte contre le nicolaïsme, en interdisant aux clercs, restés incontinents au mépris

---

[1] LAMBERT DE HERSFELD, a. 1053 (MGH, SS, t. V, p. 155) ; *Chronica monasterii Casinensis*, II, 85 (*Ibid.*, t. VII, p. 686).

[2] *Chronica monasterii Casinensis*, II, 86 (MGH, SS, t. VII, p. 687).

[3] *Ibid.*, II, 93 (MGH, SS, t. VII, p. 692).

des décisions de Léon IX, de pénétrer dans le chœur des églises [1]
et qu'il a cherché à sévir contre les empiètements des laïques :
il a excommunié les bourgeois de Capoue et frappé leur ville
d'interdit pour avoir enlevé l'église de Saint-Vincent aux moines
qui la desservaient afin de la donner à un prêtre du nom de
Landon [2]. Une de ses bulles, relative au clergé de Lucques,
interdit à toute personne séculière d'exercer sur cette église
une juridiction quelconque et cite le cardinal Humbert comme
l'un des auteurs de cette proposition qu'approuvait l'évêque de
Lucques, Anselme [3].

Ces quelques tentatives indiquent qu'Étienne IX voulait
affranchir l'Église de la tutelle laïque. Il est possible que, s'il
eût vécu, il eût interdit aux rois et aux seigneurs de disposer
des évêchés et autres dignités ecclésiastiques. Sans doute, il n'a
manifesté aucune intention de ce genre [4], mais on ne doit
pas oublier qu'il est l'ami intime du cardinal Humbert de

---

[1] PIERRE DAMIEN, *Opusc.*, XVIII, II, 6 (PL, CXLV, 409). D'après Landulf
le Jeune, *Historia Mediolanensis*, III, 11 (MGH, SS, t. VIII, p. 81 et suiv.),
c'est sous le pontificat d'Étienne IX qu'il faudrait placer les premières interventions du Saint-Siège à Milan, où le nicolaïsme sévissait plus que nulle
part ailleurs. Il est possible qu'Étienne IX ait ordonné à l'archevêque Guy
de réunir un concile, mais aucun résultat ne fut obtenu et c'est à tort que
Landulf attribue au pape l'envoi de légats en Lombardie, car Pierre Damien
déclare formellement, *opusc.* V (PL, CXLV, 90), que c'est Nicolas II qui l'a
dirigé sur Milan.

[2] MANSI, t. XIX, 865.

[3] JAFFÉ-WATTENBACH, 4373 (PL, CXLIII, 871).

[4] ULYSSE ROBERT (*Le pape Étienne IX*, dans la *Revue des questions historiques*,
t. XX, 1876, p. 67-69) voit dans Étienne IX le premier pape qui soit entré
en lutte avec la Germanie au sujet de l'investiture, mais à l'appui de cette
thèse il n'apporte aucun texte ni aucun fait précis. Il allègue que Gervais,
archevêque de Reims, a invité le pape à venir en France pour y tenir un concile (PL, CXLIII, 870), mais est-ce là une preuve qu'il y eût tension avec la
cour d'Agnès ? De même le témoignage de Léon d'Ostie qui prétend, dans sa
chronique du Mont-Cassin, II, 97 (MGH, SS, t. VII, p. 694), qu'Étienne IX
aurait un instant songé à donner la couronne impériale à son frère Godefroy
et, avec l'aide de celui-ci, à chasser les Normands d'Italie, ne peut être admis
sans hésitation ; aucun autre texte n'a rapporté ce projet et Léon lui-même
convient qu'Étienne IX dut y renoncer. On sait, d'ailleurs, que Léon d'Ostie
est très sujet à caution pour tout ce qui touche de près ou de loin à la gloire
du Mont-Cassin. Il faut donc convenir qu'au sujet des intentions d'Étienne IX
on a de fortes présomptions, mais pas davantage.

Moyenmoutier, Lorrain comme lui, et que c'est sous son pontificat que parut le fameux traité *Adversus simoniacos*, où le programme lorrain va être exposé avec une ampleur et une précision qu'il n'avait pas encore connues [1], mais, tout en adhérant à cette doctrine, Étienne IX n'a pas négligé, comme on l'a noté plus haut, d'exercer une action morale sur le clergé, telle que les Italiens l'avaient jusque-là préconisée et, pour bien montrer que les deux tendances devaient se développer simultanément, il a élevé au cardinalat Pierre Damien, le moine ascète, l'ermite impénitent qui, de sa solitude, morigénait les clercs enchaînés dans les liens du mariage ou plongés dans des turpitudes pires encore.

Aussi bien, ce qui fait surtout l'intérêt de la période qui sépare la mort de Léon IX de l'avènement de Nicolas II, c'est une sorte de renaissance théologique où les théories réformatrices se développent, se croisent et s'entrechoquent avant de se traduire, de 1059 à 1061 sous forme de décrets qui en découlent directement. Le pontificat de Nicolas II, préface de celui de

---

[1] C'est là à notre avis un fait absolument capital et qui souligne l'importance du pontificat si court d'Étienne IX. A cet égard ce pape, qui n'a pu donner sa mesure, apparaît comme le trait d'union entre les deux personnages qui ont le plus contribué à l'élaboration du programme lorrain et, par là, de la réforme grégorienne, Wason de Liège et Humbert de Moyenmoutier. On ne saurait en effet assez insister sur ce que Frédéric de Lorraine a été archidiacre de Saint-Lambert, à Liège, au moment même où Wason était évêque de ce diocèse et prenait si énergiquement position contre Henri III et le césaropapisme. L'acceptation de la tiare par Frédéric dans les circonstances qui ont été narrées plus haut (cfr *supra*, p. 169-171) prouve surabondamment, en même temps que l'hostilité que lui a toujours témoignée la Germanie, qu'il partageait de tout point les idées de son ancien évêque qu'on peut considérer comme son maître et son inspirateur. C'est donc Étienne IX qui, beaucoup plus que Léon IX, a introduit les idées liégeoises en Italie, mais ces idées avaient déjà rayonné dans toute la Lorraine et notamment dans la région de Toul, puisque Léon IX connaissait Frédéric en 1049 et que Frédéric était lié d'amitié avec le cardinal Humbert qui peut-être lui doit une bonne partie des idées qu'il développera dans son *Adversus simoniacos*. Le rapprochement de tous ces faits est, à notre avis, d'une réelle importance pour l'histoire de la formation des idées grégoriennes ; le pontificat d'Étienne IX marque, peut-être plus encore que celui de Léon IX, la première étape qui soit vraiment décisive.

Grégoire VII, n'est que le reflet du mouvement prégrégorien qui, depuis Léon IX, a pris une large envergure, aussi bien sous la forme italienne incarnée en saint Pierre Damien que sous la forme lorraine représentée avec éclat par le cardinal Humbert de Moyenmoutier.

# CHAPITRE III

## LE MOUVEMENT PRÉGRÉGORIEN : PIERRE DAMIEN

I. — Biographie de Pierre Damien : sa vie à Fonte-Avellana, son rôle comme cardinal-évêque d'Ostie, ses missions à Milan, en France et en Allemagne. — II. Les traités contre le nicolaïsme : le *Livre de Gomorrhe* ; la réforme du clergé régulier et séculier ; quelle doit être l'attitude du Saint-Siège et de l'épiscopat. — III. Les traités contre la simonie : analyse des diverses formes de la simonie, remèdes proposés, appel au pape et à l'empereur. — IV. La correspondance : lettres aux papes, évêques, moines, laïques ; les sermons. — V. Place de Pierre Damien dans le mouvement prégrégorien ; caractère et sources de sa prédication.


### I

L'œuvre théologique de Pierre Damien, dont on ne saurait assez souligner l'importance dans l'histoire du mouvement prégrégorien, est pour une large part le reflet d'une vie tout entière consacrée au service de la réforme [1].

---

[1] Sur Pierre Damien, voir : A. CAPECELATRO, *Storia di San Pietro Damiano e del suo tempore*, Florence, 1862 ; — FR. NEUKIRCH, *Das Leben des Peters Damiani nebst einem Anhange : Die Schriften chronologisch geordnet*, Göttingue 1875 ; — AUG. WAMBERA, *Der heilige Petrus Damiani, Abt vom Kloster des heiligen Kreuzes von Fonte-Avellana und Cardinalbischof von Ostia, sein Leben und Wirken*, Breslau, 1875 ; — GUERRIER, *De Petro Damiano, Ostiensi episcopo romanaeque ecclesiae cardinali*, Orléans, 1881 ; — M-J. KLEINERMANNS, *Der heilige Petrus Damiani, Mönch, Bischof, Cardinal, Kirchenlehrer, in seinem Leben und Wirken nach den Quellen dargestellt*, Steyl, 1882 ; — F. W. E. ROTH, *Der heil. Petrus Damiani O. S. B. Cardinalbischof von Ostie nach den Quellen neu bearbeitet* dans : *Studien und Mittheilungen aus dem Benediktiner und dem Cistercienser Orden*, t. VII et VIII, 1886-1887 ; — O. PFÜLF, *Damian's Zwist mit Hildebrand (Stimmen aus Maria-Laach*, t. XLI, 1891) ; — CARL MIRBT, *Die*

Pierre Damien est né à Ravenne en 1007; il appartenait, dit son disciple Jean de Lodi, à une famille nombreuse et pauvre. Sa venue au monde fut mal accueillie par ses aînés; l'un d'eux adressa à sa mère des reproches tels qu'elle se crut forcée de laisser l'enfant mourir de faim et qu'elle l'abandonna. Une étrangère le recueillit et le rendit plus tard à sa famille. Pierre devint orphelin très jeune; il reçut d'un de ses frères une dure éducation. Pieds nus, à peine vêtu, il fut astreint aux plus rudes travaux manuels, roué de coups en toutes circonstances, finalement obligé de garder les pourceaux. Cette existence humble et mortifiée, qui était pour lui l'apprentissage de la vie monastique, eut pourtant une fin. Un autre frère de Pierre, nommé Damien, homme d'Église, plus tard archiprêtre de Ravenne, s'apitoya sur son sort et consentit à le prendre à sa charge. Pierre lui en conserva une éternelle reconnaissance; il la témoigna en ajoutant à son nom celui de *Damiani* ou Damien [1].

Pierre Damien put ainsi commencer ses études dans sa ville natale; il alla les achever à Parme où il arriva, dit-il, à l'âge des passions [2]. Là, il se distingua tellement par son intelligence et son savoir, qu'il ne tarda guère à devenir professeur à l'école où il avait été élève, et, comme tel, à avoir un grand renom dans toute l'Italie [3].

Cette célébrité n'engendre pas chez lui le moindre orgueil.

---

*Publizistik im Zeitalter Gregors VII*, Leipzig 1894; — R. FOGLIETTI, *S. Petro Damiano, Autobiographia*, Turin, 1899; — DOM RÉGINALD BIRON, *Saint Pierre Damien* (collection « *les Saints* »), Paris, 1908; — J. A. ENDRES, *Petrus Damiani und die weltliche Wissenschaft*, dans les *Beiträge zur Geschichte der Philosophie des Mittelalters* de BAEUMKER, t. VIII, III, Munster, 1910; — HANS VON SCHUBERT, *Petrus Damiani als Kirchenpolitiker*, dans *Festgabe von Fachgenossen und Freunden Karl Müller zum siebzigsten Geburstag durchgebracht*, Tübingue, 1922, p. 83-102. On trouvera également quelques indications sur Pierre Damien dans les ouvrages généraux précédemment cités : DELARC, HAUCK, etc.

— La vie de Pierre Damien est connue surtout par son disciple Jean de Lodi, qui a laissé de lui une biographie, placée en tête des œuvres du saint. On trouvera celles-ci dans PL, CXLIV et CXLV.

[1] *Vita S. Petri Damiani*, 1-2 (PL, CXLIV, 115-117).
[2] *Epist.* V, 16 (PL, CXLV, 672).
[3] *Vita S. Petri Damiani*, 2 (PL, CXLIV, 117).

Chaque jour il se sent attiré davantage vers Dieu : sous son habit de professeur il porte un cilice; tout en vivant dans le siècle, il adopte les pratiques de la vie monastique : jeûnes, veilles, prières continues. Harcelé par les passions de son âge, il leur résiste avec énergie et, lorsque la nuit, elles l'assaillent avec trop d'impétuosité, il se lève, se plonge dans l'eau glacée où il séjourne jusqu'à ce que ses membres se raidissent[1]. Bientôt ces pénitences et ces mortifications ne lui suffisent plus; il quitte joyeusement le monde pour se réfugier au couvent de Sainte-Marie, sur les bords de l'Adriatique, puis, encore trop près du siècle qu'il méprise, il bondit vers la solitude de Fonte-Avellana où Landulf, disciple de saint Romuald, avait fondé une abbaye[2].

A Fonte-Avellana, Pierre étonne ses frères par la rigueur avec laquelle il observe la règle. « Après avoir pris l'habit, dit son biographe, il est enflammé d'une telle ardeur que, dédaignant les soins à donner au corps, il n'a de goût que pour les choses spirituelles et qu'il force sa chair à être l'esclave de l'esprit; il méprise ce qui est délicat et somptueux, pour rechercher uniquement ce qui est dur et dédaigné de tous. » Il ne boit jamais de vin; quatre jours par semaine, il se contente de pain et d'eau pour toute nourriture; les trois autres, il ajoute — avec quelle répugnance ! — quelques légumes. Il marche pieds nus, ne porte, même en hiver, qu'un vêtement très léger, veille une grande partie de la nuit pour prier, brise enfin toutes les tentations de la chair en s'administrant copieusement la discipline et en macérant son corps par des supplices variés. En résumé, continue Jean de Lodi, « cet illustre chevalier du Christ s'astreint à tant de jeûnes, de veilles et de tourments divers que ses compagnons, qui pourtant étaient déjà habitués à bien des rigueurs, sont obligés, lorsqu'ils le regardent, de se mépriser eux-mêmes[3]. »

---

[1] *Vita S. Petri Damiani*, 2 (PL, CXLIV, 117-118).
[2] *Ibid.*, 4 (PL, CXLIV, 119).
[3] *Ibid.*, 5 (PL, CXLIV, 121-122).

La correspondance de Pierre Damien est là pour attester que son disciple n'a pas exagéré. Elle dénote de singuliers scrupules dans l'accomplissement des devoirs monastiques. A son avis, le contact des hommes est pernicieux, et la vie régulière n'est possible que dans la solitude où personne n'est là pour vous reprocher vos excès de mortification, ou vous blâmer, si vous vous roulez dans la neige ou vous immergez dans l'eau glacée [1]. On peut goûter à son aise les deux principaux charmes de la vie monastique, le jeûne et la flagellation ; une nourriture sobre permet de mieux accepter la loi de pauvreté et de dompter la chair, tandis que de multiples coups de verges procurent la délicieuse sensation de participer aux supplices du Sauveur [2], la joie de suivre l'exemple des apôtres et des martyrs, d'observer le précepte de saint Paul [3] : *les saints ont eu à subir les moqueries et les verges* et : *Je châtie mon corps et le réduis en servitude* [4].

Le rêve de Pierre Damien eût été de vivre à Fonte-Avellana, loin du monde, entouré de quelques disciples épris d'un commun idéal de pénitence. Ce rêve, il ne put le réaliser, car sa réputation de sainteté avait transpiré au dehors ; Léon IX le nomma prieur du couvent d'Ocri [5].

Ce choix fut mal accueilli. Pierre Damien, dans son *Livre de Gomorrhe* [6], venait, au grand scandale des moines dépravés, de flétrir les vices les plus honteux du clergé de son temps. Il fut desservi dans l'entourage du pape, obligé de plaider sa propre cause et celle de la chasteté sacerdotale. « L'antique ennemi, écrivit-il à Léon IX, craignant que je ne vous persuade de détruire ce qu'il ne cesse de créer chaque jour grâce à des inventions variées, a aiguisé contre moi les langues des méchants,

---

[1] *Epist.* VI, 22 (PL, CXLIV, 404).
[2] *Epist.* V, 8 (PL, CXLIV, 349-352) ; VI, 27 (*ibid.*, CXLIV, 411-417) ; VI, 34 (*ibid.*, t. CXLIV, 432-434).
[3] *Hebr.*, XI, 36.
[4] I *Cor.*, IX, 27.
[5] *Vita S. Petri Damiani*, 6 (PL, CXLIV, 125).
[6] *Opusc*, VII (PL, CXLV, 159 et suiv.)

inspiré une série de mensonges à ses complices et, se servant
d'eux comme porte-paroles, il a versé dans de saintes oreilles
le venin de sa malice [1]. »

Pierre a-t-il été victime de calomnies ou, ce qui est plus
vraisemblable, a-t-il demandé modestement à rester à l'écart ?
Ni ses biographies ni ses lettres ne permettent de trancher la
question. Mais, s'il ne paraît avoir joué aucun rôle sous Léon IX
ni sous son successeur, il n'en est plus ainsi pendant le pontificat d'Étienne IX qui le nomma cardinal-évêque d'Ostie.
« Pierre, craignant de perdre le repos que lui procurait la solitude et grâce auquel il pouvait, à son aise, s'adonner à la lecture
et à la contemplation des choses de Dieu, redoutant aussi le
vacarme de la vie séculière, résista de toutes ses forces à l'appel
du pape. Celui-ci, jugeant qu'il n'arriverait à rien par l'exhortation et la prière, fut obligé de le menacer de l'excommunication, au cas où il persisterait dans son refus. Il fit appel à
ses sentiments d'obéissance et, saisissant sa main droite, il y
plaça le bâton pastoral, puis lui passa l'anneau au doigt. C'est
ainsi que Pierre épousa l'église d'Ostie ; il se rappela alors
un songe qu'il avait eu autrefois : il se voyait uni contre son
gré à une épouse très riche qu'il ne voulait même pas regarder
et à laquelle il n'osait ensuite renoncer, parce qu'il lui avait été
régulièrement marié. C'était l'image de ce qui venait de se
passer [2]. »

La consécration eut lieu à Rome à la fin de novembre 1057,
avant le départ d'Étienne IX pour le Mont-Cassin. Elle plaçait
entre les mains de Pierre Damien une des plus hautes dignités
de l'Église romaine, puisque c'était à l'évêque d'Ostie que
revenait le droit de consacrer le pape nouvellement élu.

L'ermite, improvisé évêque, se donna tout entier à sa nouvelle
tâche. Voici comment il comprend ses devoirs. « Nous, dit-il, qui
portons l'image des étoiles, qui, par notre fonction, tenons la
place des anges, efforçons-nous de luire aux yeux des peuples

---

[1] *Epist.* I, 4 (PL, CXLIV, 208).
[2] *Vita S. Petri Damiani*, 14 (PL, CXLIV, 130-131).

et portons-leur les paroles de la vérité non pas seulement par notre bouche, mais par nos mœurs. Le prédicateur s'impose plus par sa vie que par ses discours. Puisque de tous les coins de la terre on afflue vers le palais du Latran, il faut que là, plus qu'ailleurs, on mène une existence honnête, que l'on s'y assujettisse à des mœurs austères et à une discipline impitoyable... Si celui qui est chargé de conduire les autres, se laisse choir dans un précipice, ceux qui le suivent seront nécessairement entraînés dans sa chute. Considérons, d'autre part, cette parole de l'Apôtre [1] : *Celui qui désire l'épiscopat désire une bonne œuvre.* Elle prouve que l'évêque n'a d'autre fonction que de poursuivre le bien, puisque l'épiscopat n'est ni une *bonne dignité*, ni un *bon honneur*, mais une *bonne œuvre.* C'est comme si saint Paul disait : celui qui veut être évêque, sans se consacrer aux bonnes œuvres, n'aspire qu'à un vain nom et nullement à la réalité. L'épiscopat ne vaut ni par les bonnets en forme de tours faits de la fourrure des zibelines ou d'animaux d'outre-mer, ni par les nœuds brillants en peau de martre qui s'attachent sous le menton, ni par les brillantes escortes de soldats, ni par les coursiers blancs d'écume et bondissant sous le frein; il vaut par l'honnêteté des mœurs et par la recherche incessante de toutes les saintes vertus [2]. » Aussi la pourpre n'empêchera-t-elle pas Pierre Damien de rester moine. Toutefois sa nouvelle situation d'évêque, la confiance que lui témoignèrent les pontifes romains, en le chargeant de plusieurs missions importantes, lui permettront de propager la saine doctrine et d'exercer une action réformatrice dont sa correspondance, plus encore que le récit de ses biographes, a conservé le souvenir.

C'est à Milan que Pierre Damien eut, pour la première fois, l'occasion de représenter officiellement le Saint-Siège. La ville de saint Ambroise était ravagée par la peste simoniaque et nicolaïte. « C'est à peine si sur mille clercs, disait plus tard Bonizon de Sutri, il s'en trouvait cinq qui ne fussent pas simo-

---

[1] I *Tim.*, III, 1.
[2] *Epist.* II, 1 (PL, CXLIV, 256-257).

niaques [1]. » La riante perspective de hautes fonctions et de
gros revenus, à l'exclusion de tout sacrifice, attirait au sacerdoce
beaucoup d'hommes que leur vie antérieure ne semblait pas y
avoir prédestinés.

Guy, qui avait succédé à Héribert, n'avait pas osé rompre
avec les habitudes de son prédécesseur, soit par crainte d'un
clergé corrompu, soit parce qu'il redoutait la haine de l'aristocratie milanaise, flattée et séduite par les riches mariages
que ses filles contractaient avec les clercs. Pourtant de tels
excès provoquèrent une opposition très vive que dirigea avec
méthode et succès Anselme de Baggio, le futur pape Alexandre II.
Anselme parut si dangereux que Guy, pour s'en débarrasser,
le fit nommer évêque de Lucques. Malgré l'éloignement du
chef de l'opposition, les idées nouvelles étaient jetées; guidés
par les clercs Ariald et Landulf, les partisans de la Réforme,
appelés patares (c'est à dire loqueteux) par l'aristocratie milanaise, traquaient les prêtres mariés et les menaçaient d'un
mauvais parti [2]. Cette anarchie sanguinaire détermina l'intervention romaine : l'évêque d'Ostie fut chargé d'aller rétablir
l'ordre à Milan, en compagnie d'Anselme de Lucques [3].

Dans une lettre détaillée à Hildebrand [4], Pierre Damien
a relaté sa première entrevue, courtoise et froide, avec l'archevêque Guy et les multiples incidents qui marquèrent le
synode auquel Guy s'était résigné tant bien que mal. Peut-
être le pasteur fut-il si conciliant en apparence, parce qu'il
était au courant des velléités révolutionnaires des Milanais.
Le peuple organisa, en effet, une insurrection; on parlait déjà
de rendre l'église de saint Ambroise indépendante de celle de

---

[1] BONIZON DE SUTRI, *Liber ad amicum*, lib. VI (*Libelli de lite*, t. I, p. 591).
Bien entendu ce témoignage ne peut être accepté que sous certaines réserves.

[2] Les sources pour l'histoire du mouvement patare sont la vie d'Ariald
par ANDRÉ DE VALLOMBREUSE (PL, CXLIII, 1437 et suiv.) et surtout ARNULF,
*Gesta archiepiscoporum Mediolanensium*, III, 10 et suiv. (MGH, SS, t. VIII,
p. 18 et suiv.). Pour plus de détails, cfr HAUCK, *op. cit.*, t. III, p. 691 et suiv.

[3] PIERRE DAMIEN, *Opusc.* V (PL, CXLV, 89-98) et les sources citées à la
note précédente.

[4] Cfr PIERRE DAMIEN, *Opusc.* V (*loc. cit.*).

Rome et de massacrer les légats pontificaux. Le mouvement
simoniaque et nicolaïte allait se compliquer d'un schisme.
Pierre Damien, avec un admirable sang-froid, se porta au-
devant de la foule, protesta de son désir de travailler au salut de
ses frères, mais ne manqua pas non plus de rappeler que
l'église de Milan était fille de celle de Rome, fondée elle-même
par le Christ en la personne de saint Pierre et, par là, supérieure à toutes les autres. Cette prééminence saint Ambroise
ne l'avait-il pas admise, lorsqu'il avait sollicité l'envoi de légats
romains pour chasser les clercs libertins ? La situation actuelle
était identique : les Milanais ne pouvaient agir en fils déna-
turés et se révolter contre la mère dont ils avaient sucé le
lait !

Ce discours en imposa par sa fougue et sa logique. Le
calme se rétablit peu à peu ; l'archevêque prêta serment de
n'exiger à l'avenir aucune redevance pour la collation des dignités
ecclésiastiques et de ne plus tolérer le mariage des prêtres.
Pourtant une question délicate restait à trancher : quel serait
le sort des clercs simoniaques et nicolaïtes ? Annuler leur ordination, c'était déposer tout le clergé de Milan, sauf de rares
exceptions. Aussi Pierre Damien, repoussant cette solution
extrême, se contenta-t-il de prescrire quelques pénitences
extraordinaires : aumônes, pèlerinages, flagellation, jeûne au pain
et à l'eau deux jours par semaine pendant cinq ans. Il chercha
vainement à communiquer à ce clergé dépravé la flamme de
son ardeur ascétique, et son éloquence ne produisit que
des fruits momentanés. Pour arriver à un résultat durable, des
exhortations ne pouvaient suffire ; il aurait fallu, tout au moins,
placer à la tête de l'église de Milan un plus digne pasteur.
L'archevêque Guy se laissa doucement glisser vers les anciens
errements et son clergé le suivit avec entrain sur cette pente
fatale. La question milanaise se posera avec la même acuité
sous le pontificat d'Alexandre II (1061-1073).

Revenu de Milan, Pierre Damien se consacra avec ardeur
à ses fonctions épiscopales ; il visitait assidûment les malades,
tenait chez lui table ouverte pour les pauvres auxquels, à

l'exemple du Christ, il lavait fréquemment les pieds [1]. Ce rôle
n'était pas pour lui déplaire, mais sa dignité allait encore une
fois le contraindre à des sacrifices, que d'autres prélats eussent
considérés comme autant d'honneurs [2].

Sous le pontificat d'Alexandre II qui, en 1061, succède à
Nicolas II [3], Pierre Damien a joué, en effet, un rôle de tout
premier plan et d'importantes légations lui ont été confiés.
En 1063, il est chargé d'une mission en Gaule [4]. L'évêque de
Mâcon, Dreu, avait porté une grave atteinte aux privilèges
de Cluny en franchissant les portes du monastère. L'abbé
Hugues s'était plaint au concile de Rome, en 1063. Le pape
hésitait à envoyer un représentant en Gaule pour trancher le
débat, quand Pierre Damien s'offrit spontanément. Alexandre II
accepta sa proposition et lui attribua les prérogatives les plus
étendues. « Nous lui avons accordé, écrivait-il aux archevêques
français, des pouvoirs tels que tout ce qu'il fera ou décidera
dans votre pays, devra être considéré comme fait ou décidé
par moi-même [5]. »

Pierre partit aussitôt en compagnie de l'abbé Hugues. Après
avoir traversé les Alpes à pied, il parvint à Cluny où les moines
le reçurent au son des cloches et au chant des hymnes et des
psaumes. Il a exprimé, dans une lettre écrite à Hugues au retour
de son voyage [6], la joie que lui causa cet accueil, l'émotion

---

[1] *Vita S. Petri Damiani*, 17 (PL, CXLIV, 136-137).

[2] HAUCK (*op. cit.*, p. 682), estime que Pierre Damien, pendant la durée du
pontificat de Nicolas II, représente l'opposition aux directions données par le
pape ; il appuie cette opinion sur les lettres 7 et 8 du livre I et sur l'*Opusc.*
XX, 7. Les conclusions qu'il rattache à ces textes nous semblent exagérées.
Les deux lettres en question ne sont pas aussi ironiques qu'il veut bien le dire,
et l'une d'elles (*Epist.*, I, 7) renferme même un éloge du pape qui paraît sincère.
Quant au traité, c'est une étude des dangers de l'épiscopat auxquels Pierre
serait heureux de se soustraire, mais nous ne pouvons en inférer qu'il ait
désiré se retirer parce qu'il considérait la politique de Nicolas II comme dan-
gereuse pour l'Église.

[3] On verra au chapitre VI, p. 344 et suiv., quel a été le rôle de Pierre
Damien lors de la crise qui a marqué l'avènement d'Alexandre II.

[4] Sur cette légation cfr le récit anonyme d'un compagnon de Pierre Damien
auquel nous empruntons les détails qui suivent (PL, CXLV, 866-880).

[5] JAFFÉ-WATTENBACH, 4516.

[6] *Epist.*, VI, 5 (PL, CXLIV, 378-386).

qu'il éprouva en pénétrant dans le vénérable monastère, sanctifié par la vertu et les miracles de ses premiers abbés. Toutefois, la discipline ne lui parut pas assez rigoureuse : il se plaignit de la nourriture qu'il trouva trop abondante et conseilla aux moines de se priver de graisse deux fois de plus par semaine.

En attendant la date fixée pour le concile de Chalon-sur-Saône qui devait juger Dreu, Pierre Damien se rendit à Limoges où Cluny venait d'acquérir l'abbaye de Saint-Martial pour la réformer, puis à Souvigny où étaient ensevelis les abbés Mayeul et Odilon ; il gagna enfin Chalon. Là, devant les évêques assemblés, il fit lire la charte de fondation de Cluny, d'après laquelle l'abbaye devait être soustraite à toute juridiction épiscopale et subordonnée directement au Saint-Siège. On lut encore les privilèges des papes qui confirmaient cette exemption, et Dreu fut contraint d'avouer qu'il avait outrepassé ses droits. L'évêque se soumit donc et accepta, pour pénitence, un jeûne de sept jours au pain et à l'eau.

Pierre Damien régla encore quelques affaires d'ordre ecclésiastique, puis il quitta Chalon pour rentrer en Italie. Ce voyage en Gaule a laissé chez lui une forte impression et, s'il a trouvé trop plantureux l'ordinaire de Cluny, il n'en a pas moins conçu une très vive admiration pour la règle et pour l'observance dont elle était l'objet de la part des moines. Dans plusieurs lettres, son enthousiasme déborde [1]. « Avec quel respect, écrit-il à l'abbé Hugues, je prononce votre nom, avec quelles louanges je parle de votre assemblée tout angélique [2] ! » « Si mon corps, dit-il ailleurs, a pu s'éloigner de vous, mon esprit est toujours avec vous. Je vis avec le souvenir de votre admirable conversation, de la vie angélique que j'ai menée parmi vous, de cette charité si sincère qui pourrait plus facilement s'oublier elle-même que se laisser oublier de moi. J'ai vu ce paradis d'où s'échappent les sources des quatre évangiles, pour se répandre ensuite en autant de ruisseaux qu'il y a de vertus spiri-

---

[1] *Epist.*, VI, 2, 3, 4, 5 (PL, CXLIV, 371-386).
[2] *Ibid.*, VI, 3 (PL, CXLIV, 373).

tuelles, j'ai vu ce jardin où fleurissent en grâces les roses et les
lys et j'en ai respiré le parfum... Qu'est-ce donc que Cluny,
sinon le champ si fécond du Seigneur où viennent en abondance
les célestes moissons ? » [1]

L'Allemagne fut l'objet de la seconde légation de Pierre
Damien, en 1069. La situation de l'Église y était devenue
périlleuse. En 1065, le roi Henri IV avait atteint sa majorité [2]
et s'était bien vite distingué par sa conduite scandaleuse, par
ses tendances hostiles à l'Église, ce qui causa à Pierre Damien
un profond chagrin. Admirateur attardé de l'institution impériale, le bon moine s'autorisait des réels services qu'elle avait
rendus dans le passé pour clamer trop haut qu'elle était dépositaire du salut de la chrétienté. Aussi écrivit-il à Henri IV,
avec le candide espoir qu'il le ramènerait à des mœurs meilleures et à une observation plus chrétienne de ses devoirs
de souverain : « La dignité royale et la dignité sacerdotale,
disait-il, doivent être unies par un pacte mutuel dans le peuple
chrétien comme elles l'ont été dans le Christ. En toutes choses
elles se prêtent appui : le sacerdoce est protégé par les armes
royales et le royaume  reflète la sainteté de la fonction sacerdotale. Le roi est ceint du glaive pour lutter contre les ennemis
de l'Église. Le prêtre veille et prie pour concilier au roi et au
peuple la faveur de Dieu. Celui-là tranche avec la lame de la
justice les intérêts temporels; celui-ci fait jaillir pour ceux qui
ont soif les sources de la céleste éloquence. L'un est établi
pour châtier par les lois les coupables et les criminels :
l'autre est ordonné pour garder les clefs de l'Église, enchaîner les
uns par les rigueurs des canons, absoudre les autres avec miséricorde et pitié. Écoutez saint Paul quand il parle des rois et
trace la ligne droite dont ils ne doivent pas s'écarter : [3] *Il est le
ministre de Dieu pour t'aider à faire le bien; si tu fais le mal,
redoute-le, car ce n'est pas sans motif qu'il porte le glaive. Il*

---

[1] *Epist.*, VI, 4 (PL, CXLIV, 374).
[2] BERTHOLD DE REICHENAU, a. 1065 (MGH, SS, t. V, p. 272); BERNOLD
DE CONSTANCE, a. 1065 (*Ibid.*, t. V, p. 428).
[3] *Rom.* XIII, 4.

*est le ministre de Dieu dans sa colère contre celui qui fait le mal.*
Si donc vous êtes le ministre de Dieu, pourquoi ne défendez-
vous pas l'Église de Dieu? Pourquoi êtes-vous armé sinon
pour combattre? Pourquoi cette épée sinon pour résister aux
agresseurs? » Pierre retrace ensuite au jeune roi les exemples
que lui a légués son père de glorieuse mémoire et l'adjure en
termes pressants d'être un nouveau Constantin, messager de
paix et d'ordre [1].

Il fallait avoir beaucoup d'illusions pour espérer que Henri IV
serait un Constantin! Le roi, dédaignant les sages conseils
de Damien, prouva bientôt que sa conception de la royauté
était toute différente. Peu de temps après avoir reçu la lettre
qui vient d'être citée, il annonça son intention de rompre
l'union qu'il avait contractée, le 13 juillet 1066, avec Berthe,
fille d'Adélaïde, comtesse de Savoie. Cet hymen avait suscité
les plus vives espérances; elles furent bientôt déçues. Henri IV
continua sa vie de débauche et se montra peu empressé
auprès de la jeune femme, puis, trois ans plus tard, en juin
1069, il chargea le complaisant archevêque de Mayence, Siegfried, de lui obtenir l'annulation de son mariage, mais Alexandre II démêla sans peine la trame du royal caprice et
chargea Pierre Damien d'aller présider le concile de Mayence
qui devait examiner l'affaire [2].

A ce moment, Pierre, toujours désireux d'abandonner son
évêché pour regagner son désert, avait obtenu gain de cause.
Il avait demandé au pape l'autorisation de retourner à Fonte-
Avellana. Alexandre II et Hildebrand, après une longue résistance, s'étaient laissé fléchir [3]. Pierre avait pu reprendre ses austérités comme au temps de sa jeunesse; ce cardinal de l'Église
romaine, raconte Jean de Lodi, se plaisait à confesser publiquement ses fautes, à se donner la discipline, à porter plusieurs
ceintures de fer, à se servir, pour manger son pain, du plat qui

---

[1] *Epist.*, VII, 3 (PL, CXLIV, 437-442).
[2] Cfr LAMBERT DE HERSFELD, a. 1069 (MGH, SS, t. V, p. 174 et suiv.).
[3] PIERRE DAMIEN, *Opusc.*, XX (PL, CXLV, 441-456).

servait à laver les pieds des pauvres [1]. Il comptait bien mener cette âpre existence jusqu'à son dernier jour quand, en 1069, Alexandre II lui confia le soin de mener à bonne fin l'affaire du divorce de Henri IV.

Pierre Damien n'a malheureusement laissé aucune relation de son voyage et on ne connaît guère l'histoire du concile de Mayence que par le chroniqueur Lambert de Hersfeld [2]. On sait par lui que le roi, consterné par l'arrivée d'un légat apostolique, parlait déjà de retourner en Saxe. Ses conseillers le décidèrent à rester à Francfort où il convoqua les évêques. Devant lui, Pierre Damien déclara que le divorce était interdit par l'Église aux rois comme aux simples fidèles, que le pape était disposé à appliquer les canons et qu'il ne sacrerait jamais empereur l'auteur d'un tel parjure. Finalement l'orgueilleux souverain eut peur et s'inclina devant les menaces du Saint-Siège.

Après cette mission, couronnée par un plein succès, Pierre Damien regagne sa solitude de Fonte-Avellana. Il semble y avoir séjourné continuellement pendant les années 1070 et 1071, mais il dut la quitter encore une fois pour une légation à Ravenne, sa ville natale. Henri, archevêque de Ravenne, autrefois chaud partisan de l'antipape Cadalus [3], était mort en janvier 1072. L'occasion était propice pour faire reconnaître par l'antique cité l'autorité du Saint-Siège que Henri avait voulu briser. Pierre Damien, chargé de cette négociation, s'en acquitta triomphalement : au dire de Jean de Lodi, ses compatriotes l'accueillirent avec enthousiasme et, dociles à ses reproches, ils promirent obéissance pour l'avenir [4].

Comme il revenait de Ravenne et qu'il passait au monastère de Santa-Maria d'Angeli, à Faenza, le saint ermite fut saisi d'une fièvre ardente qui l'emporta. Il mourut, à l'âge de soixante-cinq ans, le 22 février 1072, jour de la fête de la chaire de saint Pierre [5].

---

[1] *Vita S. Petri Damiani*, 18 (PL, CXLIV, 137-139).
[2] LAMBERT DE HERSFELD, a. 1069 (MGH, SS, t. V, p. 174 et suiv.).
[3] Sur le schisme de Cadalus, voir plus loin chapitre VI, p. 341 et suiv.
[4] *Vita S. Petri Damiani*, 21 (PL, CXLIV, 142-143).
[5] *Ibid.*, 22 (PL, CXLIV, 143-144).

La biographie de Pierre Damien a fait ressortir la plupart des traits de son caractère. Pierre est avant tout un moine. C'est vers le cloître qu'il s'est senti attiré dès son jeune âge; appelé à l'une des plus hautes dignités de l'Église, il éprouva toujours la crainte de se laisser contaminer par les nausées du siècle et n'eut d'autre désir que de retourner à sa solitude, afin de s'y purifier. Aussi est-ce le moine qui réapparaît dans les rapports qu'il eut avec les clercs et les fidèles, dans les missions parfois délicates qui lui furent confiées; Pierre Damien a été un grand prédicateur, un diplomate médiocre. Sollicité par la vie spirituelle, il n'a jamais eu le temps ni le goût de s'initier aux subtilités de la politique; il vit les choses de haut, d'un point de vue surnaturel, avec une confiance aveugle en l'efficacité de la parole de Dieu qu'il transmettait aux foules. A Milan, à Chalon, à Mayence, à Ravenne, il a vaincu les esprits les plus frondeurs et enflammé les cœurs les plus insensibles à l'amour divin. En politique, au contraire, il a échoué parce qu'il avait la simplicité candide du moine.

Du moine, Pierre a toutes les vertus, à commencer par celle d'humilité. Il ne cesse dans sa correspondance de se lamenter sur ses imperfections qui l'empêcheront, disait-il, de réaliser son salut. Il reprochera à un évêque de lui avoir créé une réputation de sainteté qu'il ne croyait pas mériter, confessant que, s'il n'était pas saisi par les vices du siècle, c'était plutôt par crainte de l'enfer que par amour parfait pour Dieu [1]. Une lettre à son frère aîné Damien est un sévère examen de conscience : « Je vous avoue, mon très cher père dans le Christ et mon Seigneur, lui dit-il, que je suis accablé de chagrin à la pensée que le jour de ma mort est proche. Quand je compte mes longues années, et que, dans toute assemblée, je m'aperçois que tout le monde est plus jeune que moi, je ne puis que songer au tombeau, sans jamais en détourner les yeux. Mais mon âme infortunée ne se borne pas à l'horizon de cette mort corporelle; au delà, elle aperçoit le jugement et se demande avec effroi ce qu'on lui

---

[1] *Epist.*, IV, 9 (PL, CXLIV, 311-317).

reprochera, ce qu'elle pourra dire pour sa défense. Oui, je suis malheureux et je verse des larmes inépuisables, moi qui ai commis tant de fautes et qui, pendant ma si longue vie, n'ai pour ainsi dire pas rempli un commandement de la loi... Orgueil, passion, colère, impatience, malice, envie, gourmandise, ivrognerie, concupiscence, vol, mensonge, parjure, stupides discours, bouffonnerie, ignorance, négligence et tant d'autres pestes ont poussé en moi leur racines; tous les vices, comme autant de bêtes frémissantes, ont dévoré mon âme. Mon cœur, comme mes lèvres, a été souillé. Vue, ouïe, goût, odorat, toucher ont été successivement contaminés. Pensées, paroles, actions m'ont perdu. Que de fautes j'ai commises, hélas ! sans jamais les racheter par des fruits de pénitence en rapport avec elles ! » Le pauvre moine s'accuse encore d'un défaut qu'il croit dominer tous les autres, le manque de charité; et, tout en essayant de lutter contre ce « monstre bestial », il avoue n'avoir jamais pu résister au plaisir de faire quelques bons mots qui l'ont conduit à égratigner son prochain, au mépris de la parole de saint Matthieu [1] : *De toute parole oiseuse que les hommes auront prononcée, ils devront rendre compte au jour du jugement* [2].

Humble et modeste, Pierre Damien est aussi, comme tout moine, parfaitement résigné à la volonté de Dieu qu'il accepte par esprit de pénitence. Tombé malade, il remercie le Seigneur de l'éprouver pour le châtier de ses multiples fautes. « Je vous rends grâces, dit-il, ô Dieu miséricordieux, car vous, qui avez subi tant de supplices à cause de mes péchés, vous avez daigné me brûler du feu de votre paternelle sévérité et dépouiller mon âme de la rouille qui la paralysait. Aussi, Seigneur, accomplissez non pas ma volonté, toujours mauvaise et injuste, mais la vôtre, objet des humbles adorations des vertus du ciel et des hommes. Brûlez, taillez, coupez, scrutez les recoins ténébreux de mes blessures, ne laissez en moi rien qui soit putride; que rien n'échappe au fer de votre guérison ! [3] »

---

[1] MATTH., XII, 36.
[2] *Epist.*, V, 2 (PL, CXLIV, 340-342).
[3] *Epist.*, VI, 19 (PL, CXLIV, 400).

Cet homme, si dur pour lui-même, savait pourtant être bon et compatissant pour les malheurs des autres. Un de ses amis, Aubri, avait perdu un petit enfant. Pierre s'ingénie à lui apporter ainsi qu'à sa femme les plus délicates des consolations chrétiennes. « Sachez, mes très chers amis, leur écrit-il, qu'en apprenant que votre jeune fils a quitté ce siècle par ordre du Dieu tout-puissant, j'ai été frappé d'un profond chagrin, et que l'aiguillon de la tristesse a transpercé mon cœur d'une pieuse compassion. Mais, en examinant ce malheur de plus près, je ne puis que vous engager par mes humbles prières à ne pas vous laisser aller à trop de désolation. Quelle bonne action avez-vous accomplie sous les yeux du Dieu tout-puissant pour qu'il vous accorde le bienfait d'une telle épreuve ? Cet enfant, fruit de vos entrailles, habite le royaume du ciel, il a pris place au milieu des anges, il a revêtu l'étole de l'immortalité, il est couronné du diadème de la gloire éternelle [1]... »

L'éternité reste donc l'idéal du saint moine, tandis que l'abandon à la volonté de Dieu lui paraît le moyen le plus sûr pour y parvenir. Aussi, en même temps qu'il se ménage par la pénitence une place dans le céleste royaume, veut-il entraîner ses frères à sa suite; il est apôtre en même temps qu'ascète. De là sa guerre acharnée contre les vices de son temps, le nicolaïsme et la simonie. Ses missions sont marquées par un vigoureux effort de prédication; il en est de même de son œuvre littéraire, de sa correspondance, de ses sermons, de ses soixante traités qui, à chaque page, reflètent l'indomptable moraliste.

## II

Ascète et apôtre, Pierre Damien fut d'abord l'adversaire infatigable du nicolaïsme; il consacra toute sa vie à la répression du désordre des mœurs cléricales; sur ses soixante traités, près de la moitié est destinée à éclairer les moines et les clercs sur leurs devoirs sacerdotaux.

---

[1] *Epist.*, VIII, 4 (PL, CXLIV, 469).

La dépravation était telle que, non contents de se marier publiquement, les clercs du xie siècle s'adonnaient aux péchés contre nature qui provoquèrent la destruction de Sodome et de Gomorrhe. Aussi Pierre Damien s'attaqua-t-il d'abord à cette sodomie qui faisait rage surtout parmi les moines ; c'est elle qui est l'objet des invectives violentes du *Livre de Gomorrhe*, composé dès le pontificat de Léon IX, peu de temps après la réunion des grands conciles qui engagèrent la lutte contre le nicolaïsme [1]. Le livre est adressé au pape lui-même. « Puisque la papauté est, d'après la vérité même, la mère de toutes les églises, il est juste, dans les cas douteux qui concernent le salut des âmes, de recourir à elle comme à la source de la sagesse céleste ; le Saint-Siège est, en effet, le foyer de la discipline ecclésiastique, d'où jaillissent les rayons qui illuminent de l'éclat de la vérité le corps de l'Église tout entier. Or, un vice néfaste et abominable désole notre pays ; si la main qui doit le retenir n'agit aussitôt, le glaive de la divine fureur fauchera impitoyablement un grand nombre d'entre nous [2]. » Pour prévenir la colère du Seigneur, Pierre Damien se propose de décrire les diverses formes du vice « qui, comme une bête farouche, dévaste le troupeau du Christ », d'indiquer ensuite les remèdes qui lui paraissent efficaces.

Il est impossible de le suivre dans sa peinture de la sodomie ; il n'a pas reculé devant les détails les plus réalistes, susceptibles à ses yeux, d'atténuer ou d'augmenter la gravité de la faute. Peu importe d'ailleurs, car il conclut que, quel que soit son degré, le péché en question est le plus odieux de tous aux yeux de Dieu qui ne l'a pas mentionné dans ses commandements, mais flétri seulement par de terribles exemples, tels que la destruction de Sodome et de Gomorrhe [3]. Un pareil vice ne peut être pardonné ; dans la première épître à Timothée [4], saint

---

[1] *Opusc.*, VII (PL, CXLV, 159 et suiv.).
[2] *Opusc.*, VII, *Praefatio* (PL, CXLV, 161).
[3] *Opusc.*, VII, 3 (PL, CXLV, 162).
[4] I *Tim.* I, 10.

Paul refuse l'accès du royaume de Dieu à ceux qui s'y adonnent; avec la même insistance, il affirme, en s'adressant aux Éphésiens [1], que le fornicateur ne peut avoir d'héritage dans le royaume du Christ [2].

La parole de saint Paul comporte une conclusion : si le fornicateur ne peut avoir accès dans la cité future, comment obtiendrait-il une place dans la hiérarchie ecclésiastique ? Un tel abus ne pourrait qu'entraîner les conséquences les plus fâcheuses pour la doctrine. On a vu, par exemple, certains prêtres coupables se confesser à leurs complices et altérer le caractère sacré de la confession en sollicitant secrètement une absolution trop facile; ils ressemblent à des aveugles qui se laisseraient diriger par d'autres aveugles [3] ! Aussi faut-il recourir à des moyens énergiques : le clerc, coupable de ce genre de fornication, sera jeté hors l'église [4]. Le moine sera battu de verges, enfermé en cellule pendant six mois et soumis à un jeûne rigoureux; il ne pourra se promener qu'escorté de deux frères spirituels, dignes de toute confiance; il n'adressera jamais la parole aux jeunes gens et n'aura pas le droit de célébrer les saints mystères. Et que ce pécheur n'imagine pas de se plaindre ! S'étant ravalé au rang des animaux les plus lubriques, il mériterait d'être nourri et traité comme eux [5].

L'opuscule se termine par de véhémentes admonestations aux coupables. « Je vous en supplie, réveillez-vous, ô vous qu'engourdit une misérable volupté ! Revenez enfin à la vie, vous qui avez succombé sous le glaive mortel de vos ennemis ! L'apôtre saint Paul est avec vous; entendez-le qui vous appelle, vous excite, vous frappe et vous crie de sa voix si claire : *Levez-vous, vous qui dormez, ressuscitez d'entre les morts et le Christ vous illuminera* [6]. Si donc le Christ veut vous ressusciter, pour-

---

[1] *Ephes.*, V, 5.
[2] *Opusc.*, VII, 4 (PL, CXLV, 163).
[3] *Opusc.*, VII, 7 (PL, CXLV, 167).
[4] *Opusc.*, VII, 4 (PL, CXLV, 164).
[5] *Opusc.*, VII, 15 (PL, CXLV, 174-175).
[6] *Ephes.*, V, 14.

quoi douter de votre résurrection ? Ecoutez-le lui-même vous
dire : [1] *Celui qui croit en moi, même serait-il mort, vivra.* Si vous
pouvez être rappelés à la vie, pourquoi préférer l'inertie de la
mort ? Prenez garde, ne restez pas ensevelis dans le gouffre du
désespoir ; ayez confiance en la divine miséricorde et ne vous
laissez pas endurcir dans l'impénitence par l'étendue du crime.
Le pécheur ne doit pas désespérer, mais seulement l'impie... » [2]

Ce touchant appel au repentir est suivi d'une dernière exhortation au pape : « Nous vous demandons, nous vous implorons
d'examiner avec soin les saints canons que vous connaissez
bien ; prenez conseil d'hommes saints et prudents, afin de vous
éclairer, comme il est nécessaire, et répondez-nous pour dissiper
toute espèce de doute [3]. »

Léon IX répondit, en effet, mais, tout en félicitant Pierre
Damien d'avoir flétri un vice aussi détestable et d'avoir confirmé ses discours par les exemples d'austérité qu'il donnait
lui-même, il atténua les rigueurs proposées par le solitaire de
Fonte-Avellana. Tous les péchés catalogués dans l'opuscule
ne lui paraissaient pas dignes du même châtiment, et pour
certains l'on pouvait sans danger adoucir la peine [4].

La lettre du pape ne dut pas entièrement satisfaire Pierre
Damien. Toutefois il ne se découragea pas et, dans une série
de traités, il s'attacha à prévenir le mal nicolaïte en prônant
une double réforme : celle du clergé régulier et celle du clergé
séculier.

De nombreux opuscules sont consacrés à la vie monastique.
Les principaux ont trait au mépris du siècle [5] que Pierre Damien,
comme jadis saint Odon de Cluny, considère comme l'idéal
vers lequel il faut tendre, à la perfection monastique [6], à l'ordre

---

[1] JEAN, XI, 25.

[2] *Opusc.*, VII, 23 (PL, CXLV, 184).

[3] *Opusc.*, VII, 26 (PL, CXLV, 189).

[4] La lettre de Léon IX est éditée dans PL, CXLV, 159-160, en tête du *Liber
Gomorrhianus.*

[5] *Opusc.*, XII, *De contemptu saeculi* (PL, CXLV, 251 et suiv.).

[6] *Opusc.*, XIII, *De perfectione monachorum* (PL, CXLV, 291 et suiv.) et
*Opusc.* XLIX, *De perfecta monachi informatione* (*Ibid.*, CXLV, 721 et suiv.).

des ermites [1], à un évêque qui voulait faire rentrer les moines dans le siècle [2], aux moines propriétaires [3], à l'éloge de la flagellation [4], à la sainte simplicité [5], etc... Quelles sont, d'après ces différentes œuvres, les qualités nécessaires aux moines et quelles sont les réformes urgentes ?

La conception de la vie monastique qui se dégage des traités de Pierre Damien est celle d'une vie supérieure, étrangère aux préoccupations, aux soucis et aux affaires du monde, tout imprégnée de la pensée de l'au-delà. Renoncer pour jamais aux choses de la terre, vivre de Dieu et avec Dieu, tel est le double but que le moine doit poursuivre. Sans doute, pour l'atteindre, le chemin à parcourir peut paraître, au premier contact, difficile et rude, mais il sera bientôt facile et doux, car il n'est pas hérissé par les épines des soucis ni embourbé par les affaires du siècle [6]. Au surplus, la parole évangélique est formelle : *Personne ne peut servir Dieu et l'argent* [7]. Celui qui aspire au royaume de Dieu doit renoncer aux choses du monde pour confier à Dieu sa destinée et devenir en quelque sorte sa propriété [8].

Si l'on en vient maintenant à des considérations plus pratiques, on verra que le mépris du siècle ne peut s'acquérir que par la pauvreté la plus absolue. *Les riches entreront difficilement dans le royaume de Dieu* [9]. Le plus sûr moyen de faire son salut, de vivre avec Dieu et pour Dieu est donc de renoncer totalement à la fortune. « Celui qui, en amassant quelques biens

---

[1] *Opusc.*, XIV *De ordine eremitarum* (PL, CXLV, 327 et suiv); *Opusc.*, LI, *De vita eremitica* (*Ibid.*, CXLV, 749 et suiv.).

[2] *Opusc.*, XVI, *Invectio in episcopum monachos ad saeculum revocantem* (PL, CXLV, 365 et suiv.).

[3] *Opusc.*, XXIV, *Contra clericos regulares proprietarios* (PL, CXLV, 479 et suiv.).

[4] *Opusc.*, XLIII, *De laude flagellorum* (PL, CXLV, 679 et suiv.).

[5] *Opusc.*, XLV, *De sancta simplicitate scientiae inflanti anteponenda* (PL, CXLV, 695 et suiv).

[6] *Opusc.*, XV, 1 (PL, CXLV, 336).

[7] Matth., VI, 24.

[8] *Opusc.*, XII, 6 (PL, CXLV, 256).

[9] Matth., XIX, 23.

terrestres, revient à ce qu'il a juré d'abandonner, reste sans
doute étranger au siècle qu'il a décidé de fuir, mais il n'est
plus attaché au royaume de Dieu, puisqu'il ne veut pas accueillir
celui qu'il avait promis de recevoir. Voyageur insensé qui ne
peut revenir au lieu qu'il a quitté sans retour et ne peut atteindre
celui où il avait décidé d'aller. Quand nous avons renoncé
au monde, nous avons voulu que Dieu fût notre propriété
et par là nous sommes devenus aussi sa propriété, en sorte
qu'il nous est échu en partage et que nous constituons son
héritage... Si donc le Dieu tout-puissant a été notre part, quel
genre de fortune serait capable de dépasser ce singulier trésor ?
Il est tel, ce trésor, que, si on le possède seul, on jouit du même
coup en lui de toutes les sortes de richesses. *Dans le cœur de
Jésus sont cachés tous les trésors de la sagesse et de la science* [1].
Aussi, ô moine, si vous voulez recéler le Christ dans votre
cellule, renoncez d'abord à la fortune, car vous ne pouvez
associer l'un et l'autre dans votre humble retraite. Plus vous
posséderez ces pauvres profits du monde, plus les richesses
infinies seront vaines pour vous... Le grand hôte que vous
cherchez veut habiter chez vous seul et sans personne. Comment
celui que ne peut contenir l'immensité du ciel et de la terre,
pourrait-il s'accommoder de votre cellule, si vous voulez lui
adjoindre un compagnon [2] ? »

Les contemporains de Pierre Damien paraissent avoir été
peu sensibles à ces considérations. Pourquoi, disaient-ils, nous
menacer des châtiments réservés aux mauvais riches, alors
que nous nous contenterions d'une somme minime ? Nous
ne voulons pas amasser un trésor, mais conserver de quoi vivre,
au cas où nous serions victimes de la nécessité ; nous ne violons
pas la loi de pauvreté et, en refusant de l'admettre dans son
extrême rigueur, nous prouvons notre prévoyance [3].

Pierre Damien n'admet pas ces objections. D'abord, lorsqu'on

---

[1] *Coloss.*, II, 3.
[2] *Opusc.*, XII, 4 (PL, CXLV, 254-255).
[3] *Opusc.*, XII, 7 (PL, CXLV, 257).

a entrepris de se former un pécule, si modeste soit-il, on risque de se laisser entraîner par le désir de l'augmenter, d'où provient presque fatalement une soif immodérée des richesses. Il faut donc se souvenir de la parole si sage de saint Paul : *Un peu de ferment corrompt toute la pâte*[1]. Ensuite, qu'il s'agisse d'un petit pécule ou d'une grosse fortune, pour la vie spirituelle la conséquence est identique : l'esprit est détourné des choses de Dieu vers les soucis du siècle. *Où est votre trésor, là aussi est votre cœur*[2]. Enfin l'objection des moines se retourne contre eux : s'ils songent à subvenir à une misère éventuelle, comment ne pensent-ils pas à remédier à la pauvreté véritable qui est l'abandon de Dieu et à acquérir la seule richesse qui réside en Dieu ? « Recherchez donc ce trésor avec un soin attentif ; employez à cette œuvre chacun de vos instants, jour et nuit. En Dieu seul vous trouverez tous les biens et vous ne manquerez de rien qui vous soit nécessaire. En lui vous posséderez l'or de la divine sagesse, l'argent de l'éloquence qui édifie, le manteau d'une conversation élevée et honnête, la pourpre de la chasteté... Cachez, je vous en supplie, au fond de votre cœur ce Christ, ce Dieu, votre rédempteur et votre paix, votre promesse et votre récompense, vie des hommes et éternité des anges. En lui placez toutes les craintes que vous inspire la nécessité. En lui recherchez les charmes d'une prière assidue. En lui allez vous refaire par le festin des saintes pensées. Qu'il soit votre nourriture et votre vêtement ! Et si jamais vous vous trouvez dans une situation difficile, rappelez-vous sa promesse[3] : *Cherchez d'abord le royaume de Dieu et sa justice et toutes choses vous seront données par surcroît*[4]. »

Le mépris du siècle, indispensable au moine, n'a pas son unique source dans la pauvreté ; celui qui veut l'atteindre doit éviter un autre obstacle, le désir de voyager. Les voyages sont

---

[1] I *Cor.*, V, 6.
[2] Matth., VI, 21, dans *Opusc.* XII, *loc. cit.*
[3] Matth., VI, 33.
[4] *Opusc.*, XII, 8 (PL, CXLV, 259-260).

l'origine de nombreux contacts avec ce siècle qu'il faut fuir; ils ouvrent la porte aux tentations et aux vices [1].

En voyage, on est contraint, malgré soi, de méconnaître les principales règles de la vie monastique : on ne jeûne plus, afin de ne pas désobliger l'hôte qui a préparé une table somptueuse; pour ne pas se singulariser, on évite de veiller la nuit; on n'a pas le temps, absorbé que l'on est par les affaires du monde, de prier ni de réciter les psaumes; on n'observe pas la loi du silence et l'on est exposé, dans de futiles conversations, à médire du prochain ou à le calomnier. Comme la charité, la chasteté et la sobriété reçoivent de rudes atteintes; la vue de beaux visages peut éveiller des désirs illicites; les hôtes insistent pour que l'on fasse honneur à leurs festins délicats et, pour être aimable, on devient esclave de son estomac. Partout, ce ne sont que mauvais exemples, entraînements fâcheux; bref, les voyages sont funestes à la vie spirituelle.

Ce n'est pas tout : les néfastes effets des déplacements se feront sentir pendant longtemps. Au retour, la pensée des affaires du monde ne cessera de hanter l'imagination du moine dans sa solitude; le souvenir de ce qu'il aura vu s'offrira à ses yeux, au moment même où il commencera à prier ou à réciter ses psaumes. Il n'aura plus qu'un désir, celui de retourner à ce siècle alléchant qu'il a frôlé; son humble cellule deviendra pour lui un objet d'aversion et de dégoût.

Ainsi les voyages n'ont d'autre résultat que de faire naître chez le moine de trop nombreuses tentations et de tarir en lui l'amour de la vie monastique. D'autres raisons encore invitent au repos. Le frère qui quitte sa cellule est pour les laïques un objet de scandale, car il se détourne, à leurs yeux, de l'idéal qu'il s'est proposé et paraît s'arracher aux rigueurs d'une vie trop dure. Puis, les voyages le mettent en contact avec ceux qu'il devrait fuir, avec des excommuniés, des homicides, des parjures, des adultères. Se heurter à des êtres pareils, quel scandale pour ceux qui font profession de vivre dans la fami-

---

[1] *Opusc.*, XII, 9 et suiv. (PL, CXLV, 260 et suiv.).

liarité de Dieu! L'Écriture n'est-elle pas là pour condamner ceux qu'agite la fièvre des déplacements ? Ésaü a été perdu par les voyages, tandis que le sédentaire Jacob a su rendre ses sacrifices agréables au Seigneur. « Que le moine qui veut atteindre les sommets de la perfection se retire donc dans son cloître, qu'il aime les occupations spirituelles, qu'il se détourne du siècle comme il refuserait de se plonger dans un lac de sang ! Car, de jour en jour, le monde est souillé d'un plus grand nombre de crimes, au point de contaminer par son seul contact toute âme sainte... Que l'élu de Dieu se place dès maintenant devant le tribunal du souverain juge et qu'il songe qu'il devra rendre compte de toutes ses actions ! Qu'il renonce au monde, afin que, par le concours d'une grâce plus abondante, il soit plus attaché au service de Dieu ! Que, mort pour les hommes, il vive pour Dieu; qu'il s'arrache aux tourments de la terre et que, déjà pour ainsi dire dans le tombeau, il n'ait d'autre volonté que celle de son créateur [1] !... »

En méprisant la fortune, le mariage, les festins, les plaisirs et les vanités du monde, en échangeant les éclatants vêtements du siècle contre son rude froc, le moine s'est proposé de vivre dans la société plus intime de Dieu. Pour Pierre Damien, le but de la vie monastique, c'est le repos en Jésus-Christ.

Mais on ne parvient au repos que par le travail, l'Écriture en fait foi. Laban avait deux filles, Lia et Rachel; Jacob désirait épouser la plus jeune, Rachel; pour goûter les délices d'une union avec elle, il dut au préalable subir pendant de longues années Lia qui n'offrait pas, paraît-il, les mêmes séductions. Avec le symbolisme cher aux commentateurs du moyen âge, Pierre Damien aperçoit dans ces mariages successifs de Jacob une image de la vie monastique. Laban signifie *dealbatio* : l'on ne revient à Dieu qu'après avoir été blanchi par la pénitence. Lia veut dire *laborans*; elle incarne le travail rude et pénible par lequel on peut acquérir le verbe *(verbum)* que personnifie Rachel. Jacob se résignant à garder Lia pendant sept ans

---

[1] *Opusc.*, XII, 32 (PL, CXLV, 287)

pour jouir enfin de la splendide Rachel, c'est le moine qui
s'astreint aux pénitences, aux jeûnes, aux humiliations, pour
posséder plus tard le Christ dans sa plénitude. Si Jacob avait
voulu tout de suite épouser Rachel, il eût risqué que Lia ne
survînt inopinément pendant la nuit; combien surtout eût-il
dû supporter Lia plus longtemps s'il avait songé à se consoler
de ses peines en compagnie des esclaves de la maison de Laban !
Celles-ci représentent les vices du siècle qu'il faut fuir et Pierre
Damien ne manque pas de conclure que le moine doit pleurer,
souffrir, docilement accepter les épreuves et les mortifications,
s'il veut connaître un jour les délices de la vision béatifique [1].

La vie monastique, pour ménager à celui qui l'adopte les
joies de l'amour divin, repose donc sur la mortification totale
des sens. « L'homme sage et attentif à son salut cherche avec
une constante sollicitude à réprimer ses vices; à cette fin, il
se ceint les reins, l'estomac et les flancs, il dompte sa gourmandise effrénée, enchaîne par le silence sa langue trop bavarde,
ferme les oreilles aux discours calomniateurs, évite de porter
ses regards vers des objets illicites, retient sa main prête à frapper
et son pied toujours enclin à vagabonder, résiste aux mauvaises
inclinations du cœur et ne songe pas à convoiter la félicité
d'autrui, à désirer par avarice ce qui ne lui appartient pas;
il lutte enfin contre la colère, l'orgueil, la luxure, le désespoir,
la joie immodérée [2]... »

La mortification est le seul moyen de parvenir à l'amour
de Dieu et à une vie plus intime avec lui. Pratiquement, comment se traduira-t-elle ?

Avant tout, Pierre Damien, suivant l'exemple du Christ
qui s'est retiré dans le désert pendant quarante jours, recommande la pratique du jeûne. Excellent pour tous, le jeûne est
indispensable aux adolescents qui débutent dans la vie monastique et que l'on peut comparer au Vésuve ou à l'Etna, tellement la vie déborde pour tous leurs membres. Plus l'attaque

---

[1] *Opusc.*, XIII, 8 (PL, CXLV, 303-304).
[2] *Opusc.*, XIII, 2 (PL, CXLV, 294).

est violente, plus la résistance doit être énergique, et, pour triompher de la tentation ennemie, le jeûne est le plus sûr garant, car il affaiblit l'individu et dompte la chair. Mais, pour que son action soit efficace, il faut qu'il soit continu, et, de même qu'à la guerre il suffit d'un instant de distraction pour recevoir un mauvais coup, de même celui qui jugerait bon d'interrompre ses mortifications serait terrassé par l'adversaire qu'il veut abattre [1].

Qu'est-ce donc que le jeûne? Le *De ordine eremitarum* en fixe minutieusement les diverses observances. A Fonte-Avellana, il consistait à n'user que de pain, de sel et d'eau. Toutefois, un tel régime étant dur à supporter pour certains estomacs, l'intrépide solitaire consentit libéralement à quelques atténuations; le vin, par exemple, fut admis (à condition d'en faire un usage modéré) sauf pendant l'Avent et le Carême; de même les légumes furent par moments tolérés [2].

Ce qui est plus effrayant encore que la qualité du jeûne, c'est le nombre des jours de jeûne. Du 14 septembre à Pâques, on jeûne cinq jours par semaine, quatre de l'octave de Pâques à la Pentecôte, cinq de l'octave de la Pentecôte à la fête de saint Jean-Baptiste (24 juin), quatre du 24 juin au 14 septembre. Ainsi le dimanche et le jeudi, le dimanche, le mardi et le jeudi suivant les périodes de l'année, sont les seuls jours où l'on n'observe pas le précepte; encore l'ordinaire du monastère ne risquait-il pas ces jours-là de faire commettre le péché de gourmandise, puisqu'il n'était guère composé que de légumes et que le poisson n'était qu'exceptionnellement admis; le seul avantage était de faire deux repas au lieu d'un. De plus, pendant l'Avent et le Carême, le moine doit jeûner tous les jours, et il faut encore ajouter les vigiles de l'Épiphanie, de la Pentecôte, de saint Jean-Baptiste et des fêtes des Apôtres! Il est vrai que, par une assez maigre compensation, il y avait dispense pendant les octaves de Noël, de Pâques, de la Pentecôte, le

---

[1] *Opusc.*, XIII, 21 (PL, CXLV, 319 et suiv.).
[2] *Opusc.*, XIV (PL, CXLV, 327 et suiv.).

jour de l'Épiphanie, le jour de saint Martin et le jour de saint André, les autres fêtes étant transférées au dimanche, mardi ou jeudi [1].

Le jeûne est accompagné de mortifications variées. Le vêtement du moine doit être rugueux; il laissera passer le froid; les jambes et les pieds resteront nus, sauf en cas d'infirmités graves. Car le vêtement n'a d'autre but que de flatter la vanité humaine; l'âme paraîtra nue devant son Sauveur, sans autre parure que celle de ses vertus ou du sang répandu pour la foi. Comme le proclame saint Pierre dans une de ses épîtres [2], celui qui est riche devant le Seigneur n'a pas de cheveux encerclés d'or et d'argent, mais un cœur tranquille et une mise modeste. De même saint Jean, quand il aperçoit Babylone vêtue de pourpre et tenant une coupe remplie de luxure, se voile la face devant cette cité de Satan pour lever les yeux vers Jérusalem, la cité de Dieu. En un mot, ce sont d'invisibles ornements qui charment l'invisible époux [3].

De même que le vêtement ne peut être chaud, le lit du moine doit être dur, afin de ne pas provoquer à la mollesse celui qu'il supporte [4]. La saleté est obligatoire au même titre que le silence, car, de même que la conversation perd les âmes, la propreté pourrait éveiller le sentiment de la beauté corporelle [5].

Enfin Pierre Damien insiste sur la nécessité d'imiter le Christ, non seulement quand il jeûne dans le désert, mais aussi lorsque, pendant sa Passion, il est accablé par les coups de ses bourreaux. D'où la pratique régulière de la flagellation. Celle-ci intervient pour réprimer chaque faute contre la règle, et aussi périodiquement, tous les vendredis, afin de faire participer le moine aux souffrances du Christ.

Nulle part Pierre Damien n'a mieux exposé sa doctrine à ce sujet que dans le *De laude flagellorum*, adressé aux moines du

---

[1] *Opusc.*, XIV (PL, CXLV, 330-331).
[2] I Petr., III, 3-4.
[3] *Opusc.*, XXIX (PL, CXLV, 518 et suiv.).
[4] *Ibid.*, XV, 21 (PL, CXLV, 353).
[5] *Ibid.*, XLIX, 2 (PL, CXLV, 722).

Mont-Cassin qui avaient laissé tomber en désuétude cette pratique déjà ancienne [1]. Ils prétendaient, paraît-il, que, pour communier aux souffrances du Christ dans la Passion, il suffisait de jeûner le vendredi et ils s'empressaient d'ajouter que la flagellation publique était immodeste. L'on ne pouvait, même pour un motif des plus louables, s'exposer nu devant ses frères assemblés ! Quel argument satanique ! s'écrie Pierre Damien. Adam et Ève n'ont commencé à rougir de leur nudité qu'après avoir commis leur faute. Le Christ, au contraire, a-t-il craint de mourir nu sur la croix ? Saint Pierre, saint Paul, tous les martyrs n'ont-ils pas été dépouillés de leurs vêtements devant des foules innombrables pour subir le supplice des verges ? Et certes il ne s'agit plus de foules maintenant ! C'est la présence de quelques frères qui alarme la pudeur des saints moines ! En réalité, personne ne craignait autrefois de recevoir nu la discipline, parce que personne ne songeait à se dérober aux tourments que le Christ a endurés. Si l'on observe que le cardinal Étienne, qui a supprimé ce pieux usage, n'était pas un modèle de vertu, on saisit tout de suite que ce n'est pas une modestie outrée, mais un relâchement de la règle qui a déterminé sa fâcheuse mesure. En réalité, le moine ne doit pas se préoccuper de son corps; qu'il pense souvent que ce corps n'est qu'une masse de poussière et de cendres, un poison qui répand une odeur fétide ! Chacune des cicatrices qu'il portera sur cette vile dépouille, sera autant de gagné pour sa gloire, car elles prouveront, ces marques sanglantes, qu'en subissant le supplice du fouet, nous nous sommes conformés aux enseignements et aux exemples du Christ. Ne craignons donc pas de participer par la flagellation à la croix du Christ, ne rougissons pas de notre nudité, alors que le maître a dit : *Celui qui rougira de moi et de mes discours, le fils de l'Homme rougira de lui quand il viendra dans sa majesté* [2].

La mortification, sous ses diverses formes, est pour Pierre

---

[1] *Opusc.*, XLIII (PL, CXLV, 679-686).
[2] Luc, IX, 26.

Damien le principal attribut de la vie monastique. La pénitence corporelle est, à ses yeux, autrement décisive que la pratique des exercices spirituels. Le moine doit imiter le Christ, et, puisque le Christ a souffert, il souffrira, à son tour, des mêmes souffrances; comme le Christ, il jeûnera; comme le Christ, il se martyrisera en se laissant fouetter jusqu'au sang.

Parmi les disciples de Pierre Damien, celui qui a le mieux réalisé cet idéal est certainement ce Dominique le Cuirassé dont Pierre a écrit une touchante biographie [1]. Dominique avait une telle habitude de la flagellation que son corps, lorsqu'il mourut, ne formait qu'une masse noire, d'un aspect repoussant; c'est qu'il ne lisait jamais son office sans se donner la discipline; n'alla-t-il pas une nuit jusqu'à réciter douze psautiers en se frappant de verges des deux mains? Il n'était pas moins sévère sur le chapitre du jeûne et passait des journées entières sans rien manger. Pierre Damien reconnaît qu'il exagérait un peu; en réalité, Dominique suivait à la lettre son programme de vie monastique qu'un seul mot résume, celui de pénitence.

Cela ne veut pas dire que les exercices spirituels aient été bannis à tout jamais; toutefois, même dans la pratique quotidienne de ces exercices, la prière est subordonnée à la mortification. Ainsi le moine doit réciter les psaumes [2], mais il est clair que pour Pierre Damien il y a surtout du mérite à les réciter les bras en croix ou en se frappant de lanières de cuir. La prière et la méditation sont également recommandées comme un moyen de surmonter les tentations et de supporter vaillamment tout ce qui peut morigéner le corps; elles sont toujours orientées vers la pensée de la mort et de l'au-delà : le moine doit se souvenir que la seule chose qui l'attende, c'est le tombeau et que sa chair ne pourra échapper à la corruption finale; rien de tel que semblable méditation pour triompher de l'orgueil, de la passion, de la gourmandise, de l'avarice, de la luxure [3].

---

[1] *Vita S. Dominici Loricati* (PL, CXLIV, 1007-1024).
[2] *Opusc.*, XV, 9 (PL, CXLV, 343-344).
[3] *Opusc.*, XV, 23 (PL, CXLV, 353).

La mortification de l'esprit suivra celle du corps; en dehors
de la récitation des psaumes, de la lecture de la Bible, Pierre
Damien ne tolère aucun travail intellectuel. Son moine ne sera
pas un savant; la connaissance de l'Ancien et du Nouveau
Testament lui suffira. Ceux qui recherchent les leçons des
grammairiens reviennent au siècle en abandonnant les études
surnaturelles pour celles de la terre, en préférant la règle de
Donat à celle de saint Benoît, ou, pour en revenir aux images
bibliques, en délaissant les filles de Laban pour ces vulgaires
esclaves que Jacob, avec raison, a dédaignées. Le désir de la
science est mauvais en lui-même; c'est lui qui a perdu la femme
au paradis terrestre et il n'y a rien de surprenant à ce que les
fils d'Ève soient animés de la même curiosité que leur mère.
On alléguera, sans doute, que la science peut être un moyen de
faire le bien. Nullement ! Dieu, pour prêcher sa doctrine, n'a
pas choisi des philosophes ou des orateurs, mais de simples
pêcheurs. Par suite, pour être illuminé des dons du Saint-
Esprit, il faut surtout veiller à ne pas laisser éteindre en soi la
flamme de l'amour divin, et il vaut mieux apprendre la gram-
maire en déclinant Dieu, c'est à dire en fuyant les vices
auxquels la science ne manquerait pas d'initier, en particulier
l'orgueil qui éteint la charité nécessaire au chrétien et au moine [1].

Tel est l'idéal monastique de Pierre Damien. Le moine qu'il
a rêvé, ennemi du siècle, pauvre et nu, macéré par le jeûne
et la flagellation, courbé sous la loi d'une sainte ignorance, ne
pouvait être qu'un ermite. La vie érémitique, telle qu'il l'a
pratiquée et dépeinte [2], est féconde comme Lia et belle comme
Rachel; on peut lui appliquer la parole de Salomon : *Beaucoup
de filles ont amassé des richesses, mais tu les as toutes dépassées* [3].
Élie et Élisée en ont donné l'exemple dans l'Ancien Testament, saint Paul dans le Nouveau; Moïse a conduit le peuple
de Dieu dans le désert et l'y a laissé quarante ans; dans le

---

[1] *Opusc.*, XLV, 1 et suiv. (PL, CXLV, 695 et suiv.).

[2] Cfr surtout *Opusc.* XIV (PL, CXLV, 327-336) et XV (*Ibid.*, CXLV, 335-364).

[3] *Prov.*, XXXI, 29.

désert aussi Jésus s'est retiré pour y jeûner quarante jours. Affronter la vie érémitique, c'est imiter le Christ, c'est entamer la lutte contre le démon en aplanissant les obstacles et les entraves de la chair, c'est, enfin, se familiariser avec les trois vertus essentielles au moine : *quies, silentium, jejunium*. En se reposant dans le jeûne et dans le silence, en luttant contre l'estomac qui infecte de vices tous les membres, et contre la langue qui perd les âmes, l'ermite pourra rendre à l'esprit toute sa vigueur.

Pierre Damien est donc un des promoteurs du mouvement érémitique, mais il n'a jamais eu la conception à proprement parler d'un ordre. Du moins a-t-il veillé dans une certaine mesure à l'observation de la règle en instruisant de leurs devoirs les abbés, gardiens du régime monastique qu'il se proposait d'établir. L'abbé donnera le bon exemple en ne quittant le monastère que dans des cas exceptionnels, afin d'être toujours là pour arroser la terre qu'il a ensemencée, en ne manquant jamais aux lois de la sobriété, de la mortification, de la charité, en tenant compte, dans la correction, de la fragilité humaine. Il maintiendra l'abbaye dans la pauvreté et dédaignera la renommée temporelle, car, devant Dieu, il ne rendra compte que des âmes. Le prieur sera son meilleur auxiliaire : qu'il soit soumis à l'abbé, qu'il évite de se montrer trop doux, afin que l'abbé ne paraisse pas trop dur; qu'il se garde de tempérer la règle, qu'il empêche toute poussière du siècle de pénétrer dans l'abbaye [1] !

Ainsi conçue, la vie monastique aboutira à la charité et à l'amour mutuel que Pierre Damien considère comme son but final. « Maintenant, mes très chers frères, dit-il en s'adressant à une communauté de moines, je vous en prie, je vous en supplie, au nom du Christ devant lequel tout genou fléchit, persistez dans une charité fraternelle et luttez contre l'antique ennemi en vous aimant les uns les autres. Que vos saints exercices reposent sur cette charité; bâtissez votre demeure avec les

---

[1] *Opusc.*, XIII, 15-16 (PL, CXLV, 313-315).

pierres de la vertu et le ciment d'un sincère amour... Que
l'abbé aime et protège ses frères, comme s'ils étaient ses fils ;
qu'eux-mêmes aient pour lui autant de déférence que pour un
père !... Qu'il les aime tous afin d'être aimé par tous ! Que le
général et les soldats de ce saint escadron soient liés, comme le
pasteur et ses brebis, par le même esprit dans la recherche des
vertus, afin que la charité, qui est Dieu, soit un principe
d'unité [1] ! »

La mise en vigueur de ces règles devait assurer la réforme
du clergé régulier. Pierre Damien poursuit en même temps
celle du clergé séculier.

De ce côté les ravages du nicolaïsme étaient plus graves encore.
Comme évêque d'Ostie, Pierre Damien en a conscience : les
prédictions de l'apôtre saint Paul à son disciple Timothée [2]
lui paraissent en voie de s'accomplir et il se croit parvenu à
ces temps dangereux, entrevus par l'Apôtre, où les hommes
s'adonneront à la passion, à l'orgueil, au blasphème, à l'incontinence, à la férocité, à la haine, à la traîtrise. « La pudeur a
péri, l'honnêteté a disparu, la religion est tombée, la foule des
saintes vertus a battu en retraite en rang serrés [3]. »

La cause de tant de maux réside dans le désordre des mœurs
du clergé, dans le scandale perpétuel que donnent les prêtres
et évêques publiquement mariés. A ces hommes, qui méprisent
la loi de Dieu pour goûter les charmes de la passion, on ne peut
qu'appliquer la parole d'Ezéchiel : *Tu m'as rejeté derrière
ton corps* [4]. Pour les flétrir, eux et leurs femmes, Pierre Damien
ne recule pas devant les épithètes les plus farouches. Eux, ce
sont des renards qui cachent leur front sous le voile de la
Sainte Trinité, alors qu'ils laissent échapper par ailleurs le feu
de la mauvaise doctrine. Quant à leurs illégitimes épouses,
elles ne sont que poussière du diable, rebut du paradis, venin
des esprits, glaive des âmes, chair à péché, source de perdition ;

---

[1] *Opusc.*, XIII, 24 (PL, CXLV, 326-327).
[2] II *Tim.*, III, 2-5.
[3] *Opusc.*, XII, 1 (PL, CXLV, 252).
[4] ÉZÉCH., XXIII, 35.

ces louves, ces chouettes, ces tigresses assoiffées de sang, ces
vipères venimeuses retourneront au démon d'où elles viennent.
Le sort qui les attend a été prédit par Moïse et par l'Apocalypse. *Dieu fera de toi un exemple de malédiction pour son peuple ;*
*tes jambes tomberont en poussière ; tes entrailles se souffleront*
*au point d'éclater* [1]. — *Si quelqu'un adore la Bête ou son image,*
*il sera tourmenté par le feu et le soufre en présence des Anges et*
*devant l'Agneau ; la fumée de ses tourments grandira de siècle en*
*siècle et ceux-ci n'auront de cesse ni jour ni nuit* [2]. Ce qui prouve
que de tels châtiments seront bien l'apanage de ces courtisanes
infâmes, c'est la chute d'Adam qui, entre tous les fruits du
paradis, a choisi celui auquel Dieu lui avait défendu de toucher.
Ne commettent-elles pas un péché analogue, en adoptant
pour époux les seuls hommes auxquels les attraits de la femme
soient interdits [3] ?

A côté de ces imprécations et de ces cris de douleur, il y a
dans les traités sur le célibat des prêtres une discussion fort
intéressante, destinée à prouver la valeur et la nécessité de la
continence.

Pierre Damien s'attache d'abord à réfuter les objections
des clercs. L'homme, disaient-ils, ne peut vivre matériellement
sans la femme ; sans elle, pas d'économies possibles ; sans elle,
les dépenses inutiles viennent grever le budget de chaque jour [4].
L'ermite répond ironiquement qu'en général la femme entraîne
à sa suite les enfants et qu'une nombreuse famille coûte cher
à nourrir ! Le mariage n'est pas conseillé à ceux qui veulent
réaliser des économies [5] !

D'autres arguments pouvaient paraître plus sérieux. Les
clercs mariés interprétaient à leur façon un passage de la
première épître aux Corinthiens qui, d'après eux, leur était
favorable : *Que, pour éviter la fornication,* y est-il écrit, *chaque*

---

[1] *Nombres*, V, 21.
[2] *Apoc.*, XIV, 9-11.
[3] *Opusc.*, XVIII, II, 7 (PL, CXLV, 410 et suiv.).
[4] Cfr *supra*, p. 33-34.
[5] *Opusc.*, XVIII, I, 4 (PL, CXLV, 393).

*homme ait son épouse et chaque femme son époux. Que l'homme*
*paye sa dette à son épouse et l'épouse à son époux* [1]. Cette
parole, prétendaient-ils, a une portée générale; elle reconnaît
implicitement que la continence est chose impossible; elle
prêche à tout homme et à toute femme la nécessité du mariage [2].
Pierre Damien n'accepte pas cette interprétation : si le texte
de saint Paul ne comporte aucune exception, cette prétendue
loi du mariage s'applique non seulement aux séculiers, mais
aux réguliers, aux vierges consacrées au Seigneur, ce que tout
le monde flétrirait comme un sacrilège [3]. Il suffit, d'ailleurs,
d'ouvrir l'Écriture pour constater que l'observation de la loi
de chasteté est indispensable à ceux qui participent immédiatement au service divin : David, avant de toucher aux pains
de la proposition, délaissa pendant trois jours la couche nuptiale, car le grand prêtre lui avait dit : je n'ai pas de pain laïque,
mais seulement un pain sacré, et ceux-là seuls qui sont purs
et chastes peuvent en manger. Si les pains de la proposition
excluaient tout commerce conjugal, comment les mains qui
préparent le festin des anges pourraient-elles consommer
toutes sortes d'obscénités ? Et comment n'appliquerait-on pas
aux prêtres indignes le texte de saint Matthieu[4], relatif à l'homme
qui est jeté dans les ténèbres extérieures pour être venu au festin
sans être vêtu de la robe nuptiale ? Il est clair qu'il y a là un
symbole : la robe nuptiale, ce sont les vêtements spirituels,
et la table du festin, c'est la table céleste à laquelle on ne peut
s'asseoir, si l'on est couvert de boue [5].

De plus, le célibat ecclésiastique a toujours été dans la
tradition de l'Église [6]. Saint Paul le prescrivait déjà quand

---

[1] I *Cor.*, VII, 2-3.

[2] Cfr *supra*, p. 34.

[3] MIRBT (*Die Publizistik, etc.*, p. 309), refuse d'accepter cette interprétation
et ne veut pas admettre que le mot « chacun » (*unusquisque*) ne s'applique qu'aux
laïques auxquels, comme le remarque Pierre Damien, ce passage était spécialement destiné.

[4] MATTH., XXII, 13.

[5] *Opusc.*, XVIII, I, 4 (PL, CXLV, 393-394).

[6] *Opusc.*, XVIII, II, 2 (PL, CXLV, 399 et suiv.).

il recommandait aux évêques et aux prêtres d'imiter sa chasteté : *Je veux que vous soyez tous comme moi-même*, leur disait-il [1]. En 419, le concile de Carthage a fait du célibat une obligation : « L'évêque, le prêtre, le diacre et tous ceux qui touchent aux sacrements doivent être les gardiens de la pudeur et s'abstenir de leurs épouses », avait déclaré Faustin, légat du Saint-Siège ; le concile confirma ses propositions en décidant que « tous ceux qui se consacrent au service de l'autel doivent conserver leur pureté ». Le même concile ajoutait : « A la suite de certains récits relatifs à l'incontinence de clercs, simples lecteurs, envers leurs propres épouses, le concile a décidé que les évêques, prêtres et diacres devaient garder la continence et que, s'ils ne la gardaient pas, ils seraient écartés des fonctions ecclésiastiques [2]. »

Les papes ont parlé comme les conciles : saint Léon le Grand (440-461) a pu écrire : « Tous ceux qui sont en dehors de l'ordre des clercs peuvent, en toute liberté, contracter mariage et procréer des enfants ; mais, afin de conserver dans sa plénitude la vertu de chasteté sacerdotale, aucun mariage charnel n'est permis aux sous-diacres, de sorte que ceux qui ont une épouse doivent se conduire comme s'ils n'en avaient pas, et ceux qui n'en ont pas doivent rester seuls [3]. » Grégoire le Grand (590-604) a posé la même règle dans une bulle relative aux églises de Sicile. « Il y a trois ans, dit-il, les sous-diacres des églises de Sicile ont été priés de renoncer à leurs épouses conformément à la coutume romaine. Il me paraît dur et excessif d'exiger cette séparation d'hommes qui n'ont pas été habitués à la continence et qui n'ont pas pris l'engagement d'être chastes ; il serait à craindre qu'ils ne fissent encore pire. Mais, pour l'avenir, il me paraît nécessaire de dire à tous les évêques qu'ils ne doivent admettre au sous-diaconat que ceux qui auront promis de vivre dans l'état de chasteté... Ceux qui, après cette

---

[1] I *Cor.*, VII, 7.
[2] *Concilium Carthaginiense ex interpretatione Dionysii* (Mansi, t. III, 710).
[3] Léon le Grand, *Epist.*, 72 (PL, LIV, 897).

prohibition, ne voudront pas garder la continence, ne pourront parvenir aux ordres sacrés, car nul ne doit exercer le ministère de l'autel, si sa chasteté n'a été préalablement prouvée [1]. »

La règle du célibat ecclésiastique est donc conforme à la tradition de l'Église depuis le ɪᵛᵉ siècle [2]. Les textes, cités plus haut, sont décisifs à cet égard ; Pierre Damien a éprouvé le besoin d'en ajouter plusieurs autres qui sont apocryphes ; la plupart proviennent des fausses décrétales auxquelles, comme la plupart des hommes de son temps, notre auteur ajoute foi : il cite, par exemple, une fausse bulle du pape Silvestre qui interdit à un sous-diacre de se marier sous peine de prévarication. Il est inutile de le suivre dans cette partie de son argumentation qui s'écroule d'elle-même. Ce qui mérite plutôt d'être retenu, ce sont les raisons par lesquelles il justifie la doctrine de l'Église.

La première de ces raisons, sur laquelle Pierre revient avec insistance est celle-ci : le prêtre, par la consécration, transforme le pain et le vin qui deviennent le corps et le sang du Christ. Or le Christ, pour venir au monde, a choisi le sein d'une vierge. Il est logique que, pour apparaître sur l'autel dans le pain eucharistique, il réclame une main vierge et qu'il ne puisse accepter l'entremise d'un prêtre marié. « Si notre Rédempteur a aimé la chasteté à tel point que non seulement il est né d'une vierge, mais qu'il a été allaité par une vierge, et cela quand il était encore au berceau, à qui veut-il donc confier son corps maintenant qu'il règne dans l'immensité des cieux ? Si, enfant, il ne voulait être touché que par des mains vierges, quelle pureté n'exige-t-il pas aujourd'hui, alors

---

[1] *Gregorii Magni registr.*, I, 42 (édit EWALD, t. I, p. 67 ; PL, LXXVII, 505-506).

[2] Sur cette question, cfr VACANDARD (*Études de critique et d'histoire religieuse*, 1905, p. 69-120), dont les conclusions nous paraissent très justes. Pour lui, le principe du célibat se trouve dans certains passages de l'Écriture (MATTH., XX, 12, et I *Cor.*, VII, 7 et 32-34), mais, s'il a été pratiqué de bonne heure par de nombreux clercs, il n'a été érigé à l'état de loi que par le concile d'Elvire, vers 300 ; à partir du ɪᵛᵉ siècle, il devient de plus en plus une obligation rigoureuse.

qu'il est associé à la gloire et à la majesté de son père [1]? »

Ce Christ, né d'une vierge, a lui-même observé toute sa vie la vertu de chasteté; il n'a eu qu'une fille spirituelle, l'Église. Le prêtre est l'époux de l'Église et les enfants de l'Église sont les siens. « Or, si un père a des rapports incestueux avec sa fille, il est exclu de l'Église, privé de la communion, jeté en prison, envoyé en exil. A plus forte raison, devez-vous être damné, vous, prêtre coupable, qui ne craignez pas de vous unir non pas à vos filles selon la chair, mais à vos filles selon l'esprit, ce qui est infiniment plus grave, car la génération spirituelle est plus forte que la génération charnelle. Puisque vous êtes l'époux de l'Église, comme le prouvent l'anneau et le bâton qui vous ont été confiés, ceux qui ont été régénérés en elle par le sacrement du baptême sont nécessairement vos enfants. Si vous êtes lié à l'une de vos filles par une union incestueuse, comment pouvez-vous participer au mystère de la consécration du corps du Seigneur [2]? »

A ces arguments d'ordre théologique Pierre Damien en joint d'autres d'un caractère pratique. Il est impossible, dit-il, pour le prêtre, d'être à la fois attentif au service divin et empressé auprès de son épouse. *Celui qui n'a pas d'épouse est soucieux des choses du Seigneur afin de plaire à Dieu. Celui qui a une épouse est soucieux des choses du monde afin de plaire à son épouse* [3]. Quiconque est absorbé par le service divin l'est tellement qu'il ne peut partager son âme ni cesser un instant d'être à Dieu pour être sollicité par les affections de la chair. Le corps, comme l'âme, prend part au culte du Seigneur; il est même en quelque sorte le temple de Dieu. Saint Paul a dit : *Si quelqu'un détruit le temple de Dieu, Dieu consommera sa perte* [4]. Or, le prêtre adonné à la luxure introduit une courtisane dans le temple et, pour satisfaire à sa passion, commet le plus honteux sacrilège [5].

---

[1] *Opusc.*, XVII, 3 (PL, CXLV, 384). Cfr aussi *Opusc.* XVIII, 1, 1 (*Ibid.*, CXLV, 388).

[2] *Opusc.*, XVII, 3 (PL, CXLV, 384-385).

[3] I *Cor.*, VII, 32-33.

[4] I *Cor.*, III, 17.

[5] *Opusc.*, XVIII, 11, 4 (PL, CXLV, 404-405).

Enfin, les prêtres impudiques donnent à la masse des fidèles un exemple déplorable. Alors qu'ils ne cessent de prêcher la chasteté, ils contractent eux-mêmes une union, qui n'est pas légitime aux yeux de l'Église. Elle est donc vraie la parole du prophète Isaïe[1] : *Ce peuple m'honore de ses lèvres, mais son cœur est loin de moi*[2] !

Aussi les clercs fornicateurs, s'ils veulent avoir une part d'héritage dans le royaume de Dieu, doivent-ils renoncer à leurs femmes ou à la prêtrise. Il vaut mieux abandonner les ordres que commettre pareil adultère, s'éloigner de Dieu que le souiller, ne pas remplir ses obligations que passer dans le camp ennemi[3]. Donc pénitence ou déposition, telle est la solution qui s'impose d'elle-même.

Cette solution, qui la fera prévaloir ? Qui veillera au maintien de la loi du célibat ecclésiastique ? Les conclusions de Pierre Damien sont ici, comme partout ailleurs, très catégoriques : le Saint-Siège, gardien du dogme et de la discipline, a l'obligation très stricte de ramener l'Église à sa pureté primitive. C'est à Léon IX qu'est dédié le *Livre de Gomorrhe*, c'est à Nicolas II qu'est adressé le *De celibatu sacerdotum*. Ce dernier traité se termine par ces mots : « Vous donc, mon Seigneur, vénérable pape qui tenez la place du Christ, qui succédez à saint Pierre dans la dignité ecclésiastique, ne laissez pas, par une inexcusable lâcheté, cette peste continuer ses ravages ; n'abandonnez pas, par connivence ou dissimulation, la bride à la luxure débordante. Cette maladie rampe comme un serpent et propage son venin dans les membres; il est temps que la faux évangélique l'empêche de pulluler davantage... [4] »

La répression du nicolaïsme sera l'œuvre du Saint-Siège, mais celui-ci doit compter sur l'épiscopat. Cet épiscopat, Pierre Damien ne le trouve pas à la hauteur de sa tâche : quand il n'est pas lui-même contaminé, il fait preuve d'une indul-

---

[1] Is., XXIX, 13.
[2] *Opusc.*, XVIII, i, 3 (PL, CXLV, 391-392).
[3] *Opusc.*, XVIII, ii, 5 (PL, CXLV, 406-407).
[4] *Opusc.*, XVII, 4 (PL, CXLV, 386).

gence coupable que les prêtres indignes prennent pour un encouragement. Le *Livre de Gomorrhe* laisse, d'un bout à l'autre, percer une certaine mauvaise humeur contre les évêques qui, pour le plus horrible des péchés, se contentent d'imposer une pénitence assez légère; or, la déchéance seule pourrait produire quelques résultats, car elle taxerait d'infamie ceux qui l'ont méritée et qui malheureusement redoutent plus le mépris de leurs semblables que la condamnation du juge suprême. De même, les évêques doivent s'opposer au mariage des prêtres et ne pas craindre d'encourir par là l'hostilité des hommes. Qu'ils songent plutôt au traité de paix qu'ils vont conclure avec Dieu ! Qu'ils se souviennent du devoir qui leur a été imposé par l'Apôtre : *Mais vous, veillez, travaillez en toutes choses, faites œuvre d'évangélistes, accomplissez un bon ministère* [1] ! Et ainsi l'Église sera établie non plus sur le sable d'Égypte que dissipe le vent, mais sur le roc qui la rendra inébranlable [2].

Pierre Damien ne s'est pas rendu compte que la grande majorité des évêques du XIe siècle était incapable de comprendre ce langage. Pour obtenir l'effort qu'il exigeait, il eût fallu les renouveler, en supprimant la simonie et en ayant recours à un meilleur mode de recrutement. On verra que, sur ce point, sa résistance au courant qui entraînait l'Église à d'insondables abîmes a été plus faible et que, s'il a vu le mal, il a été moins clairvoyant quand il s'est agi d'y porter remède. Il n'en a pas moins l'immense mérite d'avoir été le censeur austère d'un clergé pourri et d'une société dépravée, l'apôtre de la chasteté et de la pénitence. Incapable de toute complaisance envers ses adversaires il a, en somme, dans ses traités contre le nico-laïsme, commenté avec un vigoureux souffle d'éloquence, la parole de saint Paul qui revient souvent sous sa plume : *Sachez que nul fornicateur n'a place dans le royaume de Dieu* [3].

---

[1] II *Tim.*, IV, 5.
[2] *Opusc.*, XVIII, 1, 6 (PL, CXLV, 396-397).
[3] *Ephes.*, V, 5.

## III

En même temps qu'il combat le nicolaïsme, Pierre Damien veut détruire à jamais l'autre fléau qui désole la société ecclésiastique de son temps, la simonie. Les simoniaques, écrit-il au pape Alexandre II, sont « les prédicateurs de Satan et les apôtres de l'antéchrist [1] » ; ils achètent ou vendent le Saint-Esprit, c'est à dire Dieu lui-même. Imitateurs de Judas qui, comme eux, a trafiqué de Dieu en la personne du Christ, ils expieront leur sacrilège et auront l'enfer en partage. Peu importe qu'aujourd'hui ils regorgent de richesse et vivent dans l'opulence ; ils verront un jour l'armée des anges, des apôtres, des martyrs, de tous les saints se dresser contre eux et exécuter la sentence de condamnation [2].

D'ailleurs les simoniaques n'ont pas été condamnés seulement en la personne de Judas, mais le sentiment auquel ils obéissent a été souvent flétri par l'Écriture. La simonie est une forme de l'avarice, de la passion de l'argent, laquelle est, à coup sûr, l'un des vices les plus réprouvés de Dieu. *Ne reçois pas*, est-il dit dans l'Exode, *de ces présents qui aveuglent même les sages et corrompent les paroles des justes* [3]. « L'avarice provoque donc la colère du Dieu tout-puissant qui se plaît à tourmenter par de vaines pensées celui qui possède. C'est elle qui arrache au Seigneur cette sentence qu'il prononce contre son peuple [4] : *A cause de l'iniquité de son avarice, j'ai été irrité contre lui et je l'ai frappé* [5]. »

Le bon sens, comme toujours, est d'accord avec l'Écriture. La richesse n'est tolérable que si elle sert à secourir la misère ; l'aumône est l'unique fonction de l'homme auquel Dieu a accordé la fortune, le moyen pour lui de racheter ses fautes

---

[1] *Epistolae*, I, 13 (PL, CXLIV, 223).
[2] *Opusc.*, VI, 37 (*Libelli de lite*, t. I, p. 70 ; PL, CXLV, 153-154).
[3] *Exode*, XXIII, 8.
[4] Is., LVII, 17.
[5] *Opusc.*, XXXI, 1 (PL, CXLV, 532).

et de se sanctifier. Le jeûne, la prière continue, la parfaite mortification sont réservés aux âmes d'élite ; à ceux qui ne se sentent
pas le courage de marcher pieds nus, de s'entourer le corps
d'un cilice, de se flageller ou de vivre en cellule, Dieu a réservé
la pratique d'une vertu plus facile à acquérir, la charité, vertu
de stricte obligation, car les riches ne sont pas les possesseurs,
mais les dispensateurs de la fortune que Dieu a placée entre
leurs mains pour qu'ils en usent avec piété. Par suite, ceux qui
donnent aux pauvres acquittent une dette ; ceux qui leur refusent
l'aumône à laquelle ils ont légitimement droit volent Dieu :
*J'ai eu faim et vous ne m'avez pas donné à manger; j'ai eu soif
et vous ne m'avez pas donné à boire*, dit le Seigneur [1]. Les compatissants et les justes qui secourront le Christ en la personne
des indigents auront droit à une magnifique récompense :
*Heureux les miséricordieux, car ils obtiendront eux-mêmes misé-
ricorde* [2]. Et cela, quelquefois, dès cette vie : témoin Géraud,
un des principaux citoyens de Ravenne, qui, lors d'une famine,
sut venir en aide à ses frères et dont les fils ont connu, depuis,
une large opulence. Il faut donc donner et, si l'on n'a pas
d'argent, prouver sa bonne volonté en dépensant les richesses
de son âme, en pratiquant largement les lois de l'hospitalité
par exemple [3].

La simonie détourne la richesse du but naturel qui lui a été
assigné par Dieu. Elle n'est pas moins répréhensible si on l'envisage non plus dans son objet, mais dans sa source, car elle
provient de la cupidité. C'est toujours un goût immodéré de
la fortune qui l'inspire. Tel évêque veut éblouir ses visiteurs
par ses meubles recouverts d'étoffes de prix, tel autre par son
bâton pastoral orné d'or et de pierres précieuses, celui-ci par
son luxe de chevaux, celui-là par le raffinement de sa table.
Ne feraient-ils tous pas mieux de cultiver les vertus du sacerdoce, à commencer par la pauvreté [4] ?

---

[1] Matth., XXV, 42.
[2] Matth., V, 7.
[3] *Opusc.*, IX, 1 et 5 (PL, CXLV, 211 et 217).
[4] *Opusc.*, XXXI, 6 (PL, CXLV, 537).

En résumé, Dieu réprouve la simonie, d'abord parce qu'elle le ravale au rang d'une vile marchandise, ensuite parce qu'elle fait appel aux sentiments les plus bas de la nature humaine [1]. Quelles sont maintenant les conditions à réaliser pour être simoniaque ? Où commence et où finit la simonie ? C'est à cette question que Pierre Damien a voulu répondre dans plusieurs traités, en particulier dans le *Contra clericos aulicos* [2].

Pour le commun des fidèles, être simoniaque, c'est donner de l'argent ou faire des présents aux princes laïques, afin d'obtenir d'eux une dignité épiscopale. Pierre Damien, comme avant lui Atton de Verceil, juge cette définition trop restreinte : sont encore simoniaques les prélats assidus auprès des rois et des seigneurs et qui, trop prodigues de flatteries, louent chez eux ce qu'ils devraient blâmer. Le *Contra clericos aulicos* débute par une critique acerbe de l'évêque de cour. « Dès que l'occasion s'en présente, il charme son seigneur par d'élogieuses paroles et compte sur les doucereuses flatteries pour gagner sa faveur. A cette fin, il cherche et observe habilement ce qui lui est agréable. Il est attentif à ses regards comme à ses gestes, obéit au moindre signe, devance le désir du maître comme s'il était un oracle de Phébus exprimé par la bouche de la Sibylle. Qu'on lui donne l'ordre de partir ; il vole. Qu'on lui dise de rester ; il est immobile. Le maître a-t-il chaud, il sue ; a-t-il légèrement froid, il tremble de tous ses membres... Ainsi il ne s'appartient plus ; il n'agit et il ne parle que pour plaire [3]. » Ne sont-ils pas simoniaques ces clercs qui, sans verser positivement une somme d'argent, recherchent les dignités avec tant de bassesse, abandonnent tout souci ecclésiastique, oublient qu'ils sont citoyens de la cité de Dieu, désertent la milice céleste pour les pompes de la cour et qui finalement entrent dans l'Église non plus comme des pasteurs, mais comme des voleurs et des brigands ?

On peut donc distinguer avec saint Grégoire trois sortes de

---

[1] *Opusc.*, XXXI (PL, CXLV, 529 et suiv.).
[2] *Opusc.*, XXII (PL, CXLV, 463-472).
[3] *Opusc.*, XXII, 1 (PL, CXLV, 465).

présents : celui de la main, c'est à dire l'argent ; celui de l'obéissance, c'est à dire l'abnégation totale de soi-même ; enfin celui de la langue, c'est à dire les louanges excessives. Aux yeux de Dieu ils se valent tous, mais le second est plus pernicieux, car il contient en germe les deux autres. Celui qui se livre, pieds et poings liés, à son seigneur pour obtenir un évêché, recherche l'argent, car pourquoi désire-t-il l'épiscopat sinon pour jouir des honneurs et des revenus qui y sont attachés ? Et pourquoi se fait-il humble, sinon pour mieux dominer ensuite ? De plus, lorsqu'on est capable d'abdiquer sa personnalité, on consent presque fatalement à des dons pécuniaires, pour peu qu'ils soient sollicités ; on prodigue de même les louanges et les flatteries qui constituent le troisième présent. Or, louanges et flatteries sont au moins aussi perverses que l'argent, car elles s'appliquent plus souvent aux mauvaises actions qu'aux bonnes. Enfin n'est-il pas plus grave de se livrer soi-même que d'abandonner une partie de sa fortune ? Laban, qui a obligé Jacob à le servir pendant sept ans avant de lui accorder Rachel, a certes plus exigé de lui que s'il lui avait extorqué une somme, si élevée qu'elle fût[1] !

Les évêques éviteront donc de consacrer les prélats qui doivent leur siège à l'intrigue ou à la faveur et qui ne sont pas plus régulièrement élus que ceux qui ont acheté leur dignité. *N'imposez précipitamment les mains à personne*, a dit saint Paul[2]. L'épiscopat est, en effet, un lourd fardeau et tout clerc qui en assume la charge aura des comptes terribles à rendre à Dieu le jour où il paraîtra devant lui. *Terrible sera le jugement de ceux qui ont le commandement*[3]. Il leur faudra se justifier de leur attitude dans la conduite des affaires du siècle, prouver en même temps qu'ils ont été animés pour Dieu du plus pur amour. Concilier ces deux devoirs est chose difficile ; le pieux évêque d'Ostie, personnellement, souffre d'entendre parler

---

[1] *Opusc.*, XXII, 2 (PL, CXLV, 465-467).
[2] I *Tim.*, V, 22.
[3] *Sagesse*, VI, 5.

de bagatelles au moment même où il aperçoit le Christ cloué
sur sa croix et où l'amour divin l'élève à de si hautes sphères
qu'il voudrait briser sa prison de chair. Comment un évêque
courtisan pourrait-il s'acquitter de telles obligations ?

Dans les quelques pages qui viennent d'être analysées ou
citées, on a pu retrouver le prédicateur qui accable de ses coups
répétés les évêques simoniaques comme les prêtres fornicateurs.
Aux uns comme aux autres Pierre Damien essaye de démontrer,
à l'aide de l'Écriture et de saint Paul, la gravité de la faute commise, de faire entrevoir les châtiments dont elle sera punie dans
l'éternité. Son œuvre a, sans contredit, une réelle portée morale,
mais, quand il s'agit de découvrir le remède qui conjurera le
mal pour l'avenir, il manque de clairvoyance et de sens pratique.

Des théories extrêmes prétendaient que le seul moyen d'en
finir avec la simonie était de casser toutes les ordinations conférées par les simoniaques et, après avoir fait table rase du
passé, de reconstruire la société ecclésiastique sur des bases
nouvelles. Pratiquement, un tel système se heurtait à de sérieuses
difficultés : le nombre des prêtres ordonnés par des évêques
non simoniaques était fort restreint et n'aurait pu suffire pour
assurer le culte [1]. Pierre Damien en a eu conscience, mais pour
lui, comme pour les autres réformateurs du XIe siècle, la question se pose sous une autre forme : les arguments pratiques
n'ont qu'une faible valeur à côté d'autres plus importants
d'ordre théologique. Les ordinations faites par un évêque
qui a acheté sa charge sont-elles ou ne sont-elles pas *canoniquement* valables ? Tel est, pour lui, l'objet du débat, et, dans
ce gros problème de la controverse religieuse, il se prononce
nettement pour l'affirmative. Lorsque les clercs de Florence
entrent en lutte avec leur évêque suspect de simonie et prétendent que les sacrements administrés par lui n'ont aucune
valeur, il leur reproche vivement leur opposition et écrit à leur
intention le *De sacramentis per improbos administratis* [2]. Il

---

[1] Cfr *supra*, p. 132-133, l'histoire du concile de Rome en 1049.
[2] *Opusc.*, XXX (PL, CXLV, 523-530).

se conforme, en cette affaire, à la doctrine qu'il a énoncée dans le *Liber gratissimus* [1], composé sous le pontificat de Léon IX, à la demande du pape, peu après le concile de 1051 où partisans et adversaires des ordinations simoniaques s'étaient livrés à une ardente discussion.

L'argument essentiel de Pierre Damien est celui-ci : le Christ, médiateur entre Dieu et les hommes, a établi son Église dans des conditions telles que, si ses ministres distribuent les sacrements, il n'en reste pas moins lui-même la source de toute grâce. *Dans le cœur de Jésus sont cachés tous les trésors de la sagesse et de la science,* dit l'Écriture [2]. Les ministres de l'autel, héritiers des apôtres, sont autant de fleuves qui s'échappent de ce divin cœur et se répandent sur les fidèles, mais la source première reste le Christ. Il en résulte que les ministres, simples intermédiaires entre Dieu et l'homme, quand ils confèrent les sacrements et en particulier celui de l'ordre, n'ont qu'une délégation de la puissance du Christ. En somme, le Christ accorde à ses serviteurs, les évêques, le droit de promouvoir des clercs à leur charge, mais il ne leur transmet pas pour cela la vertu de la consécration qu'il se réserve à lui-même. Lorsque l'évêque ordonne un prêtre, il a pour lui les apparences, mais celui qui confère réellement et d'une façon invisible le Saint-Esprit, c'est Dieu. Donc, le sacerdoce vient de Dieu et de Dieu seul.

Pour expliquer cette doctrine, il suffit de rapprocher l'ordination sacerdotale, qui donne accès à une vie chrétienne supérieure, du baptême qui est la première initiation à la vie de la foi. Or, pour le baptême, les textes sont formels : *Allez, enseignez toutes les nations, baptisez-les au nom du Père, du Fils et du Saint-Esprit* [3]. Les prêtres sont donc les ministres du baptême, mais ils ne dispensent pas par eux-mêmes les grâces qui y sont attachées (*non auctores, sed ministri*). L'auteur de ces grâces,

---

[1] *Opusc.*, VI (PL, CXLV, 99-156).
[2] *Coloss.*, II, 3.
[3] MATTH., XXVIII, 19.

d'après saint Matthieu, c'est la Trinité du Père, du Fils et du
Saint-Esprit. Il en est de même pour l'ordination : ceux qui
sont ordonnés, comme ceux qui sont baptisés, reçoivent le
Saint-Esprit, c'est à dire Dieu ; l'ordre est un nouveau vêtement
qui s'ajoute aux autres et fait parvenir à la plénitude de la grâce.
Or, le baptême conserve son efficacité s'il est administré par
des mains coupables, par des homicides, des parjures ou des
adultères. Il en est de même pour l'Eucharistie : celui qui
mange et boit indignement le corps et le sang du Christ mange
et boit son jugement et sa condamnation, mais, en présence
de ce sacrilège, le Christ ne se retire pas des saintes espèces ;
il ne les quitte pas davantage lorsqu'elles sont distribuées à
celui qui communie par un prêtre qui les profane. Si le baptême et l'Eucharistie gardent leur valeur sacramentelle en
toutes circonstances, l'ordination sacerdotale est valable, quelles
que soient les erreurs et les fautes du prélat qui consacre,
car le ministre du sacrement, c'est Dieu [1].

Le raisonnement est d'une rigoureuse logique. Pierre Damien
complète sa démonstration en remarquant qu'on ne peut
conférer le baptême à ceux qui ont déjà été baptisés, même s'ils
l'ont été par un hérétique. Pourquoi alors réordonnerait-on
celui qui a été institué prêtre par un simoniaque ? En réalité,
on peut appliquer à l'ordre comme au baptême la parole de
saint Paul : *Un seul Dieu, une seule foi, un seul baptême* [2]. Si
l'évêque simoniaque a observé les rites prescrits par la liturgie,
l'ordination reste valable, bien que le prélat consécrateur,
par suite de son commerce pervers, soit hérétique [3].

Pierre Damien ajoute encore que cette doctrine, pourtant
si contestée au xie siècle, est conforme au bon sens. La vertu
du Saint-Esprit ne peut varier : qu'il soit vendu ou qu'il soit
conféré gratuitement, ce n'est pas le commerce dont il est
l'objet qui est capable de lui faire perdre l'effet de sa divine

---

[1] *Opusc.*, VI, 1-4 (*Libelli de lite*, t. I, p. 19-22 ; PL, CXLV, 100-104).
[2] *Ephes.*, IV, 5.
[3] *Opusc.*, VI, 5 (*Libelli de lite*, t. I, p. 22-23 ; **PL**, CXLV, 104-105).

puissance [1]. Un don de Dieu ne peut être souillé par l'impureté de celui qui le transmet. Lorsqu'un ruisseau limpide traverse un lit de pierres pour gagner une terre fertile, ce lit de pierres ne diminue en rien sa pureté ni sa force de fécondation; sans doute rien ne germera sur ce sol stérile, mais, en aval, les champs se couvriront de moissons dorées. Ces champs sont l'image de l'Église; les pierres, ce sont les simoniaques; la rivière limpide, c'est le Saint-Esprit. Les crimes des simoniaques n'altéreront donc pas la pureté du Saint-Esprit qui continuera à illuminer ceux qui renaissent à la foi [2].

Toujours au nom du bon sens, Pierre Damien constate que, si l'on n'admet pas cette doctrine, il est impossible de maintenir l'unité de l'Église. Comment reconnaître ceux qui sont réellement ordonnés? La simonie ne s'étale pas nécessairement au grand jour. C'est en secret que bien des prélats ont versé une somme d'argent ou flatté les puissants pour parvenir à la dignité qu'ils convoitaient; suivant la thèse opposée, les ordinations auxquelles ils procèdent ne seraient pas plus canoniques que celles des simoniaques avérés, et cela malgré des apparences trompeuses. A quels signes, dès lors, pourra-t-on distinguer celui qui est ordonné de celui qui ne l'est pas [3]?

Enfin, la dignité épiscopale, canoniquement, n'a pas une valeur propre; elle n'est qu'une élévation dans le sacerdoce. Celui qui parvient à l'épiscopat est déjà prêtre : il acquiert quelques grâces de plus et certains pouvoirs déterminés dont celui d'ordonner, sans qu'un sacrement nouveau intervienne [4].

L'Écriture et l'histoire de l'Église se chargent de confirmer la théorie brillamment exposée par Pierre Damien.

Dans l'Ancien Testament, Balaam était simoniaque, puisqu'il ne prophétisait que moyennant finance et que les vieillards de Moab qui l'interrogeaient arrivaient à lui les mains pleines; cruellement frappé par le Seigneur pour son avarice, il n'a pas

---

[1] *Opusc.*, VI, 11 (*Libelli de lite*, t. I, p. 31-33; PL, CXLV, 113-115).
[2] *Opusc.*, VI, 12 (*Libelli de lite*, t. I, p. 33-34; PL, CXLV, 115).
[3] *Opusc.*, VI, *loc. cit.*
[4] *Opusc.*, VI, *loc. cit.*

perdu le don de prophétiser [1]. Saül, lui aussi, a conservé ses facultés prophétiques, au moment où il envoyait ses soldats s'assurer de la personne de David, et ainsi, alors que le démon l'agitait déjà, il a pu recevoir l'esprit de Dieu [2]. Le Christ, lors de sa Passion, est vendu par Judas, comme le Saint-Esprit par les simoniaques; après avoir été l'objet de ce commerce indigne, il ne perd pas le pouvoir d'opérer des miracles, puisqu'il remet l'oreille de Malchus que saint Pierre avait coupée; sans doute, quand Hérode sollicite un prodige, il le lui refuse, parce qu'il ne juge pas à propos de le réaliser, mais, au moment où il rend le dernier soupir, la terre tremble, le soleil s'obscurcit, le voile du temple est déchiré, les pierres s'entr'ouvrent, les morts ressuscitent. Par analogie, la puissance de l'Esprit-Saint ne saurait varier, qu'il soit enchaîné par la vénalité des simoniaques ou qu'il soit conféré gratuitement [3].

Les premiers apôtres confirment l'exemple donné par le Christ. Saint Paul se plaint de ce que certains frères, par jalousie, ne prêchent pas sincèrement le Christ. Décide-t-il qu'il faut les interdire? Nullement, mais il ajoute au contraire : *Qu'importe? Pourvu que, de toute façon, soit par occasion, soit par la vérité, le Christ soit annoncé, je me réjouis et me réjouirai* [4]. Saint Jean est encore plus affirmatif : *L'esprit souffle où il veut* [5]. Et Pierre Damien de remarquer que l'apôtre a écrit : *où il veut*, et non pas : *où il juge digne*, « afin de montrer que la grâce spirituelle, attribuée par l'institution ecclésiastique, provient de la volonté divine plutôt que des mérites humains [6] ».

La tradition constante de l'Église est d'accord avec cette interprétation de la parole évangélique. Certaines ordinations, œuvre de schismatiques, ont été reconnues valables, en particulier celles des Novatiens et des Donatistes. Le cas des

---

[1] *Opusc.*, VI (*Libelli de lite*, t. I, p. 25-26; PL, CXLV, 106-108).
[2] *Opusc.*, VI, 8 (*Libelli de lite*, t. I, p. 26-27; PL, CXLV, 108-109).
[3] *Opusc.*, VI, 6 (*Libelli de lite*, t. I, p. 23-24; PL, CXLV, 105-106).
[4] *Philip.*, I, 18.
[5] JEAN, III, 8.
[6] *Opusc.*, VI, 8 (*Libelli de lite*, t. I, p. 28; PL, CXLV, 109).

Donatistes surtout est curieux : ils s'étaient séparés parce que,
en 311, le diacre Cécilien avait été placé à la tête de l'église
de Carthage, mais ils avaient conservé dans son intégrité la
doctrine catholique. Or, il fut décidé que, s'ils rentraient
dans l'orthodoxie, ils recouvreraient leurs charges et dignités
et que les ordinations faites par eux seraient ratifiées [1]. Même
solution, avant eux, pour les Novatiens, schismatiques du
IIIe siècle, qui ne rejetaient aucun dogme essentiel. Papes et
conciles ont ainsi reconnu que si, dans ces ordinations schismatiques, les deux termes extrêmes, le consécrateur et le consacré, étaient défectueux, l'intermédiaire, c'est à dire le Saint-
Esprit, conservait sa pureté. De même, si un lépreux donne
de l'or à un autre lépreux, cet or n'est pas contaminé, et si un
aveugle porte de la lumière à un autre aveugle, cette lumière
ne perd pas son éclat. Baptême et ordination sont donc valables
pour les schismatiques ; il n'est nécessaire de rebaptiser et
réordonner que les hérétiques, ceux par exemple qui ne croient
pas à l'unité du Père, du Fils et du Saint-Esprit. Mais les clercs,
ordonnés par des simoniaques, ne sont pas hérétiques ni même
schismatiques, car ils sont innocents des crimes de ceux dont
ils tiennent leurs pouvoirs. Les évêques, qui n'ont pas été élus
par le clergé et le peuple, ne peuvent être considérés comme
tels, mais ceux qui ont été gratuitement ordonnés par les simoniaques doivent rester prêtres [2].

Donc, en vertu de l'autorité de l'Écriture et des conciles,
les ordinations simoniaques sont canoniquement valables.
Pierre Damien prévoit pourtant une objection tirée d'une lettre
de saint Grégoire : « La bénédiction, a écrit le grand docteur,
se change pour lui (le prêtre simoniaque) en malédiction, parce
que cette promotion fait de lui un hérétique [3]. » Mais ce texte

---

[1] Le concile de Rome, en 313, n'a pourtant pas affirmé que l'ordination
était indépendante de la sainteté du prélat consécrateur, mais les mesures
qu'il a prises sont conformes à cette doctrine. Cfr P. BATIFFOL, *La paix constantinienne et le catholicisme*, p. 277 et suiv.

[2] *Opusc.*, VI, 23-26 (*Libelli de lite*, t. I, p. 51-56, PL, CXLV, 134-139).

[3] *Gregorii Magni registrum*, IX, 218 (édit. EWALD, t. II, p. 206 ; PL, LXXVII,
1029).

ne peut infirmer la thèse exposée plus haut; il signifie que
l'hérétique est maudit pour avoir reçu dans de mauvaises dispositions ce qui était bon; ce qu'il a reçu n'en reste pas moins
bon en soi. Et Pierre revient à sa comparaison avec l'Eucharistie où le Christ persiste toujours, même s'il est donné en
nourriture à un sacrilège [1]. L'interprétation peut paraître
un peu subtile, mais l'objection ne l'est guère moins et n'a
pas trait spécialement à l'objet du litige [2].

Pierre Damien, s'il tient pour la validité des ordinations
simoniaques, est d'accord avec ceux qui n'admettent pas sa
théorie pour requérir contre les prélats qui les ont conférées
les peines les plus sévères : il faut, à son avis, déposer, sans plus
tarder, les évêques et les prêtres qui sciemment ont trafiqué
du Saint-Esprit. Une telle sanction est indispensable [3], mais
elle n'est pas le seul remède. Il en est d'autres d'un caractère
préventif, tous d'ordre moral.

Il faut d'abord instruire les clercs et soigneusement éviter
de promouvoir des ignorants au sacerdoce [4]. Sans doute, Pierre
Damien attache au mot ignorance un sens assez particulier; il condamne la science profane, pour les séculiers aussi
bien que pour les réguliers. Être instruit, c'est connaître la
doctrine, les règles de la discipline, les multiples obligations
imposées par la prêtrise. Quand saint Paul conseillait à Timothée

---

[1] *Opusc.*, VI, 26 (*Libelli de lite*, t. I, p. 56; PL, CXLV, 139).

[2] Au cours de cette démonstration, Pierre Damien cite quelques textes
canoniques, en assez petit nombre d'ailleurs. Parmi eux figurent le chapitre 68
des Canons des Apôtres et la lettre d'Anastase II à l'empereur Anastase qu'il
a peut-être empruntés à la collection canonique du manuscrit T. XVIII de la
Vallicellane (c. 391-399), décrite par M. PAUL FOURNIER, *Un groupe de recueils
canoniques italiens des X<sup>e</sup> et XI<sup>e</sup> siècles*, dans les *Mémoires de l'Académie des
Inscriptions et Belles-Lettres*, t. XL, 1915, p. 6 et suiv. Le canon 68 était, en
effet, peu connu en Occident, et cette collection est une des rares qui le mentionnent. Toutefois, il y a lieu de remarquer que Pierre Damien cite plusieurs
textes, notamment des décrétales d'Innocent I<sup>er</sup> et des lettres de Grégoire le
Grand, qui ne figurent pas dans la collection. Il paraît probable qu'il a utilisé
une collection dérivant de celle de la Vallicellane et augmentée de quelques
textes nouveaux.

[3] *Opusc.*, VI, 35 (*Libelli de lite*, t. I, p. 67-69; PL, CXLV, 151).

[4] *Opusc.*, XXVI, 1 (PL, CXLV, 499-500).

de ne pas imposer les mains avec une hâte excessive [1], il voulait proscrire les ignorants qui s'exposeraient à pécher et dont les fautes, au jour du jugement, seraient imputées à l'évêque qui les aurait ordonnés.

On préparera donc les clercs au sacerdoce par une solide instruction religieuse. En outre, au cours de cet enseignement, plus moral qu'intellectuel, on aura soin de les mettre en garde contre l'amour de la richesse, de leur vanter les charmes de l'indigence. Pour triompher de la simonie, il importe de faire aimer la pauvreté, de tuer par là-même le désir des honneurs et des dignités. Les prêtres, uniquement préoccupés des biens de ce monde, pourront méditer le sermon de saint Augustin sur les mœurs cléricales. « Que votre charité reconnaisse, dit le docteur, que j'ai ordonné aux frères qui résident avec moi de vendre les biens qu'ils pourraient posséder, puis d'en donner le fruit aux pauvres et de tout mettre en commun, pour se contenter de l'église par laquelle Dieu nous nourrit... Devant Dieu et devant vous, je déclare que ceux qui veulent posséder quelque chose en propre et auxquels Dieu et l'église ne suffisent pas, peuvent aller où ils voudront et où ils pourront; je ne leur enlève pas la cléricature, mais je tiens à ne pas avoir d'hypocrites auprès de moi. » Saint Augustin ajoute encore : « J'interdis à celui qui aura vécu dans l'hypocrisie, en cachant un bien particulier, de faire un testament. Qu'il invoque contre moi mille conciles et qu'il aille se plaindre où il voudra ! Dieu me venant en aide, il ne pourra être clerc tant que je serai évêque. » Ces paroles signifient qu'un clerc, trop soucieux de sa fortune personnelle, n'obtiendra rien de l'héritage de Dieu, doctrine qui est aussi celle de saint Jérôme dans son commentaire sur les paroles du Seigneur [2] : *Celui qui ne renoncera pas à tout ce qu'il possède ne peut être mon disciple*, et : *Si tu veux être parfait, va, vends tous tes biens, donne-les aux pauvres, puis viens et suis-moi* [3].

---

[1] I *Tim.*, V, 22.

[2] Luc, XIV, 33, et Matth., XIX, 21.

[3] *Opusc.*, XXIV, 1-2 (PL, CXLV, 481-484).

Mais comment réaliser pratiquement le principe évangélique ?
Pour Pierre Damien, le moyen en est simple : les clercs, comme
le voulait déjà saint Augustin, vivront en commun et se soutien-
dront les uns les autres par une mutuelle pauvreté [1]. Ceux qui
sont au service de Dieu doivent tout à Dieu, non seulement
leur temps, mais leur fortune qui relève de lui ; s'ils méprisent
la vie commune, s'ils préfèrent séjourner au milieu des foules
et non plus auprès du tabernacle, ils ne songeront qu'à partager, pour les besoins de leur existence mondaine, les revenus
de leur église ; ils seront l'image vivante de l'enfant prodigue
qui réclame avant l'heure sa part d'héritage. Enfin, où les biens
sont divisés, il ne peut y avoir harmonie des cœurs : c'est la
charité qui fait l'union et la cupidité qui divise ; si Judas s'est
séparé des autres apôtres, c'est parce qu'il n'a pas été satisfait
de partager avec eux les deniers du petit patrimoine de la communauté.

Pierre Damien en vient à proposer aux clercs un idéal monastique : sans doute ceux-ci seront mêlés au siècle ; ils ne pourront
être astreints aux rigueurs ascétiques qu'il impose aux moines,
mais ils observeront les deux préceptes essentiels de la vie monacale : la pauvreté et l'existence en commun. Cet idéal, conçu
par Pierre Damien, n'était guère celui des clercs de son époque,
et on peut saisir dans un de ses traités l'écho des résistances
auxquelles il s'est heurté. Les chanoines mettaient en avant
leur règle qui leur permettait d'être propriétaires. Sans contester cette règle en elle-même, Pierre Damien fit observer
qu'il n'y avait là qu'une tolérance ; en réalité, si l'on cherche à
en dégager l'esprit, on peut voir qu'elle est tout autre. « Les
Pères enseignent, y est-il dit, que les clercs ne doivent pas poursuivre la richesse, ni recevoir les biens d'Église qui ne seraient
pas affectés à un emploi particulier... Il est aussi nécessaire
qu'utile pour les clercs de ne s'exposer à aucun danger dans
la jouissance des revenus ecclésiastiques. Qu'ils n'en acceptent
ou n'en exigent pas plus qu'il ne leur faut, c'est à dire qu'ils

---

[1] *Opusc.*, XXVI (PL, CXLV, 503-512).

reçoivent uniquement nourriture, boisson, vêtement, de crainte
de léser, en leur empruntant davantage, les indigents qui doivent
en toucher leur part ! Qu'ils ne prennent jamais pour eux
ce dont le pauvre vivra ! » Les besoins des chanoines et des
clercs sont limités avec mesure, leur principal devoir étant de
faire l'aumône. Toutes ces prescriptions paraissent légitimes
à Pierre Damien. L'institution canoniale n'a d'autre but que
de faire revivre le collège apostolique. Or, les actes des Apôtres
révèlent [1] que dans la foule des croyants il n'y avait qu'une
seule volonté et un seul patrimoine. Pourquoi tolérerait-on
chez les clercs ce qui a été interdit aux Apôtres [2] ?

Il faut donc revenir aux mœurs de l'Église primitive. Le
clerc qui a la passion de l'argent est impropre à propager la
doctrine ; pour servir dans l'armée du Seigneur, il n'est besoin
que du glaive spirituel [3]. Le programme de tout prêtre est inscrit
dans la parole de saint Paul : *Qu'il me soit interdit de me glorifier
sinon dans la croix de Notre-Seigneur Jésus-Christ* [4]. Celui qui
obéira au précepte de l'Apôtre sera détaché du siècle qui l'environne et portera sans cesse sur son corps les stigmates de Jésus [5].

Aussi la solution du problème simoniaque est-elle identique
à celle du problème nicolaïte : pauvreté, mépris du siècle, tel
est le remède commun. Le médecin, chargé de doser ce remède
aux prêtres fornicateurs sera le pape, fort du concours de l'épiscopat. C'est le Saint-Siège qui doit prendre l'initiative de la
lutte contre la simonie, en ramenant le clergé à la pauvreté
primitive. Toutefois, la question est ici plus complexe ; le pouvoir
laïque est intéressé ; pour mettre fin au mal, il est donc nécessaire que les deux pouvoirs temporel et spirituel soient étroitement unis. Le *Liber gratissimus* renferme un pompeux éloge de
l'empereur Henri III. « Après Dieu, dit-il, c'est lui qui nous a
arrachés à la gueule de l'insatiable dragon ; c'est lui qui, avec

---

[1] *Actes*, IV, 32.
[2] *Opusc.*, XXIV, 3-4 (PL, CXLV, 484-487).
[3] *Opusc.*, XXIV, 6 (PL, CXLV, 490).
[4] *Gal.*, VI, 14.
[5] *Opusc.*, XXV, 3 (PL, CXLV, 496.)

l'épée de la divine vertu, a brisé les multiples têtes de l'hydre sans cesse renaissante. Oui, certes, il a le droit de dire pour la gloire du Christ : tous ceux qui ont paru devant moi étaient des voleurs et des brigands. » Jusqu'à lui, paraît-il, tous les canons des conciles ont été lettre morte ; avec lui, ils sont rigoureusement observés, et, de même que Constantin a remporté une grande victoire sur l'arianisme, Henri III peut s'enorgueillir d'un éclatant triomphe sur l'hérésie simoniaque [1]. » La *Disceptatio synodalis* [2], composée en octobre 1062, conclut à l'union intime des deux pouvoirs spirituel et temporel, ce qui était pratiquement impossible ; c'est le plus faible des ouvrages de Pierre Damien : l'âpre solitaire de Fonte-Avellana y dévoile une fois de plus que, s'il était un moine d'une force d'âme peu commune et un vigoureux moraliste, il n'entendait rien aux finesses de la politique. Tout en maintenant les prérogatives du pape, il espère ménager l'union du Saint-Siège et de l'empereur par des concessions capables de compromettre le succès de son œuvre.

Sans doute il affirme au début de son traité, en termes d'une netteté catégorique la primauté de l'Église romaine qui, en vertu de sa fondation par le Christ ou mieux « par le Verbe qui a créé le ciel et la terre », est supérieure à toute puissance ecclésiastique ou laïque, mais il concède que le roi de Germanie, comme patrice des Romains, a un droit indiscutable dans l'élection du souverain pontife. « Nous avons nous-même défendu, s'écrie le défenseur de l'Église romaine en répondant à l'avocat du roi, le privilège de notre roi invaincu et nous souhaitons ardemment qu'il le conserve toujours dans sa plénitude et son intégrité [3]. » La doctrine du solitaire de Fonte-Avellana n'est donc pas douteuse : il admet l'intervention de l'empereur

---

[1] *Opusc.*, VI, 36 (*Libelli de lite*, t. I, p. 69-70 ; PL, CXLV, 151-153).
[2] *Opusc.*, IV (*Libelli de lite*, t. I, p. 76-94 ; PL, CXLV, 67-87).
[3] *Opusc.*, IV (*Libelli de lite*, t. I, p. 81 ; PL, CXLV, 71). Nous aurons l'occasion de revenir au chapitre VI sur l'influence politique de Pierre Damien sous le pontificat d'Alexandre II et sur l'application qu'il a tentée des idées exposées dans la *Disceptatio synodalis*.

dans les affaires de l'Église et il compte sur cette participation
du pouvoir séculier aux choses ecclésiastiques pour mettre
les mauvais évêques à la raison, pour extirper la simonie, en un
mot pour réaliser la réforme. Entre le sacerdoce et l'empire il
faut ménager une entente étroite. « Ainsi donc, dit-il, vous,
conseillers de la cour du roi, nous, ministres du Saint-
Siège, travaillons à élaborer un accord entre le plus élevé des
sacerdoces et l'empire romain... Les têtes du monde vivront
dans l'union d'une perpétuelle charité et empêcheront toute
discorde parmi les membres inférieurs ; ces institutions qui sont
deux pour les hommes, mais une pour Dieu, le royaume et le
sacerdoce, seront enflammées par les divins mystères ; les deux
personnes qui les incarnent seront unies par de tels liens que,
grâce à une mutuelle charité, on trouvera le roi dans le pontife
romain et le pontife romain dans le roi [1]. »

L'union des deux pouvoirs spirituel et temporel sauvera
l'Église ! Ce programme, élaboré par Pierre Damien, était irréa-
lisable. Les rois et les seigneurs laïques tiraient de la simonie
de trop gros revenus pour être disposés à se joindre au pape
et aux évêques afin d'en atténuer les ravages. Le cardinal
Humbert et Hildebrand le comprendront, mais Pierre Damien
qui n'est ni politique ni diplomate en est parfaitement incapable.
Il se souvient uniquement de l'appui prêté par l'empire à
l'Église sous Constantin ou sous Charlemagne et il a pour cette
vieille institution le respect traditionnel d'une âme simple ;
il s'imagine, non sans une certaine naïveté, que par sa prédication il pourra la régénérer comme il purifiera l'épiscopat, les
clercs et les moines ; il croit à la divine puissance de sa parole
enflammée. Aussi n'aurait-on qu'une idée incomplète de
l'homme et de l'œuvre qu'il a tentée, si, après avoir dégagé
de ses opuscules ses théories sur le nicolaïsme et la simonie,
on ne cherchait à saisir son action personnelle à travers sa
correspondance. Moraliste dans ses traités, il l'est davantage
encore dans ses lettres et ses sermons.

---

[1] *Opusc.*, IV (*Libelli de lite*, t. I, p. 93 ; PL, CXLV, 86-87).

## IV

On a conservé de Pierre Damien un recueil de cent cinquante-huit lettres, groupées en huit livres, et de soixante-quinze sermons.

Par suite de sa situation de cardinal-évêque d'Ostie, Damien a été en rapports constants avec les personnages les plus haut placés : papes, cardinaux, évêques, empereurs, princes temporels. Sa sainteté et sa ferveur monastique lui ont valu d'être pris pour confident et pour conseiller par plusieurs âmes éprises du même idéal religieux que lui. De là une correspondance, aussi variée qu'étendue, qui permet de pénétrer jusque dans les derniers recoins de cette belle âme d'apôtre.

Dix-neuf lettres sont adressées aux divers papes qui se sont succédé sur le siège apostolique depuis Grégoire VI jusqu'à Alexandre II. Plusieurs, parmi elles, peuvent servir de commentaire ou de préface aux traités. Persuadé que la réforme de l'Église ne pourra se réaliser que par l'initiative du Saint-Siège, Pierre Damien ne se lasse pas d'insuffler aux papes les mesures propres à combattre le double péril nicolaïte et simoniaque. Aussi est-ce avec joie qu'il salue l'avènement de Grégoire VI, un saint homme qui avait, entre autres mérites, celui de succéder à une série de pontifes sacrilèges. « Tandis que mon esprit jubile, écrit Pierre, ma langue entonne ce chant d'allégresse : *Gloire à Dieu dans le ciel et paix sur la terre aux hommes de bonne volonté.* Oui, que le ciel se réjouisse, que la terre exulte, que l'Église se félicite d'avoir recouvré ses droits et ses antiques privilèges ! Que la tête aux mille formes du serpent empoisonné soit foulée aux pieds, que lui-même cesse son commerce et ses négociations perverses ! Que le faussaire Simon ne fabrique plus sa monnaie dans l'Église, que Ghiési ne rapporte plus les présents qu'il a volés, que la colombe revienne à l'arche et annonce par son rameau d'olivier que la paix est rendue à la terre ! Que le siècle d'or des Apôtres réapparaisse parmi nous ! Que, grâce à votre prudence, la discipline ecclésiastique puisse refleurir ! Que l'avarice de ceux qui aspirent à l'étole épiscopale soit réprimée ! Que l'on renverse les chaires des changeurs qui vendent des colombes [1] ! »

Grégoire VI n'eut guère le temps de mener à bien le programme qui lui était si éloquemment tracé. Son successeur, Clément II, fut prié d'en continuer la réalisation. « Qu'importe, mon seigneur, lui écrit Pierre, que le Saint-Siège soit revenu des ténèbres à la lumière si, nous autres, nous restons dans ces ténèbres ? Qu'importe de mettre soigneusement à l'abri toutes sortes d'aliments, si l'on meurt soi-même de faim ? Qu'importe d'avoir un javelot bien acéré, s'il ne sert à disperser les ennemis assemblés contre nous ? Le Dieu tout-puissant vous a confié le soin de nourrir son peuple à sa place; par vous, il a armé l'Église contre les assauts de ses adversaires; avec un céleste courage, percez les cœurs de ceux qui résistent à Dieu et faites-nous participer au festin de la parole sacrée [2] ! »

On n'a pas conservé de lettres à Damase II, successeur de Clément II, dont le pontificat, comme les deux précédents, fut très court. Sous Léon IX, Pierre Damien n'a pas joui d'une très grande influence, bien qu'il ait dédié au pape le *Livre de Gomorrhe*. Aussi ne se hasarde-t-il plus à donner des conseils; il se contente de plaider sa cause et d'affirmer sa bonne foi, lorsque l'attaque est trop vive et trop sournoise [3].

Il faut arriver à Nicolas II pour retrouver une correspondance ayant quelque valeur. Le traité sur le célibat ecclésiastique est accompagné d'une lettre au pape [4]. L'évêque d'Ostie y regrette avec amertume que les prêtres fornicateurs n'aient plus à redouter les sentences synodales et que l'Église romaine, qui examine avec un soin diligent toutes les questions ecclésiastiques, ait gravement failli sur ce point; il compte sur le nouveau pape pour remettre en vigueur les règles les plus dra-

---

[1] *Epist.*, I, 1 (PL, CXLIV, 205-206).
[2] *Epist.*, I, 3 (PL, CXLIV, 207-208).
[3] *Epist.*, I, 4 (PL, CXLIV, 208-209).
[4] *Epist.*, I, 9 (PL, CXLIV, 379-381).

coniennes. Il n'a d'ailleurs pas tort : Nicolas II, en plusieurs actes officiels, lui donnera satisfaction.

Plus encore que Nicolas II, Alexandre II (1061-1073) aura recours à la collaboration intime d'un ami dont il avait apprécié la sainteté et la rectitude de jugement, lors d'une légation commune à Milan. Aussi Pierre Damien, tout en s'excusant de donner son avis, s'exprime avec une liberté qu'il n'aurait osé prendre sous les précédents pontificats. Ses lettres sont d'un abandon souvent plein de charme. Un jour, il raconte au pape comment, pendant un séjour chez le duc Godefroy de Lorraine, il a entendu deux clercs, l'un vénitien, l'autre « barbare », affirmer qu'en achetant leur charge aux rois ou aux seigneurs, ils ne payaient de leur argent que les terres et autres biens temporels joints à l'évêché, mais nullement l'imposition des mains qui leur venait du pouvoir ecclésiastique. « O nouveau genre de schisme, s'écrie avec indignation le solitaire; ô parole sacrilège qu'il faut condamner par la censure d'un éternel silence ! Ils prétendent qu'en un seul homme il y a deux personnes, l'une investie de la prêtrise, l'autre enrichie par l'argent qu'elle a donné, celle-ci présidant à des orgies comme un autre Sardanapale, celle-là chargée de conduire les âmes ! » Et, après avoir longuement insisté sur cet audacieux aspect de l'hérésie, Damien conclut : « Aussi, vous, vénérable Père, ceint du glaive de la céleste éloquence, repoussez ces prédicateurs de Satan et ces apôtres de l'antéchrist. Comme un autre Josué, faites mordre la poussière à ces Amalécites ! Supprimez ce poison jailli de l'enfer, afin qu'il ne puisse faire mourir cruellement de petits enfants [1] ! »

Même lorsqu'il eut regagné sa solitude, Pierre Damien continua à dénoncer au pape les abus de la cour romaine. Dans une lettre, curieuse entre toutes, il en signale deux qui lui paraissent particulièrement dangereux : l'un consistait à encombrer les bulles pontificales de formules comminatoires, souvent exagérées, et à menacer des peines de l'enfer pour des peccadilles

---

[1] *Epist.*, I, 13 (**PL, CXLIV, 218-223**).

aussi bien que pour des hérésies ; l'autre, plus grave, était de ne pas permettre à n'importe quel fils de l'Église de traduire un évêque indigne devant un tribunal supérieur ; c'était méconnaître la parole de l'Ecclésiastique [1] : *Ils t'ont fait leur chef ; ne t'élève pas au-dessus d'eux, mais sois parmi eux comme l'un d'eux* [2].

On ne sait pas quelle réponse Alexandre II fit à cette lettre. Sur le premier point, Pierre Damien semble avoir obtenu satisfaction. A partir de Grégoire VII la diplomatique pontificale s'allège d'une quantité de formules inutiles et en particulier des formules comminatoires condamnées par Pierre Damien ou, du moins, elle les réserve pour les grandes circonstances.

Une fois seulement Alexandre II ne suivit pas les conseils de son ami Damien. Ce fut dans l'affaire de Ravenne. L'archevêque de cette ville, Henri, avait chaudement soutenu Cadalus contre le pape légitime ; même après la mort de l'évêque de Parme, il avait refusé de reconnaître Alexandre II. Naturellement la cité de Ravenne avait été entraînée dans sa disgrâce ; pour sa ville natale Pierre eut la faiblesse de prêcher l'indulgence. « Au sujet du malheureux évêque de Ravenne, écrivit-il au pape, j'implore la clémence de votre sainteté et je la supplie humblement de l'absoudre. Il est inopportun que, par la faute d'un seul homme, une aussi grande multitude risque sa perte et que tant d'âmes innocentes échappent à la rédemption opérée par le sang du Christ [3]. » Alexandre II ne se laissa pas fléchir ; c'est seulement après la mort de Henri que Pierre Damien aura la joie d'aller officiellement réconcilier ses compatriotes avec le Saint-Siège.

Plus nombreuses que les lettres aux papes sont celles aux cardinaux, archevêques et évêques, en qui Pierre Damien aperçoit les auxiliaires du Saint-Siège. Il y avait auprès d'eux un effort sérieux à tenter. Non seulement beaucoup de prélats avaient versé dans le nicolaïsme ou la simonie, mais même ceux

---

[1] *Eccli.*, XXXII, 1.

[2] *Epist.*, I, 12 (PL, CXLIV, 214-218).

[3] *Epist.*, I, 14 (PL, CXLIV, 223-224).

qui étaient restés honnêtes paraissaient peu disposés à la lutte. Dans plusieurs de ses traités Pierre Damien se plaint de leur criminelle indulgence pour les vices du clergé. Il n'est donc pas surprenant qu'il leur ait souvent rappelé les impérieux devoirs de leur charge, qu'il ait suivi à la lettre le conseil de saint Paul : *Mais vous, veillez, travaillez en toutes choses, faites œuvre d'évangéliste, remplissez les obligations de votre ministère* [1].

On a déjà cité la lettre adressée par Pierre Damien aux cardinaux de l'Église romaine peu après sa promotion à l'évêché d'Ostie [2]. Il s'y montre plein de scrupules au sujet de ses obligations pastorales. Cette ardeur généreuse qui l'anime, il veut la communiquer à ses confrères. Pour quelques-uns, la chose était relativement aisée, pour son disciple Albert par exemple, auquel il parle en père et en ami. « Je vous prie et vous ordonne, dit-il, en vertu de mon autorité paternelle, mon vénérable frère Albert, de ne pas être attentif à l'administration temporelle de votre évêché au point de ne pouvoir suffire ensuite aux âmes qui nous sont confiées. Oui, celles-ci nous sont confiées et, de même que Dieu me les a livrées, je vous les ai passées à mon tour. Aussi est-ce à Dieu seul que nous devons l'un et l'autre en rendre compte. Cherchez donc à mener une vie très religieuse et à avoir une honnête réputation. La vie religieuse est nécessaire pour vous, la réputation à la fois pour vous et pour moi, ou plutôt moins pour vous et pour moi que pour ceux dont nous avons charge. Car si votre nom, — Dieu vous en préserve ! — est noté d'infamie, cette honte rejaillira sur moi et vous serez un exemple pernicieux pour ceux que vous devez instruire dans la vertu [3]. »

C'est parce qu'il est responsable devant Dieu des âmes dont il a la charge que l'évêque doit donner l'exemple de toutes les vertus. Albert était susceptible d'entendre l'appel adressé par Pierre Damien à sa conscience délicate. Il semble avoir

---

[1] II *Tim.*, IV, 5.
[2] Cfr *supra*, p. 179-180.
[3] *Epist.*, IV, 1 (PL, CXLIV, 297-298).

été une exception. Plus souvent le ton des lettres est commi-
natoire : Pierre est obligé d'insister à maintes reprises sur la
vanité des choses du monde; honneurs et dignités terrestres,
dit-il, ressemblent à la fumée que dissipe le vent, et il suffit
d'une bonne fièvre pour les réduire à néant comme nous-
mêmes [1] ! Aussi l'évêque doit-il avoir sans cesse les yeux fixés
sur le jugement qui accompagnera la mort : « Mon très cher père
et seigneur, tandis que le monde vous sourit, que votre santé
est florissante, que les biens de la terre vous charment, songez
à ce qui suivra ces heures de prospérité, examinez avec attention
et prudence l'avenir qui remplacera le présent. Supposez que ce
qui passe est déjà passé et que vous êtes le jouet d'un songe
et d'une illusion. Que votre esprit et vos yeux se reportent
sur les choses qui ne passeront plus le jour où elles seront
arrivées. Apercevez le terrible jour du jugement dernier,
la subite arrivée de l'infinie Majesté qui vous fera trembler.
Et surtout n'allez pas vous imaginer qu'il est loin ce jour que le
prophète nous fait entrevoir tout proche et pour ainsi dire
sur le seuil de notre demeure...» Pierre Damien évoque aussitôt,
en termes imagés, l'apparition du juge suprême et le dialogue
qui s'engagera entre l'accusateur et l'accusé. « Lorsque sera
révélé tout ce qui était secret, c'est à dire non seulement
nos actes et nos paroles, mais même nos pensées, que ferons-
nous ? Quelles excuses invoquerons-nous ? Que dirons-nous
pour notre défense ? Quelle pénitence aurons-nous à encourir
pour toutes celles que notre chair a méprisées ? Quelles œuvres
nous seront imposées pour celles que nous n'avons pas opérées
en cette vie ? Vers quels apôtres, vers quels saints nous réfu-
gierons-nous, nous qui aurons méprisé leurs exemples et leurs
paroles ? Sans doute, nous ferons valoir la fragilité de notre
corps, mais que répondront tous les saints qui, triomphant
de cette faiblesse de la chair en leur propre chair, nous ont enseigné à réaliser les sacrifices qu'ils ont eux-mêmes réalisés ?...
Alors ceux qui n'ont pas écouté les appels de Dieu en cette vie

---

[1] *Epist.*, IV, 6 (PL, CXLIV, 305-306).

entendront la sentence de condamnation [1] : *Allez, maudits,
au feu éternel qui est préparé au démon et à ses anges* [2].

La vision du jugement dernier embrase la plupart des lettres
de Pierre Damien aux évêques [3]. La brièveté de la vie, l'apparition toujours possible de la mort sont les thèmes ordinaires
des méditations qu'il leur propose dans l'espoir de les ramener,
par ces sombres perspectives, à des mœurs meilleures. En même
temps, il leur retrace en détail leurs devoirs spirituels et temporels.

A l'un il conseille de réformer ses mœurs et de ne pas se
laisser séduire par de trompeuses richesses [4]; à l'autre il enjoint
de ne pas recevoir de présents des mains des impies, afin de ne
pas participer à leurs péchés [5]. Il met en garde celui-ci contre
une gestion avare et cupide [6]; il reproche à celui-là d'aliéner
des biens destinés à nourrir les indigents et à secourir les veuves
et les orphelins [7]. C'est qu'il considère que l'évêque a d'abord
un rôle charitable que doit rehausser l'éclat de multiples vertus [8].
La charité engendrera chez lui la douceur évangélique, la
meilleure arme qu'il puisse mettre au service de l'Église. « La
vie que Notre-Seigneur a menée lorsqu'il a pris notre chair
est pour nous une ligne de conduite au même titre que sa prédication. En surmontant les obstacles d'un monde haineux non
par la vengeance, mais par une patience majestueuse et invain-
cue, le Christ nous a appris à supporter les assauts furieux
du monde plutôt qu'à répondre par des blessures à celui qui
nous blesse; il a également assigné aux rois et aux prêtres
une fonction particulière : il a confié aux uns les armes du siècle,
aux autres le glaive de l'Esprit qui est la parole de Dieu [9]. »

---

[1] Matth., XXV, 41.
[2] *Epist.*, IV, 15 (PL, CXLIV, 325-331).
[3] Cfr notamment *Epist.*, IV, 4, 5, 6, 8, 13.
[4] *Epist.*, IV, 8 (PL, CXLIV, 309-311).
[5] *Epist.*, IV, 7 (PL, CXLIV, 306-309).
[6] *Epist.*, IV, 1 (PL, CXLIV, 297-298).
[7] *Epist.*, IV, 12 (PL, CXLIV, 321).
[8] *Epist.*, IV, 2 (PL, CXLIV, 298-299).
[9] *Epist.*, IV, 9 (PL, CXLIV, 311-317).

Charitable et doux, l'évêque sera enfin un apôtre : il imposera
à son clergé la pratique des vertus de pureté et de pauvreté;
sa mission sera réformatrice. Responsable devant Dieu des
fautes commises par ses clercs comme des siennes propres,
il leur indiquera les moyens de triompher des cinq sens qui les
entraînent au mal. Suivant une comparaison chère à notre auteur,
il sera la sentinelle qui jette des cris dans la nuit, afin de se
tenir toujours en éveil. S'il ne s'endort pas, l'adversaire qui
veut pénétrer dans le camp, c'est à dire dans le cœur des
prêtres, ne pourra s'y glisser et prendra la fuite devant l'étendard
de la croix. [1]

Ainsi les évêques, synthèse vivante de toutes les vertus
chrétiennes, pourront accomplir l'œuvre de purification exigée
par la situation actuelle de l'Église. Pierre Damien se plaisait
à espérer que ses traités leur serviraient de guide dans cette
tâche ardue. Ce guide, il voulut le rendre parfaitement conforme à la doctrine de l'Église, et lorsqu'il se retira dans la solitude, avec sa modestie habituelle, il chargea deux de ses confrères de le reviser. «Puisque, leur disait-il, le moment approche
où je vais répondre devant Dieu de mes paroles, de mes écrits
et de mes moindres pensées, je vous supplie humblement,
avant ma mort si vous en avez le temps, après elle, si ce loisir
ne vous est pas donné, de relire avec la plus diligente attention
tous ceux de mes opuscules que vous pourrez recueillir. Si
vous y relevez une parole qui ne soit pas en harmonie avec la
règle catholique ou avec les saintes Écritures, supprimez-la
ou rectifiez-la, comme bon vous semblera, afin que, grâce à vous,
ce que mon ignorance aura altéré soit réformé et replacé dans
la droite ligne de la foi [2]. »

Cette pensée et cette doctrine, dont ils seront les gardiens,
les évêques les feront rayonner parmi le bas clergé, comme
Pierre Damien l'a tenté lui-même. Les lettres du livre V,
adressées à des « archiprêtres, archidiacres, prêtres et clercs »

---

[1] *Epist.*, IV, 15 (PL, CXLIV, 325-331).
[2] *Epist.*, IV, 11 (PL, CXLIV, 321-324).

leur indiquent comment ils doivent agir. A vrai dire, elles ressemblent beaucoup à celles des livres précédents : ce sont les mêmes exhortations à la pureté, à la pauvreté, à la charité, à la mansuétude.

La méthode, elle aussi, ne change guère : Pierre Damien ne se lasse pas d'attirer l'attention de ses destinataires, quels qu'ils soient, sur le jugement dernier et les peines éternelles dont la seule pensée sert à la fois d'épouvantail et de stimulant. Le Seigneur, dit-il, surgira dans la nuit et interrompra notre sommeil pour nous tenir ce langage : « Alors que je suis le Créateur, je me suis fait créature à cause de vous; pour vous, j'ai souffert moqueries et outrages, subi le supplice de la croix et enduré tous les tourments qui vous étaient dûs. Et vous, vous ne m'avez pas écouté, vous avez méprisé le culte et les commandements de ma loi. » Le clerc débauché, incapable de rien répondre à ce langage, aura l'enfer en partage, car « qui n'entend pas Dieu n'est pas entendu par lui [1] ».

Pour « faire entendre » Dieu, Pierre Damien reprend dans sa correspondance avec les clercs les idées qu'il a développées dans ses traités sur le nicolaïsme et la simonie. A un archiprêtre, dont le nom n'a pas été conservé, il commente le psaume XIII : *Ils se sont corrompus et sont devenus abominables dans leurs affections* [2]. Une autre fois, il rabroue les chapelains du duc Godefroy qui lui reprochaient d'être avare et qui prétendaient que les clercs pouvaient prendre femme, acheter les évêchés et autres dignités sacerdotales, à condition de recevoir gratuitement l'imposition des mains. A l'injure qui lui est personnellement faite, il ne daigne pas répondre, car, disciple des Apôtres et non pas de Démosthène ou de Cicéron, il doit de la pitié aux frères qui l'offensent. « Mais quant à ce que vous affirmez ensuite, ajoute-t-il, à savoir que les ministres de l'autel doivent se marier, je juge inutile de tirer le javelot de mes propres discours, alors que j'aperçois toute la milice

---

[1] *Epist.*, V, 3 (PL, CXLIV, 342-344).
[2] *Epist.*, V, 4 (PL, CXLIV, 344-346).

sacrée se dresser contre vous et l'armée des saints Pères s'avancer en rangs serrés. » Et il se retranche derrière les décisions
des conciles, maintes fois citées dans ses traités sur le célibat
ecclésiastique. Les prêtres lui opposaient la parole de saint
Paul [1] : *Que, pour éviter la fornication, chacun ait son épouse;*
à son tour, il leur reproche de l'interpréter faussement en assi-
milant aux laïques les ministres de l'autel : « Si saint Paul a dit :
que chacun ait son épouse, c'est parce qu'il s'adressait non
pas à des clercs, mais au peuple, ainsi que le prouvent les
premiers mots de l'épître [2]. *Il m'a été dit, mes frères, que des
rivalités s'étaient élevées entre vous...* D'où il résulte que saint
Paul ne reprenait pas ses prêtres, mais les fidèles qui versaient
dans le schisme en voulant se rattacher à l'enseignement de
tel ou tel docteur [3]. » Cette interprétation est douteuse : le mot
*frères* peut évidemment s'appliquer à d'autres qu'aux laïques;
en réalité, dans cette épître, saint Paul ne songe nullement à
condamner le mariage des prêtres qui ne sera définitivement
prohibé qu'après le triomphe du christianisme, mais il invite,
en termes pressants, ses disciples à l'imiter lui-même et à imiter
le Christ en gardant leur virginité [4].

Tandis qu'il blâme les prêtres indignes, Pierre Damien
encourage ses compagnons de lutte, afin qu'ils ne se lassent
pas de mener le bon combat. « Mes très chers frères, écrit-il
aux clercs patares de Milan, accablez l'armée diabolique, ne
vous laissez pas défaillir par pusillanimité, mais, comme de
vrais fils de Benjamin, avec votre ardeur habituelle, combattez
des deux mains, et avec le glaive du Verbe divin coupez la tête
du monstre bicéphale... L'église de Milan a connu souvent
ces rivalités dogmatiques, à commencer par celle d'Auxence
et d'Ambroise : celui-là attaquait avec rage, celui-ci le repous-
sait comme avec une fourche, à l'aide de textes de l'Ancien
et du Nouveau Testament; celui-là, comme une vipère, répan-

[1] I *Cor.*, VII, 2.
[2] I *Cor.*, I, 11 et suiv.
[3] *Epist.*, V, 13 (PL, CXLIV, 358-367).
[4] I *Cor.*, VII, 6-7, 32-33.

dait le poison de ses erreurs, celui-ci déchainait les sources
pures de la fontaine d'en haut; celui-là plongeait dans le tar-
tare ceux qu'il avait entraînés pour les nourrir d'un lait vénéneux
et les charmer de ses ruses trompeuses; celui-ci, par la douceur
de la doctrine apostolique, les élevait aux récompenses de
la gloire céleste; celui-là aveuglait ceux qui croyaient en lui;
celui-ci illuminait ceux qui obéissaient à sa parole sacerdotale
des splendeurs de la vraie foi et des flambeaux de la grâce
éternelle. Aussi ne puis-je que vous crier de toutes mes forces,
mes très chers frères : le Dieu tout-puissant vous ouvrira les
portes du royaume céleste et, grâce aux prières de votre bienheureux pontife, Ambroise, il détournera de vous les souil-
lures de l'esprit ténébreux. Qu'il vous permette de persévérer
dans cette vérité, comme vous l'avez fait jusqu'ici, d'affermir
en vous, en face de toutes les doctrines perverses, votre foi
apostolique, d'observer, au cours de ce voyage terrestre, une
sage conduite, afin que vous puissiez vous réjouir sans fin avec
lui, l'auteur de toute vie, dans la Jérusalem céleste [1]. »

Une autre épître, adressée à ces mêmes clercs de Milan
pour les féliciter de leur constance, est également toute paternelle [2]. Pierre Damien sait aussi bien prodiguer les encouragements à la vertu que reprendre les coupables endurcis. Ce double
aspect de sa correspondance se retrouve dans les lettres, très
nombreuses, adressées aux abbés et aux moines qu'il considère
comme ses collaborateurs plus intimes et auxquels il veut
imposer dans toute sa rigueur son idéal de pénitence et d'ascétisme.

Dans ses traités Pierre Damien a pour doctrine essentielle
que rien ne vaut la vie érémitique. Exhortations à ceux
qui lui paraissent capables de l'affronter, reproches à ceux qui
la désertent lâchement remplissent sa correspondance monastique.

Un jour, on consulte Damien sur un cas difficile : un abbé

---

[1] *Epist.*, V, 14 (PL, CXLIV, 367-369).
[2] *Epist.*, V, 15 (PL, CXLIV, 369).

se plaignait qu'un moine eût quitté son cloître pour s'enfuir
dans la solitude et il prétendait que le dit moine avait par là
violé la règle de saint Benoît. Pierre court chercher le texte
même de la règle et constate joyeusement que le chapitre
premier prévoit l'existence des anachorètes ou ermites, armée
d'élite dans la guerre contre la chair et les mauvaises pensées.
« D'où il résulte que ce docteur non seulement n'a empêché
aucun moine d'abandonner son abbaye pour le désert, mais
qu'il conseille, enseigne et persuade par tous les moyens possibles que c'est une chose à faire. » La vie monastique n'est au
contraire qu'une préparation à la vie érémitique qui, après
ces épreuves, paraîtra singulièrement douce : telle la splendide
Rachel pour Jacob, après les années passées en compagnie
de Lia [1].

On a cité plus haut [2] la lettre de Pierre à son neveu Damien
qui, épris du même idéal ascétique que lui, supportait avec
peine que dans son monastère on lui reprochât ses excès.
L'oncle, si respectueux qu'il soit de la discipline, ne peut
s'empêcher de se réjouir : « J'ai su, lui écrit-il, par le moine
Hubaud, que vous aviez fait preuve dans votre noviciat d'une
vraie ferveur. Pendant que la mauvaise saison embrumait
les Alpes, m'a dit Hubaud, pendant que la neige s'amoncelait
sur le sol et sur le toit des maisons, vous, quittant vos vêtements,
en cachette vous vous plongiez nu dans cette neige glacée
où l'un de vos frères vous a trouvé enseveli et à demi mort.
Et comme il vous reprenait sévèrement, vous lui avez, paraît-il,
répondu : la chair veut me tuer, mais je la tuerai plutôt. Peu
de temps après, on vous releva encore je ne sais où, enveloppé
dans le même manteau de neige. J'avoue que selon la règle
un tel fait méritait une correction, mais, pour moi, je préfère
voir une ardeur généreuse dépasser la mesure plutôt que la
torpeur et la lâcheté envahir des âmes molles. Il est plus com-
mode de ramener à son juste contenu le vase qui déborde que

---

[1] *Epist.*, VI, 12 (PL, CXLIV, 392-396).
[2] Cfr *supra*, p. 178.

de remplir celui qui ne l'est pas assez. Il est plus difficile de donner des rameaux au tronc d'arbre qui n'en a pas que d'émonder ceux qui sont superflus. De même aussi, on apprécie plus le cheval impatient de courir et qu'il faut retenir que celui dont on laboure les flancs par l'éperon, afin de secouer sa paresse. » Mais il y a un moyen de concilier les exigences de la règle et les aspirations ascétiques du jeune Damien : qu'il abandonne sa trop clémente abbaye pour se réfugier dans le désert [1] !

Le moine Guillaume avait pris l'engagement de se faire ermite; il promettait toujours et toujours différait sa venue. Sans doute il alléguait quelques timides raisons. Il ne pouvait se priver de vin et trouvait l'eau trop fade à son goût ! Pierre Damien s'ingénie à le convaincre de la supériorité de l'eau qui purifie l'âme, féconde le sol et triomphe de la dureté de la pierre. « Mais peut-être, ajoute-t-il, direz-vous encore : je souffre de la tête, l'estomac me pèse. Pour cela vous recourez aux remèdes de gens mous, de moines qui vivent selon la chair. Est-ce une excuse, alors que l'eau guérit les malades, et que souvent le vin tue ? Le Précurseur ne s'est-il pas rapidement guéri, lui qui s'est toujours abstenu de vin ? » Pierre invoque aussi l'exemple de Noé qui, jusqu'à l'âge de six cents ans, n'avait pas bu de vin et qui, du jour où il planta la vigne, connut les hontes de l'ivresse, celui de Loth auquel le vin fit perdre la vertu de pureté et commettre inconsciemment les pires incestes. Et il conclut avec Salomon : *Luxuriosa res vinum* [2] !

Guillaume a été l'objet de quelques railleries pour n'être pas accouru au désert. Autrement coupables étaient ceux qui, après avoir embrassé la vie érémitique, l'avaient abandonnée. C'était le cas d'un certain Gebizon qui, n'ayant pu se plier aux exigences de la discipline, avait accepté d'être abbé d'un monastère que son frère avait construit. Pierre Damien lui reproche d'avoir délaissé son épouse légitime pour suivre une courtisane, et, sans l'obliger à reprendre la vie érémitique,

---

[1] *Epist.*, VI, 22 (PL, CXLIV, 404-407).
[2] *Epist.*, VI, 23 (PL, CXLIV, 407-413).

il le supplie tout au moins, pour tuer la vanité et éviter la damnation, de se démettre de sa dignité abbatiale. « Pour conclure,
ou revenez à ce que vous avez méprisé, ou contentez-vous de
poursuivre votre salut en étant simple moine, soumis à un prieur,
en formant dans la chasteté des fils spirituels, afin que votre
abaissement vous élève aux yeux du Rédempteur et vous
obtienne un jour la récompense promise à l'humilité sincère [1]. »

En multipliant les exemples, on arriverait toujours à la
même conclusion : pour arracher ses contemporains aux vices
du siècle, Pierre Damien essaie de les entraîner loin des hommes,
afin de mieux briser les ardeurs de leur chair par mille austérités.

Ses traités astreignent le moine au jeûne et à la flagellation.
Dans sa correspondance, même appel aux privations et aux
coups qui affaiblissent et meurtrissent la chair, source de tout
péché. Les moines de Gamergno se laissent-ils gagner par
l'esprit du siècle, Pierre, aussitôt, leur renouvelle sa défense
de boire du vin pendant l'Avent et le Carême, de manger du
poisson, sauf aux grandes fêtes, d'user trop souvent de légumes
et de pain, d'employer enfin leurs ressources à se nourrir, au
lieu de faire l'aumône [2]. Le moine Pierre se plaint-il d'avoir
reçu, pour de sottes paroles, une correction trop vigoureuse,
Damien lui cite et lui commente un passage du Deutéronome
ordonnant aux juges de faire fouetter les coupables devant eux
et de proportionner le châtiment à la faute, sans dépasser
toutefois quarante coups de verges. Ce chiffre quarante est
d'ailleurs sacré et le moine à la peau délicate devrait se réjouir
d'avoir reçu autant de coups de discipline que le Seigneur
est resté de jours dans le désert ! Le même moine se plaint
de l'obligation qu'on lui impose de se donner cette affreuse
discipline en récitant les psaumes. Il a tort : rien ne purifie
davantage, et de même que deux ou trois jours de jeûne valent
mieux qu'un seul, plutôt que quarante coups de verges, le
solitaire préférerait en recevoir cinquante, soixante, cent,

---

[1] *Epist.*, VI, 9 (PL, CXLIV, 387-391).
[2] *Epist.*, VI, 32 (PL, CXLIV, 422-432).

mille [1]. Cependant tout en maintenant le supplice du fouet et en l'accentuant pendant le carême, Pierre reconnaît qu'il faut le modérer pour les tempéraments faibles auxquels la crainte sera aussi salutaire que la douleur pour les moines robustes [2]. Il voudrait voir cette pieuse habitude s'étendre aux séculiers ; il en fait presque une obligation de conscience aux clercs de Florence qui prétendaient que pareille coutume était contraire aux canons. Excellente pénitence enfin à infliger aux laïques cette salutaire flagellation « afin que la chair, qui nous a joyeusement précipités en exil, nous ramène, meurtris et affligés, à notre patrie [3] ».

Ce ne sont pas seulement ces deux obligations essentielles que Pierre Damien rappelle aux moines avec une âpre ténacité. Il est encore plein de sollicitude quand il s'agit de critiquer leurs péchés divers, de les mettre en garde contre les tentations, de les inviter à la prière et à la méditation. Rien de plus curieux à cet égard que sa lettre à des moines latins qui se rendaient à l'abbaye de Sainte-Marie de Constantinople : il les invite à ne pas oublier leur foi en ces pays étrangers, à ne pas s'éloigner de leur règle de vie, car tout pays de la terre fait partie du royaume de Dieu, et partout où règne Dieu, il faut rester pur, chaste et mortifié [4].

Certaines lettres enfin renferment des conseils de vie spirituelle. Pierre Damien recommande la dévotion à la Vierge, la récitation quotidienne de son office : Marie, comme mère de Dieu, mérite les louanges des hommes, jointes à celles des anges, puis il est bon pour nous d'avoir un refuge auprès d'elle, car, parmi les saints, elle a la première place. La dévotion à la Sainte Vierge enfin doit aller de pair avec la méditation de l'Écriture ; ces deux pratiques permettront de triompher du démon et des tentations profanes [5].

---

[1] *Epist.*, VI, 27 (PL, CXLIV, 414-417).
[2] *Epist.*, VI, 34 (PL, CXLIV, 432-434).
[3] *Epist.*, V, 8 (PL, CXLIV, 352).
[4] *Epist.*, VI, 13 (PL, CXLIV, 396-397).
[5] *Epist.*, VI, 29 (PL, CXLIV, 419-422).

On a vu plus haut que, pour garder intacts les principes de la vie monastique, Pierre Damien compte plus spécialement sur les abbés. Aussi ne craint-il pas de s'adresser aux plus illustres d'entre eux. Il entretient des relations suivies avec Didier du Mont-Cassin : il le supplie d'être sévère pour lui-même, d'aimer le jeûne, de se faire donner la discipline en présence de ses frères, de confesser publiquement ses fautes personnelles [1]. De la sorte, l'exemple et l'humilité de leur père spirituel entraîneront les moines dans la voie de la perfection. « Vous, mon vénérable frère, gardez la maison de Dieu avec le troupeau qui vous est confié... Ne vous laissez pas atteindre par les flatteries, afin que, comme Tobie, vous ne soyez pas aveuglé, pendant que les vaines paroles des hommes vous charment... [2] »

Évêques, prêtres, moines, n'ont pas été seuls évangélisés par Pierre Damien. La réforme des mœurs, le retour aux vertus chrétiennes s'imposent aux laïques comme aux clercs.

Quelques lettres sont adressées à de grands personnages. L'empereur Henri IV a essuyé de véhéments reproches pour avoir méconnu dans sa vie privée comme dans la conduite des affaires publiques les lois de la morale chrétienne [3]. Le marquis Renier avait, lui aussi, quelques dettes à acquitter envers Dieu : Pierre Damien lui prescrivit comme pénitence un pèlerinage à Jérusalem. Comme Renier ne paraissait pas manifester une hâte excessive et imaginait de bons prétextes pour différer son départ, Pierre se crut obligé d'insister : « Je vous ai enjoint, lui écrivait-il, en raison des péchés que vous m'avez avoués, d'aller à Jérusalem et d'apaiser par ce long voyage la justice de Dieu. Mais vous, qui ne savez pourtant pas ce que vous réserve le lendemain, vous ajournez toujours, et, tandis que vous redoutez les difficultés de la route, vous compromettez votre arrivée au port. » Damien n'admet aucune des raisons invoquées, car, lorsque le salut de l'âme est en jeu,

---

[1] *Epist.*, II, 11 (PL, CXLIV, 275-278).
[2] *Epist.*, II, 12 (PL, CXLIV, 278).
[3] *Epist.*, VII, 3 (PL, CXLIV, 437-442).

il ne peut y avoir aucun motif d'abstention [1]. Comme Renier, Pierre, « investi d'une dignité sénatoriale », n'avait pas rempli tous ses devoirs envers l'Église : il avait notamment entrepris la construction d'un monastère, mais son œuvre restait inachevée. Pierre Damien lui commente [2] la parole de saint Luc : *Cet homme a commencé à bâtir et n'a pas su couronner son édifice* [3]. Qu'il s'agisse enfin d'Albert, « homme très illustre, » oublieux de ses obligations religieuses, peu respectueux pour ses parents, Pierre intervient encore armé de multiples textes [4].

Ces lettres ne touchent qu'à des points de détail : elles concernent surtout la vie privée des rois et des seigneurs. Celles adressées au préfet de Rome, Cinthius, sont infiniment plus curieuses parce qu'elles prouvent que l'ermite, détaché du monde, comprenait l'importance chrétienne des devoirs d'État. Pour lui, tout chrétien est, par la grâce de Dieu, un prêtre du Christ, et l'homme qui détient une parcelle de l'autorité, qui siège dans les tribunaux par exemple, est investi d'un sacerdoce spécial. Or, le prêtre doit réaliser un double but : faire rayonner la doctrine de l'Église et resplendir lui-même de sainteté. Le fonctionnaire laïque est astreint aux mêmes obligations. « Que le glaive aiguisé que vous tiendrez, est-il dit dans une lettre à Cinthius, paraisse provenir de la bouche de Jésus ; que votre javelot effraie le cœur orgueilleux des rebelles ; qu'il défende contre toute violence les droits des pauvres, des orphelins et des prêtres. Que ceux qui transgressent les lois trouvent en vous un vengeur de la justice ; que ceux qui dirigent les églises apprécient leur gardien énergique et vigilant ! Soyez par votre modération le disciple de David qui fit preuve de clémence pour ceux qui voulaient attenter à sa vie, mais fut toujours attentif à punir le meurtre de son prochain. Imitez aussi Judas, fils de Machabée, qui bondissait contre ses ennemis et abattait sous le glaive vengeur les têtes orgueilleuses des tyrans, afin

---

[1] *Epist.*, VII, 17 (PL, CXLIV, 455-458).
[2] *Epist.*, VIII, 5 (PL, CXLIV, 470-473).
[3] Luc, XIV, 30.
[4] *Epist.*, VIII, 3 (PL, CXLIV, 466-468).

de protéger les siens contre les farouches barbares. Défendez les libertés de l'Église et combattez pour elle ; punissez ceux qui oppriment les pauvres ; tenez ferme la balance de l'équité et de la justice ; oubliez vos préoccupations personnelles pour veiller constamment sur l'État. Puisse Rome se flatter d'avoir en vous le sauveur, le père de la patrie, et l'Église se féliciter d'avoir trouvé un éminent défenseur. Après votre mort, l'une et l'autre conserveront votre mémoire et béniront votre nom [1]. »

La fin de cette lettre est encore plus caractéristique : Pierre Damien supplie Cinthius de préférer les intérêts de l'État aux siens propres, de n'avoir d'autre souci que de bien administrer et de rendre scrupuleusement la justice. Dans une autre lettre, il lui reproche même de trop prier, de négliger pour ce fait ses devoirs d'état. « Rendre la justice, lui dit-il, n'est-ce pas prier [2] ? » Cette conception mérite d'être relevée : si, pour Pierre Damien, la fonction du moine est de se mortifier, de vivre avec Dieu par la méditation, le laïque doit, pour plaire à Dieu, être d'abord attentif aux devoirs que lui impose le siècle ; c'est en les accomplissant strictement qu'il glorifiera Dieu à sa manière.

Certaines lettres enfin sont adressées à des femmes. Ce sont des conseils de direction spirituelle qui font apercevoir le solitaire sous un jour encore nouveau. Cet homme, si dur pour les moines, si sévère pour les rois et seigneurs qui ne remplissent pas leurs obligations temporelles, a su pénétrer les délicatesses de l'âme féminine et poursuivre avec des princesses comme avec des nonnes des entretiens d'un parfum mystique.

L'impératrice Agnès, forcée d'abandonner la régence, s'était retirée du monde et avait finalement échoué au monastère de Sainte-Pétronille, à Rome, où elle ne songea plus qu'à goûter les délices d'une vie toute spirituelle. Cette résolution lui a été sans doute inspirée par Pierre Damien que, lors de sa vie publique, elle avait connu et apprécié. De son côté, Pierre,

---

[1] *Epist.*, VIII, 1 (PL, CXLIV, 461-464).
[2] *Epist.*, VIII, 2 (PL, CXLIV, 464-466).

qui la compare à la reine de Saba, paraît l'avoir tenue en haute estime pour son humilité et pour son amour de la pauvreté qui, d'épouse de l'empereur, l'avaient rendue, disait-il, épouse du Christ [1]. Agnès éprouva une certaine difficulté à s'adapter à sa nouvelle existence, surtout lorsque Pierre eut regagné sa solitude et que ses deux autres confidents, Renaud, évêque de Côme, et une cousine du nom d'Hermesinde eurent quitté Rome. « L'obligation du silence, lui écrivait l'ermite, vous pèse ; vous regrettez l'absence de vos compagnons, et pourtant, lorsqu'ils étaient là, vous éprouviez souvent le besoin de vous isoler d'eux. Ainsi nous supportons ce qui nous est donné gratuitement ; nous jouissons davantage de ce que nous avons difficilement obtenu ; nous faisons peu de cas de ce qui est surnaturel, et nous souhaitons ce qui paraît nous manquer. Mais que votre âme, tout enflammée du divin amour, ne se laisse pas abattre par l'absence de compagnons humains ; plus elle méprisera les consolations de la terre, plus elle aura chance d'être visitée par l'Esprit-Saint... Consolez-vous donc, vénérable dame, et bannissez de votre cœur tout ennui et tout chagrin. Que le Christ soit votre interlocuteur, votre hôte et votre convive ; qu'il soit votre joie, votre pain quotidien, un aliment d'une intime saveur. Avec lui priez, avec lui levez-vous ; qu'il soit avec vous dans votre sommeil ; couvrez-le de vos pudiques baisers et réalisez la parole d'Isaïe [2] : *L'époux se réjouira en son épouse et Dieu se réjouira en toi* [3]. »

Le ton des autres lettres est identique : mêmes consolations, mêmes élans mystiques. La solitude paraissait à l'impératrice chaque jour plus dure ; il fallait lui faire prendre patience. Pour l'exhorter à la résignation, n'y avait-il pas plus belle leçon que celle donnée par le Christ, acceptant sans murmure crachats, opprobres, soufflets, flagellations ? « Pensez à tout cela, madame, supportez avec patience et avec l'aide de Jésus toutes

---

[1] *Opusc.*, LVI, 1 (PL, CXLV, 807-810).
[2] Is., LXII, 5.
[3] *Epist.*, VII, 6 (PL, CXLIV, 443-445).

les peines de cette vie. Lorsqu'il viendra pour juger les hommes, vous serez l'une des vierges sages, vous irez au devant du divin époux, et vous recevrez en échange de la pourpre de ce monde le manteau de l'immortalité, au lieu d'une couronne de métal terrestre un diadème de pierres précieuses fabriqué dans le ciel [1]. »

Malgré ces paternelles consolations, la résistance d'Agnès eut une fin : au bout de deux ans, elle reprit le chemin de l'Allemagne, où son fils s'était brouillé avec l'archevêque de Cologne. Pierre Damien fut peu satisfait de cette fugue. « Je ne puis dire, lui écrivait-il, combien j'éprouve de chagrin en attendant la joie de votre retour. Pourquoi ai-je si mollement consenti à votre départ ? Pourquoi ne m'y suis-je pas opposé et n'ai-je pas saisi vos chevaux à la bride ? Sans vous Rome pleure, l'Église de saint Pierre est en larmes ; dans toute l'Italie, hommes pieux et saintes femmes font entendre leurs lamentations... Revenez donc, madame, revenez rendre la joie à ceux qui gémissent et qui regrettent de ne plus voir la plus belle étoile du ciel luire au-dessus du monde romain [2]. »

Béatrix, épouse du duc Godefroy de Lorraine, plus encore qu'Agnès, a été illuminée par la flamme monastique jaillie de Fonte-Avellana. Renonçant à la vie conjugale, d'un commun accord avec son époux, elle vécut auprès de lui comme une sœur. Cette mortification volontaire apparut à Pierre Damien comme le plus éclatant triomphe que l'esprit pût remporter sur la chair. « Votre illustre époux, écrivit-il à Béatrix, m'a fait part, devant les reliques du prince des Apôtres, de votre saint désir et de sa pieuse intention de vivre désormais dans l'état de chasteté. Aussitôt, *je me suis réjoui de ce qui m'a été dit* [3]. Ainsi est brisée pour vous l'antique malédiction qui écrasa la première femme : *Vous serez sous le pouvoir de l'homme et il sera votre maître* [4]. » Et après avoir exhorté Béatrix à une

---

[1] *Epist.*, VII, 7 (PL, CXLIV, 446).
[2] *Epist.*, VII, 8 (PL, CXLIV, 447).
[3] *Ps.*, CXXI, 1.
[4] *Gen.*, III, 16.

pratique plus sévère de toutes les vertus chrétiennes, il lui prédit qu'elle prendra place un jour sur la liste des saintes femmes [1].

D'autres dames illustres ont ouvert leur âme à Pierre Damien. Telle l'épouse du marquis Renier qui paraît avoir été plus pieuse que son mari. Pourtant, elle n'a jamais été, comme Béatrix, une nonne égarée dans le siècle. Damien, avec le sens de la mesure qui le caractérise, s'est contenté de lui tracer un programme de vie chrétienne, mais laïque. Éviter de prendre ce qui appartient aux veuves et aux orphelins, considérer l'avarice comme un aspect du culte des idoles, user charitablement de sa fortune, se défier de l'orgueil, accomplir la volonté de Dieu, afin d'être digne un jour de l'éternité, tels sont les devoirs principaux que la religion impose aux personnes qui vivent dans le siècle.

Une telle morale n'a rien qui soit excessif. Pierre Damien est plus sévère pour les nonnes. Dans les lettres adressées à ses sœurs qui, devenues veuves, avaient embrassé la vie monastique [2] ou à la mystique Hermesinde [3], on retrouve ses idées favorites sur le mépris du siècle, la pureté et la chasteté. « Puisque, mes très chères sœurs, écrit-il aux premières, vous avez fait profession de continence; puisque, non contentes de vous unir à l'immortel Époux, vous avez décidé de réprimer et de crucifier en vous les ardeurs de la chair, gardez-vous de jamais nuire à votre prochain et supportez avec patience les calomnies dont vous serez l'objet... L'Apôtre a dit : *Celle qui n'est pas mariée est soucieuse des choses du Seigneur, afin d'être sainte de corps et d'esprit; celle qui est mariée est soucieuse des choses du monde, afin de plaire à son époux* [4]. Ainsi l'épouse s'attachera à procurer de la joie à son mari qui doit périr un jour, mais combien la veuve doit-elle davantage se rendre agréable au céleste Époux qui régnera dans les siècles des siècles ? L'épouse

---

[1] *Epist.*, VII, 14 (PL, CXLIV, 451-454).
[2] *Epist.*, VIII, 14 (PL, CXLIV, 489-497).
[3] *Epist.*, VIII, 12 (PL, CXLIV, 485-489).
[4] I *Cor.*, VII, 34.

met au service de l'époux tous ses charmes physiques; combien
la veuve doit-elle plus encore déployer devant Dieu ses vertus
qui sont autant de fleurs éclatantes ? Celle-là veille à la beauté
de son visage que rien ne devra troubler; celle-ci évitera de
ternir la beauté de son âme par des haines ou des désirs mauvais. »
Sainteté parfaite de corps et d'esprit, tel est donc l'apanage
des nonnes : qu'elles aient de la patience dans leurs tribulations, qu'elles ne cessent de prier, qu'elles se confessent fréquemment et avec sincérité, et surtout qu'elles aient de la
mansuétude envers leurs ennemis, de la miséricorde pour
les pauvres, et elles seront vraiment dignes de Dieu.

Malgré la variété des lettres, en harmonie avec le caractère
particulier du destinataire, préparer le règne de Dieu est toujours
le but final du saint. Ses sermons trahissent le même effort
constant pour faire monter la sève chrétienne et monastique
parmi les rameaux desséchés du grand arbre social.

Quelques sermons peu intéressants, et d'ailleurs en petit
nombre, ne sont qu'un commentaire subtil et mystique de
l'Écriture. D'autres sont des dissertations, peu originales et
parfois pénibles, sur les vices inhérents à la nature humaine.
Tel le sermon sur le combat spirituel [1] ou celui sur le bavar-
dage [2] où la conversation est comparée à l'estomac auquel il
suffit d'une digestion difficile pour souffrir de longues tortures.
Plus souvent, Pierre Damien rattache son enseignement moral
à la liturgie. On a de lui des sermons pour la plupart des fêtes
de l'année. L'anniversaire de la Cène par exemple l'inspire
très heureusement : pour lui, la grande leçon de l'Eucharistie,
c'est l'humilité : puisque le Christ s'abaisse jusqu'à changer
le pain de la terre en son corps et le vin en son sang, il faut
que l'âme humaine soit digne de lui; elle y parviendra en renonçant à toutes les vanités de ce monde : « Oui, certes, il est
ignoble pour nous d'être esclaves des vices de la chair, alors
que Dieu nous adopte et que par lui nous entrons dans la royale

---

[1] *Sermo* 74 (PL, CXLIV, 919-924).
[2] *Sermo* 73 (PL, CXLIV, 912-918).

famille. Il est non moins honteux d'être adonnés à la concupiscence, nous qui sommes appelés les fils de Dieu et qui,
par la grâce du Christ, obtenons une part du céleste héritage.
Aussi faut-il que nous soyons les disciples de notre Maître
crucifié et que nous renoncions nous-mêmes à ce siècle. Que
nul souci temporel ne nous empêche de porter notre croix
derrière notre maître et notre Seigneur ; que nul amour terrestre
et nulle passion charnelle ne nous éloignent de lui ! Dirigeons
les yeux de notre foi et de notre piété vers ce chemin de la croix
qu'il a foulé et que nous avons résolu de suivre à notre tour,
afin que nous puissions atteindre Celui qui ménage la gloire
de la Résurrection [1]. »

Même idée du renoncement dans les sermons qui ont trait
aux fêtes de la croix, à celle de l'Invention, le 3 mai, et à celle
de l'Exaltation, le 14 septembre. Pierre est transporté par une
sainte allégresse à la pensée que l'on a pu retrouver le signe
de la religion chrétienne, car, partout où se dresse la croix, le
Christ remporte une victoire éclatante, le démon prend la
fuite. Et, après avoir analysé, suivant une méthode chère aux
commentateurs du moyen âge, les différentes figures de la
croix, il en vient à la nécessité de l'adorer, comme l'ont fait
depuis le commencement du monde les patriarches et les prophètes. Sans elle, conclut-il, notre rédemption n'est pas possible ; régénéré par l'eau du baptême, l'homme ne peut opérer
son salut, s'il n'imite en toutes choses le Christ rédempteur.
« Il ne suffit pas de prendre la croix comme étendard ; il faut
encore prouver son christianisme par ses œuvres, à l'image
de celui qui a pu dire : *Je porte sur mon corps les stigmates de
Jésus* [2]. Purifions-nous donc, mes très chers frères, de toute
souillure du corps et de l'esprit ; brisons le choc des vices
qui nous assaillent ; domptons les passions de la chair ; soyons
compatissants pour notre prochain, quand il est dans la détresse ;
supportons patiemment les injures qui nous sont adressées. Que

---

[1] *Sermo* 10 (PL, CXLIV, 353-357).
[2] *Gal.*, VI, 17.

notre âme soit dégagée du poids de toute cupidité terrestre, afin que, portée par les ailes d'un saint amour, elle s'élève au-dessus du monde, qu'elle retourne vers son créateur et se repose doucement en lui ! Que les choses que nous voyons soient toutes un objet de dégoût pour nous. Par un travail incessant, hâtons-nous d'accourir vers la destinée que notre foi nous révèle. Telle est la croix que nous devons porter par notre vie et par nos actes ; prenons-la chaque jour à la suite du Seigneur, afin de participer vraiment à sa passion [1]. »

C'est donc toujours l'imitation du Christ flagellé et crucifié que Pierre Damien propose aux fidèles. Pour être chrétien, il ne suffit pas d'être baptisé ; il faut encore se détacher du monde, renoncer aux passions de la chair, souffrir, en un mot se crucifier soi-même. Son idéal chrétien se résume en ces deux paroles [2] : *Si quelqu'un veut me suivre, qu'il se renonce, qu'il prenne sa croix et qu'il me suive*, et : *Nous prêchons Jésus crucifié, scandale pour les Juifs, sottise pour les Gentils*. Elles servent de thème aux austères méditations auxquelles il conviait les fidèles le jour de l'exaltation de la Sainte-Croix [3].

La fête de la Toussaint se prêtait, elle aussi, à de semblables commentaires [4] : la couronne répond à l'effort, dit Damien ; l'évangile des béatitudes [5] indique les moyens de parvenir à ce ciel vers lequel Pierre Damien s'élevait si souvent par la pensée et l'imagination. L'Épiphanie était l'objet d'interprétations symboliques : l'étoile qui brille dans la nuit, c'est l'homme qui éclaire le monde par la divine sagesse ; la myrrhe c'est la pureté de la chair ; l'encens, c'est la piété ; la Vierge Marie, qui tient l'enfant, incarne elle-même sagesse, pureté, piété [6].

Les fêtes de la Vierge ont d'ailleurs inspiré à Pierre Damien

---

[1] *Sermo* 18 (PL, CXLIV, 601-611).
[2] Luc, IX, 23 et I *Cor.*, I, 23.
[3] *Sermo* 48 (PL, CXLIV, 766-777).
[4] *Sermo* 55 (PL, CXLIV, 811-815).
[5] Matth., V, 3-11
[6] *Sermo* 1 (PL, CXLIV, 505-514).

quelques-uns de ses plus beaux sermons. L'homme est obligé
à une dévotion toute particulière envers celle qui a l'insigne
mérite d'avoir donné le jour au Christ. En outre, Marie doit
être plus spécialement la patronne des mères chrétiennes ;
elle leur enseigne à supporter vaillamment les peines qui peuvent
résulter de la maternité. *Un glaive de douleur transpercera
votre cœur* [1], lui avait dit le saint vieillard Siméon au jour de
la Présentation. Les mères ne devraient-elles pas toutes s'appliquer cette parole à la naissance de leurs enfants au lieu de
s'abandonner aux illusions trompeuses ? En apprenant à souffrir
avec Marie, elles se ménageraient un jour une part de sa gloire [2].

Pierre Damien a enfin prononcé de nombreux panégyriques
qui, tous, ont une portée morale. Chaque confesseur, chaque
martyr s'est illustré par une vertu dominante qui peut être
proposée à l'imitation des fidèles. Parmi ces panégyriques les
plus intéressants sont relatifs aux patrons de l'église de Ravenne,
à saint Apollinaire, saint Vital et saint Sévère. On a conservé
trois éloges de saint Apollinaire [3] ; ils exaltent surtout l'apôtre
et le martyr. Pierre Damien a toujours prêché aux moines,
évêques, laïques, la nécessité de donner l'exemple. A cet égard,
saint Apollinaire lui apparaît comme un excellent modèle :
avant d'enseigner la doctrine, il s'en instruit lui-même et la
met en pratique. Quel sujet de réflexions pour les néophytes
insensés qui veulent former des disciples avant de connaître
le Christ et de vivre conformément à sa règle ! « Vous donc,
mes très chers frères, faites un retour sur vous-mêmes et examinez
vos actes avec diligence ; après avoir entendu l'éloge du saint
martyr, ayez soin d'avoir, vous aussi, une vie digne de louange...
A quoi sert d'apercevoir ceux qui vous ont précédés élevés
au plus haut ciel, si vous vous précipitez, tête baissée, vers
les abîmes ? A quoi sert de célébrer les triomphes des grands
guerriers, si vous ne rougissez de prendre la fuite ? Si donc
vous vous réjouissez des actions d'éclat des martyrs, prenez

---

[1] Luc, II, 35.
[2] *Sermo* 45 (PL, CXLIV, 740-748), cfr aussi les *sermons* 11, 40, 44.
[3] *Sermo* 30, 31, 32 (PL, CXLIV, 666-680).

vos armes et enrôlez-vous parmi les chevaliers du Christ. Si vous n'avez pas d'ennemis au dehors, tournez vos regards vers vous-mêmes, et vous découvrirez en vous des citoyens rebelles. Domptez votre orgueil, étranglez votre colère, éteignez vos passions, réprimez toute avarice, toute envie et, pour me résumer avec l'apôtre : *crucifiez votre chair avec tous ses vices* [1]. Voilà qui est agir avec courage, voilà qui est combattre virilement [2]. »

Saint Vital ressemble beaucoup à saint Apollinaire. Comme lui, il s'est armé pour la lutte. Il est un guide précieux surtout pour les laïques, car, avant d'être confesseur et martyr du Christ, il a été marié, et de sa femme Valérie, aussi vertueuse que lui, il a eu deux fils. A son foyer, ni avarice ni luxure : au lieu de se perdre mutuellement comme le premier couple humain, l'époux et l'épouse se soutenaient par la pratique des vertus chrétiennes, du jeûne, de la flagellation, afin d'être capables un jour de mourir pour le Christ. C'est pour eux que l'Écriture a dit : *Ce que Dieu a uni, que l'homme ne le sépare point* [3] ! Après un exil de quelques jours, ils ont été admis dans la céleste béatitude. Les habitants de Ravenne ne peuvent que remercier Dieu de leur avoir donné de semblables apôtres, et, en signe de gratitude, ils pratiqueront avec plus de vigilance toutes les vertus chrétiennes. C'est par un appel véhément à l'austérité que se termine l'un des panégyriques : « Ah ! mes frères, méprisez les caduques flatteries de ce siècle, aspirez uniquement aux joies de la patrie céleste, réprimez les ardeurs de votre chair, observez dans vos œuvres les commandements de Dieu. Que les félicités du monde ne vous détournent pas de l'amour du Christ; que l'adversité ne vous abatte pas; que la luxure ne souille pas votre corps; que la flamme de l'envie ne vous brûle pas; que l'orgueil ne vous gonfle pas, que la cupidité des choses de la terre ne vous alourdisse pas;

---

[1] *Gal.*, V, 24.
[2] *Sermo* 30 (PL, CXLIV, 670).
[3] Matth., XIX, 6.

que la colère ne vous empêche pas d'aimer votre prochain ; qu'une passion mal ordonnée ne vous asservisse pas à des vices honteux ! Puis, pleurez sur vos fautes passées ; évitez-les prudemment dans l'avenir ; songez aux terreurs du jugement ; redoutez en tremblant la sentence qui sera prononcée contre vous. Ainsi, dans la crainte de Celui qui doit venir, vous porterez allègrement la croix de l'humanité et vous verrez bientôt apparaître Jésus-Christ qui viendra à vous dans sa gloire et sa majesté [1]. »

Et ainsi, la doctrine des sermons, comme celle des lettres et des traités, peut se résumer en ces quelques conseils, brutalement donnés en pâture aux âmes chrétiennes : pensez au jugement dernier ; dans son attente, fuyez le monde, vivez chrétiennement, mortifiez-vous, évitez la richesse et l'opulence, jeûnez, priez, et vous jouirez un jour de la béatitude éternelle.

## V

Parmi les précurseurs de la réforme grégorienne Pierre Damien mérite une place de choix. Sans doute son œuvre est incomplète : en politique, il s'est laissé bercer par bien des illusions ; rien ne justifie son aveugle confiance en l'institution impériale, complice des abus qu'il déplore. Aussi bien est-il incapable de saisir les sources du mal dont souffre la chrétienté ; le cardinal Humbert, plus fin observateur que lui, apercevra derrière le nicolaïsme la simonie corruptrice et derrière la simonie l'investiture laïque, origine première de toutes les calamités déchaînées sur l'Église. Pierre Damien, lui, ne songe pas à condamner l'intervention du pouvoir temporel dans les nominations épiscopales ; il veut seulement la régulariser, la rendre exempte de tout commerce simoniaque, ce qui était une pure chimère.

Il compte sur sa parole, sur sa prédication, plus encore sur son exemple, pour gagner à ses vues la société ecclésiastique

---

[1] *Sermo* 17 (PL, CXLIV, 585-593).

et laïque tout entière. De fait, il a d'incomparables accents
pour flétrir la richesse et la luxure et il reste un des plus sublimes
héros de la pauvreté, de la chasteté, de l'ascétisme. Sa vie
entière est guidée par une seule préoccupation : celle d'arracher
les moines, les évêques, les princes séculiers, les laïques de
toute condition et de tout sexe à la fornication qui les enserre
et les empoisonne. Si l'on voulait d'un mot caractériser son
œuvre, ce mot serait, à n'en pas douter, celui de pénitence :
pénitence par le mépris le plus absolu des biens de la terre,
pénitence par la pureté et la continence, pénitence par le jeûne
et la mortification corporelle, pénitence par la flagellation,
pénitence par l'oraison continuelle.

Cette doctrine n'est certes pas nouvelle ; elle date de l'avènement du christianisme et c'est dans les saintes Écritures que
Pierre Damien a été la chercher. Dans son désert il avait médité
à loisir l'Ancien et le Nouveau Testament, les épîtres de saint
Paul, les traités des Pères et des docteurs, et il n'a pas eu d'autre
but que d'adapter aux besoins de son époque les éternelles
vérités contenues dans ces livres.

A plusieurs reprises, Pierre Damien a rappelé les commandements de la loi de Moïse, notamment celui qui proscrivait
la luxure. En général, il emprunte à l'Ancien Testament non
pas un enseignement dogmatique, mais plutôt des exemples,
à l'aide desquels il s'attache à prouver que Dieu condamne
les péchés du siècle. L'histoire des patriarches et des rois abonde
en scènes où la vertu est récompensée, le vice puni comme il
le mérite, tandis que les prophètes et leurs malédictions, surtout
si on les rapproche de l'Apocalypse, sont d'un précieux secours
pour évoquer chez tant d'âmes perverties la vision du jugement
dernier et la crainte de la damnation éternelle.

L'Évangile et peut-être davantage encore les épîtres de saint
Paul sont les deux sources principales de la doctrine de Pierre
Damien. Il y trouvait, dans toute sa pureté, la pensée même
du Christ dont il veut être le fidèle interprète.

Parmi les évangélistes, saint Matthieu et saint Luc ont ses
préférences ; il cite plus rarement saint Jean et saint Marc.

La faveur qu'il accorde aux deux premiers s'explique par le but qu'il poursuit : l'évangile de saint Jean a surtout une valeur dogmatique, celui de saint Marc tend à prouver la mission divine du Christ par le récit de ses miracles ; chez saint Matthieu et saint Luc, le Maître parle davantage et, dans des entretiens familiers avec ses disciples ou dans des sermons adressés aux foules, répand à profusion les idées de pureté, d'humilité, de charité qui ouvriront à l'homme les portes du ciel. Pierre Damien, qui n'est pas un docteur et dont l'esprit n'a jamais été effleuré par le moindre doute, se presse à la suite des apôtres et des disciples pour recueillir de la bouche du Maître, chez saint Matthieu et saint Luc, l'essence même de la morale chrétienne.

Cette morale, il la trouvait condensée en quelques lignes dans le sermon sur la montagne [1], dont ses traités et ses lettres sont de perpétuels commentaires. Écœuré par les vices d'une société cupide, rapace, avide de jouissances bestiales, enflammée par le démon de l'iniquité et de la jalousie, il ne cesse de s'écrier avec le Christ : Heureux les pauvres d'esprit ! Heureux les doux ! Heureux ceux qui ont faim et soif de la justice ou qui souffrent persécution pour elle ! Heureux les cœurs purs ! Heureux les pacifiques ! Heureux les miséricordieux ! Les yeux sans cesse fixés au delà de la tombe, vers les éternels horizons, il célèbre chacune des béatitudes et chacun des sacrifices qui en assurent la possession à jamais.

Avec le sermon sur la montagne, Pierre Damien utilise fréquemment un autre épisode de la vie de Jésus rapporté par saint Matthieu au chapitre XIX. L'évangéliste raconte qu'un jeune homme, s'adressant au Maître, lui demanda quel était le moyen d'obtenir la vie éternelle. Jésus lui répondit : « Observez les commandements, ne commettez ni homicide, ni vol, ni adultère, aimez votre prochain comme vous-même et vous aurez la vie éternelle. » — « Mais, repartit l'adolescent, j'ai, depuis ma jeunesse, toujours agi de la sorte. Que me manque-

---

[1] MATTH., V-VII.

t-il donc ? » — Jésus reprit : « Si vous voulez être parfait, vendez tous vos biens, remettez-en le fruit aux pauvres, et suivez-moi. » Comme le jeune homme, doté d'un beau patrimoine, semblait hésiter, le Christ ajouta que le riche aurait difficilement accès dans le royaume des cieux ; en revanche, *celui qui laissera sa maison, ses frères, ses sœurs, son père, sa mère, son épouse, ses fils, ses champs à cause de moi, recevra tout au centuple et possédera la vie éternelle* [1]. Ce dialogue du Christ et du jeune homme riche, c'est le sermon sur la montagne en action. Il proclame la nécessité de renoncer aux biens de ce monde, aux plaisirs de la chair comme à la fortune. On comprend que Pierre Damien s'y soit plusieurs fois reporté ; toute sa prédication en est imprégnée ; les deux mots qui reviennent le plus souvent sous sa plume sont pauvreté et chasteté, les deux formes du renoncement chrétien.

Deux passages de saint Luc lui prouvaient encore que le renoncement était à la base de la morale chrétienne. Lorsque Jésus eut accompli, à la grande stupéfaction de ses disciples, le miracle de la multiplication des pains, il se retira avec ses apôtres et fit proclamer, devant eux, par Simon Pierre qu'il était le Christ, fils du Dieu vivant. Puis, après avoir affirmé son caractère messianique, il ajouta : *Si quelqu'un veut me suivre, qu'il se renonce à lui-même, qu'il prenne sa croix et qu'il me suive* [2]. Donc, pas d'équivoque possible : pour avoir accès au royaume du Christ, il faut crucifier sa chair par la pureté et la pauvreté. Le Christ l'indique encore dans un autre passage de saint Luc, fréquemment cité par Pierre Damien : *Celui parmi vous qui ne renonce pas à tout ce qu'il possède ne peut être mon disciple* [3].

Ces quelques paroles du Christ peuvent être considérées comme la source première des écrits et des sermons de Pierre Damien. Il faut leur joindre les épîtres pauliniennes qu'il a

---

[1] Matth., XIX, 29.
[2] Luc, IX, 23.
[3] Luc, XIV, 33.

presque toutes utilisées. Certaines s'appliquaient plus spécialement au clergé et à la société de son temps; telles la première
aux Corinthiens et la première à Timothée.

La première épître aux Corinthiens a souvent inspiré le
solitaire de Fonte-Avellana. Ses traités contre les nicolaïtes
ne font guère que l'amplifier et l'émailler de quelques traits
contemporains. La fornication paraît avoir fait rage dans la
chrétienté corinthienne comme plus tard dans le clergé italien
du XIe siècle. Les mêmes arguments pouvaient servir à la combattre à l'une et à l'autre époque. Saint Paul prêche aux Corinthiens le Christ crucifié qui enseigne aux hommes à mépriser
tout ce qu'on honore en ce monde et à dompter la chair, source
de toutes les passions humaines. Pierre Damien cherche à
émouvoir ses auditeurs ou ses correspondants par la vue du
Christ qui ruisselle de sang sous les coups de ses bourreaux,
et qui meurt nu sur le gibet d'infamie. Au nom du divin crucifié,
saint Paul repousse l'incontinence et, pour y remédier, prescrit
ou permet le mariage, mais quand il s'agit de ceux qui se consacrent au service du Seigneur, il a bien soin de spécifier qu'il
n'est qu'un pis aller et que la parfaite virginité, pratiquée par
le Christ et par lui-même, est un état plus parfait. *Je vous dis
ceci*, écrit-il, *en guise de tolérance et non en guise de commandement. Je désire au contraire que vous soyez tous comme moi,
mais chacun reçoit de Dieu un don particulier, l'un celui-ci, l'autre
celui-là*[1]. Et il ajoute que celui qui est marié pense surtout
à son épouse, tandis que celui qui reste chaste peut davantage
s'astreindre au service de Dieu. On a vu que c'était la thèse
de Pierre Damien, mais notre auteur est plus rigoureux que
saint Paul et juge avec raison qu'après dix siècles de christianisme on ne peut pas accorder au paganisme renaissant
les concessions admises par l'apôtre des Gentils.

La première épître à Timothée est interprétée de la même
manière. Saint Paul permet au prêtre d'être marié, pourvu
que ce ne soit pas en secondes noces. Une telle pratique, con-

---

[1] I *Cor.*, VII, 6-7.

damnée par les conciles, ne pouvait être tolérée à l'époque
où Pierre Damien écrivait. Aussi ce qu'il retient de l'épître
à Timothée, ce sont surtout les conseils intimes que saint Paul
donne familièrement aux clercs et à leurs chefs spirituels.
C'est à l'Apôtre lui-même qu'il emprunte sa conception de
l'épiscopat non pas honneur ou dignité, mais *bonne œuvre* [1].
Avant lui, saint Paul avait proclamé que l'évêque devait être
irréprochable, sobre, prudent, pudique, modeste, désintéressé,
chaste, apôtre et prédicateur de l'Évangile. Pierre Damien
n'a fait que restaurer une tradition oubliée et méconnue.

L'Écriture, telle est donc la source primordiale d'où découlent
toutes les œuvres de l'évêque d'Ostie. Pierre Damien y joint
les commentaires des docteurs, de saint Augustin, de saint
Ambroise, de saint Grégoire le Grand, qu'il emprunte sans
aucun doute aux diverses collections canoniques, composées
en Italie aux Xe et aux XIe siècles [2]. La tradition de l'Église,
qu'ils représentent, a été codifiée par les conciles et les décrétales. L'autorité des grands conciles œcuméniques est indiscutable et c'est sur elle que Damien s'appuie pour renchérir
encore sur la morale paulinienne en proscrivant d'une façon
absolue le mariage des prêtres, toujours interdit par l'Église
depuis le IVe siècle. Il est donc d'accord avec la tradition ; le
seul reproche qu'on puisse lui adresser à cet égard est d'avoir
ajouté foi à des documents considérés comme apocryphes,
tels que les fausses décrétales ou les canons des Apôtres dont
certains de ses contemporains soupçonnaient déjà l'inauthen-
ticité.

Si Pierre Damien est pénétré de l'Écriture et, dans une certaine mesure, des Pères, en revanche il ne semble pas avoir
connu et, en tous cas, il n'a pas utilisé les écrivains qui avant
lui s'étaient préoccupés de remédier aux maux dont souffrait
l'Église. Il ignore la littérature clunisienne et, si ses descrip-

---

[1] I *Tim.*, III, 1.

[2] Cfr P. FOURNIER, *Un groupe de recueils canoniques italiens aux Xe et
XIe siècles*, dans les *Mémoires de l'Académie des Inscriptions et Belles-Lettres*,
t. XL, 1915.

tions réalistes rappellent parfois celles de saint Odon, elles
n'en dérivent jamais. On ne saurait s'en étonner, car Cluny
représente en somme un idéal très différent du sien. Sans
doute il a fait preuve de la même complaisance, respectueuse
et docile, à l'égard du pouvoir temporel [1], sans doute la vie
monastique représente pour lui comme pour les Clunisiens
le but vers lequel il faut tendre et le seul moyen de salut qui
soit vraiment sûr, mais de cette vie monastique il exprime
une conception qui ne ressemble en rien à celle que Cluny
a propagée dans la chrétienté occidentale. Cluny est avant tout
une congrégation où la règle est strictement observée, où
le travail, soit manuel soit intellectuel, est en honneur et
tempère dans une sage mesure la pratique de la mortification.
Pierre Damien est ascète avant tout ; il ne recule pas, pour lui
comme pour ses disciples, devant les pénitences les plus extraordinaires qui ne peuvent se concilier qu'avec la vie érémitique
dont il est l'apôtre fervent et il se refuse à blâmer le moine qui,
pour dépasser les rigueurs prescrites par la règle monacale,
aurait l'audace d'enfreindre les ordres formels de son abbé,
ce que l'on n'eût jamais toléré à Cluny. Un incident survenu
lors de sa légation en Gaule en 1063, a bien mis en lumière
cette divergence de vues. Pierre Damien, hôte de Cluny, se
plaignit de la nourriture trop abondante qui était servie aux
moines. L'abbé Hugues repartit en lui demandant de mener
pendant huit jours la vie laborieuse d'un clunisien. Pierre se
rendit à cet avis et, après expérience, il dut convenir que Hugues
avait raison [2]. Cela ne veut pas dire qu'il se soit plié désormais
aux méthodes clunisiennes, qu'au fond de son âme il désap-
prouvait. Pendant les dernières années de sa vie il a ressenti

---

[1] Suivant M. von Schubert (*Petrus Damiani als Kirchenpolitiker*, dans
*Festgabe von Fachgenossen und Freunden Karl Müller... dargebracht*, p. 84 et
suiv.), le séjour que fit Pierre Damien à Cluny en 1063 aurait eu une très
grande influence sur la formation de ses idées politiques ; l'hypothèse est ingénieuse, mais les textes font malheureusement défaut et, comme par ailleurs
les idées de Cluny en cette matière étaient partagées par la grande majorité
de l'épiscopat, nous n'oserions être aussi affirmatifs.

[2] Cfr *Miracula S. Hugonis abbatis Cluniacensis* (PL, CXLV, 857-860).

plus que jamais le besoin de se séparer de l'humanité pour
mieux crucifier sa chair par le jeûne et la flagellation.

Sur un autre point Pierre Damien n'est pas en harmonie
avec Cluny. Si la solitude marque pour lui le stade le plus
parfait de la vie chrétienne, il n'a pas l'exclusivisme clunisien
et il condescend à envisager d'autres solutions pour réaliser
la réforme générale de l'Église qui a été un de ses soucis domi-
nants. Comme on l'a déjà noté à plusieurs reprises, l'horizon
clunisien n'atteint guère le clergé séculier. Pierre Damien a
l'esprit plus large : si les évêques, les prêtres et les diacres ne
sont pas capables de le suivre dans le désert, il ne se désinté-
resse pas d'eux pour cela et il entend les plier aux obligations prescrites par les canons de l'Église, en même temps
qu'il invite le Saint-Siège à user de son autorité souveraine
et à appliquer la loi dans son inexorable rigueur. Bref, il perpétue beaucoup plutôt la tradition d'Atton de Verceil et des
prélats réformateurs du Xe siècle que celle de saint Odon de
Cluny.

Toutefois, ici encore il faut se garder de trop accuser la
filiation entre des œuvres comme le *De pressuris ecclesiasticis*
ou l'*Epistola ad Valdonem* et les traités de Pierre Damien sur
la simonie et le nicolaïsme. Le thème général est le même,
mais l'examen comparatif de ces divers opuscules ne révèle
que des analogies très fugitives. Ça et là on note quelques
traits communs; il semble notamment que les objections
opposées par les clercs mariés à leurs terribles censeurs n'aient
guère varié du Xe au XIe siècle, mais dans l'énoncé de ces
objections aussi bien que dans la réfutation qui les accompagne
on ne relève pas de ces identités de pensée et surtout d'expression qui permettraient d'affirmer que Pierre Damien a pillé
Atton de Verceil[1]. L'évêque d'Ostie n'a certainement pas eu

---

[1] Cfr *supra*, p.33-34 et 207. On trouve notamment chez Atton (*Epist.* 9, dans
PL, CXXXIV, 117-118), l'objection tirée de la nécessité de la femme pour
faire face aux besoins de la vie matérielle que Pierre Damien réfute aussi
(*Opusc.*, XVIII, 1, 4 dans *Ibid.*, CXLV, 393), mais il n'y a pas identité entre
ces deux passages et les textes cités diffèrent aussi.

entre les mains les lettres ni les traités d'Atton. D'ailleurs son mépris de la lecture explique que son information soit peu étendue ; il ne fait jamais que livrer le résultat de ses réflexions personnelles, éclairées par l'Écriture ; il s'inspire des circonstances, des nécessités du moment et ne prétend en aucune façon faire œuvre dogmatique. En un mot, le problème des sources ne se pose pour ainsi dire pas. Pierre Damien est un prédicateur et un moraliste ; il n'a pas voulu être et il n'a pas été autre chose.

Il faut d'ailleurs reconnaître que sa prédication, étayée uniquement sur la parole du Christ et sur celle de saint Paul, marque un vigoureux effort pour christianiser la société ecclésiastique du XIe siècle et que cet effort a porté des fruits. Si peu complaisant qu'il fût pour la nature humaine, si dur qu'il se montrât pour les autres comme pour lui-même, Damien a conquis bien des cœurs à Jésus crucifié, exercé une violente action sur les âmes et déchaîné en Occident un vaste mouvement d'ascétisme. En Italie, en France, en Allemagne, des hommes et des femmes de toute condition, écœurés par les turpitudes du siècle, désertent villes et campagnes pour se retirer dans d'âpres solitudes. En Italie, Jean Gualbert de Vallombreuse, le second Anselme de Lucques, la comtesse Mathilde, les Patares de Milan et de Florence, vrais disciples du solitaire de Fonte-Avellana, mettront en œuvre sa doctrine et entraîneront les masses à leur suite.

Pierre Damien est, en un mot, le plus grand apôtre de la pénitence en Italie avant saint François d'Assise. Il a créé autour de lui une atmosphère de pureté morale qui, peu à peu, enveloppera le clergé séculier et même la société laïque. Par là, il a préparé les voies à Grégoire VII dont le suprême idéal n'est pas différent du sien. Mais Grégoire VII, s'il a tenté le même effort de prédication, a emprunté ses idées politiques à un autre Prégrégorien, non moins illustre que Damien, et qui a nom Humbert.

# CHAPITRE IV

## LE MOUVEMENT PRÉGRÉGORIEN : LE CARDINAL HUMBERT

SOMMAIRE. — I. Sa biographie : le moine de Moyenmoutier, l'archevêque de Silva-Candida, les missions à Bénévent et à Constantinople ; les traités *Adversus Graecorum calumnias* et *Contra Nicetam* ; le rôle de Humbert sous les pontificats d'Étienne IX et de Nicolas II. — II. Le traité *Adversus simoniacos* : l' « hérésie simoniaque », théorie de la nullité des ordinations simoniaques, critique de l'investiture laïque, réformes proposées : retour à la tradition en matière d'élections épiscopales, subordination du pouvoir temporel au pouvoir spirituel ; développement du programme lorrain.

## I

Le cardinal Humbert représente, parmi les Prégrégoriens, le groupe lorrain dont les tendances diffèrent sensiblement de celles du groupe italien, incarné en Pierre Damien [1].

On ne sait pas exactement où naquit ce futur prince de l'Église. L'hérésiarque Bérenger lui reproche d'être Bourguignon, tandis que son contradicteur, Lanfranc, le félicite

---

[1] Sur le cardinal Humbert, cf. *Histoire littéraire de la France*, t. VII, p. 527-542 ; — HALFMANN, *Cardinal Humbert, sein Leben und seine Werke, mit besonderer Berücksichtigung seines Traktates « Libri tres adversus simoniacos »*, Göttingue, 1883 ; — L. BRÉHIER, *Le schisme oriental du XIᵉ siècle*, Paris, 1899 ; — A. FLICHE, *Le cardinal Humbert de Moyenmoutier, étude sur les origines de la réforme grégorienne* (*Revue historique*, t. CXIX, 1915, p. 41-76) ; — B. HEURTEBIZE, article *Humbert*, dans le *Dictionnaire de théologie catholique*, t. VII, Paris, 1921, c. 310-311.

d'être Lorrain [1]. Entre ces deux témoignages il est difficile de choisir ; le problème est insoluble.

Bourguignon ou Lorrain, Humbert entre très jeune à l'abbaye de Moyenmoutier, au diocèse de Toul [2]. Les abbés Norbert et Lambert favorisent son goût pour l'étude, et l'évêque de Toul, saint Gérard, ayant sans doute donné asile à des communautés de Grecs, ils lui font apprendre la langue d'Homère. Bref, dès 1028, le moine Humbert est déjà, pour emprunter l'expression de Lanfranc, « très versé dans la connaissance des choses divines et séculières ». Vers 1044, il écrit les vies de saint Hidulphe et de saint Dié et le *Libellus de successoribus Hidulfi*. Ces œuvres hagiographiques renferment, comme toutes celles du même genre, beaucoup de considérations morales sans valeur ; en revanche, on y relève des détails intéressants sur l'histoire locale de la province de Trèves ; l'auteur a utilisé une chronique perdue de Moyenmoutier et les anciennes chartes de l'abbaye, tandis qu'il empruntait à l'histoire des Lombards de Paul Diacre les faits concernant l'histoire générale [3].

L'éducation première de Humbert diffère donc de celle de Pierre Damien. L'un dédaigne toute instruction et toute culture profane ; il n'a qu'un but : quitter le monde et mener dans la plus farouche des solitudes la plus ascétique des existences. L'autre est le type du moine instruit, aussi fin lettré que profond théologien.

Humbert aurait peut-être modestement passé sa vie à Moyenmoutier si l'évêque de Toul, Brunon, n'avait été élevé à la papauté en décembre 1048. Léon IX, Lorrain d'adoption, con-

---

[1] Le renseignement est donné par LANFRANC, *De corpore et sanguine Domini*, 2 (PL, CL, 409) qui reproche à Bérenger d'avoir traité Humbert de Bourguignon.

[2] Cfr JEAN DE BAYON a. 1015 (édit. CALMET, *Histoire de Lorraine*, Nancy, 1728, preuves, p. LXVI), d'où proviennent la plupart de nos renseignements sur la jeunesse de Humbert.

[3] M. PFISTER, *Les légendes de saint Dié et de saint Hidulphe* (*Annales de l'Est*, t. III, 1889, p. 538 et suiv.), est d'avis qu'il faut attribuer à Humbert ces trois œuvres composées à Moyenmoutier de 1044 à 1048. Sa démonstration, à laquelle nous renvoyons, est tout à fait convaincante.

naissait Humbert et appréciait son savoir. A peine élu pape, il l'attache à sa personne, s'inspire de ses conseils et ne tarde guère à lui conférer la pourpre. Au concile tenu dans la seconde semaine de Pâques (9-15 avril 1049), raconte Bonizon de Sutri dans son *Liber ad amicum*[1], le pieux pontife dépose des cardinaux, des évêques, des abbés qui devaient leur élection à la simonie et les remplace par d'autres, plus dignes. Parmi ces nouveaux prélats figure Humbert qui obtient le siège de Silva Candida. La Lorraine fut très honorée par sa promotion et un moine de Saint-Arnoul de Metz composa des vers acrostiches en son honneur[2].

Pourtant Humbert n'avait pas encore quitté son abbaye[3]. C'est seulement à la fin de 1049 que Léon IX, au cours de son voyage en Alsace et en Lorraine, le voit à Moyenmoutier, le décide à le suivre en Italie et à participer au gouvernement de l'Église romaine. Peu après, Humbert est nommé archevêque de Sicile; dès le mois de mai 1050, il signe, comme tel, la bulle de canonisation donnée au concile de Rome en faveur de saint Gérard de Toul[4]. La Sicile était alors occupée par les Sarrasins, mais la conquête de l'île paraissait prochaine et les Normands, maîtres de l'Italie méridionale, songeaient à franchir le détroit de Messine. Le pape ne pouvait assister en spectateur désintéressé aux événements qui se préparaient dans le sud de la péninsule et, comme on y parlait grec, le concours de Humbert pouvait lui être fort précieux.

Dès 1051, le nouvel archevêque est chargé d'une mission à Bénévent[5]. Depuis longtemps, les papes avaient des droits sur la ville, mais ils n'avaient jamais osé les faire valoir, par

---

[1] *Liber ad amicum*, lib. V (*Libelli de lite*, t. I, p. 588).

[2] Cfr *Neues Archiv für deutsche Geschichte*, t. VII, p. 618.

[3] Nous croyons avec M. PFISTER (*Annales de l'Est*, t. III, p. 557, n. 1) qu'il faut rejeter la version de Richer (*Gesta Senionensis ecclesiae*, II, 18), adoptée par HALFMANN (*op. cit.*, p. 3), suivant laquelle Léon IX aurait emmené Humbert à Rome aussitôt après son avènement.

[4] JAFFÉ-WATTENBACH, 4219.

[5] On en trouvera le récit dans les *Annales de Bénévent* (MGH, SS, t. III, p. 179).

crainte de froisser les Normands. Par suite de cette abstention, un seigneur, nommé Pandou, hostile au Saint-Siège
et favorable aux Normands, en était en réalité le seul maître.
Or, au début de 1051, Pandou fut renversé et les Bénéventins
envoyèrent à Léon IX une ambassade pour lui demander de
prendre possession de leur cité [1]. Le pape jugea plus prudent,
avant de s'y rendre en personne, de déléguer Humbert et
Dominique, patriarche de Grado. Le succès des légats fut
décisif et les habitants prêtèrent serment de fidélité entre
leurs mains. Le 5 juillet 1051, à son tour, Léon IX fit son entrée
à Bénévent et y reçut l'accueil le plus empressé. La ville paraissait définitivement soumise à Rome, mais cette acquisition
brouilla le Saint-Siège avec les Normands et, deux ans plus
tard, Léon IX fut obligé d'entreprendre contre ses dangereux
adversaires une expédition qui aboutit à la défaite de Civitella.
Humbert dut l'accompagner au cours de cette malheureuse
chevauchée, car une charte en faveur du monastère de saint
Vincent sur le Vulturne mentionne sa présence auprès du pape [2].
D'ailleurs Bénévent resta fidèle au Saint-Siège et les Normands
eux-mêmes ne tardèrent pas à se réconcilier avec lui.

Le succès de la politique pontificale à Bénévent est dû surtout
à la diplomatie de Humbert. Aussi Léon IX, plus que jamais
confiant en lui, le chargea, peu de temps après, d'une autre
mission qui avait trait aux intérêts primordiaux du Saint-
Siège et de la chrétienté.

Pendant la dernière année du pontificat de Léon IX, un
grave démêlé surgit entre Rome et Constantinople. Ce n'était
pas la première fois que les deux églises entraient en lutte.
Au IXe siècle déjà, des difficultés s'étaient élevées au sujet du
*Filioque*; pourtant, en 869, le schisme de Photius, un instant
dangereux, avait échoué grâce au concile de Constantinople.
Connu pour son humeur querelleuse, le peuple byzantin

---

[1] Sur cette question, voir F. CHALANDON, *Histoire de la domination normande
en Italie et en Sicile*, t. I, p. 124 et suiv.

[2] MURATORI, *Rerum Italicarum scriptores*, t. I, II, p. 513.

apportait à discuter les questions théologiques l'ardeur qui
l'enflammait aux jeux du cirque. Au VIe siècle, ceux-ci surtout
l'avaient passionné : c'était l'époque de la rivalité fameuse
des Verts et des Bleus, qui dégénérait parfois en massacres
et révolutions. A partir du IXe siècle, la théologie l'emporte
décidément : à l'église, à la cour, dans la rue, dans les plus
humbles boutiques, on se bat au sujet du dogme de la Trinité
ou du *Filioque*; le sol oriental, si fécond en hérésies variées,
est admirablement préparé pour un schisme; l'orgueil des
Byzantins, proverbial au même titre que leur instinct batailleur,
les entraînera à se séparer de Rome dont Constantinople fut
toujours jalouse. En 1024, raconte le chroniqueur Raoul Glaber [1],
le patriarche, l'empereur Basile et quelques autres Grecs
illustres envoyèrent à Rome des ambassadeurs, chargés de
présents, afin d'obtenir que l'autorité fût partagée entre les
deux églises, comme elle l'avait été jadis entre Arcadius et
Honorius : Rome dominerait l'Occident, Constantinople l'Orient.
L'anecdote est sujette à caution, mais, vraie ou fausse, elle
est l'écho de l'insatiable désir de rupture qu'éprouvaient les
Byzantins.

A l'époque de Léon IX, le siège de Constantinople avait
pour patriarche l'ambitieux Michel Cérulaire. Celui-ci, n'osant
ressusciter la querelle un peu usée du *Filioque*, dicta à l'archevêque Léon de Bulgarie une lettre destinée à provoquer la
séparation tant souhaitée. L'Église romaine était formellement
inculpée de renier les Écritures, la doctrine du Christ et des
Apôtres, les canons des sept conciles œcuméniques. Avait-elle
donc, pour être l'objet d'une telle accusation, rejeté quelque
dogme essentiel ? Avait-elle failli aux principes primordiaux
de la morale religieuse ? Non, mais elle faisait usage, pour la
consécration, de pain azyme et non de pain fermenté, elle
observait le sabbat pendant le carême, elle autorisait les fidèles
à manger des animaux étouffés, elle ne chantait pas *alleluia*
pendant la période quadragésimale...

---

[1] *Historiarum libri quinque*, IV, 1 (édit. PROU, p. 92).

Léon IX communiqua la lettre de l'archevêque des Bulgares au cardinal Humbert, afin qu'il la traduisît en latin, puis, après en avoir pris connaissance, il y répondit par un long mémoire où il réfutait, une par une, les assertions fantaisistes et puériles des Byzantins. Il ajoutait que, si l'Église romaine avait voulu chercher querelle à celle de Constantinople, elle aurait pu faire valoir des griefs plus sérieux : le siège patriarcal n'avait-il pas été abandonné à des eunuques et même à une femme ? Mais la papauté avait toujours été animée du plus sincère désir de conciliation; maintenant encore, malgré les attaques injustifiées dont elle était l'objet, elle était prête à pardonner à sa fille qui lui avait pourtant causé bien des peines [1].

Si enflammée que fût la polémique, Rome avait de précieux auxiliaires : les patriarches d'Alexandrie et d'Antioche craignaient que celui de Constantinople, s'il remportait un triomphe trop éclatant, ne les dépouillât de leurs privilèges. L'empereur Constantin Monomaque (1042-1056), qui voulait chasser les Normands de l'Italie méridionale, recherchait l'alliance du pape auquel l'idée d'une revanche de la défaite de Civitella ne pouvait manquer de sourire. Connaissant ces dispositions de l'Orient religieux et politique, pensant que son appel à l'unité était susceptible d'y trouver un écho, Léon IX décida d'envoyer à Constantinople une ambassade à la tête de laquelle il plaça le cardinal Humbert.

Humbert, avant de partir, étudia à fond l'objet du litige et il écrivit son traité *Adversus Graecorum calumnias*; c'est une réfutation, sous forme de dialogue, de la lettre de l'archevêque des Bulgares, Léon [2], discussion serrée et précise, parfois

---

[1] On trouvera les pièces relatives au débat dans WILL, *Acta et scripta quae de controversiis ecclesiae graecae et latinae saeculo undecimo composita extant*, Leipzig et Marbourg, 1861. La plupart des documents ont été traduits par DELARC (*op. cit.*, t. I, p. 336 et suiv.). — Cfr aussi BRÉHIER, *op. cit.*, p. 147 et suiv.

[2] Ce traité est édité dans PL, CXLIII, 929-974. — Sur l'attribution de cette œuvre et des suivantes à Humbert, cfr FR. THANER, dans *Libelli de lite*, t. I, p. 96, n. 4, et p. 98, n. 5.

un peu lourde et superflue, de chacune des propositions de l'archevêque des Bulgares.

Voici les principales étapes de la démonstration du cardinal :

I. — L'Église latine, prétend Léon, en usant du pain azyme, est en communion avec les Juifs qui tiennent cette coutume de Moïse. — Or, l'emploi du pain non fermenté pour la cène n'a rien de commun avec la solennité des azymes chez les Juifs : celui qui mangeait du pain fermenté pendant les sept jours qu'elle durait était gravement coupable. *Le premier mois, depuis le quatorzième jour au soir jusqu'au vingt et unième au soir, vous mangerez l'azyme. Pendant ces sept jours, que l'on ne trouve pas de pain fermenté dans vos maisons. Si l'un de vous mange du pain fermenté, tant parmi les étrangers que parmi les indigènes, son âme périra. Vous ne mangerez rien de fermenté et dans toutes vos demeures vous mangerez du pain azyme* [1]. L'Écriture prescrit encore d'autres pratiques pour ces sept jours; l'Église latine n'en observe aucune et elle n'a jamais ordonné à ses fidèles d'employer, à certaines époques de l'année, du pain azyme à l'exclusion de tout autre. L'accusation portée par Léon est donc sans valeur [2].

Notre pâque à nous, continuait Léon, est le Christ qui s'est soumis à l'ancienne loi, mais a institué une nouvelle pâque. — « Que le Christ soit votre pâque ! reprend son contradicteur; sachez que nous vous le concédons, si vous affirmez qu'il est aussi la nôtre et qu'il est celle de toute l'Église catholique. Si vous dites le contraire, nous vous rappellerons comment Notre-Seigneur Jésus-Christ nous a mis en garde contre les pseudo-Christ et les pseudo-prophètes : *Si l'on vous dit : le Christ est ici ou il est là, n'y allez pas* [3]. Quant à votre affirmation que le Christ, après avoir célébré la vieille pâque, a prescrit à ses disciples de solenniser la nouvelle, y a-t-il un homme sage qui le nie ? [4] »

---

[1] *Exode*, XII, 18-20.
[2] *Adversus Graecorum calumnias*, 1-6 (PL, CXLIII, 931-937).
[3] Luc, XVII, 23.
[4] *Adversus Graecorum calumnias*, 7-8 (PL, CXLIII, 937-938).

Une longue discussion s'engage ensuite sur le mot ἄρτος ou pain. Ἄρτος, disait Léon, vient de αἴρω et signifie élevé, porté en haut, par suite soulevé par le ferment et le sel; le pain azyme, au contraire, n'est pas levé : il n'a ni chaleur ni vie et ressemble à la pierre, tandis que le Christ appelle son corps un pain, c'est-à-dire quelque chose de vivant et d'animé. Humbert s'élève avec force contre ces dernières expressions : l'Église a condamné la théorie manichéenne d'après laquelle le pain, le vin, le bois, la pierre, le vêtement seraient susceptibles d'avoir une âme. « Dans votre discussion, dit-il, nous approuvons seulement ceci, à savoir que le Seigneur Jésus a dit que le pain béni et rompu était son corps, qu'un tel pain vivifie et régénère le monde, car il est plein de l'esprit et de la chaleur du Dieu vivant, enfin que nous l'appelons *panem* et vous ἄρτον, mais nous rejetons tout le reste. » En effet, le mot ἄρτος, dans l'Ancien et le Nouveau Testament, s'applique indifféremment au pain azyme et au pain fermenté. Dans l'ancienne loi, on appelle les pains de la proposition : τοὺς ἄρτους προθέσεως ; il n'est pas douteux qu'ils ne fussent des pains azymes. De même, dans le Deutéronome, Moïse désigne le pain azyme sous le même vocable : ἄρτον ταπεινώσεως, c'est à dire *panem afflictionis*. Donc, quand, à propos de l'Eucharistie, saint Matthieu écrit : λαβὼν ὅ Ἰησοῦς τὸν ἄρτον [1], le mot ἄρτος peut, ainsi que le mot *panis* dans le texte latin, s'appliquer au pain azyme comme au pain fermenté. Il est même certain qu'il s'agit du pain azyme, le seul que Jésus ait pu donner à ses apôtres lors de la Cène, car, pendant les sept jours de la Pâque, le pain fermenté ne pouvait pénétrer dans aucune maison d'Israël. Si le Christ ne s'était conformé à l'usage adopté, il n'aurait pu dire [2] : *Je ne suis pas venu détruire la loi, mais l'accomplir*, ni encore : *Qui de vous m'accusera de péché?* S'il avait employé du pain fermenté l'un des sept jours de la Pâque, les Juifs n'auraient pas laissé échapper, au cours de

---

[1] MATTH., XXVI, 26.
[2] MATTH., V, 17 et JEAN, VIII, 46.

son procès, un chef d'accusation aussi grave et aussi décisif [1].

Les Byzantins invoquaient encore le texte de saint Matthieu : *Le royaume des cieux est semblable à un ferment* [2]. Rien de plus légitime, mais, dans le même chapitre, deux versets plus haut [3], le Christ ne compare-t-il pas le royaume des cieux à un grain de senevé qui ne peut avoir de ferment ? De plus, le texte de saint Matthieu est une exception et l'on relèverait dans l'Écriture plusieurs passages où le mot ferment est pris en mauvaise part : *Un peu de ferment corrompt toute la pâte* [4] ; *Chassez le vieux ferment* [5] ; *Ne nous nourrissons pas du vieux ferment ni du ferment de la malice et de la méchanceté.* Le Christ lui-même a dit, avant saint Paul : *Gardez-vous du ferment des Pharisiens qui est l'hypocrisie* [6]. « Ainsi, conclut Humbert, si vous parcourez toute l'Écriture, vous ne trouverez jamais le mot ferment pris en bonne part, sauf dans un passage où le Seigneur, voulant sans doute faire allusion à la doctrine apostolique, compare le royaume des cieux à un ferment. Jamais, au contraire, le mot azyme n'est employé de la sorte, mais il désigne toujours la sincérité et la vérité. *Nourrissons-nous des azymes de la sincérité et de la vérité* [7]. Que votre duplicité, satisfaite de son ferment, cesse donc de prétendre arracher l'azyme à la simplicité romaine et latine [8]. »

Les textes donnaient raison à l'Église romaine. Non content de les jeter triomphalement à la face des Byzantins, Humbert voulut encore étayer sa démonstration par d'autres arguments qui nous paraissent puérils. Ainsi il prouve avec force détails que la fabrication du pain azyme est plus pure : un grain de froment et un peu d'eau suffisent ! Le pain fermenté nécessite ferment, farine, sel, eau, feu ; n'importe quelle main d'homme

---

[1] *Adversus Graecorum calumnias*, 11-15 (PL, CXLIII, 939-943).
[2] Matth., XIII, 33.
[3] Matth., XIII, 31.
[4] *Gal.*, V, 9.
[5] I *Cor.*, V, 7-8.
[6] Luc, XII, 1.
[7] I *Cor.*, V, 8.
[8] *Adversus Graecorum calumnias*, 23-30 (PL, CXLIII, 946-949).

ou de femme y touche; il s'achète à des commerçants; il accumule les impuretés; il est indigne du Christ, né dans le sein d'une vierge [1].

II. — Les Orientaux reprochaient aux Latins d'observer le sabbat, c'est à dire le jeûne du samedi pendant le carême et, de ce chef, les taxaient encore de judaïsme, oubliant trop complaisamment que la loi de Moïse ne renfermait pour le jour du sabbat d'autre prescription que celle du repos. *Tu travailleras six jours; le septième, tu cesseras de labourer et de semer* [2]. De jeûne il n'est pas question; quelle raison invoqueraient les Juifs pour s'y astreindre? Le samedi n'est-il pas un jour de joie pour eux, puisqu'il commémore le séjour du Christ au tombeau, mais n'est-il pas aussi un jour de deuil pour les chrétiens qui le sanctifient par la pénitence? Qui donc, des Orientaux ou des Latins, est plus proche d'Israel? L'accusation portée par Léon contre Rome se retourne contre lui-même [3].

Et comme l'archevêque des Bulgares ajoutait que ceux qui observent le sabbat ressemblent au léopard dont la peau n'est ni noire ni entièrement blanche, Humbert, à qui l'antiquité profane était familière, riposte [4] par le vers d'Horace [5] :

*Parturiunt montes ; nascetur ridiculus mus.*

III. — Humbert discute moins longuement les deux derniers griefs des Byzantins. Il trouve singulier qu'en reprochant aux Latins de ne pas manger de viandes étouffées, ils s'appuient sur l'ancienne loi qu'ils dédaignaient tout à l'heure. Il se moque, avec une ironie un peu lourde, de ceux qui veulent transformer en un problème théologique de simples préférences alimentaires, vigoureusement flétries par saint Paul au chapitre IV de la première épître à Timothée [6].

---

[1] *Adversus Graecorum calumnias*, 31-34 (PL, CXLIII, 949-952).
[2] *Exode*, XXIV, 21.
[3] *Adversus Graecorum calumnias*, 46 (PL, CXLIII, 962-963).
[4] *Adversus Graecorum calumnias*, 48 (PL, CXLIII, 964).
[5] *Ars poetica*, v. 139.
[6] *Adversus Graecorum calumnias*, 49-55 (PL, CXLIII, 964-968).

Quant à l'*Alleluia* que l'Église latine omet en carême, pourquoi le chanterait-on en ce temps de pénitence, où la pensée chrétienne s'élève vers Jésus crucifié et courbé sous le poids des péchés du monde ? Entonner *Alleluia* ou *Gloria in excelsis* serait un sacrilège et ces chants d'allégresse doivent être réservés pour exprimer la joie que suscite dans les cœurs fidèles la résurrection du Christ au jour de Pâques [1].

La lettre de Léon se terminait par un grief plus général : l'Église latine, disait-il, n'observe pas suffisamment l'Écriture et les Pères ; elle rejette, en certains cas, l'enseignement de saint Pierre, saint Paul et saint Benoît. Les Byzantins seraient donc seuls dépositaires de la doctrine du Christ et de la règle de saint Benoît, s'écrie Humbert, eux qui ne rougissent pas d'être fornicateurs, s'affichent publiquement comme tels, ne dédaignent pas les pires hontes de la chair ! La luxure serait-elle conseillée par la première épître aux Corinthiens ? *Nolite errare; neque adulteri neque molles neque masculorum concubitores regnum Dei possidebunt. — Omne peccatum quodcumque fecerit homo extra corpus est; qui autem fornicatur in corpus suum peccat* [2]. L'Église romaine donne du texte de saint Paul une interprétation très différente... et que le cardinal Humbert croit plus conforme à la vérité [3]. Les Orientaux lui paraissent ressembler à la courtisane des Proverbes qui fait signe aux passants, leur promet mille douceurs, les séduit par ses charmes, les attire chez elle pour les mieux précipiter ensuite dans les gouffres infernaux. « Comment pouvez-vous nous inviter à user de je ne sais quel pain, quand, de vos pieds profanes, vous foulez le sacrement vivifiant et terrible du corps et du sang du Christ ? Êtes-vous meilleurs et plus parfaits, vous qui placez sur l'autel une offrande telle qu'elle ne peut être consommée par les ministres ou par le peuple et qu'il faut l'enterrer ou la jeter dans un puits préparé à cet effet ? Êtes-vous meilleurs et plus

---

[1] *Adversus Graecorum calumnias*, 56-58 (PL, CXLIII, 968-970).
[2] I *Cor.*, VI, 10 et 18.
[3] *Adversus Graecorum calumnias*, 49-60 (PL, CXLIII, 964-970).

parfaits, vous qui, mariés, enchaînés par les plaisirs de la chair, allez, au sortir de la couche nuptiale, servir le Christ sur l'autel et livrez ensuite aux baisers d'une épouse vos mains sanctifiées par son corps immaculé ? Êtes-vous plus parfaits, quand vous proscrivez la communion pour les femmes en couches qui sont en danger de mort, ou quand vous refusez le baptême aux païens, ou quand vous arrachez aux enfants morts avant huit jours d'existence la régénération par l'eau et l'Esprit-Saint ?... Est-ce donc pour entraîner tout le peuple chrétien vers cette forme de vie meilleure et plus parfaite que vous voulez fermer les églises latines et que vous répandez vos œuvres par tout le monde ? Non, il n'y a pas là une manifestation de la vraie foi, mais une invention destinée à perdre les âmes. Ces erreurs et tant d'autres, qu'il serait trop long d'énumérer ici, vous vaudront, si vous ne les abjurez, de la part de Dieu et de tous les catholiques sauvés par le Christ, un anathème irrévocable en ce monde et dans l'autre [1]. »

Telles sont les principales idées contenues dans le traité *Adversus Graecorum calumnias*. Humbert y apparaît comme le défenseur intransigeant de la tradition romaine, de l'idée — toute grégorienne — que le Saint-Siège est le gardien de l'orthodoxie ; par là il est un des précurseurs de la réforme. Précurseur il l'est encore, quand il veut courber les Byzantins sous le joug, bien dur pour eux, du célibat ecclésiastique, et quand, donnant la main à Pierre Damien, il revendique pour l'Église le patrimoine de chasteté, légué par le Christ, que les fornicateurs, orientaux ou occidentaux, s'apprêtaient à dissiper avec prodigalité.

Les mêmes tendances se retrouvent dans un autre traité du cardinal Humbert, inspiré également par sa polémique avec les Orientaux : c'est le *Contra Nicetam* [2]. La fornication et le mariage des prêtres y sont encore plus expressément condamnés.

---

[1] *Adversus Graecorum calumnias*, 65-66 (PL, CXLIII, 971-974).
[2] PL, CXLIII, 983-1000.

Nicétas Pectoratus, moine du couvent de Studium, à Constantinople, avait repris la thèse de Léon de Bulgarie sur le
pain azyme et le pain fermenté, mais, non content des attaques
habituelles contre l'Église romaine, il n'avait pas craint de
lui livrer un assaut plus hardi en lui reprochant d'interdire
le mariage des clercs. Selon lui, les prêtres mariés avant leur
ordination pouvaient, sans commettre aucune faute contre la
discipline, conserver leurs épouses auprès d'eux. Il s'appuyait,
pour justifier cette prétention, sur les canons des Apôtres,
texte déjà connu comme apocryphe par les canonistes du
XIᵉ siècle, en particulier par le cardinal Humbert qui en fera
usage à l'occasion, mais qui, sur ce point, leur conteste avec
raison toute autorité.

La réfutation de Nicétas permit à Humbert d'exposer une
théorie du célibat ecclésiastique, analogue à celle de Pierre
Damien, quoique exprimée en termes plus modérés. Pour
l'un comme pour l'autre, la chasteté sacerdotale remonte
aux apôtres. Le diacre Nicolas, enflammé par les charmes
de son épouse, ayant enseigné que le mariage était permis
aux prêtres comme aux laïques, saint Jean décida que les clercs
qui auraient pris femme seraient privés de la communion.
Le disciple appliquait à la lettre le précepte du maître : *Si
quelqu'un veut marcher à ma suite, qu'il renonce à soi-même,
qu'il prenne sa croix et qu'il me suive* [1]. Ce texte de saint Matthieu
est, pour Humbert, l'argument décisif en faveur du célibat
avec la parole du Seigneur à saint Jean, rapportée par l'Apocalypse : *Tu as raison de haïr les actes des nicolaïtes comme je
les hais moi-même* [2]. Autoriser les noces ou plutôt les adultères
des prêtres, c'est donc faire de l'Église de Dieu la synagogue
de Satan. Et le cardinal Humbert conclut par une affirmation
très claire de la doctrine catholique sur ce sujet délicat : « Pour
qu'il n'y ait pas erreur, dit-il, établissons ouvertement la tradition de l'Église romaine à l'égard des divers grades ecclésias-

---

[1] MATTH., XVI, 24.
[2] *Apoc.*, II. 6.

tiques. Elle permet aux *ostiarii*, aux lecteurs, aux exorcistes
et aux acolytes, s'ils n'ont pas fait profession de vie monastique et s'ils ne veulent pas observer la continence, d'épouser
une femme vierge et d'obtenir pour ce mariage la bénédiction
sacerdotale; elle leur interdit d'épouser une veuve ou une
répudiée, ce qui les empêcherait de parvenir au sous-diaconat;
de même, le laïque, qui n'aura pas épousé une vierge ou aura
été marié deux fois, ne sera jamais clerc. Si l'un des clercs
énumérés plus haut veut arriver au sous-diaconat, il ne le
pourra sans le consentement de sa femme, de telle sorte que de
charnel le mariage devienne spirituel du plein gré des époux.
Désormais, la femme de ce prêtre ne pourra plus avoir aucun
rapport conjugal avec son époux, ni épouser personne autre
du vivant de celui-ci, ni même après sa mort; sinon elle sera
frappée d'anathème. Quant au diacre, sous-diacre, prêtre,
évêque qui reprendrait son épouse ou en choisirait une nouvelle, il sera déposé, conformément aux décisions du concile de
Néocésarée. Telles sont les traditions dont s'honorent la sainte
Église romaine et le Saint-Siège; il leur a été impossible d'acquiescer aux fables juives et aux écrits apocryphes; pierre
angulaire sur laquelle le Christ a fondé son Église, ils ont
repoussé toutes les hérésies et, tandis qu'ils admettaient le
mariage pour les laïques, ils l'ont interdit aux ministres de
l'autel et aux moines qui ont fait vœu de perfection apostolique. » Ainsi, comme Damien, Humbert tolère le mariage
pour les ordres mineurs, mais, comme lui aussi, il pose en principe que le sous-diacre doit pour toujours renoncer à son
épouse.

Fort de ces arguments, le cardinal Humbert partit pour
Constantinople en janvier 1054, porteur d'une bulle du pape
pour l'empereur Constantin et d'une autre pour le patriarche
Michel Cérulaire. La lettre à l'empereur insistait sur la nécessité d'une entente politique, dirigée contre les Normands;
celle qui était destinée à l'archevêque formulait les droits et
les privilèges de l'Église romaine.

Humbert arriva à Constantinople le 24 juin; Pierre, arche-

vêque d'Amalfi, et le chancelier Frédéric l'accompagnaient [1].
Les trois légats furent reçus par l'empereur au monastère de
Studium; Nicétas comparut devant eux; il consentit à jeter
l'anathème sur son opuscule intitulé : *Du pain azyme, du sabbat
et du mariage des prêtres* et sur tout écrit qui prétendrait que
l'Église romaine n'a pas la primauté sur les autres églises ou
qui aurait la présomption de redresser la foi toujours orthodoxe
de cette église. Après quoi, l'ouvrage incriminé fut solennellement brûlé. Le moine de Studium semblait renoncer définitivement à ses erreurs car, le lendemain, lors d'une nouvelle
entrevue avec les légats, il protesta une seconde fois de son
humble soumission.

Michel Cérulaire observa une attitude différente. Il évita
avec soin de rencontrer les envoyés pontificaux, afin de ne pas
être contraint de reconnaître, lui aussi, la supériorité de l'Église
de Rome sur celle de Constantinople. Il fallait pourtant en
finir. Le 16 juillet, Humbert et ses compagnons se rendirent
à Sainte-Sophie; devant le clergé de Constantinople, qui y
était rassemblé, il se plaignirent de l'obstination du patriarche
et déposèrent sur l'autel une sentence d'excommunication.
Cette condamnation solennelle était prématurée; elle ne permettait plus de discussion et ouvrait la porte au schisme, d'autant
plus que les légats, considérant leur mission comme terminée,
se retirèrent le 18 juillet, avec l'autorisation de l'empereur.

Deux jours après, le 20, ils furent rappelés en hâte. Aussitôt
après leur départ, l'intrigant Michel les avait desservis auprès
du faible Constantin, lui conseillant de réunir à Sainte-Sophie
une sorte de concile où l'on donnerait lecture de la bulle d'excommunication préalablement falsifiée et rédigée en des termes
tels qu'elle pût paraître injurieuse pour l'Église d'Orient. Constantin ne céda pas à ces suggestions auxquelles répugnait sa
conscience; il refusa de convoquer le concile. Michel, brandis-
sant la fausse bulle, s'efforça de provoquer une sédition popu-

---

[1] Le cardinal a laissé une relation de son voyage, à laquelle sont empruntés
les détails qui suivent (PL, CXLIII, 1001-1004).

laire, mais l'empereur réussit sans peine à le convaincre de mensonge; la ville rentra dans le calme, et les légats, qui avaient assisté impassibles à ces troubles, reprirent le chemin de l'Italie, d'autant plus précipitamment qu'ils venaient d'apprendre la mort de Léon IX.

Michel n'en refusa pas moins de se soumettre. Dans une lettre au patriarche d'Antioche, il osa prétendre que les légats avaient agi de leur propre autorité et sans mandat du pape. Il colporta cette légende auprès de ses suffragants et l'accompagna d'un récit quelque peu mensonger des événements de Constantinople; Humbert aurait articulé contre l'Église grecque trois griefs : elle permettait à ses prêtres de porter la barbe; elle ne croyait pas que le Saint-Esprit procédait du Fils; elle autorisait le mariage des clercs. Atteintes dans leurs plus chères affections, les églises orientales se rapprochèrent peu à peu de Michel Cérulaire. Le schisme était consommé. Rome n'avait pu endiguer le courant qui entraînait Constantinople vers une séparation qui, quoi qu'en dise M. Bréhier [1], se serait produite fatalement, même si les légats de Léon IX avaient fait preuve de plus d'énergie et de finesse.

Le cardinal Humbert, malgré sa connaissance de la langue grecque, s'était laissé jouer par les subtilités orientales et avait échoué dans sa mission diplomatique. On ne lui en tint pas rigueur : après la mort de Léon IX, il resta un des personnages les plus importants de l'Église romaine. Le successeur immédiat de Léon IX, Victor II (1054-1057), eut recours à ses bons offices pour aller rétablir la paix au Mont-Cassin [2].

L'abbé du Mont-Cassin était mort le 11 décembre 1055. Les moines le remplacèrent à la hâte par un religieux nommé Pierre. Ce choix parut contestable à Victor II, qui critiqua la précipitation avec laquelle on avait procédé à l'élection, sans même prendre l'avis du Saint-Siège. Le cardinal Humbert

---

[1] BRÉHIER, *Le schisme oriental du XI<sup>e</sup> siècle*, p. 118 et suiv.

[2] On est renseigné sur cette mission de Humbert et sur les événements qui suivent par le chroniqueur LÉON D'OSTIE, *Chronica monasterii Casinensis*, II, 91 (MGH, SS, t. VII, p. 690-92).

fut envoyé au Mont-Cassin pour examiner l'affaire (mai 1057).
A son arrivée, les serfs, s'imaginant qu'il venait pour déposer
l'abbé, se soulevèrent en faveur de Pierre, mais celui-ci crut
plus opportun, afin de ne pas créer de difficultés, de remettre sa
démission entre les mains du légat. L'élection de son successeur se fit dans le plus grand calme et Frédéric de Lorraine
devint abbé. Il connaissait bien Humbert qu'il avait escorté
à Constantinople, et c'est en sa compagnie qu'aussitôt après sa
nomination il alla en Toscane recevoir la consécration pontificale.

Le 28 juillet de la même année, Victor II mourait et Frédéric de
Lorraine le remplaçait comme pape sous le nom d'Étienne IX [1].
Sous ce pontificat Humbert fut plus influent que jamais. C'est à
ce moment qu'il publia son traité contre les simoniaques [2].

Étienne IX mourut prématurément le 29 mars 1058 [3]. La
conséquence de sa disparition, c'est le schisme, c'est l'élection
irrégulière de Benoît X. Humbert, qui représentait l'ancienne
tradition, se retire au Mont-Cassin où il célèbre la fête de Pâques
et où il préside à l'élection comme abbé de Didier, le futur
pape Victor III. Il sort de sa retraite le jour où Gérard de
Florence est reconnu sous le nom de Nicolas II [4]. Il reprend
alors les fonctions de bibliothécaire et de chancelier de l'Église
romaine que lui avait conférées Étienne IX [5]. Pierre Damien,
dans une de ses lettres, affirme que le cardinal Humbert et
Boniface, évêque d'Albano, sont les « deux yeux du pape » [6].

En 1059, Humbert assiste au concile du Latran et approuve

---

[1] Cfr *supra*, p. 167.

[2] La date du traité ne peut être déterminée exactement. HALFMANN (*Cardinal Humbert*, p. 30) le place en 1058, MIRBT (*Die Publizistik*, p. 11) ne se prononce pas entre 1057 et 1058; HAUCK (*Kirchengeschichte Deutschlands*, p. 673, n. 6), déclare qu'il est impossible que le traité ait été composé après la mort d'Étienne IX, car il eût été déplacé, au moment où l'on négociait avec la cour de Germanie pour faire reconnaître Nicolas II, d'attaquer l'investiture laïque, comme le fait Humbert. Nous nous rallions à cette dernière opinion.

[3] Cfr *supra*, p. 171.

[4] LÉON D'OSTIE, *Chronica monasterii Casinensis*, II, 99 et III, 9 (MGH, SS., t. VII, p. 695 et 703).

[5] JAFFÉ-WATTENBACH, 4393, 4395, 4396, etc.

[6] *Epist.*, I, 7 (PL, CXLIV, 211).

le décret sur l'élection pontificale [1]. Le même concile s'occupe de l'hérésiarque Bérenger qui niait la présence réelle du Christ dans l'Eucharistie. On sait par Lanfranc que la formule de rétractation fut rédigée par Humbert [2].

Après le concile, le cardinal Humbert, comme le prouvent les souscriptions des bulles pontificales, accompagne le pape dans la Pouille et prend part au concile d'Amalfi où, par le serment de Robert Guiscard et de Richard de Capoue, est scellée la réconciliation entre les Normands et le Saint-Siège [3]. Il disparaît ensuite et n'est mêlé à aucun acte du pontificat d'Alexandre II. Il y a donc lieu de croire que sa mort est contemporaine de celle de Nicolas II. Selon Jean de Bayon [4], il faudrait la placer le 5 mai 1061.

La vie d'Humbert, comme celle de Pierre Damien, a été vouée au service de la papauté, mais le cardinal lorrain ne ressemble guère à l'ermite italien. Tous deux ont occupé les plus hautes situations dans l'Église romaine, mais l'un est resté, sous la pourpre, un moine et un ascète, l'autre a été un diplomate qui n'a jamais craint de prendre contact avec le siècle; l'un est un fougueux moraliste, l'autre un politique. D'accord sur la gravité de la crise religieuse, ils s'entendent pour dénoncer le nicolaïsme comme le premier des maux dont souffre l'Église, mais, si Pierre Damien s'imagine que la prédication et les menaces suffiront pour avoir raison d'un clergé perverti, Humbert juge plus sûr de tarir les sources de l'hérésie, c'est à dire la simonie et l'investiture laïque. Il n'a combattu le nicolaïsme que par occasion, tandis qu'il a réuni ses critiques sur la simonie dans un traité en trois livres, intitulé *Adversus simoniacos*, qui reste la grande œuvre de sa vie [5].

---

[1] MGH, *Constitutiones et acta publica imperatorum*, t. I, p. 541.

[2] LANFRANC, *De corpore et sanguine Domini adversus Berengarium Turonensem*, 2 (PL, CL, 410).

[3] On trouvera au chapitre suivant le récit de ces événements.

[4] JEAN DE BAYON, II, 55 (édit. CALMET, *Histoire de Lorraine*, preuves, t. II, p. LXXII).

[5] *Adversus simoniacos libri tres* (*Libelli de lite*, t. I, p. 95-253; PL, CXLIII, 1005-1212).

## II

Comme Pierre Damien le cardinal Humbert a tenté une ana-lyse psychologique et morale de l'hérésie simoniaque qui pousse ses racines parmi les vices les plus bas de la nature humaine, la cupidité, la luxure et l'ambition. Si le bon pasteur n'a d'autre souci que de nourrir ses brebis, si, pour lui, dîmes et offrandes sont les ressources nécessaires à leur entretien, le mauvais berger, c'est à dire le simoniaque, n'a cure de la santé de son troupeau et ne songe qu'à tirer de lui le plus d'argent possible. Et cela pour assouvir ses passions charnelles, pour obtenir la première place dans les banquets, pontifier dans sa chaire épiscopale, recevoir au chœur les salutations des chanoines et s'entendre appeler Monseigneur. Mais au jour du jugement, il entendra retentir la parole du Christ rapportée par saint Matthieu : *Vous avez reçu votre récompense* [1]. — *Beaucoup,* ajoute le Maître dans le même Évangile, *me diront alors : En ton nom, nous avons prophétisé; en ton nom, nous avons chassé les démons; en ton nom, nous avons accompli beaucoup de miracles. Et je leur répondrai; je ne vous ai jamais connus; éloignez-vous de moi, ouvriers d'iniquité* [2]. D'éternels châtiments, voilà donc ce qui est réservé « à ces tyrans, à ces maîtres impies qui, non contents de tondre et de traire leurs infortunées brebis, leur sucent jusqu'au sang en les forçant à donner ce qu'elles n'ont pas [3]. »

Telle est l'origine du mal. Ses conséquences sont multiples. D'abord la valeur morale d'un pareil clergé est nulle. L'évêque simoniaque n'exige des candidats aux bénéfices ecclésiastiques aucune vertu sacerdotale. L'Église sera-t-elle bien ou mal administrée par son nouveau titulaire ? Qu'importe ? Sera-t-elle payée un bon prix ? Voilà le seul problème. Tel clerc

---

[1] MATTH., VI, 2.

[2] MATTH., VII, 22-23.

[3] *Adversus simoniacos*, II, 1 et III, 35-36 (*Libelli de lite*, t. I, p. 137-140 et 243-245 ; PL, CXLIII, 1055-1059 et 1198-1200).

possède-t-il toutes les qualités requises, il est écarté. Tel autre verse-t-il cent sous ou quelque autre somme, il est agréé. Encore faut-il entendre cet évêque scélérat, lorsqu'il investit un autre monstre d'iniquité, non pas s'écrier franchement « Venez ; soyez promu, parce que vous êtes adultère, parjure, criminel », mais insinuer : « Vous êtes nécessaire à cette charge et désiré par l'Église ». Quant au promu, il ne dit pas : « Donnez-moi cette fonction, parce que je suis fornicateur ou sacrilège », mais : « Confiez-la-moi, parce que je veux prouver mon obéissance à l'Église de Dieu et mériter la récompense qui m'est due [1]. »

Avec ce mode de recrutement sacerdotal, qui exclut les pauvres des rangs du clergé, la charité est en baisse. Évêques et clercs pressurent les fidèles, n'épargnent aucun âge, aucun sexe, aucune condition, aucune profession, aucun ordre, aucun pouvoir, et, tandis que leur mission serait de nourrir la veuve et l'orphelin, ils les privent des ressources nécessaires à leur subsistance [2]. Coupables de cet assassinat, ils sont pires que des brigands, « car ils lacèrent à la fois l'âme et le corps, alors que les brigands tuent le corps, mais ne peuvent atteindre l'âme... Il est évident, en un mot, qu'ils ne détiennent aucune parcelle de la charité d'un Dieu invisible pour eux, ces hommes incapables du moindre amour pour le prochain qu'ils côtoient sans cesse ; en seraient-ils susceptibles que, si charnels, si coupables qu'ils fussent, ils ne seraient pas hérétiques ; possédant le véritable amour en Dieu et pour Dieu, ils auraient le minimum de la vraie foi [3]. »

Les chrétiens partout traqués comme des bêtes fauves, les évêques et les prêtres vivant dans le luxe et la débauche, la charité chrétienne disparue, tels sont les premiers résultats de l'hérésie simoniaque.

---

[1] Adversus simoniacos, III, 37 (Libelli de lite, t. I, p. 245 ; PL, CXLIII, 1200-1201).

[2] Adversus simoniacos, II, 41 et 44 (Libelli de lite, t. I, p. 190 et 192-193 ; PL, CXLIII, 1128-1129 et 1132-1133).

[3] Adversus simoniacos, II, 31 (Libelli de lite, t. I, p. 179-180 ; PL, CXLIII, 114).

Il en est un autre non moins grave : c'est la ruine des églises. Pour satisfaire à leurs besoins, les simoniaques ne reculent devant aucun expédient : ils aliènent les biens ecclésiastiques ou négligent d'entretenir les temples qui s'effondrent. « Partout, mais particulièrement en Italie, les églises de Dieu, les monastères, les divers sanctuaires sont les uns ruinés et détruits jusque dans leurs fondations, les autres très endommagés avec des toits à moitié arrachés ou des murs qui s'écroulent ; ceux-ci sont ravagés par les hommes, abandonnés aux bêtes féroces et aux immondes vautours, remplis de buissons et d'orties ; ceux-là ont conservé leurs habitants, mais sont dépouillés de tout ce qui leur servait de parure : livres, vases sacrés, ornements sacerdotaux. Ainsi, en beaucoup d'endroits gagnés au culte par nos pieux ancêtres, il ne reste ni un pauvre petit psautier, ni un vase de terre, ni un corporal de lin. D'autres bénéfices enfin, autrefois célèbres pour leurs biens, leurs châteaux, leurs municipes, leurs familles, leurs pécules, n'ont plus ni champ, ni chaumière, ni municipe, ni âne, ni chevreau, ni rien de ce qu'ils possédaient jadis, si bien que sur le sanctuaire ou sur le cimetière on peut voir un laboureur étranger semer, moissonner ou planter des vignes. »[1] Complétant ce lugubre tableau, Humbert évoque les reliques des saints qui jonchent le sol comme des ossements d'animaux, et il conclut que l'auteur de tant de ruines, ce n'est ni le Vandale, ni le Goth, ni le Hun, ni le Lombard, ni le Hongrois, mais « cet hostile simoniaque qui, en vendant les biens meubles et immeubles de tant de lieux vénérables ou en les donnant à des proches et à des étrangers, les dilapide et les dissipe[2]. »

Le simoniaque ressemble donc au négociant usurier qui vend très cher ce qu'il a acquis pour rien ; il est inspiré, comme lui, par l'amour immodéré de la fortune que condamne l'Écriture : *Celui qui cherche à s'enrichir est coupable*[3]. Mais, si l'on considère

---

[1] *Adversus simoniacos*, II, 35 (*Libelli de lite*, t. I, p. 184 ; PL, CXLIII, 1120).

[2] *Adversus simoniacos*, II, 36 (*Libelli de lite*, t. I, p. 184 ; PL, CXLIII, 1120-1121).

[3] *Prov.*, XXVIII, 20.

l'objet du trafic, il pèche davantage encore : l'usurier vend les
choses nécessaires à la vie terrestre; le simoniaque fait le commerce des choses célestes; à l'usure il ajoute l'hypocrisie :
il se pare du titre de serviteur du Christ; en réalité il est aux
ordres du démon[1].

Le simoniaque est encore coupable d'adultère, car il ne cesse
de trahir l'Église qu'il a épousée et à laquelle il a juré fidélité.
Il souille les objets du culte, attente à la chasteté de la plus belle
des épouses, conduit les brebis qu'il fait paître à la honte et
à la damnation. Ainsi l'Église de Dieu devient la synagogue
de Satan; son clergé est celui du démon[2].

Sacrilège en même temps qu'adultère, le simoniaque est
fils de Judas. Il vend les sacrements de Dieu; Judas a vendu
Dieu lui-même. Il gaspille le patrimoine des veuves et des
orphelins; Judas a fait servir à sa trahison l'argent des pauvres.
Chez l'un comme chez l'autre, le démon procède suivant la
même méthode : Judas a été perdu par sa passion immodérée
de la richesse qui, à l'origine, n'excluait pas la foi; le simoniaque,
tout en amassant de gros revenus, prétend rester attaché à
l'Église et à ses croyances, mais le Christ ne tarde pas à s'éloigner de lui, car il ne peut cohabiter avec le démon[3]. Lorsqu'il
eut commis sa faute, Judas, saisi par le repentir, alla trouver
les Juifs et leur dit : *J'ai péché en vous livrant le sang d'un juste*[4],
mais les Juifs lui répondirent : peu nous importe, nous gardons
celui que vous nous avez livré. Même repartie chez les simoniaques : quand on leur reproche d'avoir acheté le Saint-Esprit,
c'est, disent-ils, celui qui nous a vendu notre dignité qui est
coupable; nous ne pouvons la restituer[5].

Poursuivant cette comparaison avec une insistance un peu
pénible, Humbert fait encore remarquer que la faute des

---

[1] *Adversus simoniacos*, II, 17 et I, 20 (*Libelli de lite*, t. I, p. 158-159 et 133-
134; PL, CXLIII, 1084-1086 et 1049-1051).

[2] *Ibid.*, II, 32 (*Libelli de lite*, t. I, p. 180-181; PL, CXLIII, 1115-1116).

[3] *Ibid.*, II, 19 (*Libelli de lite*, t. I, p. 161-163; PL, CXLIII, 1088-1091).

[4] MATTH., XXVII, 4.

[5] *Adversus simoniacos*, II, 25 (*Libelli de lite*, t. I, p. 169-170; PL, CXLIII,
1100-1102,).

simoniaques est plus grave que celle de Judas : Judas a négocié en secret; les simoniaques, lorsqu'ils confèrent l'ordination, vendent et taxent publiquement le Saint-Esprit. Judas a trahi le Christ pour une somme assez modeste; les simoniaques, plus ambitieux que lui, fixent eux-mêmes le prix d'une chose inestimable [1]. Judas a agi sous le coup d'une fureur passagère; les simoniaques se sont ingéniés à des calculs quotidiens. Judas n'a pas dérobé aux disciples le corps du Christ; les simoniaques arrachent les dons du Saint-Esprit à d'innombrables peuples chrétiens. Judas, en livrant aux Juifs le Fils de l'homme, a contribué au salut du monde; les simoniaques ferment à beaucoup d'âmes les portes de l'éternité bienheureuse. Judas n'a eu recours à aucun intermédiaire; les simoniaques compromettent dans leurs louches négociations leurs familiers, parfois même des étrangers. Judas, dans son désespoir, a rendu les trente deniers; les simoniaques, joyeux d'avoir trafiqué du Saint-Esprit et inaccessibles au repentir, exigent souvent plus qu'il n'a été convenu [2].

La simonie est donc un sacrilège. Elle est aussi une hérésie; le cardinal Humbert tient à cette définition sur laquelle il va échafauder une théorie de l'ordination, opposée à celle de Pierre Damien. L'hérétique, dit-il dans sa préface, est celui qui s'éloigne de la foi catholique en croyant ce qu'il ne faut pas croire au sujet de Dieu et de ses créatures. C'est ainsi qu'il faudrait traduire la parole de saint Paul : *Purifions-nous de toute souillure de la chair et de l'esprit, poursuivant notre sanctification dans la crainte de Dieu* [3]. L'Apôtre voudrait par là interdire tout commerce de l'esprit avec les hérétiques, car un tel commerce, ajoute Humbert, nous éloignerait de la foi chrétienne, nous rendrait *hérétiques* ou païens.

Il était à prévoir que les simoniaques refuseraient de se considérer comme atteints par une telle définition. Nous admettons,

---

[1] *Adversus simoniacos*, II, 19 (*Libelli de lite*, t. I, p. 161-163; PL, CXLIII, 1088-1089).

[2] *Ibid.*, II, 20 (*Libelli de lite*, t. I, p. 163-164; PL, CXLIII, 1091-1093).

[3] II *Cor.*, VII, 1.

diraient-ils sans doute, tout ce que croit et enseigne l'Église, nous sommes d'accord sur les différents articles du dogme, nous ne nous séparons d'elle que sur une question de pure discipline; par suite, notre piété est peut-être en défaut, mais notre doctrine est pure. Or, combien de chrétiens commettent quotidiennement des fautes contre la loi de Dieu sans être damnés ! Le Christ a promis d'être miséricordieux ! Saint Matthieu, par exemple, interprète avec rigueur le commandement *Non concupisces*, quand il applique la prohibition non seulement aux paroles impudiques, mais à tout propos inutile qui porterait atteinte à la sainteté [1]; cependant il ressort du même saint Matthieu que celui qui commet une infraction de ce genre ne perd pas la foi et qu'il peut être pardonné. De même, lorsque le Christ a dit : *Si tu veux être parfait, va, vends tous tes biens* [2]..., il a proposé un idéal, mais n'a pas prétendu imposer pareille obligation à tous les hommes. Nous autres, simoniaques, nous nous trouvons dans une situation analogue; nous nous conformons à toute la doctrine catholique; peut-être avons-nous trop oublié le précepte : *Vous avez reçu gratuitement; donnez gratuitement* [3], mais nous ne sommes pas hérétiques [4].

Cette argumentation est logique et Pierre Damien l'eût admise. Le cardinal Humbert, plus sévère que l'ermite de Fonte-Avellana, se fait fort de prouver aux simoniaques que, malgré leurs affirmations, ils ne possèdent pas la foi catholique. D'abord il ne saurait y avoir d'analogie entre leur cas et les exemples qu'ils ont invoqués. Sans doute, il y a, parmi les chrétiens, divers degrés : les uns, doués de grâces supérieures, font plus que Dieu n'exige d'eux; d'autres, par faiblesse d'esprit, n'arrivent pas à observer les commandements; d'autres enfin cèdent à la fragilité humaine ou à une tentation diabolique. Les premiers sont à imiter, les seconds à plaindre, les troisièmes à

---

[1] Matth., XII, 36.
[2] Id., XIX, 21.
[3] Id., X, 8.
[4] *Adversus simoniacos*, II, 15 (*Libelli de lite*, t. I, p. 155-157; PL, CXLIII, 1081-1082).

blâmer, mais aussi à secourir, car s'ils s'éloignent de Dieu par leurs actes, ils ne cessent pas de croire en lui et entendent la parole du Christ : *Croyez en Dieu et croyez en moi* [1].

On ne comprend guère pourquoi Humbert ne range pas les simoniaques dans cette dernière catégorie, pourquoi, à l'exemple de Pierre Damien, il ne les invite pas à faire pénitence, puis à rentrer dans le giron de l'Église. L'explication par laquelle il prétend justifier son attitude est peu satisfaisante. « Les hérétiques, dit-il, ne peuvent entendre la parole de Dieu, car, n'admettant pas ou ayant perdu la foi, non seulement ils ne peuvent jamais bien agir, mais, de leur part, tout acte, qui paraîtrait bon en lui-même, est un péché, parce qu'il est dépourvu de foi. S'ils avaient la foi catholique qui est la vraie foi, ils ne seraient pas hérétiques. Or, ils ont toujours été appelés hérétiques et considérés comme tels. Ils sont donc sans foi, et, s'ils sont sans foi, ils sont sans espérance, car la foi est la substance de l'espérance [2]. » Cela revient à dire que les simoniaques ne peuvent être considérés comme des pécheurs ordinaires, parce qu'ils sont hérétiques. Mais le sont-ils ? Tout le débat est là et Humbert en a eu conscience. Son argumentation n'en est pas moins faible et s'attache plus aux mots qu'aux choses. Elle revient à dire que, si l'hérésie est le fait de s'éloigner de la foi catholique, les simoniaques sont hérétiques, car ils cherchent à acquérir par de l'argent le Saint-Esprit qui, étant le don le plus pur et le plus incomparable de Dieu, ne peut s'obtenir de la sorte. Le cardinal en déduit un peu sommairement qu'ils ne possèdent pas cet esprit de Dieu ; Pierre Damien, au contraire, prétendait qu'ils l'avaient reçu lors de leur ordination et ne pouvaient le perdre. Lequel a raison ?

A l'appui de sa thèse, le cardinal Humbert apporte des arguments qui n'en sont pas. Il fait remarquer, avec le pape Grégoire le Grand, que le Maître a condamné lui-même les simo-

---

[1] JEAN, XIV, 1.
[2] *Adversus simoniacos*, II, 16 (*Libelli de lite,* t. I, p. 157; PL, CXLIII, 1083-1084).

niaques quand il a chassé les vendeurs du temple [1]. Cet épisode
signifie sans doute que la simonie a été flétrie par le Christ, mais
la classer, de ce fait, parmi les hérésies est peut-être trop hâtif [2].

Peu concluante aussi la comparaison, que poursuit longuement le cardinal, entre les simoniaques et les Ariens [3]. Les
Ariens affirmaient que, dans la Trinité, le Fils était inférieur
au Père et le Saint-Esprit subordonné au Père et au Fils. « Les
simoniaques, non contents de participer au sacrilège des Ariens,
ne regardent pas seulement le Saint-Esprit comme soumis
au Père et au Fils, mais ils jugent qu'il leur est inférieur à
eux-mêmes, qu'il est sous leur propre dépendance, tel qu'un
objet vénal et de peu de prix ; conféré par de l'argent et attaché
à leurs chaînes dorées, il obéirait bon gré mal gré à leur volonté,
à leur voix, et coopérerait par la plénitude de sa sanctification
et de sa grâce à leurs offices sacrilèges, à leurs exécrables con-
sécrations. » Il en résulterait que la simonie, plus encore que
l'arianisme, est le pire des blasphèmes, celui pour lequel Simon
a été condamné par saint Pierre : *Que ton argent soit pour toi
une source de perdition,... puisque tu as estimé que l'on pouvait
acquérir par de l'argent la maison de Dieu* [4]. Sur ce point, les
théologiens du xie siècle sont tous d'accord, mais ils ne se
croient pas autorisés à conclure avec Humbert que les simoniaques, s'ils sont exposés aux pires damnations, ne sont pas
les détenteurs du Saint-Esprit.

De même, lorsqu'il aperçoit dans les simoniaques l'image
de l'antéchrist [5] ou qu'il les compare à la bête de l'Apocalypse [6], le cardinal n'apporte aucun argument nouveau. Il
voit plus juste quand il réfute les objections de ses adversaires.

---

[1] MATTH., XXI, 12.

[2] *Adversus simoniacos*, I, 13 (*Libelli de lite*, t. I, p. 119-122; PL, CXLIII, 1031-1035).

[3] *Ibid.*, I, 3 (*Libelli de lite*, t. I, p. 105-106; PL, CXLIII, 1014).

[4] *Act.*, VIII, 20-23.

[5] *Adversus simoniacos*, II, 43 (*Libelli de lite*, t. I, p. 191-192; PL, CXLIII, 1130-1131).

[6] *Adversus simoniacos*, II, 38 (*Libelli de lite*, t. I, p. 187-188; PL, CXLIII, 1124-1125).

Ceux-ci prétendaient (on l'a vu dans les lettres de Pierre Damien) qu'ils achetaient les biens ecclésiastiques, mais non le Saint-Esprit : au moment de la consécration, disaient-ils, nous ne versons au métropolitain aucune somme d'argent; de lui nous tenons le Saint-Esprit, du pouvoir laïque les terres et les revenus joints à l'évêché.

Pierre Damien n'admettait pas cette subtile distinction; à ses yeux les biens temporels ne pouvaient être séparés de la dignité spirituelle, puisqu'ils n'avaient de raison d'être que par elle. Le cardinal Humbert pense de même. « Quelqu'un achète-t-il un cheval, qu'achète-t-il sinon la faculté de le monter et d'en user à sa guise ? On ne conçoit pas non plus un agriculteur qui deviendrait propriétaire d'un champ qu'il ne labourerait pas, n'ensemencerait pas et dont il ne tirerait aucun revenu. De même, le simoniaque se laisse vendre un évêché ou une dignité ecclésiastique pour exercer les prérogatives qui y sont attachées. Donc la dignité spirituelle et les biens temporels sont inséparables; le Saint-Esprit est vendu avec les biens. » Les simoniaques, en un mot, renversent les termes de la question; contrairement à leurs dires, c'est la bénédiction épiscopale qui confère la jouissance des biens qui est, en pareille matière, le seul privilège de possession [1].

Jusqu'ici Humbert et Damien sont d'accord : les simoniaques achètent à la fois le temporel de l'évêché et le Saint-Esprit. Mais possèdent-ils réellement le Saint-Esprit ? Leur consécration, reçue dans de telles conditions, est-elle valable ? Les ordinations qu'ils confèrent ensuite sont-elles canoniques ? Oui, répondait Pierre Damien, car le Saint-Esprit ignore un tel trafic et son action, déterminée par les seules paroles sacramentelles, est indépendante des contingences terrestres. — Non, affirme à son tour le cardinal Humbert, car le Saint-Esprit, vendu avec les biens, ne peut tolérer un pareil voisinage; il se retire aussitôt; le personnage, soi-disant consacré, ne l'est

---

[1] *Adversus simoniacos*, II, 1-2 (*Libelli de lite*, t. I, p. 137-141; PL, CXLIII, 1055-1061).

pas en réalité et, par suite, ne peut valablement ordonner. On constate dans l'Écriture, ajoute-t-il, que Dieu se manifeste à ceux qui ont foi en lui, mais qu'il se dérobe aux infidèles; de même le Saint-Esprit ne peut habiter chez les simoniaques qui l'assiègent par des moyens perfides et mensongers. *Les méchants me chercheront et ne me trouveront point* [1].

Sans doute, les simoniaques diront avec saint Matthieu [2] : *Celui qui cherche trouve.* « Mais que cherchent-ils ? Le psaume [3] va le leur faire savoir : *Fils des hommes, pourquoi aimez-vous la vanité et cherchez-vous le mensonge ?* Et alors que trouvent-ils ? Le pire des mensonges, c'est-à-dire le démon... Si chacun trouve ce qu'il cherche, si, cherchant le mensonge, on trouve le père du mensonge et de la discorde, que cherchent donc les simoniaques qui vendent et qui achètent ? Sans aucun doute un gain terrestre et, pour parler ouvertement, l'argent seul. Mais que trouvent-ils ? La tentation et le lacet du démon, parce qu'en saisissant la grâce de Dieu, ils veulent s'enrichir [4]. »

Cela revient à dire que les simoniaques, parce qu'ils n'ont d'autre but que d'amasser une belle fortune, ne peuvent, lors de la consécration épiscopale, recevoir autre chose que les biens de ce monde; le Saint-Esprit ne consent pas à descendre en eux, puisqu'il n'est pas l'objet de leur désir. A cela Pierre Damien riposterait sans doute : s'il en est ainsi, dans la communion sacrilège le Christ se retire des espèces eucharistiques, car les dispositions de celui qui communie sont mauvaises; or, l'Église n'a jamais enseigné pareille chose. Et puis, où commence la simonie et où finit-elle ? A quel signe distinguer ceux qui possèdent réellement le Saint-Esprit de ceux qui n'ont à sa place que « le pire des mensonges ? »

Humbert ne prévoit pas ces objections, si naturelles qu'elles soient; il préfère, pour justifier sa thèse, se livrer à une inter-

---

[1] *Prov.*, I, 28.
[2] MATTH., VII, 8.
[3] *Ps.*, IV, 3.
[4] *Adversus simoniacos*, II, 9 (*Libelli de lite*, t. I, p. 149; PL, CXLIII, 1071-1072).

prétation hasardée de certains textes de l'Écriture. Il invoque d'abord le passage de l'évangile de saint Luc [1] d'après lequel ceux qui méprisent les enseignements divins au lieu de pain recevront une pierre, au lieu de poissons des serpents, au lieu d'œufs des scorpions. Il considère aussi — et cela est quelque peu excessif — comme un argument en sa faveur la parole du Christ dans l'évangile de saint Jean : *Ce que vous demanderez à mon Père en mon nom, il vous le donnera* [2]. « Les hérétiques, dit-il, reçoivent ce qu'ils demandent de celui auquel ils demandent. A qui demandent-ils ? A Mammon, leur père et leur maître. Et que demandent-ils ? Du pain. Mais quel pain ? Celui qui a pour eux une délicieuse saveur et dont Salomon a dit : *Le pain du mensonge est doux à l'homme* [3], c'est à dire la pierre... Mais on me dira : Est-ce qu'on ne les entend jamais invoquer le Père céleste et solliciter les dons du Saint-Esprit pour eux ou pour d'autres ? L'Apôtre répond aussitôt [4] : *Comment invoqueront-ils celui auquel ils ne croient pas ?* Et pour qu'on ne prétende pas qu'ils croient en Dieu vraiment et catholiquement, il ajoute : *Comment invoqueront-ils celui qu'ils n'auront pas entendu ?* En effet, passons sur les excès quotidiens dûs à leur fragilité humaine et à leur concupiscence; comment croient-ils en celui qu'ils ne veulent pas entendre quand il leur dit : *Vous avez reçu gratuitement* [5] ? Il est donc évident qu'ils ne croient pas en celui qu'ils n'écoutent pas, lorsqu'il établit des règles inviolables et éternelles pour ses sacrements [6]. »

Les simoniaques pouvaient alléguer qu'ils croyaient en Dieu. Le terrible cardinal leur dénie cette foi qui vient de la bouche et des lèvres, non du cœur. « La sainteté ou, si l'on préfère, la sanctification n'existe pas et ne peut exister sans le

---

[1] Luc, XI, 11-12.
[2] Jean., XVI, 23.
[3] *Prov.*, XX, 17.
[4] *Rom.*, X, 14.
[5] Matth., X, 8.
[6] *Adversus simoniacos*, II, 14 (*Libelli de lite*, t. I, p. 155; PL, CXLIII, 1080-1081).

Saint-Esprit. Quiconque est sage ou chaste possède nécessairement la sagesse ou la chasteté par laquelle il est sage ou chaste. Aussi admet-on que la sanctification ou la sainteté (c'est à dire le Saint-Esprit) est inhérente aux choses ou aux personnes sanctifiées ou saintes. Par suite, celui qui vend ou achète un revenu ou un bénéfice ecclésiastique vend ou achète le Saint-Esprit, mais le Saint-Esprit n'est pas contenu dans la chose vendue ou achetée; offensé, il s'éloigne de ce qu'il sanctifiait et de ce qui a été souillé par l'esprit du mal. » La sainteté, c'est-à-dire le Saint-Esprit, ne peut donc être contaminée. Or, voler les choses saintes, c'est voler la sainteté, c'est voler le Saint-Esprit, c'est commettre un sacrilège auquel l'Esprit se refuse à participer. Bref, le simoniaque ne possède pas la foi qu'il professe, ce qui revient à dire qu'il est hérétique [1].

C'est pourtant ce qui resterait à prouver. Le raisonnement du cardinal Humbert est celui-ci : est hérétique celui qui n'a pas la foi; le simoniaque, quoi qu'il en dise, n'a pas la foi; donc il est hérétique, donc sa consécration épiscopale n'est pas valable, donc tous ses actes sont entachés de nullité. Mais en quoi n'a-t-il pas la foi? Quel dogme rejette-t-il? Voilà qui n'est pas démontré.

La consécration étant nulle, nulles aussi les ordinations. Si l'évêque simoniaque n'est pas réellement consacré, il ne peut exercer sa fonction, conférer l'ordre, car il donnerait une chose qu'il n'a pas [2]. Cette thèse va, dans la pratique, poser des problèmes difficiles à résoudre. Parmi les ordinations en question les unes sont gratuites, les autres vénales. Le clerc, ordonné par un évêque simoniaque, peut l'être en toute innocence, sans connaître le péché du prélat dont il reçoit le sacrement; faut-il pour cela lui refuser le sacerdoce?

Pierre Damien disait avec raison que, pratiquement, on ne pouvait condamner en bloc les ordinations simoniaques, parce

---

[1] *Adversus simoniacos*, III, 4 (*Libelli de lite*, t. I, p. 201; PL, CXLIII, 1144).

[2] *Adversus simoniacos*, I, 2 (*Libelli de lite*, t. I, p. 104-105; PL, CXLII, 1012-1014).

qu'il était impossible de déterminer, suivant des règles précises, dans quelles conditions elles avaient été faites. Humbert les repousse toutes, qu'elles soient gratuites ou non. Et cela toujours en vertu du même principe; peu lui importe la gratuité ou la vénalité de l'ordination; l'évêque simoniaque n'a pas le Saint-Esprit : il ne peut le conférer à personne. « Ceux qui ne reçoivent pas l'Esprit gratuitement ne peuvent recevoir l'esprit de vérité. Que reçoivent-ils donc? L'esprit de mensonge que, sans aucun doute, ils transmettent à ceux auxquels ils imposent les mains, gratuitement ou non, car ils ne peuvent donner autre chose que ce qu'ils ont reçu : on n'a jamais vu des figues mûrir sur des treilles ou des raisins sur des figuiers. Or, la grâce, si elle n'est reçue gratuitement, ne peut être appelée grâce. Les simoniaques ne reçoivent pas gratuitement ce qu'ils reçoivent. Donc ils ne reçoivent pas la grâce et, même s'ils la reçoivent, ils ne la gardent pas; s'ils ne l'ont pas, ils ne peuvent la donner à personne, gratuitement ou non. Que donnent-ils donc? Ce qu'ils ont. Qu'ont-ils? L'esprit de mensonge [1]. » Le cardinal soupçonne même les ordinations gratuites d'être déterminées par des motifs intéressés : à son avis, elles n'ont pas en général d'autre but que d'attirer à ceux qui les dispensent la faveur de personnes nobles et puissantes, en sorte que, désormais, plus sûrs de la place qu'ils occupent, ils n'en seront que plus empressés pour vendre [2].

Cette théorie si sévère suscitait une objection grave; elle contraignait le fils à supporter le poids des fautes de son père spirituel. Mais l'Apôtre [3] n'a-t-il pas dit : *Celui qui ignore sera ignoré?* Les Juifs n'ignoraient-ils pas eux aussi? Et combien d'âmes simples et rustiques ont été naïvement entraînées à l'hérésie [4]. De plus, on ne peut faire en sorte que le fils possède ce qu'il n'a pas. Quelqu'un, dans un procès, s'est saisi

---

[1] *Adversus simoniacos*, I, 4 (*Libelli de lite*, t. I, p. 108; PL, CXLIII, 1017).
[2] *Adversus simoniacos*, III, 33 (*Libelli de lite*, t. I, p. 240-241; PL, CXLIII, 1195-1196).
[3] I *Cor.*, XIV, 38.
[4] *Adversus simoniacos*, II, 26 (*Libelli de lite*, t. I, p. 171; PL, CXLIII, 1102).

d'un champ en corrompant son juge; si la fraude est découverte, gardera-t-il le champ ou le rendra-t-il à son légitime possesseur qui, s'il acceptait l'usurpation, ferait preuve de lâcheté? Il en est de même pour les simoniaques : en ordonnant (gratuitement ou non), ils commettent une injustice; l'injustice doit être réparée [1].

Les textes étant, en général, peu favorables à la théorie de Humbert, le cardinal doit, par une série de généralisations hâtives, les adapter, assez maladroitement d'ailleurs, à son argumentation sophistique.

Il cite, par exemple, le commentaire de saint Jean Chrysostome sur un fragment de saint Matthieu qui lui paraît décisif et qui pourtant ne l'est guère. Il s'agit de la robe nuptiale qui, d'après l'illustre docteur, est le symbole de la vraie foi, tandis que les ténèbres extérieures représentent les erreurs des Gentils, des Juifs et des hérétiques. Les plus proches de la vraie foi sont les Gentils, parce qu'ils méprisent la vérité qu'ils n'ont pas entendue; après eux, les Juifs qui ne l'ont pas crue; enfin, loin d'elle, les hérétiques qui en ont été instruits, mais l'ont ensuite rejetée. La citation se complète par celle des décrets du concile de Laodicée qui prescrivent de fuir les hérétiques [2]. Donc, conclut Humbert, il faut repousser avec dégoût les simoniaques. Mais ceux-ci peuvent-ils être assimilés aux hérétiques? La question n'est pas résolue.

Les décrétales ne prouvent pas beaucoup plus. Sans doute, saint Innocent déclare aux évêques de Macédoine que l'imposition des mains par un hérétique est une blessure, car, d'après l'Écriture, *tout ce qu'aura touché un impur sera impur* [3]; la cicatrice de l'ordination hérétique (par suite, selon Humbert, de l'ordination simoniaque) persistera donc toujours [4]. Sans

---

[1] *Adversus simoniacos*, III, 33-34 (*Libelli de lite*, t. I, p. 240-243; PL, CXLIII, 1116-1119).

[2] *Adversus simoniacos*, I, 11 (*Libelli de lite*, t. I, p. 116-118; PL, CXLIII, 1028-1029).

[3] *Nombres*, XIX, 22.

[4] *Adversus simoniacos*, I, 12 (*Libelli de lite*, t. I, p. 118-119; PL, CXLIII, 1029-1031).

doute, Grégoire le Grand réprouve la simonie au même titre qu'une hérésie. « Nous ne passons pas sous silence, écrit-il à Brunehaut, reine d'Austrasie, mais nous considérons comme gravement répréhensible le fait que les saints ordres sont conférés par l'hérésie simoniaque qui, la première, s'est élevée contre l'Église et qui a été condamnée et maudite. Par elle, la dignité sacerdotale est méprisée et cette sainte fonction est coupable. Le respect périt, la discipline est affaiblie, parce que celui qui doit absoudre des péchés les commet et que, par une néfaste ambition, l'honorable censure du sacerdoce tourne en dépravation. Car, comment vénérer ce qui est vendu ? Comment ne pas considérer comme vil ce qui est acheté ? Aussi suis-je attristé et navré par les nouvelles de votre pays ; en cherchant à obtenir non pas par des présents divins, mais par de l'argent, le Saint-Esprit que Dieu dispense aux hommes par l'imposition des mains, le sacerdoce ne pourra, à mon avis, subsister long-temps. Partout où l'on considère comme vénal le don de la grâce d'en haut, ce n'est pas au service de Dieu que l'on consacre sa vie, mais c'est plutôt contre Dieu que l'on vénère l'argent [1]. » Une lettre à Thierry et Theudebert, rois des Francs [2], et plu-sieurs autres vibrent à l'unisson, mais Grégoire le Grand, pas plus que saint Innocent, n'a proclamé la nullité des ordina-tions simoniaques. C'est à peine si, dans une lettre à Syagrius [3], il écrit que celui qui est devenu clerc à prix d'argent désire « non pas être prêtre, mais être seulement nommé comme tel [4]. »

Le cardinal est pourtant gêné par certaines paroles de saint Grégoire. Dans la lettre citée plus haut, on lit : « les saints ordres sont conférés par les simoniaques ». Il résulterait de cette affirmation que les ordinations simoniaques sont valables. Mais le pape, prétend Humbert, s'exprime improprement, et l'expression trahit sa pensée ! Ne dit-on pas : *vendre Dieu*,

---

[1] *Gregorii Magni Registrum,* IX, 213 (édit. Ewald, t. II, p. 198 ; PL, LXXVII, 1037-1038).

[2] *Ibid.*, IX, 215 (édit. Ewald, t. II, p. 201-203 ; PL, LXXVII, 1039-1041).

[3] *Ibid.*, IX, 218 (édit. Ewald, t. II, p. 206 ; PL, LXXVII, 1028).

[4] *Adversus simoniacos*, I, 13 (*Libelli de lite*, t. I, p. 120 ; PL, CXLIII, 1032).

*vendre la justice*, alors que l'on ne peut vendre ni Dieu ni la justice, car le juge, qui se laisse acheter, ne vend pas la justice, mais seulement mensonge et tromperie ? Il en est de même pour les ordinations simoniaques : la forme est identique à celle des ordinations régulières, mais non la matière. Et puisque saint Grégoire appelle hérétiques ceux qui les confèrent, c'est qu'il n'en admet pas la validité [1]. En réalité, rien ne justifie pareille interprétation. Grégoire le Grand ne s'est pas prononcé sur cette question délicate et son témoignage ne peut être valablement invoqué ni d'un côté ni de l'autre.

Il faut donc s'adresser à saint Ambroise qui, dans un ouvrage apocryphe sur la dignité sacerdotale et dans son commentaire du passage de saint Luc relatif aux lépreux d'Israël, a dit que celui-là seul prouvera sa foi qui refusera toute récompense dans l'accomplissement de la fonction sacerdotale [2], à saint Augustin qui, à propos de Simon le Magicien, a pu écrire : « Le Saint-Esprit n'est pas un objet de vente ; il est donné *gratis* parce qu'il est appelé *gratia* [3]. » Ces citations sont quelque peu étrangères au débat et Humbert est obligé de recourir aux canons des apôtres qu'il méprisait dans sa réponse aux Orientaux [4]. Après quoi, il conclut triomphalement que les simoniaques sont hérétiques, que, du fait même qu'ils croient qu'on peut vendre et acheter le Saint-Esprit, ils sont pires que des païens [5].

Cette conclusion est très différente, on le voit, de celle de Pierre Damien qui, tout en voulant imposer aux simoniaques de sévères pénitences et en prétendant déposer les évêques coupables, n'allait pas jusqu'à annuler leurs actes ; l'ordre, comme le baptême ou l'Eucharistie, ne pouvait, même conféré par un ministre indigne, perdre sa valeur sacramentelle,

---

[1] *Adversus simoniacos*, I, 14-15 (*Libelli de lite*, t. I, p. 122-126, PL, CXLIII, 1035-1040).

[2] *Ibid.*, I, 16 (*Libelli de lite*, t. I, p. 126-128 ; PL, CXLIII, 1040-1043).

[3] *Ibid.*, I, 17 (*Libelli de lite*, t. I, p. 128-130 ; PL, CXLIII, 1043-1045).

[4] *Ibid.*, I, 18 (*Libelli de lite*, t. I, p. 130 ; PL, 1045-1046).

[5] *Ibid.*, I, 20 (*Libelli de lite*, t. I, p. 133-134 ; PL, CXLIII, 1049-1051).

et, puisqu'il était interdit de rebaptiser en aucun cas, il ne pouvait être permis de réordonner. Humbert, sans dédaigner cet argument, croit que le baptême des hérétiques est imparfait ; d'après une lettre écrite en 385 par le pape Sirice à l'évêque de Tarragone [1], il ne faut pas rebaptiser les Ariens, mais leur imposer les mains pour les faire rentrer dans l'assemblée des catholiques. D'autres décrétales prescrivent, en pareil cas, une cérémonie semblable que Humbert considère bénévolement comme un second baptême [2]. Cette assimilation ne peut être admise : en réalité, il n'y a qu'un seul baptême, celui qui est conféré par l'eau ; or, on ne fait jamais couler l'eau sur la tête des hérétiques qui, baptisés par d'autres hérétiques, se réconcilient avec l'Église. La thèse de Pierre Damien est plus logique et plus conforme aux rites observés par la liturgie chrétienne.

Si le traité contre les simoniaques dénote, au sujet des réordinations, une certaine faiblesse d'argumentation, par ailleurs il est très supérieur aux autres œuvres contemporaines. Le cardinal Humbert a entrevu, avant Grégoire VII, que le seul moyen de mettre fin à l'hérésie était de supprimer l'investiture laïque, sa cause et sa raison d'être tout à la fois.

Humbert a comparé l'évêque simoniaque à un homme qui, avec une forte somme d'argent, achèterait à un tuteur injuste et avare la permission d'enlever une jeune fille déjà fiancée. Ravisseur, tuteur et leurs complices seraient passibles des peines ecclésiastiques les plus graves. Le ravisseur, c'est le simoniaque qui prostitue l'épouse du Christ et qui, après l'avoir flétrie et déshonorée, la rend à son époux légitime. Le tuteur, c'est l'empereur, roi ou comte, qui, au lieu de veiller sur l'Église, fiancée du Christ, dont il a la garde, la vend à un homme impur [3].

Cette comparaison caractérise assez bien l'usurpation des princes laïques qui ont abusé de leur situation et de leur force

---

[1] JAFFÉ-WATTENBACH, 255.

[2] *Adversus simoniacos*, I, 10 (*Libelli de lite*, t. I, p. 115-116 ; PL, CXLIII, 1026-1029).

[3] *Adversus simoniacos*, III, 5 (*Libelli de lite*, t. I, p. 204 ; PL, CXLIII, 1147).

pour assumer dans l'Église un rôle prépondérant et contraire
aux canons. D'après les règles de la discipline ecclésiastique,
l'évêque  est élu par le clergé et par le peuple, avec l'approbation du métropolitain et le consentement du seigneur. « Mais
maintenant tout se passe dans l'ordre inverse : les premiers
sont les derniers et les derniers les premiers ; c'est le pouvoir
séculier qui est le premier dans l'élection et la confirmation ;
viennent ensuite, bon gré mal gré, le consentement du clergé
et du peuple et enfin, pour terminer, la décision du métropolitain. Ceux qui sont promus de la sorte ne peuvent être considérés comme évêques, parce que, par suite des substitutions
qui se sont opérées, ce qui aurait dû apparaître en dernier
lieu est venu tout d'abord par l'entremise de ceux auxquels
rien n'est permis en pareille occasion. En quoi les laïques ont-ils
le droit de distribuer des fonctions ecclésiastiques, de disposer
de la grâce pontificale et pastorale, d'investir par le bâton et
l'anneau par lesquels s'achève et se fortifie la consécration
épiscopale ? » Le bâton (c'est à dire la crosse) et l'anneau ont
une valeur symbolique. La crosse, recourbée en haut, pointue
en bas, contribue tout à la fois à attirer les âmes et à repousser
les ennemis de l'Église ; elle signifie que l'évêque doit ramener à
Dieu par la douceur le troupeau qui lui est confié, mais qu'il
doit aussi reprendre, admonester, frapper ceux qui se révoltent
contre la discipline. L'anneau prouve que l'évêque est instruit
des secrets de Dieu ; il scelle aussi son union inviolable avec son
église. Investir par la crosse et l'anneau, c'est donc conférer
l'autorité épiscopale. Par suite, c'est le roi ou le seigneur qui
fixe le choix de l'évêque, car, après une telle investiture, clergé,
peuple, métropolitain n'ont qu'à s'incliner. Sans doute, au
moment où le prélat ainsi nommé se présente devant le métropolitain, avant de recevoir l'onction, il rend un instant le bâton
et l'anneau. Mais cela ne signifie rien : quand le baptême a été
donné par un laïque, le prêtre se borne à faire des onctions et
à réciter des prières ; il ne renouvelle pas l'ondoiement qui est
la cérémonie essentielle. « Il n'est donc pas douteux que toute
la fonction épiscopale est conférée par le bâton et l'anneau,

sans lesquels il n'y a ni initiation ni autorité. Aussi je demande pourquoi l'on restitue ce que l'on a déjà, sinon pour rendre possible, sous l'apparence d'un ordre ou d'une donation, une nouvelle vente des biens de l'Église, pour obtenir l'assentiment du métropolitain et de ses suffragants à la vente antérieure, pour donner à l'ordination laïque une teinte et un voile de discipline ecclésiastique [1]. »

L'usurpation par les laïques des pouvoirs qui n'appartiennent qu'aux clercs, tel est le scandale provoqué par l'hérésie simoniaque. Cette peste a fait fureur en Germanie et en Italie à l'époque des Othons ; le premier, Henri III (dont Pierre Damien fait également le plus vif éloge) a rompu avec ces pratiques scandaleuses, mais sa mort prématurée n'est pas sans éveiller des craintes très justifiées. En France, Henri Ier, insensible aux avertissements des papes Léon IX et Victor II de pieuse mémoire, est un fils de perdition et un antéchrist, un nouveau Julien, un arbre stérile que l'on souhaite voir disparaître, afin qu'il ne perpétue pas ses œuvres d'iniquité [2].

L'ordre est donc renversé dans la chrétienté : les clercs n'ont d'autre idée que de s'occuper des questions séculières, tandis que les laïques ont pour unique préoccupation le soin de pourvoir aux affaires ecclésiastiques. Une telle monstruosité est contraire aux traditions de l'Église et aux décisions des Pères. Saint Grégoire a décidé qu'au Latran les laïques ne pourraient avoir de fonction administrative sur un patrimoine ecclésiastique, leur rôle étant limité à la défense militaire et à la culture des champs. Or, non seulement cette interdiction n'est pas observée, mais la confusion des pouvoirs est telle que l'Église d'Occident est tombée à un niveau encore plus bas que celle d'Orient. A Constantinople, ni l'empereur ni aucun prince séculier, — Humbert le tient de Constantin Monomaque personnellement, — ne participe à la vente des biens ecclé-

---

[1] *Adversus simoniacos*, III, 6 (*Libelli de lite*, t. I, p. 205-206 ; PL, CXLIII, 1148-1150).

[2] *Adversus simoniacos*, III, 7 (*Libelli de lite*, t. I, p. 206 ; PL, CXLIII, 1150-1151).

siastiques dont le métropolitain seul dispose; celui-ci sans doute se laisse acheter, mais il ne tolérerait jamais une intervention laïque. En Occident au contraire, rois et seigneurs dépassent les limites permises par les lois divines et humaines; les dignités épiscopales sont vendues par ceux qui s'intitulent avocats et défenseurs de l'Église [1].

Il y a plus : les femmes, elles aussi, s'en mêlent ! On peut les voir, elles à qui l'apôtre saint Paul ne reconnaît pas le droit d'élever la voix dans l'Église [2], disposer des biens ecclésiastiques, investir par la crosse et l'anneau des évêques et des abbés qui n'ont d'autre titre à leur dignité que leurs flatteries ou leur argent. Elles tiennent des conciles, prétendent légiférer en toute circonstance et en toute matière, se croient autorisées à promouvoir ou à déposer les évêques, à laver de toute accusation les plus coupables parmi eux, à disposer des ornements sacerdotaux et du mobilier. Elles constituent le Sénat de l'Église, ou plutôt, de leurs mains présomptueuses et impures, elles souillent le voile du temple auquel il ne leur est pas permis de toucher. Ces multiples attentats, elles ne peuvent en rien les justifier et elles n'ont d'autre but, quand elles s'en rendent coupables, que de donner satisfaction à leur péché mignon, la curiosité [3].

Ces interventions féminines dégradent et avilissent l'Église; par les scandales qu'elles déterminent elles sont pour l'investiture laïque la plus accablante des condamnations. Faut-il donc supprimer celle-ci pour atteindre celles-là ? Le cardinal Humbert y consentirait sans doute volontiers. Toutefois, une telle proposition aurait été si révolutionnaire, au sein du monde féodal, que nulle part il n'a osé la formuler explicitement, laissant à Grégoire VII le soin de donner à ses remarques la conclusion qui s'imposait. Du moins met-il en avant quelques

---

[1] *Adversus simoniacos*, III, 8-10 (*Libelli de lite*, t. I, p. 206-211; PL, CXLIII, 1151-1156).

[2] I *Cor.*, XIV, 34.

[3] *Adversus simoniacos*, III, 12 (*Libelli de lite*, t. I, p. 212-214; PL, CXLIII, 1158-1160).

remèdes qui acheminent vers la suppression de l'investiture.

Comme Pierre Damien, il menace des pires châtiments les princes qui disposent illégalement des biens d'Église. Sous l'ancienne loi, les rois impies ont éprouvé la colère de Dieu : Saül, pour avoir usurpé le sacerdoce que lui destinait le Seigneur, a perdu son royaume et s'est perdu lui-même. Comme lui, les princes simoniaques peuvent s'attendre à encourir la fureur divine : guerres étrangères, luttes fratricides, tremblements de terre, prodiges célestes, pestes, famines les éprouveront tour à tour. Les Othons, qui les premiers ont donné le mauvais exemple, n'ont pas atteint la troisième génération [1].

Les laïques ne sont pas seuls coupables. Le clergé ne comprend pas toujours le caractère de son sacerdoce et ne fait pas preuve à l'égard du pouvoir temporel d'une énergie suffisante. « Malheur à vous, prêtres et clercs, car vous-mêmes, vous prêtez aux laïques, dans cette main-mise sur les biens ecclésiastiques, votre audace et votre glaive ; ils n'oseraient commettre leurs attentats, si votre négligence ou votre complicité ne les y encourageait. Nous, les chiens du père de famille céleste, non seulement nous n'aboyons pas en toute liberté, non seulement nous ne mordons pas les ravisseurs, non seulement nous avons perdu l'usage de la langue et des dents, mais par nos cris et en remuant la queue, par nos flatteries perverses et aveugles nous encourageons toutes les rapines ; nous sommes des molosses pour la famille du Seigneur et des agneaux pour ses ravisseurs [2]. »

Le cardinal Humbert proclame donc la nécessité d'une réforme morale de la société que Pierre Damien réclamait à grands cris. Comme l'ermite de Fonte-Avellana, il répète la parole de saint Paul : *Purifions-nous de toute souillure de la chair et de l'esprit, poursuivant notre sanctification dans la crainte de Dieu* [3].

---

[1] *Adversus simoniacos*, III, 13-15 (*Libelli de lite*, t. I, p. 214-217 ; PL, CXLIII, 1160-1164).

[1] *Adversus simoniacos*, III, 20-21 (*Libelli de lite*, t. I, p. 223-226 ; PL, CXLIII, 1171-1176).

[3] I *Cor.*, VII, 1.

Mais cette réforme morale étant d'une réalisation difficile, Humbert propose simultanément quelques mesures susceptibles de produire un effet plus immédiat. Il réclame la déposition des évêques simoniaques et l'annulation des ordinations faites par eux. A plusieurs reprises, il compare les simoniaques à des voleurs qui cherchent à ravir les brebis et à mettre le désordre dans le troupeau. « Or donc, quel est le sage qui acceptera de tolérer des brigands que le Seigneur a prescrit de fuir, affirmant par là que ceux qui les écoutent ne font pas partie du troupeau ? De quel front oserait-on dire que leur ministère doit être toléré jusqu'à ce qu'ils soient déposés par un concile et que ce ministère est bon et saint, alors qu'ils n'ont d'autre but que de voler, souiller et perdre ? » Et, comparant l'Église à l'arbre que l'on émonde pour lui conserver la vie, Humbert veut la débarrasser de tout élément simoniaque afin de lui rendre la santé qu'elle a perdue [1].

Ainsi allégée, l'Église reviendra aux vieilles règles d'élection et de consécration que Pépin et Charlemagne ont si minutieusement observées. Il faut en particulier que le pape consacre les métropolitains et que ceux-ci investissent à leur tour les évêques [2]. Cette remarque doit retenir l'attention : Humbert se préoccupe de rattacher étroitement à Rome les archevêques. « Les pontifes romains, dit-il, ont sur tous les métropolitains une autorité canonique particulière. » Ainsi, par l'intermédiaire de ces derniers qui tiennent d'elle tout pouvoir, la papauté fera sentir aux églises locales son action et son influence. Ce sera une des idées directrices du programme grégorien ; elle a son germe dans le traité du cardinal Humbert.

Humbert a entrevu enfin le principe de la subordination du pouvoir temporel au pouvoir spirituel. « Celui, dit-il, qui veut comparer avec vérité et utilité la dignité sacerdotale et la dignité royale, pourra dire que le sacerdoce dans l'Église est semblable

---

[1] *Adversus simoniacos*, III, 43 (*Libelli de lite*, t. I, p. 251-252 ; PL, CXLIII, 1208-1210).

[2] *Ibid.*, III, 11 (*Libelli de lite*, t. I, p. 211-212 ; PL, CXLIII, 1156-1158).

à l'âme, le royaume au corps, parce qu'ils s'aiment mutuellement, qu'ils ont besoin l'un de l'autre et que chacun exige le concours de l'autre. Mais, de même que l'âme domine le corps et lui commande, de même la dignité sacerdotale est supérieure à la dignité royale, comme le ciel à la terre. Pour que tout soit en ordre, le sacerdoce doit, comme l'âme, déterminer ce qu'il faut faire, puis le royaume, comme la tête, commandera à tous les membres et les divisera où il faut. Aussi les rois doivent-ils suivre les ecclésiastiques et rechercher l'utilité de l'Église et de la patrie ; l'un des pouvoirs instruira le peuple, l'autre le dirigera, mais aucun ne le suivra inconsidérément [1]. » Cette théorie sera reprise, avec plus d'éclat et de précision, dans la lettre à Hermann de Metz ; ici encore Grégoire VII sera le disciple de Humbert, tout en dépassant de beaucoup son maître.

Hildebrand a donc utilisé le traité contre les simoniaques. Si Humbert, par suite d'une fausse interprétation du mot hérétique, a proposé pour les ordinations simoniaques une solution inacceptable, il a le mérite d'avoir esquissé certaines idées directrices du programme grégorien. Tandis que Pierre Damien se confine dans un effort de prédication, souvent heureux il est vrai, Humbert pénètre davantage au fond des choses et saisit mieux la complexité des problèmes ; il devine que la simonie provient de l'investiture laïque, réclame le retour à la vieille règle d'élection par le clergé et le peuple, entrevoit la nécessité de mieux subordonner à Rome les métropolitains qui seront en quelque sorte les canaux de la réforme ; enfin, moins confiant que Damien dans l'institution impériale, il comprend que, pour réaliser son programme, la papauté doit être supérieure à tout pouvoir temporel et qu'elle doit imposer aux princes laïques une ligne de conduite conforme aux lois de la morale chrétienne.

A cet égard le cardinal Humbert construit l'édifice grégorien sur des fondations plus solides que celles qu'avait fiévreusement

---

[1] *Adversus simoniacos*, III, 21 (*Libelli de lite*, t. I, p. 225-226 ; PL, CXLIII, 1175).

jetées le cardinal-évêque d'Ostie. Il a vu plus loin que lui; c'est un politique, un homme de gouvernement et non pas un moraliste. En revanche, son œuvre n'a pas la même valeur littéraire que celle de Pierre Damien. Humbert n'a pas la clarté, la logique, la fougue, l'impétuosité ou, pour mieux dire, l'éloquence du solitaire de l'Apennin. Sa pensée est souvent ténébreuse, difficile à saisir; la forme est lourde, la composition obscure. Il l'emporte toutefois par l'érudition; Pierre Damien, comme on l'a vu, rattache sa prédication à quelques apostrophes de l'évangile, de saint Paul, de saint Augustin, de saint Ambroise et de saint Grégoire le Grand. Humbert n'a pas de préférences aussi marquées; il connaît à fond l'Écriture, les canons des conciles, les décrétales et même les lois civiles; il a une certaine culture philosophique et a lu Jean Scot Erigène. Peut-être donne-t-il des textes qu'il cite une interprétation trop subtile, trop adaptée à ses théories personnelles, mais cette science ecclésiastique et profane, dont Lanfranc a fait le plus vif éloge, assure à son œuvre une grande autorité.

On peut dire, pour conclure, que le cardinal Humbert a mis au point le programme lorrain, mais on ne saurait oublier que les principaux articles de ce programme ont été esquissés avant lui dans la région de Liége. Sans qu'on puisse établir une filiation directe entre les traités de Rathier ou le *De ordinando pontifice* et l'*Adversus simoniacos*, il est permis d'affirmer que Humbert a subi l'influence des réformateurs liégeois. Il est fort probable qu'il a connu leurs œuvres; en tous cas il a vécu dans une atmosphère semblable. Avant d'être rattachée à Cluny, l'abbaye de Moyenmoutier, à laquelle il appartenait, a été réformée au xᵉ siècle par des moines de Gorze[1]. Or, ce sont aussi les disciples de Jean de Gorze, lui-même continuateur de Gérard de Broigne, qui, au même moment, ont rayonné sur les monastères de la province de Namur[2]. On ne saurait donc s'étonner de rencontrer sur les rives de la Meuse

---

[1] *Vita Joannis Goriziensis*, 69-70 (MGH, SS, t. IV, p. 356).
[2] Cfr *supra*, p. 74 et suiv.

et sur les pentes des Vosges des traditions identiques. Il est regrettable que rien ne nous soit parvenu de ce qu'ont dû écrire les théologiens et les polémistes de Gorze ou des environs; il y a des raisons de conjecturer que l'on trouverait chez eux le premier anneau de la chaîne constituée par Rathier de Liége, l'auteur du *De ordinando pontifice* et le cardinal Humbert de Moyenmoutier [1].

Quelle que soit la valeur de cette hypothèse, l'apparition du traité *Adversus simoniacos* est une étape décisive vers la formation des idées grégoriennes, d'autant plus qu'elle coïncide avec le pontificat d'Étienne IX, Lorrain d'origine, que remplace en 1059 l'évêque de Florence, Gérard, qui, quoique Bourguignon, a été pénétré des mêmes idées et qui, sous l'influence du cardinal Humbert, va tenter de les faire passer dans le gouvernement de l'Église. Le nouveau pontificat aura en effet dans l'histoire des origines de la réforme grégorienne une place primordiale : pour la première fois une mesure vraiment réformatrice va bouleverser les rapports des pouvoirs spirituel et temporel; la papauté sera affranchie de la lourde tutelle dont les empereurs l'accablaient depuis l'époque carolingienne et, en attendant la suppression de l'investiture laïque, source de tous les désordres et de toutes les turpitudes, le Saint-Siège, en se libérant de toute domination extérieure, en reprenant son indépendance perdue, assumera à nouveau

---

[1] Au surplus on ne doit pas oublier que Humbert a été l'ami intime de Frédéric de Lorraine qui, avant de devenir le pape Étienne IX, l'avait accompagné à Constantinople sur l'ordre de Léon IX (Cfr *supra*, p. 278-279). Or Étienne IX, on l'a déjà noté, a apporté à Rome les idées liégeoises et, à supposer même que le cardinal Humbert n'ait pas lu pendant son séjour à Moyenmoutier les œuvres de Rathier ou d'autres similaires, il est impossible qu'il n'ait pas été initié par son ami aux théories que Wason avait, quelques années auparavant, défendues avec l'énergie que l'on sait, en présence des usurpations de Henri III. Il y a peut-être dans le traité *Adversus Simoniacos* plus de déférence extérieure à l'égard du défunt empereur, mais Henri III était mort et, étant donné l'effort d'Étienne IX pour faire reconnaître par la Germanie une élection qui pouvait paraître révolutionnaire à la cour impériale précisément parce qu'elle était conforme aux canons, il pouvait être diplomatique de jeter quelques fleurs sur la tombe du souverain disparu et de célébrer son zèle, plus apparent que réel, à l'égard de la réforme.

dans l'Église le rôle que lui confèrent les canons. Grâce à Humbert, grâce aux papes Étienne IX et Nicolas II, la chrétienté s'achemine vers la réalisation de ce qu'on peut appeler l'idéal grégorien que l'un a formulé et que les autres ont cherché à atteindre pratiquement.

# CHAPITRE V

## LES DÉCRETS DE NICOLAS II

SOMMAIRE. — I. L'avènement de Nicolas II : le schisme de Benoît X, le rôle d'Hildebrand, l'intervention germanique, comment se pose la question du mode de l'élection pontificale. — II. Le décret sur l'élection pontificale : critique des différentes versions, rôle des cardinaux-évêques ; conséquences politiques du décret ; rupture avec la Germanie, alliance française et alliance normande ; modifications apportées au décret par le concile de 1060. — III. Les décrets réformateurs de 1059-1060 : mesures contre le nicolaïsme, la simonie, l'investiture laïque ; en quoi elles sont le prototype des réformes de Grégoire VII.

### I

Les théories énoncées par Pierre Damien et par le cardinal Humbert, ont rapidement pénétré dans la législation ecclésiastique. Pendant son court pontificat (1059-1061), Nicolas II inaugure pratiquement la réforme grégorienne par une série de décrets qui prouvent qu'il a subi tout à la fois l'influence italienne et l'influence lorraine. Il faut noter cependant que, si les solutions adoptées aux conciles de 1059 et de 1060 apparaissent avant tout comme la conclusion logique des controverses qui se sont poursuivies depuis le pontificat de Léon IX, elles ont été dictées aussi — et dans une assez large mesure — par les circonstances qui ont entouré l'avènement de Nicolas II.

Étienne IX est mort le 29 mars 1058, au cours d'un voyage

en Toscane [1]. Avant de quitter Rome, se sentant malade et prévoyant sa mort prochaine, il avait réuni les cardinaux et les *cives Romani* pour leur enjoindre, sous peine d'excommunication, de ne pas procéder à l'élection de son successeur avant le retour d'Hildebrand, alors en Allemagne [2]. Hildebrand réapparaît en Italie seulement au mois de juin [3] et déjà bien des événements s'étaient produits.

Le pape avait à peine rendu le dernier soupir que la noblesse romaine, dirigée par les comtes de Tusculum et de Galéria, acclamait, pour lui succéder, Jean Mincius, évêque de Vellétri [4]. Les cardinaux et, en particulier, Pierre Damien qui, comme évêque d'Ostie, avait le privilège de consacrer le nouveau pontife, refusèrent de ratifier un tel choix. On se passa de leur consentement et, le 5 avril 1058, Jean qui, de l'aveu de Damien lui-même, ne paraissait pas enchanté du rôle qu'on lui faisait jouer, fut intronisé sous le nom de Benoît X [5]. Bientôt, d'ailleurs, le parti de la réforme se ressaisit et Gérard, évêque de Florence, devint le pape Nicolas II, dans des circonstances assez mal définies.

La plupart des textes attribuent à Hildebrand, en cette affaire, le rôle principal. Les sources italiennes s'accordent

---

[1] Léon d'Ostie, *Chronica monasterii Casinensis*, II, 98 (MGH, SS, t. VII, p. 694).

[2] Pierre Damien, *Epist.*, III, 4 : «Huc accedit quia piæ memoriæ Stephanus papa, congregatis intra ecclesiam episcopis civibusque Romanis, clero et populo, hoc sub districti anathematis excommunicatione statuerat ut, si eum de hoc sæculo migrare contingeret antequam Hildebrandus, Romanæ ecclesiæ subdiaconus, qui cum communi omnium consilio mittebatur, ab imperatrice rediret, papam nullus eligeret, sed sedes apostolica usque ad illius reditum intacta vacaret » (PL, CXLIV, 292). Léon d'Ostie (*loc. cit.*) reproduit cette lettre.

[3] Sa présence est signalée, par une charte, le 15 juin, à Chiusi, près de Godefroi de Lorraine (Giesebrecht, *Geschichte der deutschen Kaiserzeit*, 5ᵉ édit., t. III, p. 1092.)

[4] Bonizon de Sutri, *Liber ad amicum*, lib. VI (*Libelli de lite*, t. I, p. 592-593); — Léon d'Ostie, *Chronica monasterii Casinensis*, II, 99 (MGH, SS, t. VII, p. 695). Les *Annales Romani* (*ibid.*, t. V, p. 470) racontent ces événements en des termes similaires, mais les placent à tort après l'élection de Nicolas II, comme une protestation contre celle-ci.

[5] Pierre Damien, *Epist.*, III, 4 (PL, CXLIV, 290-292).

pour constater que c'est lui qui, à son retour d'Allemagne,
a « élu » Gérard, évêque de Florence [1], mais, tandis que les
*Annales Romani* le font agir de sa propre autorité, il y aurait
eu entente préalable, suivant Léon d'Ostie, avec les Romains
et, suivant Bonizon de Sutri, avec les cardinaux-évêques qui
se seraient, par avance, rangés à son avis. La version de Bonizon
est inadmissible, car elle suppose promulgué le fameux décret
de 1059 par lequel le même Gérard, devenu Nicolas II, règlera
la procédure de l'élection pontificale. Léon d'Ostie s'est rendu
compte de cet anachronisme et il a substitué aux cardinaux
les « meilleurs des Romains », mais que faut-t-il entendre par
ce terme ? C'est ce qu'il est assez difficile de définir. D'autre
part, les sources germaniques donnent de l'événement un
récit très différent : c'est à la cour impériale que le choix
de Gérard aurait été décidé, sur la sollicitation d'ambassadeurs
romains venus, comme autrefois, demander au roi de leur
désigner un pape et de leur donner les moyens matériels de
chasser Benoît X. Henri IV aurait alors désigné Godefroy de
Lorraine pour installer Nicolas II [2].

---

[1] BONIZON DE SUTRI, *Liber ad amicum*, lib. VI : « Interea Deo amabilis
Hildebrandus, cum cardinalibus episcopis et levitis et sacerdotibus Senam
conveniens, elegit sibi Gerardum, Florentinæ civitatis episcopum, quem alio
nomine appellavit Nicholaum » (*Libelli de lite*, t. I, p. 593). — LÉON D'OSTIE,
*Chronica monasterii Casinensis*, III, 12 : « Cum, post obitum piæ memoriæ
Stephani papæ, supradictus Hildebrandus, reversus ab imperatrice, contra
eiusdem apostolici interdictum, invasam a pessimis hominibus ecclesiam com-
perisset, Florentiæ subsistit, suisque litteris super hoc Romanorum meliores
conveniens eorumque ad omnia quæ vellet consensum recipiens, mox anni-
tente Godefrido duce, Girardum, Florentinum episcopum, in Romanum
papam elegit » (MGH, SS, t. VII, p. 704-705). — *Annales Romani* : « Ille
(Hildebrandus) vero, cepto itinere, pervenit Florentiæ, ubi antedictus pontifex
obiit. Quid multa ? Postquam locutus est cum episcopo dictæ civitatis, promisit
ei, ut, si ipse vellet cum eo Romam pergere, ordinaret eum Romanum antis-
titem. Ille vero, hoc audiens, acquievit ac consensit dictis vel voluntati illius »
(*Ibid.*, t. V, p. 470). — On remarquera que l'élection de Nicolas II se serait
produite à Sienne d'après Bonizon, à Florence d'après les autres sources. Il
est fort probable que les négociations préliminaires entre Hildebrand, Godefroy de Lorraine et Gérard ont eu lieu à Florence et qu'on procéda ensuite,
à Sienne, à un simulacre d'élection.

[2] LAMBERT DE HERSFELD, a. 1059 (lire : 1058) : « Romani principes satis-
factionem ad regem mittunt, *scilicet fidem quam patri dixissent, filio, quoad*

Lambert de Hersfeld, qui raconte ainsi les choses, paraît donc tout d'abord contredire Bonizon de Sutri, Léon d'Ostie et les *Annales Romani*. Pourtant, si l'on examine les textes de plus près, on constate que les deux versions italienne et germanique, loin de s'exclure, se complètent l'une l'autre. Il ne faut pas oublier qu'au moment de la mort d'Étienne IX (29 mars 1058), Hildebrand était en Germanie. Il n'a pu apprendre la disparition du pontife et les faits regrettables qui la suivirent, que par l'ambassade chargée de les révéler à l'impératrice. C'est donc en sa présence, peut-être sur son conseil, que Gérard de Florence fut proclamé dans les circonstances rapportées par Lambert de Hersfeld et que taisent naturellement Bonizon et Léon d'Ostie, toujours soucieux de dissimuler les interventions impériales. L'impératrice régente dut alors prier Hildebrand d'aller notifier à Gérard sa désignation comme pape et de signifier à Godefroy de Lorraine l'ordre de rétablir la paix à Rome. Ainsi on s'explique à la fois pourquoi Hildebrand, en pénétrant en Italie, se rend auprès de Godefroy et pourquoi Bonizon de Sutri, Léon d'Ostie, les *Annales Romani* lui prêtent dans l'élection de Gérard une attitude omnipotente qui surprend et déconcerte tout d'abord. Hildebrand, lorsqu'en juin 1058 il « élit » Gérard de Florence, agit comme mandataire de la cour impériale. Seule cette hypothèse [1] permet de comprendre tous les textes et, ainsi, l'avènement de Nicolas II ressemble étrangement à ceux de Léon IX et de Victor II.

---

*possent servaturos eoque animo vacanti Romanæ ecclesiæ pontificem usque ad id tempus non subrogasse, ejus magis super hoc expectare sententiam,* orantque sedulo *ut quem ipse velit transmittat, nihil eius ordinationi obstare, si quis non legitimæ electionis ostium, sed aliunde ascendisset in ovile ovium.* Rex, habita cum primoribus deliberatione, Gerhardum, Florentinum episcopum, in quem et Romanorum et Teutonicorum studia consenserant, pontificem designat, Romamque per Gotefridum marchionem transmittit. Ita Benedicto, qui injussu regis et principum sacerdotium usurpaverat, reprobato, Gerhardus, qui et Nicolaus, pontificatum obtinuit » (MGH, SS, t. V, p. 160). — *Annales Altahenses*, a. 1058 : « Quod cum principibus non placeret, deposito illo Benedicto, Augustam ad regem misere legatum, petentes apostolicæ sedi præferri episcopum Florentinum » (*Ibid.*, t. XX, p. 809).

[1] Notre hypothèse met fin aux controverses qui se sont engagées au sujet

Quoi qu'il en soit, les événements de l'année 1059 ont mis en lumière le double danger qui, depuis l'époque carolingienne, menaçait l'indépendance du Saint-Siège, le danger romain et le danger germanique. L'aristocratie et le roi prétendent désigner le pape, tandis qu'au milieu des rivalités et des compétitions adverses le clergé est dépouillé de ses prérogatives traditionnelles. Un régime aussi illogique, aussi instable, aussi contraire aux canons pouvait-il durer sans entraîner pour l'Église catholique de sérieux préjudices, voire même les pires catastrophes ? Le temps n'était-il pas venu de rendre à la papauté et par elle à l'Église la plénitude de son indépendance ? Il était réservé à Nicolas II, Bourguignon d'origine, fidèle disciple du cardinal Humbert, de franchir le pas décisif et d'engager l'Église dans la voie libératrice.

## II

Élu à Florence en juin 1058, Nicolas II n'a pu entrer à Rome que le 24 janvier 1059, lorsque l'intrus Benoît X eut évacué la ville [1]. Auparavant il avait tenu à Sutri un premier synode où l'on s'était préoccupé surtout de prononcer la déchéance

---

de la ratification par la cour germanique du choix de Nicolas II. MARTENS (*Gregor VII*, t. I, p. 23-24) émet l'avis que Gérard de Florence n'a pas été confirmé par l'empereur, sous prétexte que les deux antipodes, Bonizon de Sutri et Benzon d'Albe, sont d'accord pour la négative, ce qui ne signifie rien, étant donné que, comme nous l'avons déjà vu, Benzon a connu le *Liber ad amicum*. Les autres historiens, DELARC (*Saint Grégoire VII*, t. II, p. 78-79), HAUCK, (*Kirchengeschichte Deutschlands*, t. III, p. 680), MEYER VON KNONAU (*Jahrbücher des deutschen Reichs unter Heinrich IV und Heinrich V*, t. I, p. 674-677), tiennent au contraire pour la confirmation impériale, mais, tandis que le premier place Hildebrand à la tête de l'ambassade chargée de la solliciter, les autres croient qu'il n'en a pas fait partie, en s'autorisant du silence des textes à ce sujet. Cette dernière opinion se heurte à l'impossibilité chronologique que nous avons signalée ; Hildebrand n'a pu apprendre la mort d'Étienne IX avant l'impératrice, à moins qu'il ne fût précisément en route pour l'Italie au moment où elle survint, mais cela paraît difficile à admettre étant donné le temps qui s'est écoulé avant son arrivée dans la péninsule.

[1] LÉON D'OSTIE, *Chronicon monasterii Casinensis*, III, 12 (MGH, SS, t. VII, p. 705). Cfr MEYER VON KNONAU, *op. cit.*, t. I, p. 120.

de l'usurpateur, sans même effleurer la question de la réforme [1]. Celle-ci est, au contraire, posée avec la plus vigoureuse netteté au concile qui se réunit au Latran le 13 avril 1059 et où le pape promulgue le décret relatif à l'élection pontificale [2].

Ce décret est parvenu sous deux formes différentes, ordinairement désignées sous les noms de version pontificale et de version impériale [3].

Dans la version pontificale Nicolas II rappelle tout d'abord les incidents qui ont suivi la mort d'Étienne IX et affirme sa volonté d'en prévenir le retour. « Aussi, conclut-il, forts de l'autorité de nos prédécesseurs et des autres saints pères, nous avons décidé et décrété qu'à la mort du pontife qui gouverne cette Église romaine et universelle, les cardinaux-évêques règleront toutes choses avec le plus grand soin, puis feront appel aux cardinaux-clercs ; le reste du clergé et du peuple consentira à la nouvelle élection, en sorte que, pour empêcher le poison de la vénalité de se glisser sous un prétexte ou sous un autre, les hommes religieux soient les premiers à promouvoir l'élection du pontife, tandis que les autres suivront. » Le décret ajoute que l'élu devra appartenir à l'Église romaine, mais que, si celle-ci ne peut fournir un pape, on fera appel à une autre. Les droits de l'empereur, roi de Germanie, sont réservés par cette phrase volontairement très vague « étant saufs l'honneur et la révérence dûs à notre cher fils Henri, actuellement roi et bientôt, nous l'espérons, empereur avec la permission de Dieu. » Il est enfin prévu que, si l'élection ne peut avoir lieu à Rome, les cardinaux-évêques se transporteront ailleurs avec les clercs et les laïques « quoique peu nombreux » et que, si l'élu ne peut être intronisé par suite de la guerre ou des luttes de partis, il aura pourtant le droit de gouverner l'Église romaine et de disposer de ses revenus.

La version impériale débute par le même préambule, mais le

---

[1] MANSI, t. XIX, c. 885.

[2] ID., t. XIX, c. 897 et suiv.

[3] On trouvera le texte des deux versions dans les MGH, *Legum sectio IV, Constitutiones et acta publica imperatorum et regum*, t. I, p. 539 et suiv.

dispositif varie sur deux points essentiels : il supprime le privilège des cardinaux-évêques et fait intervenir le roi de Germanie dès le début de l'élection. « A la mort du pontife qui gouverne cette Église romaine et universelle, tout d'abord les cardinaux, réglant toutes choses avec le plus grand soin, étant saufs l'honneur et la révérence dûs à notre très cher fils Henri, actuellement roi et bientôt, nous l'espérons, empereur avec la permission de Dieu (comme nous le lui avons accordé en la personne de son chancelier W.) et à ceux de ses successeurs qui auront obtenu personnellement ce titre du siège apostolique, consentiront à la nouvelle élection, en sorte que, pour empêcher le poison de la vénalité de se glisser sous un prétexte ou un autre, les hommes religieux soient, avec notre fils le roi Henri, les premiers à promouvoir l'élection, tandis que les autres suivront[1]. » On ne relève plus par la suite que des diver-

---

[1] Nous croyons devoir donner ici, pour rendre la comparaison plus aisée, les deux versions pontificale et impériale en regard l'une de l'autre ; nous avons souligné dans la version impériale les passages divergents.

| VERSION PONTIFICALE | VERSION IMPÉRIALE |
|---|---|
| Ut, obeunte huius Romanae universalis ecclesiae pontifice, inprimis cardinales episcopi diligentissima simul consideratione tractantes, mox sibi clericos cardinales adhibeant, sicque reliquus clerus et populus ad consensum novae electionis accedant. Ut — nimirum ne venalitatis morbus qualibet occasione subrepat — religiosi viri praeduces sint in promovendi pontificis electione, reliqui autem sequaces... Eligant autem de ipsius ecclesiae gremio, si reperitur idoneus, vel si de ipsa non invenitur, ex alia assumatur, salvo debito honore et reverentia dilecti filii nostri Henrici, qui in praesen- | Ut, obeunte huius Romanae universalis ecclesiae pontifice, inprimis *cardinales* diligentissima simul consideratione tractantes *— salvo debito honore et reverentia dilectissimi filii nostri Heinrici, qui in presentiarum rex habetur et futurus imperator Deo concedente speratur, sicut jam sibi mediante ejus nuntio Longobardie cancellario W. concessimus, et successorum illius qui ab hac apostolica sede personaliter hoc ius impetraverint,* — ad consensum novae electionis accedant, ut — nimirum ne venalitatis morbus qualibet occasione subrepat — religiosi viri *cum serenissimo filio nostro rege Heinrico* |

gences de détail. Elles soulignent le rôle du roi dans l'élection,
minime dans la version pontificale, et suppriment le privilège
des cardinaux-évêques que la version pontificale ne cesse de
mettre en relief.

Entre ces deux versions il importe tout d'abord de choisir.
Suivant que l'on adoptera l'une ou l'autre, la physionomie
du décret changera du tout au tout. Pendant longtemps la
version impériale a eu les préférences des historiens. Aujour-
d'hui il semble que la version pontificale ait au contraire repris
l'avantage [1].

On peut faire valoir tout d'abord, en faveur de cette dernière,
son mode de transmission. Elle est parvenue par trois voies
différentes qui peuvent représenter trois versions originelles,
par le chroniqueur Hugues de Flavigny qui écrivait pendant
les dernières années du XIe siècle [2], par le polémiste Hugues
de Fleury dans son *De regia potestate* [3] ; enfin elle a été insérée,

---

tiarum rex habetur et futurus
imperator Deo concedente spe-
ratur, sicut iam sibi concessimus,
et successorum illius qui, ab hac
apostolica sede personaliter hoc
ius impetraverint.

preduces sint in promovendi pontificis electione, reliqui autem
sequaces. Eligant autem de ipsius
ecclesiae gremio, si reperitur
idoneus, vel si de ipsa non
invenitur, ex alia assumatur.

[1] Voici les principaux travaux qui ont paru sur la question : BERNHARDI,
*Das Dekret Nicolaus II über die Papstwahl*, dans les *Forschungen zur deutschen
Geschichte*, t. XVII, 1877, p. 397 et suiv.; P. SCHEFFER-BOICHORST, *Die Neuordnung der Papstwahl durch Nicolaus II. Text und Forschungen zur Geschichte
der Papsttum im XI. Jahrhundert*, Strasbourg, 1879 ; GIESEBRECHT, *Das
echte Decret Nicolaus II über die Papstwahl und die Fälschungen*, dans le *Münchener historisches Jahrbuch*, 1886, p. 156 et suiv.; MARTENS, *Die Besetzung
des päpstlichen Stuhles unter den Kaisern Heinrich III und Heinrich IV*, Fribourg,
1887, p. 76 et suiv. ; FETZER, *Voruntersuchungen zu einer Geschichte des Pontifikats Alexanders II*, Strasbourg, 1887, p. 3 et suiv.; HAUCK, *Kirchengeschichte
Deutschlands*, t. III, p. 683 et suiv.; MEYER VON KNONAU, *Jahrbücher des
deutschen Reichs unter Heinrich IV und Heinrich V*, t. I, p. 678 et suiv. — On
trouvera une bibliographie plus détaillée dans HEFELE-LECLERCQ, *Histoire des
conciles*, t. IV, II, p. 1139 et suiv.

[2] HUGUES DE FLAVIGNY, *Chronicon*, lib. II (MGH, SS, t. VIII, p. 408).

[3] HUGUES DE FLEURY, *De regia potestate*, II, 5 (*Libelli de lite*, t. II, p. 491 ;
PL, CLXIII, 971).

au xie siècle, dans le décret de Gratien dont l'autorité est indiscutable [1]. Hugues de Flavigny, qui représente la version la plus ancienne, est en général exact et scrupuleux dans le choix et la transcription des textes qu'il cite [2], ce qui est, semble-t-il, un argument d'un certain poids en faveur de l'authenticité du document. La version impériale se présente au contraire avec des garanties moins sûres : le manuscrit du Vatican qui l'a conservée est, comme l'a fort bien montré Waitz [3], un recueil de textes tendancieux réunis sur l'ordre de Henri IV pour appuyer ses revendications ; de là de sérieuses chances de falsification.

La supériorité de la version pontificale éclate davantage encore, si l'on examine d'un peu près les deux textes en présence : la version impériale ne peut se comprendre que si l'on connaît au préalable la version pontificale.

Avant de procéder à cette comparaison, il importe de rappeler en quoi consistent les divergences. Elles se ramènent, comme on a pu le voir, à deux points essentiels :

1. - La version pontificale accorde un rôle spécial, désigné sous le nom de *tractatio*, aux cardinaux-évêques dont le choix est successivement ratifié par les autres cardinaux, puis par le clergé et le peuple de Rome. Le privilège des cardinaux-évêques ne figure pas dans la version impériale qui attribue la *tractatio* à tous les cardinaux en bloc et qui ne mentionne pas davantage l'intervention finale des clercs et laïques.

2. - La version pontificale ne reconnaît au roi de Germanie qu'une part insignifiante, pour ne pas dire nulle (il n'est même pas dit qu'il ratifie le choix des cardinaux), tandis que la version impériale lui assigne une participation directe à la *tractatio*.

---

[1] *Decretum*, pars I, dist. XXIII, c. 1 (édit. FRIEDBERG, t. I, c. 77-78 ; PL., CLXXXVII, 127-129).

[2] Cfr A. FLICHE, *L'élection d'Urbain II*, dans *Moyen-âge*, deuxième série, (t. XIX, 1916, p. 369).

[3] G. WAITZ, *Das Decret des Papstes Nicolaus über die Papstwahl, im Codex Udalrici*, dans *Forschungen zur deutschen Geschichte*, t. X, 1870, p. 614.

L'étude des variantes qui modifient si profondément le dispositif du décret va apporter une solution au problème.

1. - La phrase *étant saufs l'honneur et la révérence dûs à notre très cher fils Henri*, s'intercale gauchement dans la version impériale, tandis qu'elle ne rompt en rien l'équilibre du texte dans la version pontificale.

2. - La suppression dans la version impériale du privilège des cardinaux-évêques rend le passage relatif à l'élection absolument inintelligible. « A la mort du pontife de cette Église romaine et universelle, tout d'abord les cardinaux, réglant toutes choses avec le plus grand soin,... consentiront à la nouvelle élection. » Tel est le dispositif de la version impériale, si l'on retranche la longue incidente qui réserve les droits de l'empereur. La *tractatio* du début n'est plus à la fin qu'un *consensus* ou, si l'on préfère, tous les cardinaux, sans distinction, héritent à la fois de la *tractatio* des cardinaux-évêques et du *consensus* du clergé et du peuple de Rome, d'où résulte une extraordinaire impropriété d'expression qui contraste avec la description si précise des différentes phrases de l'élection dans la version pontificale : « A la mort du pontife qui gouverne cette Église romaine et universelle, les cardinaux-évêques régleront toutes choses avec le plus grand soin, puis feront appel aux cardinaux-clercs; le reste du clergé et du peuple de Rome consentira à la nouvelle élection. » En comparant les deux textes, on peut reconstituer le travail du faussaire : il supprime le mot *évêques* accolé à celui de *cardinaux*, puis, pour faire participer le roi à la *tractatio*, introduit sous forme de parenthèse la clause qui réserve ses droits, reprend enfin la formule finale *ad consensum novae electionis accedant*, sans s'apercevoir que, le sujet de *accedant* (*reliquus clerus et populus*) ayant disparu, elle contredit l'épithète *tractantes* appliquée plus haut à tous les cardinaux.

3. - La disparition du privilège des cardinaux-évêques et de l'intervention du clergé et du peuple entraîne encore par la suite, dans la version impériale, des expressions qui n'ont plus aucune raison d'être. On lit, dans la version pontificale, à la

suite du dispositif : « en sorte que... les hommes religieux
soient les premiers à promouvoir l'élection du pontife, tandis
que les autres suivront. » Par les autres (*reliqui autem sequaces*)
il faut entendre le clergé et le peuple de Rome qui donnent leur
*consensus* après la *tractatio* des cardinaux-évêques *(religiosi viri)*.
Or cette proposition a été maintenue dans la version impériale
où elle ne signifie rien, puisque le clergé et le peuple sont
éliminés ; les cardinaux étant seuls en cause dans le dispositif,
on se demande quels peuvent être ici les *reliqui sequaces*. Il y
a là, de la part du faussaire, un défaut d'attention qui facilite
singulièrement la tâche de la critique.

4. - Les deux versions prévoient qu'en certains cas l'élection pourra avoir lieu en dehors de Rome. « Les cardinaux-
évêques, stipule la version pontificale, *avec les clercs et les
laïques quoi qu'en petit nombre*, auront le droit et le pouvoir d'élire le pontife du siège apostolique dans le lieu qu'ils
jugeront opportun. » On prévoit donc que le *consensus* du
clergé et du peuple, nécessaire à la validité de l'élection,
pourra être donné par une délégation, ce qui est parfaitement
clair et logique. Dans la version impériale, cardinaux-évêques,
clergé et peuple disparaissent comme toujours, mais l'expression « quoiqu'en petit nombre » est conservée et s'applique
à l'ensemble des cardinaux : « Les cardinaux, *quoiqu'en petit
nombre*, auront le droit et le pouvoir d'élire... » On ne s'explique pas ici cette restriction qui dans la version pontificale
s'imposait.

En un mot, la comparaison des textes est un gros argument,
trop négligé jusqu'ici, en faveur de l'authenticité de la version
pontificale. Elle prouve à l'évidence que la version impériale,
avec ses expressions obscures et mal adaptées, n'est qu'un
remaniement assez maladroit de la version pontificale, tandis
qu'elle rend impossible l'hypothèse inverse.

D'autres arguments viennent renforcer celui-là. On a conservé
deux bulles de Nicolas II destinées l'une aux évêques de la
chrétienté, l'autre à la province d'Amalfi, et qui ont pour but
de divulguer les décisions prises au concile de Latran, en avril

1059. Naturellement le décret concernant l'élection pontificale y
est résumé [1]. Or, cette version nouvelle s'accorde avec la seule
version pontificale. « Il a été décidé sous le regard de Dieu,
écrit le pape, que l'élection du pontife romain appartiendrait
aux cardinaux-évêques, en sorte que, si quelqu'un parvient au
siège apostolique sans leur élection unanime et canonique
et aussi sans qu'intervienne par la suite l'assentiment des
ordres inférieurs, des clercs et des laïques, il ne doit pas être
considéré comme pape ou comme apostolique, mais bien
comme apostat. » Le privilège des cardinaux-évêques ressort
de ce texte qui permet, en outre, de préciser le sens du mot
*tractantes* employé par le décret; la *tractatio* est une véritable
élection que les autres ordres se bornent à ratifier [2]. Par ailleurs
il n'est pas question dans ces bulles pontificales du « cher
fils Henri », ce qui permet de conclure non seulement que la
version impériale lui a prêté un rôle qui n'était pas le sien,
mais aussi qu'il ne faut voir dans le passage du décret qui le
concerne qu'un geste de pure déférence, n'impliquant même
pas un droit de ratification.

On a invoqué parfois en faveur de la version impériale un
argument tiré de la *Disceptatio synodalis* de Pierre Damien [3].
L'avocat du roi reproche au successeur de Nicolas II, Alexandre II, d'être devenu pape au mépris du décret de 1059, qui
aurait confirmé au roi de Germanie le droit accordé à Henri III,
patrice des Romains, de « toujours ordonner le pontife lors
de l'élection [4] ». Toutefois, comme l'a fort bien remarqué
Waitz [5], aucune phrase de la *Disceptatio synodalis* n'implique la
participation directe du roi à l'élection, telle qu'elle est définie

---

[1] JAFFÉ-WATTENBACH, 4406 et 4405 ; MGH, *Constitutiones et Acta*, t. I, p. 547 ;
MANSI, t. XIX, c. 907.

[2] On remarquera que l'unanimité du collège cardinalice est requise pour la
validité de l'élection, ce qui ne figure pas expressément dans le décret.

[3] Cfr *supra*, p. 228-229.

[4] PIERRE DAMIEN, *Opusc.* IV (*Libelli de lite*, t. I, p. 80; PL, CXLV, 71).

[5] G. WAITZ, *Weitere Bemerkungen zu dem Decrete des J. 1059 über die
Papstwahl*, dans *Forschungen zur deutschen Geschichte*, t. VII, 1867, p. 404
et suiv.

par la version impériale; toutes les expressions dont se sert
Pierre Damien la réduisent au contraire à un simple consentement qui précède l'intronisation [1]. Dès lors, ne faut-il pas
apercevoir dans ce *consensus* royal ou impérial une interprétation de la formule vague du décret : *étant saufs l'honneur et la
révérence dûs à notre très cher fils Henri?* Une autre phrase
de la *Disceptatio synodalis* paraît de nature à dissiper tous les
doutes. « Qui donc, s'écrie Pierre Damien, doit être préféré
après un juste examen? Est-ce celui qu'a élu un seul homme
frappé de l'anathème d'une perpétuelle malédiction ou est-ce
celui que les cardinaux-évêques ont unanimement proclamé,
que le clergé a élu, que le peuple a désigné [2], et cela non pas
à l'extrémité de la terre, mais dans les murs de Rome, au sein
même du siège apostolique [3]? » La version impériale ne saurait
expliquer ce passage, pas plus que cet autre tiré d'une lettre
de Pierre Damien à l'antipape Cadalus de Parme ou Honorius II, que la cour de Germanie avait tenté d'opposer à
Alexandre II, élu conformément au décret de Nicolas II :
« Je ne dis rien du clergé d'ordre inférieur ni du peuple, mais
qu'avez-vous fait des cardinaux-évêques, spécialement chargés
d'élire le pape, dont les pouvoirs et les droits sont supérieurs
à ceux des évêques, des patriarches et des primats [4]? » Et
Pierre Damien d'affirmer à cette occasion que dans l'élection
pontificale les cardinaux-évêques ont le pouvoir principal
(*principale iudicium*), que le clergé donne son assentiment

---

[1] Inthronizastis papam *sine consensu domini nostri regis* (*Libelli de lite*, t. I,
p. 78; PL, CXLV, 69). — Constat ergo quia *nisi Romani regis assensus erit*,
Romani pontificis electio perfecta non erit (*Ibid.*). — Cum perpaucis inveneris
in electione sua *regium accessisse consensum* (*Libelli de lite*, t. I, p. 79; PL,
CXLV, 69),

[2] Il y a là une allusion à Cadalus et à Alexandre II. Cfr *infra*.

[3] PIERRE DAMIEN, *Opusc.* IV : « Quis ergo istorum iusto videbitur examine
preferendus, utrum is, quem elegit unus vir perpetuae maledictionis anathemate condemnatus, an ille potius, quem cardinales episcopi unanimiter vocaverunt, quem clerus elegit, quem populus expetivit, non in extremitate terra-
rum, sed intra moenia Romanorum et in ipsius sedis apostilicae gremio? »
(*Libelli de lite*, t. I, p. 91, PL, CXLV, 84).

[4] PIERRE DAMIEN, *Epist.*, I, 20 (PL, CXLIV, 238).

(*assensus*), que le peuple applaudit (*attollere applausum*) et qu'enfin le roi est consulté [1].

Il ne saurait donc y avoir la moindre hésitation : la seule version connue de Pierre Damien est la version pontificale. La version impériale ne dipose en sa faveur d'aucun témoignage contemporain [2]. Elle est manifestement un faux dont on peut aisément fixer la date de rédaction.

En 1097, dans son *Libellus contra invasores et simoniacos*, le cardinal Deusdedit est amené, au cours de sa discussion, à citer le décret d'élection de 1059, mais il ne paraît pas en avoir une connaissance bien précise. « On rapporte, dit-il, que Nicolas II a décidé par un décret synodal qu'à la mort du pontife apostolique son successeur serait élu et qu'ensuite son élection serait notifiée au roi, après quoi seulement le dit pontife serait intronisé. » Quelques lignes plus loin, il ajoute qu'aux termes du décret « l'élection devait être faite par le clergé et par le peuple romain, puis notifiée au roi [3]. » Des cardinaux et spécia-

---

[1] PIERRE DAMIEN, *Epist.*, I, 20 : « Nimirum cum electio illa per episcoporum fieri debeat principale iudicium, secundo loco iure prebeat clerus assensum, tertio popularis favor attollat applausum ; sicque suspendenda est causa, usque dum regiae celsitudinis consulatur auctoritas » (PL, CXLIV, 243).

[2] On ne saurait invoquer en sa faveur le procès-verbal de l'élection de Grégoire VII qui figure en tête du registre de ce pape et où on lit : « Congregati in basilica beati Petri ad Vincula nos sanctae Romanae catholicae et apostolicae ecclesiae cardinales clerici acoliti subdiaconi diaconi presbyteri, praesentibus venerabilibus episcopis et abbatibus, clericis et monachis consentientibus, plurimis turbis utriusque sexus diversique ordinis acclamantibus, eligimus nobis in pastorem et summum pontificem virum religiosum... » (JAFFÉ, *Monumenta Gregoriana*, p. 9). Il n'est pas question ici du privilège des cardinaux-évêques, mais on ne doit pas oublier que l'élection de Grégoire VII a eu un caractère spécial et que les formes prévues par le décret de Nicolas II n'ont pas été observées. Il résulte des premières bulles du pape (*Registrum*, I, 2-4 ; *ibid.*, p. 10 et suiv.) que le peuple romain a tout d'abord acclamé Hildebrand et que les électeurs canoniques n'ont fait que ratifier le choix populaire. Dès lors il n'y a pas lieu de s'étonner que la *tractatio* ne soit pas mentionnée dans un procès-verbal rédigé après coup et, semble-t-il, assez longtemps après l'avènement. Le privilège des cardinaux-évêques a été toujours respecté lors des élections suivantes, notamment à l'avènement des successeurs immédiats de Grégoire VII, Victor III et Urbain II. Cfr A. FLICHE, *L'élection d'Urbain II*, dans *Moyen-Age*, deuxième série, t. XIX, 1916, p. 356 et suiv.

[3] *Libellus contra invasores et simoniacos*, I, 11 (*Libelli de lite*, t. II, p. 309-310).

lement des cardinaux-évêques il n'est pas question. La grande
nouveauté de l'acte de Nicolas II n'est pas même signalée et
l'opuscule de Deusdedit ne mériterait aucune mention, si l'on
n'y relevait cette phrase significative : « Guibert ou ses partisans
pour se concilier des suffrages, ont ajouté certaines choses à
ce décret, en ont modifié d'autres et l'ont par là rendu tellement
dissemblable à lui-même qu'on ne saurait trouver deux exem-
plaires dont le texte soit identique[1].» En d'autres termes, le décret
aurait été falsifié dans l'entourage de l'antipape Clément III, élu
en 1080 par l'assemblée de Brixen, et dès la fin du XIe siècle,
il y aurait eu en circulation non pas, comme aujourd'hui, deux
versions, mais une foule de versions parmi lesquelles il devenait
impossible de se reconnaître.

Cet aveu explique les particularités de la version impériale.
Parmi les électeurs de l'antipape Clément III il ne s'est pas
trouvé un seul cardinal-évêque. D'autre part, sa désignation
ayant eu lieu à Brixen, le clergé et le peuple de Rome n'ont pas
été consultés. En revanche le roi de Germanie, Henri IV, a
été intimement mêlé à la *tractatio*. En un mot, la version impériale reflète avec une fidélité curieuse la physionomie de l'élection
de 1080 et on peut conclure qu'elle a été fabriquée peu de
temps après pour justifier canoniquement l'usurpation qui
venait de s'accomplir. On ne saurait donc en tenir compte et
seule la version pontificale doit faire foi.

Tel qu'il apparaît dans cette dernière version, le décret de
Nicolas II marque un retour en arrière. En rendant l'élection
pontificale au clergé et en créant au sein de ce clergé une catégorie d'électeurs privilégiés, les cardinaux-évêques, il restaure
le régime antérieur à la *constitutio romana* de 824. Le rôle des
laïques est ramené à de justes proportions, qu'il s'agisse de la
noblesse romaine, héritière des traditions des Théophylacte,
ou du roi de Germanie, successeur de cet Henri III qui, en se
proclamant patrice des Romains, s'était réservé le droit de disposer souverainement de la tiare. Le décret de 1059 marque

---

[1] *Libellus contra invasores et simoniacos*, I, 11 (*Libelli de lite*, t. II, p. 310).

la première étape vers la libération de l'Église et vers la réalisation de la réforme. Il est dû avant tout à l'énergie de Nicolas II
qui a su vouloir ce que Léon IX avait souhaité au fond de son
âme, mais il est aussi le résultat, la conclusion pratique des
théories lumineusement exposées un an plus tôt par le cardinal
Humbert de Moyenmoutier [1]. Humbert et Boniface d'Albano
n'étaient-ils pas, au dire de Pierre Damien [2], « les deux yeux »
du pape qui, Bourguignon d'origine, n'a sans doute éprouvé
aucune peine à se laisser convaincre par eux de l'efficacité du
programme lorrain [3].

L'accueil réservé au décret de 1059 allait même contraindre
Nicolas II à s'avancer plus loin que ne l'avait fait le cardinal
Humbert dans la voie où l'avait engagé son conseiller préféré.

Comme il fallait s'y attendre, l'apparition du décret a pro-
longé la résistance de la noblesse romaine groupée autour de
l'antipape. Réfugié auprès du comte Gérard de Galéria, un des

---

[1] On ne saurait évidemment considérer le décret de Nicolas II comme
directement inspiré par tel ou tel passage du traité *Adversus simoniacos* qui a
une portée beaucoup plus générale, mais il n'est pas douteux qu'il reflète les
mêmes tendances et qu'il soit une application sur un point particulier du programme lorrain dont Humbert a donné, peu de temps avant l'avènement de
Nicolas II, une vigoureuse synthèse.

[2] PIERRE DAMIEN, *Epist.*, I, 7 (PL, CXLIV, 211).

[3] On a souvent attribué à Hildebrand la pensée première du décret de 1059.
Cette attribution repose uniquement sur l'accusation lancée au concile de
Worms (1076) par Hugues Candide et à laquelle il n'y a aucune raison sérieuse
d'ajouter foi, puisqu'elle provient d'un des adversaires les plus haineux de Grégoire VII. Aucun autre texte ne saurait être invoqué. En revanche, à bien des
indices, on s'aperçoit qu'Hildebrand, jusque-là partisan de la politique de conciliation avec la Germanie, n'a pas joué un rôle de premier plan sous le pontificat de Nicolas II. Quoique promu archidiacre avant le 14 octobre 1059
(JAFFÉ-WATTENBACH, 4413), il n'a été chargé d'aucune légation importante :
à Milan, c'est Pierre Damien qui va, sur l'ordre du pape, ramener le clergé à
l'antique discipline ; en France c'est le cardinal Étienne qui représente le Saint-
Siège au sacre de Philippe Ier ; en Germanie, malgré le prestige dont Hildebrand
jouissait à la cour, c'est le même cardinal Étienne qui est chargé de notifier
le décret de 1059 sur l'élection pontificale. On remarquera également que le
nombre des bulles souscrites par Hildebrand est infime ; si l'on met à part
les décrets du concile de Latran (1059), on n'en relève que quatre (JAFFÉ-WAT-
TENBACH, 4413, 4426, 4428, 4429), tandis que le cardinal Humbert en compte
trente-six à son actif.

promoteurs de son élection, Benoît X continuait à menacer Rome et il ne fallut rien moins qu'une intervention normande pour l'obliger à faire sa soumission au cours de l'été 1059 [1]. L'attitude belliqueuse manifestée par l'aristocratie, sur laquelle il s'appuyait, souligna un des dangers auxquels était exposée la papauté.

Un autre péril, plus grave encore, se dessinait du côté de la Germanie. Aussitôt après le concile du Latran, Nicolas II avait dépêché au-delà des monts le cardinal Étienne, pour notifier à la régente et à son entourage les décisions qui venaient d'être prises. On refusa de recevoir l'envoyé du siège apostolique qui, après avoir vainement attendu pendant cinq jours l'audience qu'il sollicitait, dut se retirer sans avoir rempli sa mission [2]. Quelques mois plus tard, les évêques allemands, réunis en concile, prononcèrent contre le pape une sentence de condamnation et cassèrent tous ses actes [3]. L'alliance scellée par Henri III entre la Germanie et le Saint-Siège était brisée; la lutte du sacerdoce et de l'empire commençait [4].

---

[1] *Annales Romani* (MGH, SS, t. V, p. 471).

[2] PIERRE DAMIEN, *Disceptatio synodalis* : « Sed, ut totam inauditae·calamitatis nostrae percurramus historiam, Stephanus, cardinalis presbiter apostolicae sedis, vir videlicet tantae gravitatis et honestatis nitore conspicuus, tantis denique, sicut non obscurum est, virtutum floribus insignitus cum apostolicis litteris ad aulam regiam missus, ab aulicis amministratoribus non est admissus, sed per quinque fere dies ad beati Petri et apostolicae sedis iniuriam pro foribus mansit exclusus. Quod ille, utpote vir gravis et patiens, aequanimiter tulit, legati tamen officium, quo fungebatur, implere non potuit » (*Libelli de lite*, t. I, p. 87-88; PL, CXLV, 80).

[3] PIERRE DAMIEN, *Disceptatio synodalis* : « Rectores enim aulae regiae cum nonnullis Teutonici regni sanctis, ut ita loquar, episcopis conspirantes contra Romanam ecclesiam, concilium collegistis, quo papam quasi per sinodalem sententiam condempnastis et omnia, quae ab eo fuerant statuta, cassare incredibili prorsus audacia presumpsistis » (*Libelli de lite*, t. I, p. 87; PL, CXLV, 79).

[4] La chronologie de tous ces événements est très incertaine. Les plus récents parmi les érudits allemands se sont élevés contre l'opinion exprimée par HEFELE (*Concilien Geschichte*, traduction LECLERCQ, t. IV, II, p. 1212) et par MARTENS (*Die Besetzung des päpstlichen Stuhles*, p. 112) qui placent la légation du cardinal Étienne aussitôt après le concile du Latran pour adopter celle de GIESEBRECHT (*Geschichte der deutschen Kaiserzeit*, t. III, p. 69), qui lui assigne la date de 1060. Cfr notamment FETZER, *Voruntersuchungen zu einer Geschichte*

Cette rupture le pape l'avait prévue. Il s'est rendu compte, dès avril 1059, que la mesure qu'il avait prise amènerait fatalement la fin de l'entente traditionnelle que ses prédécesseurs avaient voulue ou subie. Il lui parut sage de ménager à la papauté d'autres points d'appui. Aussi bien le décret de 1059 a-t-il pour conséquence immédiate une orientation politique nouvelle, qui souligne encore l'originalité d'un pontificat extraordinairement fécond malgré sa brièveté.

Au lendemain du concile du Latran, Nicolas II négocie avec les Normands de l'Italie du Sud. Sur la foi des *Annales Romani* on a généralement attribué à Hildebrand l'initiative de ces pourparlers [1]. On lit, en effet, dans cette chronique que, pour

---

*des Pontificates Alexanders II*, p. 74 et suiv.; MEYER VON KNONAU (*Jahrbücher des deutschen Reichs unter Heinrich IV und Heinrich V* t. I, Excurs VIII, p. 684-687); HAUCK (*Kirchengeschichte Deutschlands*, t. III, p. 700, n. 3). La légation du cardinal Étienne marquerait une tentative de Nicolas II pour rassurer la Germanie, après la condamnation prononcée contre le pape par les évêques allemands à la fin de 1059, sans doute lors du concile tenu à Worms, dont il est question chez Lambert de Hersfeld (MGH, SS, t. V, p. 161), et elle aurait été précédée d'une autre légation d'Anselme de Lucques à laquelle fait allusion un passage de Marian Scot, a. 1060 (MGH, SS, t. V, p. 558). Cette hypothèse ne repose sur aucune donnée chronologique. De plus elle suscite de graves difficultés. A notre avis la légation du cardinal Étienne ne peut être postérieure au concile de 1060 qui, comme on le verra plus loin, renouvelle le décret de 1059, mais en l'aggravant (il n'est plus fait mention d'aucun droit de l'empereur), ce qui indique clairement que la rupture était consommée et exclut la possibilité de pourparlers. D'autre part il est matériellement impossible que le cardinal Étienne se soit rendu en Germanie au début de 1060, car il souscrit une bulle à Florence le 16 janvier 1060 (JAFFÉ-WATTENBACH, 4426) et une autre à Rome le 19 avril (JAFFÉ-WATTENBACH, 4433); il semble bien qu'entre temps il se soit acquitté d'une mission en France dont on parlera dans les pages qui suivent. On se trouve donc ramené à l'année 1059. Il est probable que la cour allemande a eu connaissance du décret avant l'arrivée d'Étienne, ce qui explique à la fois son attitude envers le cardinal et la sentence portée contre le pape par les évêques allemands. Quant au rôle d'Annon de Cologne qui aurait été le chef de l'opposition, il n'est mentionné que par Benzon d'Albe (MGH, SS, t. XI, p. 672) dont le témoignage est sans valeur.

[1] Cfr DELARC, *Saint Grégoire VII*, t. II, p. 84 et suiv.; MARTENS, *Gregor VII*, t. I, p. 25; HAUCK, *Kirchengeschichte Deutschlands*, t. III, p. 689; HEFELE-LECLERCQ, *Histoire des conciles*, t. IV, II, p. 1138; DUCHESNE, *Les premiers temps de l'État pontifical*, p. 395; CHALANDON, *Histoire de la domination normande en Italie et en Sicile*, t. I, p. 167-169.

venir à bout de Benoît X et de Gérard de Galéria, « l'archidiacre Hildebrand, sur l'ordre du pontife Nicolas, se rendit
en Apulie auprès de Richard, comte des Sarrasins, l'ordonna
prince et signa avec lui un traité par lequel celui-ci jurait fidélité
à l'Église romaine et au dit pape Nicolas [1]. » Richard de Capoue,
continuent les *Annales Romani*, envoya trois cents Normands,
commandés par trois comtes, avec lesquels Hildebrand, bientôt
rejoint par le pape en personne, put aller assiéger Gérard de
Galéria. La tentative échoua et les Normands durent retourner
dans leur pays, mais « au temps de la moisson » ils revinrent en
nombre et Benoît X fit sa soumission [2].

Ce récit ne résiste pas à la critique [3]. Aucun texte ne fait allusion à l'ambassade de l'archidiacre qui d'ailleurs aurait agi sur
l'ordre (*per iussionem*) de Nicolas II. Bonizon de Sutri et Léon
d'Ostie, d'accord avec les sources normandes, mentionnent
simplement le voyage que fit le pontife en Pouille, au mois
de juillet, et au cours duquel il réconcilia l'Église romaine avec
ses anciens ennemis [4]. On peut ajouter sans la moindre hésitation que l'idée de cette expédition fut suggérée au pape par
Didier, abbé du Mont-Cassin, le futur pape Victor III, celui-là
même qui aura plus tard à triompher des préventions de Grégoire VII contre l'alliance normande et qui dut, à cette date,
en faire adopter l'idée à son ami, le cardinal Humbert, auquel
elle ne pouvait manquer de sourire; le décret de 1059 allait
fatalement provoquer un refroidissement sensible dans les rap-

---

[1] *Annales Romani* : « Tunc Ildibrandus archidiaconus per iussionem Nykolaì
pontificis perrexit in Apulea ad Riczardum, Agarenorum comitem, et ordinavit
eum principem et pepigit cum eo fedus et ille fecit fidelitatem Romane ecclesie
et dicto Nicolao pontifici » (MGH, SS, t. V, p. 471).

[2] *Annales Romani, loc. cit.*

[3] Les *Annales Romani* ont voulu en la circonstance prouver que Hildebrand,
promoteur de la candidature de Gérard de Florence, n'avait pu triompher
de Benoît X que par la force et grâce au secours des Normands.

[4] BONIZON DE SUTRI, *Liber ad amicum*, lib. VI (*Libelli de lite*, t. I, p. 593).
LÉON D'OSTIE, *Chronica monasterii Casinensis*, III, 13-15 (MGH, SS, t. VII,
p. 705-708) ; — GUILLAUME DE POUILLE, *Gesta Wiscardi ducis*, II, v. 381 et suiv.
(*ibid.*, t. IX, p. 261). Cfr aussi JAFFÉ-WATTENBACH, 4408. On a conservé le serment de Robert Guiscard ; cfr CHALANDON, *op cit.*, t. I, p. 170.

ports avec la Germanie et il était, dès lors, nécessaire de ménager à la papauté un autre appui temporel.

Plusieurs faits viennent à l'appui de cette hypothèse. On sait par Léon d'Ostie que Nicolas II fit une première apparition au Mont-Cassin dès le 6 mars 1059 et qu'il sacra Didier cardinal de la sainte Église romaine [1]. Il est probable que c'est à ce moment que fut agitée la question de l'alliance avec les Normands. Didier, très soucieux d'épargner à son abbaye les pillages dont elle pourrait être victime de la part de ses belliqueux voisins, avait jugé qu'il valait mieux vivre en de meilleurs termes avec eux et il avait noué avec Richard d'Aversa comme avec Robert Guiscard des relations d'amitié et de bon voisinage [2]. D'autre part Didier était l'ami du cardinal Humbert avec lequel il avait été mis en rapport par son prédécesseur, Frédéric de Lorraine, compagnon de Humbert lors de son ambassade à Constantinople [3]. C'est donc entre Didier, Humbert et Nicolas II que dut être envisagée l'éventualité d'un rapprochement avec les Normands et, lorsque, dans l'été de 1059, Nicolas II se rendit en Apulie, escorté des cardinaux Humbert, Boniface et Jean et de Hildebrand [4], il s'arrêta au Mont-Cassin pour y prendre Didier qui, dans les rencontres avec les princes normands, dut jouer le rôle d'intermédiaire [5].

Du Mont-Cassin Nicolas II se dirige vers Bénévent où il tient, dans les premiers jours d'août un synode sans grande importance, puis vers Amalfi où, le 23 août, il réunit un concile

---

[1] Léon d'Ostie, *Chronica monasterii Casinensis*, III, 12 (MGH, SS, t. VII, p. 705).

[2] Cfr Léon d'Ostie, *Chronica monasterii Casinensis*, III, 7 et suiv. (MGH, SS, t. VII, p. 701 et suiv.).

[3] Léon d'Ostie, *Chronica monasterii Casinensis*, III, 7 : « Et quoniam Desiderius iam dudum Humberto, Silvæ Candidæ episcopo, cognitus et valde carus extiteret. » (MGH, SS, t. VII, p. 701).

[4] Cfr Muratori, *Rerum Italicarum Scriptores*, t. I, p. 515 et Mansi, t. XIX, c. 921.

[5] Léon d'Ostie, *Chronica monasterii Casinensis*, III, 13 : « Eodem tempore, idem papa ad hoc monasterium in ipsa beati Iohannis nativitate adveniens, sociato sibi Desiderio, in Apuliam descendit » (MGH, SS, t. VII, p. 705).

plus solennel [1]. Il y promulgue plusieurs décrets concernant le
célibat ecclésiastique, peu pratiqué dans l'Italie du Sud où,
si l'on en croit le poète Guillaume de Pouille, les prêtres, lévites
et autres clercs vivaient publiquement avec leurs femmes [2];
puis il reçoit le serment de fidélité que lui prête le plus puissant
parmi les princes normands, Robert Guiscard, petit-fils de
Tancrède de Hauteville et fils de Guillaume Bras de Fer.

Robert Guiscard avait réussi à étendre sa suzeraineté sur
toute l'Italie méridionale, à l'exception de Salerne, Naples et
Sorrente, restées entre les mains des princes lombards et de
la région de Capoue où Richard d'Aversa gardait sa pleine
indépendance [3]. Voisin de l'État pontifical qui lui barrait la
route vers le nord, il avait d'abord vécu en mauvaise intelligence avec le Saint-Siège, mais il était trop avisé pour ne
pas saisir les inconvénients d'une telle politique et pour méconnaître les avantages que pourrait lui offrir une réconciliation.
L'État qu'il avait fondé n'avait pas d'existence légale et, faute
de suzerain, sa place n'était pas marquée dans la hiérarchie
féodale. Sa reconnaissance officielle par l'empereur, qui non
sans raison voyait en lui un obstacle aux vieilles ambitions
italiennes de la royauté germanique, ne manquerait pas d'être
chèrement achetée et, puisque la papauté depuis Étienne IX
semblait décidée à s'affranchir de la tutelle allemande, n'était-il
pas indiqué de s'unir à elle contre un ennemi commun? C'est
ce que vit très clairement Robert Guiscard, lorsqu'il offrit
à Nicolas II de se déclarer son humble vassal.

C'est donc Robert qui, sans doute au courant par son ami
Didier des dispositions de Nicolas II, a fait le premier pas; il
envoya au pape une ambassade pour lui demander de venir en

---

[1] Sur la date de ces deux conciles, cfr MEYER VON KNONAU, *Jahrbücher
des deutschen Reichs unter Heinrich IV und Heinrich V*, t. I, p. 146, n. 51;
CHALANDON, *Histoire de la domination normande en Italie et en Sicile*, t. I,
p. 170.

[2] GUILLAUME DE POUILLE, *De rebus Normannorum*, II, v. 390 et suiv. (MGH,
SS, t. IX, p. 261).

[3] Sur la formation de l'État de Robert Guiscard, cfr CHALANDON, *Histoire
de la domination normande*, t. I, p. 115 et suiv.

Pouille [1]. Dès que la présence de Nicolas II fut signalée aux environs d'Amalfi, il abandonna son armée, alors occupée au siège de Cariati, alla au-devant du pontife et l'accueillit avec beaucoup de déférence [2]. Richard de Capoue était également accouru [3], et, sans doute, bien que les textes soient muets à son sujet, il s'associa au serment de Robert Guiscard. Celui-ci se proclama vassal du pape qui lui reconnut le titre de duc avec la possession de la Pouille, de la Calabre et de quelques enclaves dans le Latium. Il promit d'être l'allié de l'Église romaine et s'engagea, au cas où le pape mourrait avant lui, à « aider les meilleurs cardinaux, ainsi que le clergé et les laïques de Rome, à procéder à l'élection d'un nouveau pape, afin que ce pape fût ordonné pour l'honneur de saint Pierre [4]. »

Cette partie du serment mérite d'être soulignée. Elle révèle les intentions secrètes de Nicolas II et le but qu'il assigne à l'alliance normande. Il s'agit pour lui de faire respecter les décisions du concile du Latran, de prévenir toute tentative de la noblesse romaine, de sauvegarder l'indépendance du Saint-Siège au cas où elle serait menacée par l'héritier de Henri III. L'alliance normande est le corollaire du décret sur l'élection pontificale.

Elle offrait toutefois quelque fragilité et Nicolas II a dû s'en rendre compte. Aussi bien a-t-il cherché d'autres amitiés plus lointaines : au lendemain du concile de 1059, il s'est également rapproché de la France; c'est l'autre trait de génie de sa politique.

De ce côté les circonstances paraissaient favorables : le roi

---

[1] Cfr CHALANDON, *Histoire de la domination normande*, t. I, p. 169.

[2] GUILLAUME DE POUILLE, *De rebus Normannorum*, II, v. 382 et suiv. (MGH, SS, t. IX, p. 266).

[3] Sa présence est signalée par une charte; cfr MANSI, t. XIX, c. 919.

[4] Le texte du serment a été conservé. On le trouvera dans WATTERICH, *Vitae Romanorum Pontificum*, t. I, p. 233 et suiv. — On remarquera que le serment de Robert Guiscard a eu des conséquences lointaines sur lesquelles il n'y a pas lieu d'insister pour le moment : il a créé un précédent que la papauté invoquera plus d'une fois par la suite pour se substituer à l'empereur dans la hiérarchie féodale le jour où celui-ci, par sa révolte contre l'Église romaine, aura failli à ses obligations.

Henri Ier vieillissait; à certains indices on pouvait deviner qu'à la veille de rendre ses comptes à Dieu il jugeait plus prudent de ne pas persévérer dans l'hostilité qu'il avait jadis témoignée à l'Église et à la papauté. Lors du sacre de son jeune fils Philippe (23 mai 1059), il avait laissé solliciter l'assentiment des deux légats pontificaux, « par égard et par affection pour le pape », ajoute le procès-verbal du sacre, et « bien que l'élection de l'avis de tous fût valable sans le consentement du Saint-Siège [1]. » Dix ans plus tôt Henri Ier n'eût pas esquissé ce geste de déférence. Il s'agissait d'utiliser et d'exploiter ses meilleures dispositions. Aussi bien Nicolas II s'empressa-t-il, dès le lendemain du sacre, de nouer, par l'intermédiaire de l'archevêque de Reims, Gervais, et de la reine Anne de Russie, des négociations qui, autant qu'on en peut juger par la correspondance échangée, furent assez pénibles à leurs débuts.

Il était difficile au roi de France de rompre du jour au lendemain avec ses habitudes simoniaques. A l'avènement de Nicolas II, l'évêché royal de Beauvais venait de recevoir un nouveau titulaire élu à l'encontre des canons et sans l'assentiment de son métropolitain, consacré pour de l'argent par l'évêque de Senlis; c'était « un loup, un envahisseur de la sainte Église, un détestable hérétique [2]. » A Mâcon le roi voulait installer un « sot » que le pape se refusait à accepter [3]. Nicolas II ne se laissa pourtant pas rebuter par ces apparences peu favorables et, pour résoudre les difficultés pendantes, il s'adressa sans hésiter au premier personnage ecclésiastique du royaume, à l'archevêque de Reims, Gervais, qui passait pourtant pour peu dévoué au Saint-Siège [4].

---

[1] BOUQUET, t. XI, p. 32. Cfr AUGUSTIN FLICHE, Le règne de Philippe Ier, roi de France (1060-1108), p. 2 et suiv.

[2] JAFFÉ-WATTENBACH, 4412; PL, CXLIII, 1324.

[3] JAFFÉ-WATTENBACH, 4443; PL, CXLIII, 1347.

[4] JAFFÉ-WATTENBACH, 4443; PL, CXLIII, 1347. — Cette bulle n'est pas datée, mais elle est de très peu postérieure au sacre de Philippe Ier et en tout cas assez antérieure à la légation du cardinal Étienne qui se place au début de 1060; Gervais a eu, en effet, le temps d'y répondre et Nicolas II d'adresser à l'archevêque une nouvelle bulle où il annonce la venue de son légat (JAFFÉ-

On n'a pas conservé la réponse que fit l'archevêque aux avances de Nicolas II. Il est probable qu'elle dut être favorable, car elle provoqua l'envoi en France d'un ambassadeur pontifical, chargé de négocier un voyage du pape en France [1]. Gervais entra dans ces vues, mais il dut lutter contre l'hostilité de certains courtisans qui, pour le brouiller avec Rome, répandirent le bruit qu'il y était opposé [2]. En tous cas il parut plus sûr d'ajourner l'exécution de cet audacieux projet [3]. Nicolas II se contenta de dépêcher en Gaule, au début de 1060, le cardinal Étienne qui promulgua les décrets réformateurs dans plusieurs conciles, notamment à celui de Tours, le 17 février [4].

Il ne semble pas que Henri Ier ait apporté le moindre obstacle à l'action pontificale et la légation du cardinal Étienne a con-

WATTENBACH, 4445; PL, CXLIII, 1349). Sans doute, au même moment le pape écrit à la reine Anne de Russie, pour qu'elle joigne ses efforts à ceux de Gervais (JAFFÉ-WATTENBACH, 4423; PL, CXLIV, 447).

[1] JAFFÉ-WATTENBACH, 4445 PL, CXLIII, 1349. — La bulle n'est également pas datée. Elle est antérieure à la mort de Henri Ier, car Gervais, dans une lettre écrite à Nicolas II peu après la mort du roi (PL, CXLIII, 1360-1362) fait clairement allusion aux négociations entamées en vue d'un voyage du pape en France. Elle permet de reconstituer comment les choses se sont passées : on y voit que Nicolas II a dépêché d'abord à Gervais un premier émissaire désigné par l'initiale G et qui sans doute était porteur de la bulle JAFFÉ-WATTENBACH, 4404, destinée à tous les archevêques, évêques, abbés, clercs, laïques et fidèles de Gaule, afin de promulguer en France les décrets de 1059 sur le célibat ecclésiastique. Il fut question de la venue du pape, mais Nicolas II n'osa pas réaliser son projet immédiatement et il envoya au début de 1060 le cardinal Étienne, à la légation duquel il est également fait allusion dans la bulle.

[2] Gervais écrit à Nicolas II dans les derniers mois de 1060 : « De vestro adventu in nostram Galliam quid animi habuerim, vivente domino rege, licet diffamatus sim id noluisse, satis, ut puto, significavi paternitati vestrae » (PL, CXLIII, 1361).

[3] JAFFÉ-WATTENBACH, 4445; PL, CXLIII, 1349.

[4] Le cardinal Étienne a tenu un premier concile à Vienne, en janvier (MANSI, t. XIX, c. 925). — Au concile de Tours (ibid.), dont les canons ont été conservés, il a renouvelé la condamnation de la simonie (can. 1 et 2), interdit aux évêques d'aliéner les biens de l'Église (can. 3), stipulé que « nul ne doit sans l'assentiment de l'évêque recevoir d'un laïque, de quelque manière que ce soit, une église, grande ou petite » (can. 4), rappelé la défense faite par Nicolas II aux évêques, prêtres, diacres et sous-diacres d'avoir commerce avec une femme quelconque, épouse ou concubine, sous peine de perdre leur bénéfice (can. 6); enfin, il a annoncé des sanctions contre les laïques qui vendraient sous le nom de bénéfices les offrandes ou aumônes de l'Église (can. 8).

tribué à accentuer le rapprochement qui s'était dessiné pendant la fin de l'année 1059. Dès 1060, tandis que la Germanie entre en révolte ouverte contre le Saint-Siège, Nicolas II sait qu'il peut dans une certaine mesure compter sur la France. La mort de Henri Ier (4 août 1060) et la participation active de Gervais au gouvernement pendant la minorité de Philippe Ier resserrèrent l'entente, d'autant plus que le régent Baudouin, pour lutter contre quelques seigneurs rebelles, pouvait avoir besoin du concours de l'Église [1].

L'alliance française complète l'alliance normande. L'une et l'autre attestent chez Nicolas II un remarquable sens politique qui lui eût permis, s'il avait vécu plus longtemps, de réaliser la réforme dite grégorienne. Du moins, fort de ce double appui, peut-il en avril 1060 [2] faire à la cour allemande la réponse que comportait l'insulte dont elle s'était rendue coupable à l'égard du Saint-Siège. Un second concile, tenu au Latran, promulgue à nouveau le décret sur l'élection pontificale, mais en l'aggravant dans un sens qu'il est facile de deviner.

Le quatrième canon du synode de 1060 est ainsi conçu : « En vertu de notre autorité apostolique nous renouvelons la décision que nous avons prise dans d'autres assemblées : Si quelqu'un est intronisé sur le siège apostolique pour de l'argent, par la faveur des hommes, à la suite d'une sédition populaire ou militaire, sans l'unanimité, l'élection canonique et la bénédiction des cardinaux-évêques, puis des ordres inférieurs du clergé, qu'il soit considéré non pas comme pape apostolique, mais comme apostat. Qu'il soit permis aux cardinaux-évêques avec les clercs et les laïques qui vivent dans la piété et la crainte de Dieu, de chasser du siège apostolique cet intrus en le frappant d'anathème et en recourant aux moyens d'ordre humain, puis d'installer à sa place celui qu'ils auront jugé digne. S'ils ne peuvent arriver à ce résultat à l'intérieur de la ville, qu'en vertu de notre autorité apostolique ils se réunissent

---

[1] Cfr la lettre citée, p. 332, n. 1.
[2] La date est donnée par JAFFÉ-WATTENBACH, 4412.

hors la ville au lieu qui leur conviendra pour élire celui qu'ils considéreront comme le plus digne et le plus utile au siège apostolique, en lui accordant le pouvoir de gouverner la sainte Église romaine, de disposer de ses biens et de ses revenus en les utilisant pour le mieux, suivant les circonstances, comme s'il était déjà entièrement intronisé [1]. »

Si l'on rapproche ce texte de celui de 1059, on y retrouve certains articles du décret promulgué au premier concile de Latran : *tractatio* par les cardinaux-évêques, approbation des ordres inférieurs, possibilité pour les cardinaux de procéder à l'élection en dehors de Rome avec faculté pour le nouvel élu de faire acte de pape, comme s'il était régulièrement intronisé. On relève toutefois une double omission : tandis que le décret de 1059 mentionne le double consentement du clergé et du peuple, celui de 1060 laisse de côté l'élément laïque ; d'autre part la phrase sur « l'honneur et la révérence dûes au très cher fils Henri » est supprimée. Comme aucune des autres dispositions du décret de 1059 n'est passée sous silence, quoique la rédaction soit en général d'une forme plus abrégée, on peut conclure que Nicolas II a volontairement éliminé de son décret l'aristocratie et le roi de Germanie. Un nouveau pas a été franchi ; le programme lorrain reçoit une exécution complète, au moins quant à l'indépendance du siège apostolique ; il s'en est fallu de peu qu'il n'entrât aussi en vigueur sur d'autres points [2].

## III

Les conciles de 1059 et de 1060 n'ont pas seulement légiféré en matière d'élection pontificale. On leur doit encore une série

---

[1] MGH, *Constitutiones et acta publica regum et imperatorum*, t. I, p. 550-551.

[2] On n'a pas suffisamment fait ressortir, à notre avis, le progrès réalisé par le décret du concile de 1060, que la plupart des historiens ne distinguent pas du précédent. Il explique pourtant pourquoi, au lendemain de la mort de Nicolas II, les deux ennemis qui se trouvaient aux prises lors de chaque vacance de siège apostolique, se sont réconciliés et entendus pour faire échouer l'élection d'Anselme de Lucques, désigné par les cardinaux-évêques.

de canons qui amorcent la réforme de l'Église et traduisent en
actes les théories énoncées par Pierre Damien aussi bien que
par le cardinal Humbert [1]. Le pontificat de Nicolas II apparaît
comme une synthèse où se rencontrent et se pénètrent toutes
les idées grégoriennes; la réforme morale, telle que l'ont prêchée
les Italiens, va de pair avec la réforme ecclésiastique, voulue
par les Lorrains.

Si l'on parcourt les canons du concile de 1059, on constate
qu'immédiatement après avoir réglé le mode de l'élection
pontificale, Nicolas II promulgue de graves sanctions contre
les prêtres nicolaïtes. « Conformément au décret du très saint
pape Léon sur la chasteté des clercs, tout prêtre, diacre, sous-
diacre qui prend publiquement une concubine ou qui ne quitte
pas celle qu'il a prise ne peut, par la volonté de Dieu, par
celle des bienheureux apôtres Pierre et Paul et par notre ordre
formel, chanter la messe, y lire l'Évangile ou l'Epître, assister
dans le chœur aux offices divins en compagnie de ceux qui
obéissent à la présente constitution, recevoir de l'Église aucune
redevance, jusqu'à ce qu'une sentence à son sujet soit intervenue
de notre part avec le secours de Dieu. » En signifiant aux évêques
de la chrétienté cette décision du concile, Nicolas II avait soin
d'ajouter que « personne ne devait entendre la messe d'un

---

[1] HAUCK, t. III, p. 682 et suiv., est d'avis que Nicolas II a été en perpétuel
désaccord avec Pierre Damien au sujet de la réforme; il oppose Nicolas II,
Humbert et Hildebrand partisans, avant toutes choses, de mesures très rigou-
reuses contre les laïques, à Pierre Damien qui voulait travailler exclusivement
au relèvement moral du clergé. Cette théorie ne peut être admise: elle a le grand
tort de ne tenir compte que du décret de 1059; l'étude des autres actes du
pontificat de Nicolas II va prouver au contraire que le pape ne s'est jamais
désintéressé du relèvement moral du clergé et qu'il a le plus souvent mis en
pratique les préceptes de Pierre Damien. En réalité, Nicolas II n'est ni un
*intransigeant* ni un *modéré*; il a le grand mérite, comme plus tard Grégoire VII
d'avoir utilisé simultanément toutes les solutions qui lui étaient proposées. On
peut, de plus, remarquer qu'un des plus importants parmi les opuscules
de Pierre Damien, qui a trait à la grave question du célibat ecclésiastique, est
dédié à Nicolas II (cfr *supra*, p. 212) et il semble bien que le pape lui ait fait
meilleur accueil que jadis Léon IX au *Livre de Gomorrhe*. Enfin, Nicolas II
a confié au cardinal d'Ostie certaines missions importantes, notamment celle
de rétablir la discipline à Milan.

prêtre manifestement connu pour avoir auprès de lui une concubine [1]. »

Ainsi, non content de condamner le nicolaïsme, comme l'avait fait Léon IX, Nicolas II sépare du troupeau les prêtres notoirement indignes. Cette sanction, inusitée jusqu'ici, lui a été suggérée par Pierre Damien : le solitaire jugeait que la crainte des châtiments éternels ne pouvait suffire pour barrer à ces âmes dépravées la route sur laquelle elles s'étaient follement engagées ; pour y réussir, il fallait agir sur leur orgueil, les exposer à la moquerie et à la risée des fidèles, leur faire redouter la perte des dignités et des revenus auxquels elles étaient si fermement attachées [2].

Comme remède au nicolaïsme, Pierre Damien prescrivait la vie en commun. Au même concile, Nicolas II se propose, de la faire adopter par l'Église universelle : « Nous avons décidé écrit-il dans la bulle citée plus haut, que les clercs des ordres ci-dessus énumérés qui, pour obéir à notre prédécesseur, ont conservé leur chasteté, devront, ainsi qu'il convient à des clercs vraiment religieux, avoir, près des églises pour lesquelles ils ont été ordonnés, un réfectoire commun, un dortoir commun, posséder aussi en commun tout ce qui leur vient des églises. Nous leur demandons instamment de s'appliquer à réaliser la vie apostolique, c'est à dire la vie en commun. » Conformément au désir exprimé par le pape, le concile réforma la règle donnée aux chanoines par l'empereur Louis le Pieux en 817. Cette règle, lue en séance, provoqua, paraît-il, une vive indignation ; lorsque l'on parvint à l'article qui accordait à chaque membre de la congrégation six livres de pain et six mesures de vin par jour, les évêques s'écrièrent qu'une telle règle n'était

---

[1] JAFFÉ-WATTENBACH, 4405 ; MGH, *Constitutiones et Acta*, t. I, p. 547.

[2] C'est ainsi qu'il faut, selon nous, interpréter la décision prise par Nicolas II : le fait d'interdire aux fidèles d'assister à la messe des prêtres mariés ou concubinaires n'implique pas nécessairement, que cette messe soit canoniquement nulle ; cette mesure, si on la rapproche de toutes celles qui ont été prises au concile de 1059, apparaît comme ayant, elle aussi, un caractère purement disciplinaire.

pas faite pour des chanoines et des chanoinesses, mais pour des
cyclopes, des matelots ou des matrones peu tempérantes. En
adoptant le régime prescrit par Pierre Damien, on ne s'exposait
pas à de pareils excès !

Ces deux décrets de Nicolas II attestent un progrès notable
sur ceux qu'avaient promulgués les conciles de Léon IX. On
ne se contente plus de condamner en termes vagues l'hérésie
nicolaïte, de frapper quelques clercs dont la conduite était
notoirement scandaleuse [1]. On essaie de prévenir le mal en
rendant plus difficiles les relations coupables, en organisant
une surveillance mutuelle, en empêchant les clercs d'amasser
une fortune personnelle. De tels résultats ne peuvent s'expliquer, si l'on ne se reporte aux œuvres de Pierre Damien :
vie en commun, toute monastique, pauvreté rigoureuse, ce
sont ses principales revendications. Le concile de 1059 les
admet et les consacre officiellement. On ne saurait hésiter
à voir dans les décrets de Nicolas II l'origine première du
mouvement qui, pendant la fin du XIᵉ siècle, portera les
chanoines à vivre ensemble selon la règle de saint Augustin.
C'est peu après 1060 que les communautés de chanoines réguliers commenceront à se multiplier. L'initiative de cette institution, conseillée par le concile de 1059, revient à Pierre
Damien qui, sans doute, ne l'a pas définie, mais en a jeté la
semence.

La simonie a également été, pendant le pontificat de Nicolas II, l'objet de graves mesures où l'on retrouve simultanément
l'influence de Pierre Damien et celle de Humbert. Le synode

---

[1] Des mesures contre le nicolaïsme ont été prises également au concile
d'Amalfi (juillet 1059), qui n'est guère connu que par le poème de Guillaume
de Pouille (*De rebus Normannorum*, II, v. 382-405) : « Le pape, dit-il, était venu
traiter des affaires de l'Église, car, dans ce pays, les prêtres, lévites et autres
clercs vivaient publiquement avec leurs femmes... Il exhorta les prêtres et tous
les serviteurs de l'autel à vivre dans la chasteté, mit fin au scandale donné
par les femmes des prêtres et menaça d'excommunication les désobéissants »
(MGH, SS, t. IX, p. 261-262). Mêmes mesures encore au concile tenu
à Tours par le légat Étienne, le 17 février 1060 (can. 6 ; MANSI, t. XIX,
c. 925).

de 1059 renouvelle les condamnations antérieures [1], mais il ne résout pas le problème épineux des ordinations simoniaques sur lequel les théologiens n'avaient pu arriver à un accord. En 1060, le pape jugea qu'il ne pouvait éluder le débat.

Au second concile du Latran il fit part, tout d'abord, de son intention de ne plus garder le moindre ménagement envers les simoniaques et de les priver de leurs dignités, puis, après avoir proclamé leur déposition, il aborda la question si contestée des ordinations; il admit la validité de celles qui avaient été conférées gratuitement, mais confessa qu'il obéissait « à un motif de miséricorde plutôt qu'à un sentiment de justice »; pour l'avenir, de telles ordinations furent interdites sous peine, pour l'ordonnateur et pour l'ordonné, d'être déposés et astreints à une sévère pénitence [2].

La théorie de Pierre Damien triomphe : ceux qui ont été ordonnés gratuitement par les simoniaques restent prêtres et détenteurs légitimes de l'Esprit-Saint. Pourtant Nicolas II affirme, — et c'est une concession au cardinal Humbert, — qu'il cède à la pression des circonstances et au désir de ne pas priver la plupart des églises de leurs pasteurs. Son décret apparaît donc comme un essai de conciliation entre les deux thèses extrêmes. Cependant il est plus conforme à celle de Pierre Damien : il ne prescrit aucune réordination et ratifie, de la sorte, l'assimilation de l'ordre au baptême. Même pour l'avenir, le pape envisage la déposition comme une mesure disciplinaire et n'ose affirmer, comme Humbert, que le prêtre ordonné par le simoniaque ne possède pas le Saint-Esprit [3].

---

[1] Can. 9 : « Que personne ne soit ordonné ou promu à un office ecclésiastique quelconque par le moyen de l'hérésie simoniaque » (JAFFÉ-WATTENBACH, 4405; MGH, *Constitutiones et Acta*, t. I, p. 548; MANSI, t. XIX, c. 898).

[2] MANSI, t. XIX, c. 899.

[3] L'hypothèse d'une réordination n'est pas plus envisagée pour l'avenir que pour le présent. Comme le remarque SALTET (*Les Réordinations*, p. 200-201), la question n'est pas tranchée et laisse place à de nouvelles controverses. Nous ajouterons que si, dans la pensée de Nicolas II, les ordinations simoniaques avaient été canoniquement nulles, on ne s'expliquerait pas comment le pape eût pu autoriser ceux qui en avaient été l'objet, à célébrer les saints mystères sans

L'influence du cardinal Humbert est beaucoup plus sensible dans le sixième canon du concile de 1059 : « Qu'aucun clerc ou prêtre ne reçoive en aucune façon une église des mains d'un laïque soit gratuitement soit pour de l'argent [1]. » Sans aucun doute il faut voir là l'interprétation d'un passage fameux du traité *Adversus simoniacos*, où Humbert conteste aux laïques « le droit de distribuer les fonctions ecclésiastiques, de disposer de la grâce pontificale et pastorale » qui n'appartient qu'au pouvoir sacerdotal [2]. Cette filiation ne manque pas d'intérêt.

D'autre part, si l'on envisage l'avenir et non plus le passé, on ne peut manquer d'apercevoir dans le sixième canon du concile du Latran le prototype du célèbre décret sur l'investiture laïque promulgué par Grégoire VII en 1075 [3]. La seule différence, c'est que Nicolas II se borne à une condamnation de principe, tandis que Grégoire VII envisagera, en cas d'infraction, une série de sanctions qui viseront tout à la fois le clergé et les rois ou autres princes temporels.

Qu'il s'agisse de l'exaltation du Saint-Siège affranchi de toute domination temporelle, du nicolaïsme, de la simonie ou de l'investiture laïque, le trop court pontificat de Nicolas II est la préface de celui de Grégoire VII. Tout en continuant à encourager l'effort de prédication entrepris par Pierre Damien et ses acolytes, la papauté adopte délibérément les solutions lorraines, seules susceptibles d'amener la réalisation intégrale de la réforme, en même temps qu'elle imprime à sa politique une orientation nouvelle, destinée à ménager le triomphe de ses revendications. Parmi les précurseurs de Grégoire VII, Nicolas II occupe une place primordiale, mais il a lui-même subi l'influence des théologiens et des polémistes, en particulier

---

renouveler la cérémonie. MIRBT (*Die Publizistik*, p. 435) nous paraît faire erreur en considérant Nicolas II comme un partisan de la nullité de ces ordinations.

[1] « Ut per laicos nullo modo quilibet clericus aut presbyter obtineat aecclesiam nec gratis nec pretio » (JAFFÉ-WATTENBACH, 4405 ; MGH, *Constitutiones et Acta*, t. I, p. 547 ; MANSI, t. XIX, c. 898).

[2] Cfr. *supra*, p. 300.

[3] Le texte du décret de Grégoire VII a été conservé par le chroniqueur Hugues de Flavigny (MGH, SS, t. VIII, p. 412).

du cardinal Humbert dont le nom reste inséparable du sien. On peut, dès lors, saisir l'importance du mouvement prégrégorien : il suffit de comparer le pontificat de Nicolas II à celui de Léon IX pour mesurer les progrès accomplis. Il faut ajouter, toutefois, que la papauté a été servie par les circonstances : sans la mort de l'empereur Henri III, sans l'évolution du roi de France Henri Ier, sans les visées ambitieuses de Robert Guiscard, Nicolas II eût-il eu l'audace de promulguer le décret sur l'élection pontificale et le décret sur l'investiture laïque ?

# CHAPITRE VI

## LE PONTIFICAT D'ALEXANDRE II (1061-1073)

SOMMAIRE. — I. L'avènement d'Alexandre II : l'élection d'Anselme de Lucques et le schisme de Cadalus ; rôle de l'impératrice Agnès, de Godefroy de Lorraine, d'Annon de Cologne ; les conciles d'Augsbourg et Mantoue ; la revanche du césaropapisme. — II. Le gouvernement d'Alexandre II : rapports avec les Normands et la Germanie ; influence de Pierre Damien et d'Hildebrand ; l'action réformatrice ; les essais de centralisation ecclésiastique et de gouvernement théocratique — III. Hildebrand : critique des jugements portés sur son rôle avant son avènement à la papauté, sa légende et son histoire, ses idées sur la réforme. — Conclusion.

### I

La mort prématurée de Nicolas II, survenue le 27 juillet 1061 [1], a été un désastre pour l'Église ; elle a retardé de quinze ans la réalisation de la réforme et l'a rendue plus difficile. Les douze années qui suivent sont marquées par une réaction très accusée contre les tendances lorraines qui, de 1059 à 1061 paraissaient avoir triomphé dans le gouvernement apostolique.

C'est par un schisme que débute cette période. La mort de Nicolas II posait à nouveau la question du mode d'élection pontificale. Allait-on appliquer le nouveau droit ? Quelle serait l'attitude des éléments laïques évincés en 1060 ? La noblesse romaine susciterait-elle un candidat ? La cour alle-

---

[1] La date est donnée par Bernold de Constance, a. 1061 (MGH, SS, t. V, p. 427).

mande assisterait-elle impassible aux événements qui se dérouleraient à Rome ou chercherait-elle à user du privilège que Henri III s'était octroyé à lui-même en 1046? Les cardinaux-évêques défendraient-ils leurs prérogatives? Autant de problèmes angoissants qui se posaient pour la chrétienté et à la solution desquels le sort de la réforme paraissait intimement lié.

Les indications fournies par les chroniques sur les événements qui suivirent la mort de Nicolas II, sont assez succincts et parfois contradictoires.

Bonizon de Sutri se contente de signaler que, après la mort de Nicolas II, « le clergé et le peuple romain élurent Anselme de Lucques [1] ». D'après Léon d'Ostie, pour en finir avec les troubles très graves qui avaient suivi la mort du pontife défunt, Hildebrand s'entend avec les cardinaux et les nobles pour le choix d'Anselme, mais c'est au bout de deux mois, le 1er octobre 1061, qu'une solution intervient [2]. Le même chroniqueur signale la présence à Rome, à cette occasion, de Didier du Mont-Cassin et de Richard d'Aversa [3] et il est confirmé sur ce point par Bernold de Constance qui, lui aussi, fait participer les Normands à l'élection [4]. La concordance des sources italiennes et germaniques autorise à penser que les choses se sont passées de la sorte et que l'émeute a rendu l'intervention normande nécessaire. Est-ce Hildebrand qui l'a sollicitée? Léon d'Ostie ne le

---

[1] BONIZON DE SUTRI, *Liber ad amicum*, lib. VI. « Post cuius obitum, secundum majorum decreta clerus et populus Romanus elegit sibi Anselmum, Lucensem episcopum » (*Libelli de lite*, t. I, p. 594).

[2] LÉON D'OSTIE, *Chronica monasterii Casinensis*, III, 19 : « Cum maxima inter Romanos seditio cœpisset de ordinando pontifice exoriri, Hildebrandus archidiaconus, cum cardinalibus nobilibusque Romanis consilio habito, ne dissensio convalesceret, Anselmum tandem, Lucensem episcopum, post tres circiter menses in Romanum pontificem eligunt » (MGH, SS, t. VII, p. 711). La date, *Kalendas octobris*, est donnée par PIERRE DAMIEN, *Disceptatio synodalis* (*Libelli de lite*, t. I. p. 87 ; PL, CXLV, 79).

[3] LÉON D'OSTIE, *Chronica monasterii Casinensis*, loc. cit. : « nostro Desiderio simul cum principe Romam proficiscente. »

[4] BERNOLD DE CONSTANCE, a. 1061 : « Sed vicesima die ante eius promotionem, Lucensis episcopus, nomine Anshelmus, a Nordmannis et quibusdam Romanis papa 158us ordinatus » (MGH, SS, t. V, p. 428). Suivant Benzon d'Albe (*ibid.*, t. XI, p. 762), le prince Richard aurait réussi à installer Alexandre II pendant la nuit, après une lutte sanglante.

dit pas et il semblerait plutôt résulter de sa narration que c'est Didier du Mont-Cassin qui a conduit Richard à Rome, ce qui n'a pas lieu de surprendre.

Les autres sources permettent de préciser la nature des troubles auxquels fait allusion Léon d'Ostie. Aussitôt après la mort de Nicolas II, Gérard de Galéria est rentré en scène et a provoqué l'envoi d'une ambassade en Germanie, pour solliciter la désignation comme pape de l'évêque de Parme, Cadalus [1]. Le candidat du comte de Galéria ne rallia même pas l'unanimité des suffrages du peuple romain [2], mais la cour allemande, pour faire échec au parti de la réforme, n'hésita pas à ratifier ce choix, si douteux qu'il lui parût : le 28 octobre 1061, après avoir appris l'élection par les cardinaux, d'Anselme, évêque de Lucques, sous le nom d'Alexandre II [3], elle fit proclamer Cadalus par un concile réuni par ses soins à Bâle [4]. Il y eut d'ailleurs des opposants [5] et l'on ne saurait s'en étonner : l'élection d'Anselme de Lucques, familier du roi et ami de Pierre Damien [6], n'était pas inspirée par le désir de blesser la

---

[1] *Annales Romani* : « Post mortem vero Nicolai miserunt Romani legatos ad Heinricum regem, qui tunc puer erat, ut pium rectorem sanctae Romanae ecclesiae tribueret (MGH, SS, t. V, p. 472). — PIERRE DAMIEN, *Disceptatio synodalis* : «Electionem (Cadaloi) quidem, ut palam est, fecimus ; sed longe prius Gerardo comite aliisque Romanis, ut dicebatur, civibus infatigabiliter insistentibus, ad hoc inducti sumus » (*Libelli de lite*, t. I, p. 90 ; PL, CXLV, 83.) — BERTHOLD DE REICHENAU, a. 1061 : «Romae Nicolao papa defuncto, Romani coronam et alia munera Henrico regi transmiserunt eumque pro eligendo summo pontifice interpellaverunt » (MGH, SS, t. V, p. 271).

[2] PIERRE DAMIEN, *Disceptatio synodalis* : « Quem non Romanus populus, sed unus homo, cum suis complicibus, idemque non Romanus, sed suburbanus et non ecclesiae filius, sed maledictus et anathematizatus elegit » (*Libelli de lite*, t. I, p. 92 ; PL. CXLV, 85).

[3] Sur la date de l'élection d'Alexandre II, cfr *supra*, p. 342 n. 2

[4] *Annales Altahenses* (MGH, SS, t. XX, p. 810) ; BERTHOLD DE REICHENAU, a. 1061 (*Ibid.*, t. V, p. 271) ; LÉON D'OSTIE, *Chronica monasterii Casinensis*, III, 19 (*Ibid.*, t. VII, p. 711).

[5] Les *Annales Augustani*, pourtant très favorables au roi de Germanie, le disent expressément : «Parmensis autem episcopus a quibusdam papa constituitur, archiepiscopis et ceteris episcopis non consentientibus » (MGH, SS, t. III, p. 137).

[6] PIERRE DAMIEN, *Disceptatio synodalis* (*Libelli de lite*, t. I, p. 89 ; PL, CXLV, 80.)

cour et le nouveau pape ne partageait pas, — il allait bientôt
le prouver, — les idées intransigeantes de Nicolas II.

En réalité, ce n'est pas la personne d'Alexandre II qui est en
cause. Une question de principe domine le débat : Anselme,
élu conformément au décret de Nicolas II [1], est le candidat
du parti réformateur; Cadalus, qui a pris le nom d'Honorius II,
représente au contraire la doctrine césaropapiste qui veut sauver
le privilège impérial et le patriciat du roi de Germanie. C'est
autour de la réforme de 1059-1060 que la bataille s'engage,
et les intérêts en jeu sont d'une telle importance qu'elle promet
d'être ardente. Malheureusement pour l'Église romaine, les
défenseurs du programme lorrain ont disparu; le cardinal
Humbert a précédé de quelques mois dans la tombe son meilleur
disciple [2]; le nouveau pape est, comme son ami Pierre Damien,
partisan d'une entente avec le pouvoir temporel et songe déjà
à se réconcilier avec la Germanie. Un recul est fatal; le pontificat d'Alexandre II s'annonce bien différent de celui de
Nicolas II.

La réaction ne fut pourtant pas immédiate. Le défi porté
par la régente au siège apostolique lors du concile de Bâle,
était d'une telle insolence que les hommes d'Église, quelles
que fussent leurs dispositions pacifiques, ne pouvaient décemment pactiser avec les partisans de l'ancien antipape Benoît X,
dont l'impératrice Agnès était devenue complice. L'attitude
de la pieuse souveraine provoqua parmi eux autant de stupeur
que d'indignation, mais on eut soin de la ménager en vue d'un
revirement possible. C'est surtout contre Cadalus que s'exhala
la fureur d'Alexandre II et de son entourage. Pierre Damien
adressa au nouvel antipape des épîtres enflammées : « Frère,
lui écrivait-il, l'Église romaine vous a pardonné en bien des
circonstances et elle a souvent fléchi en votre faveur sa rigoureuse
discipline; on dit même, de l'avis de ceux qui y ont assisté,

---

[1] PIERRE DAMIEN, *Disceptatio synodalis* : « ille, quem cardinales episcopi
unanimiter vocaverunt, quem clerus elegit, quem populus expetivit » (*Libelli
de lite*, t. I, p. 91; PL, CXLV, 84).

[2] Cfr *supra*, p. 282.

que vous avez été condamné aux trois conciles de Pavie, Mantoue et Florence et que le Saint-Siège, par une affection toute
paternelle, vous a remis votre peine. Et voici que, tandis qu'il
adoucit pour vous la rigueur de ses canons, vous ne craignez
pas de faire preuve à son égard d'hostilité et de tyrannie...
Alors que votre sacerdoce était souillé d'infamie, comment avez-
vous eu l'audace ou, pour parler avec plus de douceur, la
faiblesse de vous faire élire évêque de Rome, à l'insu de l'Église
de Rome ? Je ne dis rien du Sénat, du clergé d'ordre inférieur, ni du peuple. Mais qu'avez-vous fait des cardinaux-
évêques qui sont spécialement chargés d'élire le pape et dont
les prérogatives et les droits sont supérieurs à ceux des évêques,
des patriarches et des primats [1] ? »

Une autre lettre est encore plus violente. Le saint ermite
reproche à Cadalus de vomir, comme le Vésuve, des flammes
infernales, de dépouiller son église pour en obtenir une autre,
de verser l'or à pleines mains pour détruire la foi chrétienne
jusque dans ses fondations, d'être pire que la soldatesque
de Pilate qui n'a pas osé, comme lui, déchirer la tunique sans
couture du Christ [2].

On ne se contenta pas de flétrir Cadalus. On organisa la résistance. Lorsqu'après son sacre l'antipape apparut en Lombardie, Godefroy de Lorraine se chargea de lui barrer la route
de Rome [3]. Pourtant en 1062, il réussit à s'approcher de la ville,
battit les troupes pontificales au *campus Leonis* (14 avril 1062)
et força un instant l'entrée de la cité léonine [4]. Décidément les
choses tournaient mal pour Alexandre II, qui va faire preuve
en la circonstance d'une singulière faiblesse.

Il semble que le pape n'ait eu d'autre préoccupation que

---

[1] PIERRE DAMIEN, *Epist.* I, 20 (PL, CXLIV, 238).
[2] PIERRE DAMIEN, *Epist.* I, 21 (PL, CXLIV, 248 et suiv.).
[3] BONIZON DE SUTRI, *Liber ad amicum*, lib. VI (*Libelli de lite*, t. I, p. 595);
BENZON D'ALBE, *Ad Heinricum*, II, 1 (MGH, SS, t. XI, p. 612).
[4] Cfr BONIZON DE SUTRI, BENZON D'ALBE, *Annales Romani, loc. cit.* — Sur
ces expéditions dont le détail n'entre pas dans le cadre de cette étude, cfr
MEYER VON KNONAU, *Jahrbücher des deutschen Reichs unter Heinrich IV und
Heinrich V*, t. I, p. 247 et suiv.

de se maintenir à Rome. Au lieu de se réfugier momentanément
chez l'un des alliés du Saint-Siège et de gouverner l'Église
en pleine indépendance, il consentit à en passer par la volonté
de Godefroy de Lorraine qui, grâce à son armée intacte, paraissait l'arbitre de la situation. Or, Godefroy tenait avant tout
à vivre en bonne intelligence à la fois avec la Germanie et avec
la papauté. Comme en Allemagne une révolution de palais
venait de porter au pouvoir l'archevêque de Cologne Annon [1],
favorable, en somme, à Alexandre II, il jugea le moment opportun
d'utiliser la force et le prestige dont il jouissait en Italie pour
mettre fin au schisme et rétablir la paix. En mai 1062, il parut
devant Rome, et enjoignit aux deux compétiteurs de se retirer
dans leurs diocèses respectifs jusqu'à ce que le roi de Germanie
et ses conseillers eussent pris une décision à leur égard [2].

Le pape pouvait-il accepter cette procédure humiliante,
qui laissait à une puissance laïque la faculté de trancher un
débat d'ordre canonique ? A coup sûr, Nicolas II se fût insurgé
contre une telle prétention et n'eût jamais consenti à la capitu-
lation proposée par Godefroy. Alexandre II fut d'un avis différent : il sacrifia le principe fondamental de la réforme à un
succès diplomatique ; sûr de l'issue de la négociation engagée,
il se soumit docilement à l'avis de son protecteur et retourna
dans son diocèse [3] où il séjourna d'août 1062 au printemps
de 1063 [4], dans l'attente de la décision royale. Depuis 1046 la
papauté n'avait pas reçu un pareil coup ; les résultats obtenus
au cours des vingt dernières années étaient anéantis ; il semblait

---

[1] Cfr LAMBERT DE HERSFELD, a. 1062 (MGH, SS, t. V, p. 162).

[2] *Annales Altahenses*, a. 1062 : « Hic ergo nunc minis, nunc consilio cum
ambobus non cessavit agere, donec utrumque persuasit ad sedem pontificatus
sui redire, praecipiens amborum legatos secum ad regem ire, ut is postmodum
sedem apostolicam sine controversia teneret quem rex et regni principes
iudicarent » (MGH, SS, t. XX, p. 812). Les autres sources sont plus succintes
et parlent simplement de la retraite de Cadalus. Cfr *Annales Romani* (MGH,
SS, t. V, p. 472 ; BONIZON DE SUTRI, *Liber ad amicum*, lib. VI (*Libelli de lite*,
t. I, p. 595).

[3] *Annales Altahenses*, a. 1062 : « Huic enim diffinitioni ambo facile consentie-
bant, quoniam uterque de sua causa praesumebat » (MGH, SS, t. XX, p. 812).

[4] JAFFÉ-WATTENBACH, 4486-4497.

qu'on fût revenu aux plus mauvais jours du patriciat et il était
impossible d'infliger à la mémoire de Nicolas II un plus cruel
désaveu.

Bien entendu, la cour allemande saisit avec empressement
l'occasion qui lui était offerte de reprendre en mains la direction
des affaires de l'Église, trop heureuse de se débarrasser de
l'élu de la noblesse romaine et de conférer avec une solennité
voulue son investiture au pontife orthodoxe. Annon, devenu
le maître, convoqua à Augsbourg une assemblée qui devait
entendre les arguments des deux rivaux et décider quel était
le vrai pape [1]. C'est à cette occasion que Pierre Damien composa
son mémoire intitulé *Disceptatio synodalis inter regis advocatum
et Romanae ecclesiae defensorem* [2] où il conclut tout à la fois
à la légitimité d'Alexandre II et à la nécessité d'une entente
étroite entre le sacerdoce et l'empire.

L'assemblée, réunie en octobre 1062, ne voulut pas déposer
Cadalus sans avoir procédé à un supplément d'enquête. Il
fallait bien sauver les apparences et ménager les transitions.
On décida donc d'envoyer en Italie le propre neveu d'Annon,
Burchard, évêque d'Halberstadt [3]. Le résultat de cette mission
était connu d'avance et, dès le mois de janvier suivant, Alexandre II pouvait féliciter Burchard du zèle qu'il déployait en
faveur de la paix religieuse [4]. C'était dire que l'envoyé du concile, qui outrepassa peut-être ses pouvoirs en confirmant
Anselme de Lucques [5], était tout acquis à la cause de l'orthodoxie. Grâce à lui Alexandre II rentre à Rome dans les
premiers jours de mars [6], et, au moment de Pâques, réunit

---

[1] *Annales Altahenses*, a. 1061 (MGH, SS, t. XX, p. 811); STUMPF, 2612-
2613.

[2] PIERRE DAMIEN, *Opusc. 4. Libelli de lite*, t. I, p. 77 et suiv., PL, CXLV,
67 et suiv.

[3] LAMBERT DE HERSFELD, a. 1062 (MGH, SS, t. V, p. 162). — BENZON
D'ALBE, *Ad Heinricum*, III, 26 (MGH, SS, t. XI, p. 631). — *Annales Altahenses*
(*Ibid.*, t. XX, p. 810).

[4] JAFFÉ-WATTENBACH, 4498.

[5] *Annales Altahenses*, a. 1061 (MGH, SS, t. XX, p. 811).

[6] JAFFÉ-WATTENBACH, 4499 (23 mars, Latran).

au Latran un concile où il prononce l'anathème contre Cadalus [1]. L'antipape, pour se venger, fait une tentative sur Rome au mois de mai, mais, après un succès momentané, il est repoussé [2].

Alexandre II triomphait, mais il avait acheté son succès au prix d'un reniement de l'œuvre accomplie par son prédécesseur. Quelle autorité pouvait avoir désormais le décret de Nicolas II sur l'élection pontificale, alors que le pape désigné par les cardinaux et par le clergé, avait platement sollicité la confirmation du roi de Germanie et docilement accepté son arbitrage ? Il était clair qu'à l'avenir les modalités, adoptées en 1059 et 1060 pour garantir l'indépendance du Saint-Siège, ne pourraient jouer sans soulever d'opposition de la part du pouvoir temporel. Le précédent fâcheux créé par Alexandre II laissait croire que la législation de Nicolas II était déjà tombée en désuétude et toutes les craintes étaient permises pour le jour où il s'agirait de trouver un successeur au pontife candide et faible, qui avait fait si bon marché des droits des cardinaux.

Il semblait que l'humiliation ne fût pas encore suffisante. Un nouvel incident allait permettre à Annon de Cologne d'accentuer encore la lourde tutelle dont il accablait, au nom du roi, l'Église romaine.

De France où il s'acquittait d'une légation, Pierre Damien, sans doute mal informé des résultats de la mission de Burchard, écrivit à l'archevêque de Cologne pour le supplier de compléter l'œuvre ébauchée à Augsbourg, en réunissant le plus promptement possible un concile général, « afin que le monde fût enfin délivré des épines qui le déchiraient [3] ». C'était admettre

---

[1] *Annales Altahenses, loc. cit.*; Jaffé-Wattenbach, 4500 et 4501.

[2] *Annales Altahenses*, a. 1063 (MGH, SS, t. XX, p. 812); Benzon d'Albe, *Ad Heinricum*, II, 15-17 (*Ibid.*, t. XI, p. 618-621). Pour le détail des combats, cfr Meyer von Knonau, *Jahrbücher des deutschen Reichs unter Heinrich IV und Heinrich V*, t. I, p. 309-314.

[3] Pierre Damien, *Epist.* III, 6 (PL, CXLIV, 293). — Suivant M. von Schubert (*Petrus Damiani als Kirchenpolitiker* dans *Festgabe von Fachgenossen und Freunden Karl Müller... dargebracht*, p. 84 et suiv.) ce seraient l'abbé et les moines de Cluny, auprès desquels se trouvait alors Pierre Damien, qui

qu'Alexandre II n'était pas encore reconnu de tous et vraiment
la démarche n'était pas heureuse. Elle fut critiquée en termes
plutôt rudes par Hildebrand, dont la lettre ne nous est pas parvenue, mais la réponse de Pierre Damien nous permet de conjecturer ce qu'elle devait être. « Je demande humblement
à mon saint Satan (Hildebrand), écrivit l'évêque d'Ostie, de
ne pas sévir si durement contre moi, de ne pas se montrer
impitoyable à mon égard, mais de faire preuve de quelque
bienveillance vis-à-vis de son humble serviteur. Mes épaules,
déjà livides, sont à bout de force ; mon dos, brisé de coups,
est couvert de boursouflures, mais qu'importe ? J'arrête là mes
plaintes, je mets mon doigt sur mes lèvres et je demande
grâce [1]... »

Il n'en fallut pas moins se prêter à la combinaison suggérée
par Pierre Damien et aussitôt acceptée, comme on peut le penser,
par l'archevêque de Cologne. Annon convoqua un nouveau
concile à Mantoue, en 1064, au moment de la Pentecôte et il
s'y rendit en personne avec un bon nombre d'évêques allemands [2]. Alexandre II et Cadalus y furent convoqués. Cadalus
ne parut pas. Alexandre II essaya de faire figure de pape :
il revendiqua la présidence de l'assemblée, mais Annon lui
répondit assez durement « d'avoir à se soumettre au saint concile et à la décision de l'Église ». Il n'insista pas ; il se contenta

---

auraient inspiré cette démarche. Étant donné les idées de Cluny sur les rapports des deux pouvoirs, cette hypothèse est évidemment assez séduisante et
présente, sans doute, une certaine part de vérité ; toutefois, dans sa lettre à
Annon, Pierre Damien n'insinue à aucun moment que ses hôtes lui aient
conseillé de prendre l'initiative qui allait provoquer la colère d'Hildebrand.

[1] PIERRE DAMIEN, *Epist.* I, 16 (PL, CXLIV, 233).

[2] La date ne saurait faire l'objet d'aucun doute. Elle est donnée à la fois
par Lambert de Hersfeld (MGH, SS, t. V, p. 167). et par les Annales d'Altaich
(*ibid.*, t. XX, p. 864). Or, ce sont là les deux seules sources dignes de foi. Le
récit de Bonizon de Sutri, *Liber ad amicum*, lib. VI (*Libelli de lite*, t. I, p. 596)
est, comme à l'ordinaire, destiné à laver Hildebrand de tout reproche de servilité envers le pouvoir temporel et ne mérite aucune créance. Il semble bien
que, dans toute cette affaire, Hildebrand ait été constamment aux côtés
d'Alexandre II et que, s'il a désapprouvé la maladroite initiative de Pierre
Damien, il se soit résigné à en subir les conséquences fâcheuses plutôt que de
se brouiller avec la Germanie.

de protester contre l'accusation de simonie formulée contre
lui par ses adversaires et complaisamment rapportée par Annon.
Il eut aussi à répondre à une insidieuse question qui lui fut
posée par le même Annon au sujet de l'alliance de la papauté
avec les Normands ; il le fit en termes évasifs qui produisirent
mauvais effet dans l'Italie du Sud. Après quoi il fut solennellement proclamé et l'assemblée se sépara au chant du *Te Deum*.
A peine était-elle dissoute que les partisans de Cadalus firent
irruption à Mantoue, mais ils furent dispersés et le concile,
à nouveau réuni, prononça l'excommunication de l'antipape [1].

C'en était fini cette fois de la scandaleuse intrigue qui avait
accompagné l'avènement d'Alexandre II, mais la papauté
sortait de cette épreuve abaissée et affaiblie. Le césaropapisme,
un instant brisé par les décrets de Nicolas II, avait pris une
éclatante revanche ; le roi de Germanie s'était porté garant de
l'orthodoxie du pontife romain. Il était à prévoir que le pontificat d'Alexandre II ne ressemblerait guère à celui de Nicolas II
et, de fait, il en est souvent la négation.

## II

L'œuvre politique de Nicolas II n'a pas eu un sort plus heureux
que les décrets réformateurs ; l'entente avec la Germanie
devait entraîner la fin de l'alliance normande.

La promesse d'Amalfi avait été tenue. A défaut de Robert
Guiscard, Richard de Capoue était venu à Rome, en octobre
1061, pour veiller à ce que les cardinaux-évêques pussent procéder librement au choix d'un pontife et c'est grâce à sa protection qu'Anselme de Lucques put être élu [2]. Devenu le pape

---

[1] Nous avons suivi la version des Annales d'Altaich, *loc. cit.*, la seule qui
soit à la fois détaillée et impartiale. Il est à noter, — et cela fortifie encore l'autorité de ce témoignage, — que l'abbé d'Altaich était présent au concile. C'est
à lui qu'il faut, sans doute, reporter l'origine de cette rédaction.

[2] Cfr *supra*, p. 342. Le rôle des Normands dans l'élection d'Alexandre II
est un des grands griefs de Benzon d'Albe, *Ad Heinricum*, VII, 2 (MGH, SS,
t. XI, p. 672) qui reproche à Richard d'avoir reçu mille livres des mains d'Hildebrand.

Alexandre II, il ne témoigna pas à son protecteur une excessive reconnaissance et, dans son désir de se réconcilier avec la Germanie, il renia plus ou moins ouvertement au concile de Mantoue ses anciens alliés [1]. Bien entendu ceux-ci eurent vite fait de reprendre leur liberté et d'en user pour le plus grand détriment de l'Église romaine. La rupture fut précédée d'une période de tension à laquelle fait allusion Alexandre II dans une lettre qu'il écrit à l'archevêque de Reims, Gervais, dans le courant de l'automne de 1066 [2]. A la fin de cette même année, Richard de Capoue marche sur Rome où, suivant Léon d'Ostie, il voulait revêtir le patriciat [3]. Tel est le résultat des paroles imprudentes prononcées par Alexandre II à Mantoue.

Il fallait maintenant faire face à ce péril immédiat et le pape ne vit le moyen de le conjurer que dans un retour à la politique de Léon IX; il s'adressa donc au roi de Germanie. Annon, un instant disgracié, était revenu au pouvoir et il s'empressa de couvrir la papauté de son encombrante protection. Henri IV se posa en défenseur de l'indépendance du Saint-Siège menacée par les Normands, accumula des préparatifs militaires pour une expédition qui devait, pensait-il, lui rapporter la couronne impériale [4]. Il réunit à cet effet, le 2 février 1067, une assemblée à Augsbourg [5], mais, retenu en Allemagne par certaines difficultés intérieures, il différa son voyage en Italie, et il pria

---

[1] Cfr *supra*, p. 350.

[2] JAFFÉ-WATTENBACH, 4599.

[3] LÉON D'OSTIE, *Chronica monasterii Casinensis*, III, 23 : « Interea cum supradictus princeps Richardus, victoriis ac prosperitatibus multis elatus, subiugata Campania, ad Romæ iam se viciniam perrexisset, ipsiusque iam urbis patriciatum omnibus modis ambiret » (MGH, SS, t. VII, p. 714). — LUPUS PROS-TOPATARIUS, a. 1066 : « Et hoc anno princeps Richardus intravit terram Campaniæ obseditque Ciperanum et comprehendit eam et devastando Romam pervenit » (*Ibid.*, t. V, p. 59).

[4] LÉON D'OSTIE, *Chronica monasterii Casinensis*, III, 23 : «Qui (Heinricus IV), ut bona sancti Petri de manibus Normannorum eriperet et imperii coronam de apostolica manu reciperet, magna cum expeditione pervenit Augustam; ibique præstolans Gotefridum, Tusciæ ducem et marchionem, qui regem quoties Italiam intrare deberet cum sua solitus erat præire militia (MGH, SS, t. VII, p. 714).

[5] *Annales Altahenses*, a. 1067 (MGH, SS, t. XX, p. 818); AIMÉ DU MONT-CASSIN, *Ystoire de li Normant*, III, 39 (édit. CHAMPOLLION-FIGEAC, p. 174).

Godefroy de Lorraine de prendre en mains la défense de la papauté contre les Normands en attendant l'arrivée de l'armée royale[1]. Godefroy rassembla des troupes composées d'Allemands et de Lombards auxquels se joignirent quelques Romains, marcha contre Richard qu'Alexandre II venait d'excommunier et finalement alla investir Aquino. C'est pendant le siège de cette ville que le prince de Capoue sollicita une entrevue, d'où sortit une paix sur les conditions de laquelle on n'a aucun renseignement[2]. Quoi qu'il en soit, en août 1067, Alexandre II se rendit à Amalfi, puis à Salerne, ce qui prouve que la situation était redevenue normale[3].

Il n'en est pas moins vrai que l'alliance normande était rompue et que, volontairement ou non, la papauté, comme au temps de Léon IX, cherchait son point d'appui du côté de l'Allemagne. Qu'il y eût là pour les intérêts spirituels de l'Église et de la chrétienté un grave danger, une expérience séculaire l'avait suffisamment démontré. De plus, on pouvait se demander avec inquiétude jusqu'où irait cette complaisance envers le pouvoir temporel. Dans cette violente réaction contre l'œuvre religieuse et politique de Nicolas II, l'ancien évêque de Lucques serait-il capable au moins de maintenir la discipline, de prévenir

---

[1] Les textes cités à la note précédente sont formels à ce sujet. Aussi n'y a-t-il pas lieu d'ajouter foi au récit de Bonizon Sutri, *Liber ad amicum*, lib. VI, (*Libelli de lite*, t. I, p. 599) suivant lequel Hildebrand aurait en quelque sorte devancé l'expédition allemande en appelant Godefroy.

[2] *Annales Altahenses*, a. 1067 (MGH, SS, t. XX, p. 818); AIMÉ DU MONT-CASSIN, *loc. supra cit.*; LÉON D'OSTIE, *Chronica monasterii Casinensis*, III, 23 (MGH, SS, t. VII, p. 714); *Annales Augustani*, a. 1067 (*Ibid.*, t. V, p. 128). Une certaine obscurité règne sur ces événements et les travaux récents n'ont pas réussi à la dissiper. On ne connaît pas le motif précis pour lequel Henri IV a renoncé à l'expédition projetée. D'autre part, il semblerait résulter d'une lettre d'Annon de Cologne à Alexandre II, publiée par FLOSS (*Die Papstwahl*, p. 137) et analysée par HEFELE-LECLERCQ (*Histoire des conciles*, t. IV, II, p. 1258-1259) que Godefroy de Lorraine a été en Italie contre la volonté de Henri IV, mais cette hypothèse est formellement contredite par l'attitude de Godefroy, très fidèle à la Germanie, et par les *Annales Altahenses* qui affirment qu'il a été envoyé par Henri IV. Aussi peut-on se demander si Annon n'avait pas quelque intérêt, assez difficile à démêler, à accréditer l'idée que Godefroy avait agi de sa propre initiative.

[3] JAFFÉ-WATTENBACH, 4536.

en vertu de l'autorité romaine tout retour offensif de la simonie et du nicolaïsme qu'il avait jadis combattus si ardemment dans son diocèse ?

Sur ce point tout n'est pas à critiquer dans le gouvernement d'Alexandre II. Son pontificat est caractérisé, on ne saurait le nier, par un effort pour faire sentir partout l'action réformatrice du Saint-Siège, pour lui subordonner étroitement toutes les églises et parfois même la société laïque. Il suffit de parcourir les bulles pontificales pour s'en convaincre. Témoin par exemple la lettre au duc Dominique où le pape affirme, sur un ton tranchant, que le jugement du pontife romain ne peut être annulé ni modifié par personne [1], ou celle adressée au roi de France, Philippe I$^{er}$, qui rappelle sèchement le respect dû aux canons de l'Église romaine [2]. Partout les interventions se multiplient et, plus que jamais, comme on va le voir, elles s'exercent en faveur de la réforme des mœurs cléricales.

Cette allure donnée au gouvernement de l'Église ne saurait étonner, si l'on se rappelle ce qu'a été la vie d'Anselme de Lucques avant son élévation au siège apostolique : elle a été exclusivement consacrée, en Lombardie, à servir la cause de la réforme sous la direction de la papauté. Mais il faut noter que les idées d'Alexandre II étaient aussi celles de Pierre Damien et d'Hildebrand qui paraissent avoir été pour lui ce que furent Humbert et Boniface d'Albano pour Nicolas II [3]. Hildebrand,

---

[1] JAFFÉ-WATTENBACH, 4509.

[2] ID., 4525.

[3] Si l'on veut une preuve entre tant d'autres de la collaboration intime d'Alexandre II et de Pierre Damien, il suffit de se reporter aux bulles qui fixent la législation romaine au sujet de la consanguinité (JAFFÉ-WATTENBACH, 4500, 4506, 4569, 4751); elles ne font que reproduire le *De parentela consanguinorum* de Pierre Damien (*opusc.* VIII). Quant à Hildebrand, sa participation au gouvernement de l'Église sous Alexandre II est signalée non seulement par Benzon, toujours sujet à caution, mais aussi par LANDULF, *Historia Mediolanensis*, III, 15 (MGH, SS, t. VIII, p. 83), par BERNOLD DE CONSTANCE (*Ibid.*, t. V, p. 428), enfin par Pierre Damien lui-même dans sa correspondance avec Alexandre II et Hildebrand. C'est sans doute à ce moment que le cardinal-évêque d'Ostie a dû composer le dystique *De papa et Hildebrando* (PL, CXLV, 967) :

« Papam rite colo, sed te prostratus adoro;

« Tu facis hunc dominum; te facit iste deum ».

en particulier, était convaincu que seul le Saint-Siège aurait une autorité suffisante pour contraindre le clergé à revenir à l'antique discipline. Nous savons, par un traité de Pierre Damien, que dès 1059 il se préoccupait de réunir des textes canoniques qui auraient justifié sa volonté de resserrer les liens, alors trop distendus, qui unissaient l'épiscopat, le clergé et les fidèles au siège apostolique [1]. Son programme était donc identique à celui que reflètent les bulles d'Alexandre II.

Il semble, d'ailleurs, que dans les divers actes du pontificat, on puisse soupçonner tantôt la main de Pierre Damien, tantôt celle d'Hildebrand.

C'est évidemment à l'influence du premier qu'il faut attribuer l'action exercée par Alexandre II auprès du clergé régulier ou séculier, pour qu'il revienne à des mœurs meilleures. On a vu que Pierre Damien, pour rendre à la vie monastique toute son intensité, interdisait aux moines tout déplacement inutile [2], et voici ce qu'on lit sous la plume pontificale : « Conformément au décret du concile de Chalcédoine, nous prescrivons aux moines de rester cloîtrés suivant la règle de saint Benoît ; nous leur défendons l'accès des bourgs, châteaux, cités, sauf le cas où une personne soucieuse du salut de son âme, voudrait prendre conseil de l'un ou l'autre d'entre eux, avant de revêtir l'habit monastique ; encore l'entretien aura-t-il lieu à l'intérieur d'une abbaye [3]. »

On retrouve aussi l'influence de Pierre Damien dans la lutte menée par Alexandre II contre les désordres du clergé séculier. Restaurer dans l'Église la pureté des anciens temps, telle fut

---

[1] PIERRE DAMIEN, *Opusc.*, V, *De privilegiis Romanæ ecclesiæ ad Hildebrandum* (PL, t. CXLV, 80). M. Paul Fournier, dans le compte-rendu qu'il a bien voulu consacrer à nos *Prégrégoriens* (*Bibliothèque de l'École des Chartes*, 1918, p. 332-336), a beaucoup insisté sur cette conception d'Hildebrand. Nous sommes pleinement d'accord avec lui ; nous remarquerons seulement que Pierre Damien a vu, lui aussi, que la réforme ne pourrait se faire que sous l'impulsion du Saint-Siège (cfr *supra*, p. 212 et 227). Cela prouve une fois de plus qu'avant 1073, les idées d'Hildebrand ressemblaient à celles de l'évêque d'Ostie.

[2] Cfr *supra*, p. 196-198.

[3] JAFFÉ-WATTENBACH, 4552.

la pensée dominante de ses douze années de pontificat. Elle
est nettement exprimée dans une lettre à Dominique, patriarche
de Grado : « Que les impies rougissent et qu'ils sachent que,
sur l'ordre de l'Esprit-Saint, nous avons décidé de déposer les
prêtres, diacres et sous-diacres qui n'ont pas chassé leurs
concubines et qui ne vivent pas en l'état de chasteté. Voilà
pour ce qui apparaît à nos yeux ; quant aux secrets de notre
âme, Dieu les connaît et les juge [1]. » Même note dans une lettre
aux évêques de Dalmatie : « Si un évêque, prêtre ou diacre,
prend femme ou s'il conserve auprès de lui celle qu'il a prise,
qu'il soit déposé jusqu'à ce qu'il ait donné satisfaction, qu'il
quitte le chœur et qu'il ne touche aucune part des bénéfices
ecclésiastiques [2]. » Comme son prédécesseur, Alexandre II
interdit aux fidèles d'assister à la messe des prêtres fornicateurs
ou simoniaques. « Quant à ceux qui, pour servir le démon
et s'adonner à ses œuvres, abandonnent le service divin, nous
décidons que, puisqu'ils se reconnaissent très justement indignes
de l'autel, ils doivent du même coup, être privés de leurs
bénéfices [3]. »

Aux clercs de Milan, destinataires de cette bulle, Alexandre II
écrivait encore, au début de son pontificat, une lettre touchante
pour les exhorter à vivre dans la plus pure chasteté : « Abraham,
père de la foi, leur disait-il, a eu plusieurs fils, mais, seul, celui
qui est né de l'épouse légitime a été rangé parmi les représentants de son illustre race ; ceux qui ont été secrètement conçus
au sein des concubines ont été exclus de l'héritage paternel.
Tant qu'Abraham a vécu, tous étaient ses fils, mais, à sa mort,
un seul a été reconnu héritier, à l'exclusion des autres. L'Écriture
atteste qu'Abraham laissa tout son patrimoine à son fils Isaac ;
les fils des concubines furent gratifiés de quelques présents,
mais séparés d'Isaac. Ainsi tous ont été appelés fils d'Abraham,
mais tous n'ont pas obtenu l'héritage paternel. De même,

---

[1] JAFFÉ-WATTENBACH, 4483.
[2] ID., 4477.
[3] ID., 4612.

aujourd'hui, il en est beaucoup qui veulent s'honorer du titre de chrétien, mais qui ne méritent aucune part de l'héritage du Christ ; ils s'enorgueillissent pour le moment du nom de leur père, mais ne recevront rien de lui, parce que, souillés par leurs fautes, ils ne convoitent pas les choses du ciel, mais celles de la terre. Vous, mes très chers frères, membres de mon corps, entrailles de mon âme, marchez dans la voie des célestes commandements, afin que vous puissiez un jour vous réjouir d'avoir converti par votre exemple ceux qui sont du même sang que vous. Nous espérons que, par les mérites du Christ né d'une vierge, la chasteté sacerdotale sera exaltée et la luxure des incontinents confondue avec les autres hérésies. Que le Dieu tout-puissant, mes très chers frères, vous garde de toute impureté et que, par les sentiers de la justice, il vous conduise au royaume du ciel ! [1] » On croirait lire une lettre ou un sermon de Pierre Damien : ce sont les mêmes appels affectueux à la chasteté et les mêmes menaces contre les nicolaïtes, qu'accompagnent une parfaite confiance en Dieu et une foi inébranlable en l'Écriture sainte.

Comme Pierre Damien aussi, Alexandre II harcèle les simoniaques tout en reconnaissant la validité de leurs ordinations. Comme lui, il est dur pour les coupables, prodigue d'encouragements pour les pécheurs repentants. Les clercs de Crémone s'efforçaient de détruire chez eux simonie et nicolaïsme; le pape les félicite de résister au serpent tentateur qui, non content d'avoir provoqué la chute du premier homme, s'applique chaque jour à consommer la perte de ses descendants; en revanche, il menace de la déposition et de la confiscation les sous-diacres, diacres, prêtres qui partagent la couche d'une femme ou sont entachés de boue simoniaque [2].

Une lettre au clergé et au peuple de Lucques est un véritable traité sur la simonie qui pourrait être signé Damien. La cité de Lucques, comme celle de Milan, était chère au cœur du pape

---

[1] JAFFÉ-WATTENBACH, 4469.
[2] ID., 4637.

qui surveillait, avec un soin jaloux, l'achèvement de l'œuvre qu'il y avait entreprise. « Pendant longtemps, disait-il, ce mal abominable de la simonie a désolé votre église; aucun clerc, si religieux, si instruit, si honnête qu'il fût, ne pouvait obtenir un bénéfice ecclésiastique sans le concours profane de l'argent; l'église et ses biens étaient vendus par de vils commerçants comme je ne sais quel objet terrestre... Or, l'autorité des saints canons nous révèle que tout ce qui est apporté à Dieu et à son Église est sanctifié par la seule offrande et ne peut l'être que par l'intervention du Saint-Esprit de qui procède toute sanctification. Il n'est donc pas étonnant qu'une peine égale frappe ceux qui osent vendre ou acheter un ordre sacré ou un bien d'Église, également sacré, puisque ni l'un ni l'autre ne peuvent être sanctifiés que par un don du Saint-Esprit [1]. » Pierre Damien, dans une de ses lettres [2], avait fait justice de cette subtile distinction, incompatible avec sa théorie, partagée par Alexandre II, suivant laquelle dans l'ordination le ministre n'a que les apparences, le ministre réel étant Dieu. Le pape, selon l'exemple du Christ qui, le fouet à la main, chasse les vendeurs du temple et jette à terre leurs étalages, renouvelle les condamnations antérieures, mais ne songe pas à annuler les ordinations simoniaques.

Rien dans l'Église ne doit être vendu, ni les biens que l'évêque ne peut aliéner par avarice ou par complaisance pour les puissants du jour [3], ni les sacrements [4], telle est, au sujet de la simonie, la doctrine d'Alexandre II, disciple de Pierre Damien.

Cette doctrine, Alexandre II s'est efforcé d'en assurer l'application pratique et c'est ici que l'on aperçoit, semble-t-il, l'intervention d'Hildebrand, toujours énergique dans l'exécution et partisan de sanctions efficaces.

En Italie le pape eut l'occasion de sévir à Florence et à Milan. A Florence le marquis de Toscane, Albert, coupable d'inter-

---

[1] Jaffé-Wattenbach, 4722.
[2] Cfr *supra*, p. 238.
[3] Jaffé-Wattenbach, 4558.
[4] Id., 4724.

vention dans une nomination épiscopale, se fit rappeler sévèrement, en 1063, que personne ne pouvait être ordonné évêque
s'il n'avait été élu par le clergé et par le peuple [1]. En 1068,
à un concile réuni à Rome pendant la semaine de Pâques,
l'évêque de Florence, Pierre, accusé de simonie par ses clercs,
fut déposé par le pape en personne [2].

A Milan la situation restait toujours troublée. L'amélioration
constatée lors de la mission de Pierre Damien [3] ne s'était pas
maintenue et l'archevêque Guy, un moment converti, était
revenu aux vieux errements. Dénoncé à Rome en 1066 par
Ariald, il fut excommunié ou tout au moins menacé d'anathème
par Alexandre II [4]. Ses partisans cherchèrent à se venger ;
Ariald fut massacré et affreusement mutilé [5]. Il en résulta
une véritable guerre civile. Le nouveau chef des Patares,
Erlembaud, organisa la lutte et contraignit l'archevêque à
prendre la fuite [6]. Milan se trouvait livré à l'anarchie la plus
complète. Pour en finir, Alexandre II jugea opportun d'envoyer,
en 1067, de nouveaux légats auxquels Hildebrand conseilla
d'obtenir avant tout la démission de Guy, cause de tout le mal [7].
Celui-ci devança le désir du Saint-Siège ; il fit une soumission
apparente, mais il envoya sa croix et son anneau au roi de
Germanie [8]. Une nouvelle agitation s'ensuivit ; les partisans
de Guy proposèrent pour le remplacer un certain Godefroy
qui se faisait fort d'en finir avec les Patares. Ceux-ci, de leur
côté, élurent le 6 janvier 1072 un clerc nommé Atton [9]. Entre

---

[1] JAFFÉ-WATTENBACH, 4540.

[2] MANSI, t. XIX, c. 933 ; *Annales Altahenses*, a. 1068 (MGH, SS, t. XX,
p. 819) ; BERTHOLD DE REICHENAU, a. 1067 (MGH, SS, t. V, p. 273).

[3] Cfr *supra*, p. 182.

[4] ARNULF, *Gesta archipiscoporum Mediolanensium*, III, 20 (MGH, SS, t. VIII,
p. 23).

[5] ARNULF, *loc. cit.* Cfr aussi *Vita Arialdi*, 7 (PL, CXLIII, 1476).

[6] ARNULF, *loc. cit.*; *Vita Arialdi*, 7 (PL, CXLIII, 1480).

[7] ARNULF, *op. cit.*, III, 16 (MGH, SS, t. VIII, p. 21) ; BONIZON DE SUTRI,
*Liber ad amicum*, lib. VI (*Libelli de lite*, t. I, p. 599).

[8] ARNULF ; BONIZON DE SUTRI, *loc. cit.*

[9] ARNULF, *op. cit.*, III, 25 (MGH, SS, t. VIII, p. 25) ; BONIZON DE SUTRI,
*op. cit.*, lib. VI (*Libelli de lite*, t. I, p. 600).

Godefroy et Atton la lutte s'annonçait très âpre, mais Alexandre II mourut avant d'avoir réglé la question milanaise, à la
solution de laquelle il s'était activement employé.

En France Alexandre II lutte également contre les abus
et s'applique surtout à faire respecter par les pouvoirs laïques
la liberté des élections épiscopales. En 1063, Josselin, archidiacre de Paris, achète à Philippe Ier l'évêché de Soissons ;
le pape écrit aussitôt à l'archevêque de Reims, Gervais, qui
dirige la politique ecclésiastique de la royauté. « La peste
simoniaque, lui dit-il, qui, dans votre pays, rampait timidement,
relève la tête, se dépouille de toute crainte et de toute pudeur,
pénètre de son orgueil le troupeau du Seigneur. Nous en sommes
très chagrinés ; ce n'est pas sans larmes que nous voyons périr
les fidèles qui nous ont été confiés et que le sang du Christ
a rachetés. De ce malheur les archevêques sont responsables :
aucun simoniaque n'oserait acheter un évêché, s'il avait la
certitude de ne pas être consacré. » Le ton est plutôt sec ; quant
à la conclusion, elle est catégorique : on n'ordonnera pas Josselin dont la promotion à l'archidiaconat de Paris était déjà
illégale et qui, pour être évêque de Soissons, aurait ajouté
l'homicide à la simonie [1].

De même, en 1065, lorsque Hildegaire s'empare par violence
du siège de Chartres, Alexandre II proteste, annonce qu'il ne
ratifiera pas ce coup de force [2]. Philippe Ier oppose quelque
résistance, mais le pape le menace de l'interdit [3] et, finalement,
le roi s'incline.

Ainsi en France comme en Italie, Alexandre II n'a pas craint
de revendiquer les droits de l'Église et d'appliquer sans faiblesse
les décrets réformateurs. En est-il de même en Allemagne ?

La mort de Henri III a été suivie d'un retour offensif de la
simonie. Les chroniqueurs constatent que pendant la régence
l'hérésie simoniaque, jadis clandestine, s'est étalée au grand

---

[1] JAFFÉ-WATTENBACH, 4519.
[2] ID., 4573.
[3] ID., 4586.

jour, qu'elle s'est répandue partout et que, « par sa conta-
gieuse pestilence elle a misérablement terni la pure beauté de
notre sainte mère l'Église [1]. » Au palais évêchés et abbayes
sont vendus à l'encan, les ambitions de personnages tarés se
donnent libre cours et reçoivent le plus souvent satisfaction,
si bien que l'on n'arrive à l'épiscopat que par l'argent ou la
faveur [2].

Un certain nombre d'exemples précis prouvent que Lambert
de Hersfeld et Berthold de Reichenau, à qui l'on doit ces appréciations sévères, n'ont pas exagéré et que, comme le remarque
très justement l'historien allemand Hauck [3], la minorité de
Henri IV est une réédition du règne de Conrad II. A Bamberg,
en 1065, Hermann devient évêque dans des conditions pour le
moins suspectes [4]. A Constance, après la mort de Rumold
(4 novembre 1069), Charles, doyen du chapitre de Magdebourg,
achète l'évêché au roi pour une forte somme d'argent et, à
peine arrivé dans son diocèse, cherche à rentrer dans ses
débours en vendant les dignités ecclésiastiques, les vases sacrés
et jusqu'aux vêtements sacerdotaux [5]. A Reichenau, c'est un
commerce plus honteux encore : l'évêque d'Hildesheim convoite
la dignité d'abbé pour un de ses parents ; il l'obtient du roi
en donnant une forte somme d'argent, mais son protégé, saisi
de scrupules, se retire. Nouveau marché et Robert, abbé de
Saint-Michel de Bamberg, s'installe dans la fonction par simonie [6]. Ailleurs c'est la faveur ou la parenté qui joue. Il n'est

---

[1] BERTHOLD DE REICHENAU, a. 1069 (MGH, SS, t. V, p. 274).

[2] LAMBERT DE HERSFELD, a. 1071 (MGH, SS, t. V, p. 184 et 189).

[3] HAUCK, *Kirchengeschichte Deutschlands*, t. III, p. 726 et 727 n. 3 auquel nous
renvoyons pour plus de détails sur la situation de l'Église d'Allemagne pendant
la minorité de Henri IV.

[4] LAMBERT DE HERSFELD, a. 1065 (MGH, SS, t. V, p. 99) ; BERTHOLD DE
REICHENAU, a. 1065 (*Ibid.*, t. V, p. 272) ; BERNOLD DE CONSTANCE, a. 1065 (*Ibid.*,
t. V, p. 428).

[5] *Annales Altahenses*, a. 1071 (MGH, SS, t. XX, p. 822) ; LAMBERT DE HERS-
FELD, a. 1069 (*Ibid.*, t. V, p. 111) ; BERTHOLD DE REICHENAU, a. 1070 (*Ibid.*, t. V,
p. 274-275).

[6] *Annales Altahenses*, a. 1071 (MGH, SS, t. XX, p. 823) ; LAMBERT DE HERS-
FELD, a. 1071 (*Ibid.*, t. V, p. 183-184).

aucun évêque allemand qui, sous le pontificat d'Alexandre II, ait été élu dans des conditions régulières [1].

En présence de tant de violations flagrantes de la légalité, l'attitude du pape a été assez variable. A Constance et à Reichenau, il a eu raison des usurpateurs; dans d'autres cas il a fait preuve, au contraire, d'une indulgence qui paraît quelque peu excessive.

A Constance, l'arrivée de l'évêque Charles, que Henri IV avait désigné, souleva une violente opposition que le pillage méthodique du diocèse ne fit qu'accroître. Le clergé éleva une véhémente protestation qui fut portée à Rome. Le pape se trouva donc saisi de la querelle et, bien que le roi fût indirectement en cause, il ne se déroba pas au rôle qui lui était assigné. Il interdit à l'archevêque de Mayence, Siegfried, de consacrer Charles et le pria de réunir un concile pour examiner canoniquement le litige [2]. La chose n'alla pas sans difficulté; Henri IV soutint âprement son candidat, s'efforça d'empêcher la réunion du synode, menaça le malheureux archevêque qui se trouva pris dans la cruelle alternative de déplaire au roi ou de désobéir au pape auquel il confia ses perplexités [3]. Encouragé par Alexandre II, il osa tenir bon, négocia avec Henri IV qui finit par céder quelque peu et put enfin abriter dans sa ville archiépiscopale un concile où Charles, convaincu par ses accusateurs, rendit sa crosse et son anneau en présence des légats pontificaux (18 août 1071) [4]. Le roi accepta sa démission et nomma à sa place un chanoine de Gozlar, Othon [5].

L'affaire de Reichenau reçut plus rapidement une solution. Les moines se plaignirent à Rome; Alexandre II interdit à

---

[1] Cfr HAUCK, *Kirchengeschichte Deutschlands*, t. III, p. 726 et suiv.

[2] *Annales Altahenses*, a. 1071 (MGH, SS, t. XX, p. 822-823); BERTHOLD DE REICHENAU, a. 1070 (*Ibid.*, t. V, p. 275).

[3] Cfr la lettre de Siegfried à Alexandre II dans le *Codex Udalrici*, 36 (JAFFÉ, *Monumenta Bambergensia*, p. 68-69).

[4] Les actes du concile ont été conservés dans le *Codex Udalrici*, 37 (*Monumenta Bambergensia*, p. 70-77).

[5] LAMBERT DE HERSFELD, a. 1071 : « Episcopatum Constantiensem rex Ottoni, canonico Goslariensi, dedit » (MGH, SS, t. V, p. 185).

l'abbé simoniaque le ministère de l'autel; Robert essaya de
résister à la sentence pontificale, mais il fut expulsé par ses
frères. Henri IV s'inclina devant le fait accompli et se contenta, comme à Constance, de désigner lui-même un successeur, sans que les formalités de l'élection fussent observées [1].

A deux reprises, Alexandre II a donc réussi à faire annuler
des promotions entachés de vénalité, sinon à mettre fin à l'usurpation royale en matière d'élections épiscopales ou abbatiales.
Il n'en a pas toujours été ainsi, notamment dans l'affaire de
Bamberg, où l'intervention de la simonie n'était pas douteuse.
En 1070, Hermann est convoqué à Rome pour répondre aux
accusations dont il était l'objet et, si l'on ne peut admettre
qu'il ait, comme le veut Lambert de Hersfeld, corrompu
le pape par des présents, il est cependant certain qu'aucune
sentence n'a été prononcée contre lui pas plus que contre
les autres évêques allemands dont l'élection était entachée
d'irrégularité [2]. La plupart des prélats que Grégoire VII con-
voquera à Rome en 1075, pour qu'ils s'expliquent sur les
circontances dans lesquelles ils avaient été placés à la tête de
leurs diocèses respectifs [3], étaient déjà en fonctions sous le
pontificat d'Alexandre II. C'est le cas, notamment, d'Emerich
d'Augsbourg, d'Henri de Spire, de Werner de Strasbourg.

Il y a donc dans l'attitude d'Alexandre II à l'égard des évêques simoniaques » bien des contradictions. Comment les expliquer? Il est évidemment délicat de formuler une hypothèse
à ce sujet. On remarquera, cependant, qu'à Constance et à
Reichenau, où le pape a sévi, son intervention était sollicitée
par le clergé ou par la communauté; il n'est pas impossible
que, se sentant ainsi soutenu, il ait déployé un courage assez
inusité. On peut aussi se demander si la politique pontificale, si
décousue à certains égards, ne traduit pas différentes influences

---

[1] *Annales Altahenses, loc. cit.*; LAMBERT DE HERSFELD, a. 1071 (MGH, SS,
t. V, p. 127 et suiv.); BERTHOLD DE REICHENAU (*Ibid.*, t. V, p. 275).

[2] LAMBERT DE HERSFELD, a. 1070 (MGH, SS, t. V, p. 176).

[3] *Gregorii VII Registrum*, II, 28 et 29 (*Monumenta Gregoriana*, p. 140-142;
PL, CXLVIII, 382-384).

qui s'exercent tour à tour. Personnellement Alexandre II, —
il l'a prouvé au lendemain de son élection, — est un faible,
mais il a auprès de lui Hildebrand qui, tout en n'ayant pas
les idées intransigeantes qu'on lui a prêtées, n'entend pas
sacrifier le prestige de l'Église romaine, surtout lorsqu'il s'agit
de simonie. Entre le pape et son conseiller l'accord ne semble
pas avoir toujours été parfait, car Hildebrand écrira plus tard
que son prédécesseur s'est laissé quelquefois tromper « par la
malice de certains hommes [1] ». Ne résulte-t-il pas de ce texte
qu'Hildebrand a désapprouvé la politique trop conciliante
d'Alexandre II et qu'il s'est efforcé de réagir contre elle ? Dès
lors la déposition de Charles de Constance et celle de Robert
de Reichenau pourraient bien être son œuvre propre.

Étant donné la place que les textes lui assignent auprès d'Alexandre II, il n'y a pas lieu d'être surpris si sur d'autres points
le pontificat de Grégoire VII s'annonce déjà de 1061 à 1073.

Un des traits essentiels de ce pontificat, c'est la centralisation
ecclésiastique. Antérieure à Grégoire VII, elle doit à ses initiatives personnelles ses rouages essentiels. Or, il n'est pas douteux
qu'elle s'est singulièrement accrue sous Alexandre II, comme
l'a fort bien montré Hauck [2]. Même en Allemagne, les
affaires de tout ordre aboutissent au pape. La correspondance
de Siegfried, archevêque de Mayence, avec Alexandre II prouve
à quel point les hauts dignitaires de l'Église allemande sont
dociles aux directions pontificales; Siegfried, dans l'affaire de
Constance, n'a jamais osé les heurter ou contredire, malgré les
ennuis qu'elles lui attirèrent [3], convaincu qu'il était que « les
affaires importantes doivent être soumises au siège apostolique [4] ».

Il est fort probable qu'Hildebrand, partisan décidé de la
primauté romaine, n'a pas été étranger à l'effort du pape pour
subordonner étroitement les églises locales au Saint-Siège.

---

[1] *Gregorii VII Registrum*, VIII, 42 (*Monumenta Gregoriana*, p. 493-494;
PL, CXLVIII, 621).

[2] HAUCK, *Kirchengeschichte Deutschlands*, t. III, p. 737 et suiv.

[3] *Codex Udalrici*, n. 36 et 38 (*Monumenta Bambergensia*, p. 68-69 et 77-81).

[4] *Ibid.*, n. 31, p. 59.

D'autre part, c'est aussi pendant le pontificat d'Alexandre II qu'apparaissent, encore très timides, les premières manifestations de la théocratie grégorienne. Or, comment admettre que le pontife qui a capitulé devant le pouvoir temporel, ait pu songer à exercer sur le gouvernement des états une influence morale, ce qui est la forme première de la théocratie ? C'est donc à Hildebrand qu'il faut reporter l'inspiration de la lettre fameuse adressée à Guillaume le Conquérant en 1071 [1] : « Nous remercions Dieu, écrit le pape au roi d'Angleterre, d'avoir permis qu'en ce siècle où le monde, méchant et corrompu, n'a que des aspirations dépravées, vous soyez, parmi tant de princes et de rois, réputé pour votre respect de la religion, pour votre zèle à réprimer l'hérésie simoniaque, à honorer l'Église et à lui rendre les honneurs qui lui sont dûs. Et puisqu'il est promis récompense et couronne à ceux qui font le bien, nous vous prions avec affection de persister dans votre zèle à défendre la religion chrétienne, d'accorder aux églises respect et justice, de gouverner votre royaume avec une équité telle que l'on puisse vous appliquer manifestement, pour la rectitude de vos œuvres, la parole de l'Écriture : *Le cœur du roi est dans la main du Seigneur* [2]. Nous vous demandons encore de protéger les personnes ecclésiastiques, les veuves et les orphelins, d'être miséricordieux pour ceux qui sont opprimés [3]. »

Le roi doit donc se conformer dans son gouvernement aux obligations de la morale chrétienne. A plus forte raison il doit en être de même dans sa vie privée. Sur ce dernier point les événements allaient permettre à Alexandre II d'affirmer et d'appliquer la doctrine de l'Église.

Le jeune Henri IV, roi de Germanie, avait été de bonne heure la proie des pires passions. Pourtant, en 1066, il se laissa marier

---

[1] Cette hypothèse parait d'autant plus autorisée que, devenu pape, Grégoire VII s'est vanté (*Reg.* VII, 33 dans *Monum. Greg.*, p. 414) d'avoir encouragé la conquête de l'Angleterre par Guillaume le Conquérant, bien qu'elle fût en général désapprouvée dans l'entourage du pape.

[2] *Prov.* XXI, 1.

[3] Jaffé-Wattenbach, 4695.

à Berthe de Turin à laquelle on l'avait fiancé de bonne heure ;
mais dès le lendemain de ses noces il délaissa sa jeune femme
pour s'adonner aux plaisirs les plus grossiers [1]. En 1069, il
voulut parachever le divorce et s'entendit à cet effet avec l'archevêque de Mayence, Siegfried, qui réunit un concile pour
examiner l'affaire. Il prétendait que le mariage n'avait jamais
été consommé et il réussit à extorquer à la malheureuse Berthe
des déclarations dont elle ne comprit pas le sens ni la portée.
Siegfried n'osa pas assumer la responsabilité du scandale
qu'il soupçonnait et sollicita l'envoi d'un légat pontifical.
Alexandre II dépêcha Pierre Damien dont l'arrivée provoqua,
semble-t-il, un certain effroi. Henri IV parlait déjà de retourner
en Saxe. Ses conseillers le décidèrent à rester à Francfort où
il convoqua les évêques. En sa présence Pierre Damien déclara
que le divorce était interdit par l'Église aux rois comme aux
simples fidèles, que le pape était disposé à appliquer les canons
et qu'il ne sacrerait jamais empereur l'auteur d'un tel parjure.
Ce langage fit peur à l'orgueilleux souverain qui s'inclina devant
les menaces du Saint-Siège [2]. C'était un succès pour la papauté :
il est dû en partie à l'éloquence de Pierre Damien, mais aussi à
celui qui a pris l'initiative de la légation et que malheureusement les textes ne désignent pas.

Alexandre II est mort le 21 avril 1073 [3], après un pontificat
de douze années qui finit, en somme, mieux qu'il n'avait commencé. Malgré certains actes de faiblesse, le pape, aidé par
Pierre Damien et par Hildebrand, a poursuivi la réforme de
l'Église avec plus de vigueur que jadis Léon IX, mais il faut
convenir que la réforme, telle qu'il l'envisageait, est une réforme
singulièrement diminuée : le roi de Germanie a été l'arbitre
de l'élection pontificale en 1064 et il n'est aucun évêque alle-

---

[1] Cfr BRUN, *De bello saxonico*, 5 et suiv. (MGH, SS, t. V, p. 331 et suiv.) ;
MANEGOLD DE LAUTENBACH, *Liber ad Gebehardum*, 29 (*Libelli de lite*, t. I,
p. 363).

[2] LAMBERT DE HERSFELD, a. 1069 (MGH, SS, t. V, p. 174 et suiv.).

[3] Cfr *Gregorii VII Registrum*, I, 6 (*Monumenta Gregoriana*, p. 15 ;
PL, CXLVIII, 288) ; *Bernoldi necrol.* (MGH, SS, t. V, p. 392).

mand qui, de 1061 à 1073, ait été désigné par d'autres que par lui. L'Église, affranchie par Nicolas II, est retombée sous la domination laïque; du même coup, la simonie a repris un libre essor et avec elle le nicolaïsme, aussi intense en 1073 qu'en 1048[1].

## III

A n'observer que les faits, la situation de l'Église et du Saint-Siège en 1073 ne diffère pas beaucoup de ce qu'elle était en 1048; les plaies, un moment cicatrisées, se sont largement rouvertes. Mais qu'il survienne un bon chirurgien et elles sont susceptibles de se guérir, car le remède a été trouvé et la première application qui en a été tentée a prouvé son efficacité. Si la réforme ne pénètre pas les moelles de l'Église, du moins les méthodes qui lui permettront de triompher ont-elles été mises au point par des théologiens et des polémistes dont les programmes, malgré leur divergence, sont susceptibles de se compléter et de s'harmoniser. La papauté, dont le prestige a survécu aux défaillances d'Alexandre II, a seulement besoin d'un homme d'action qui coordonne et applique ces programmes dans toute leur rigueur. En 1073, les acclamations du peuple romain portent Hildebrand à la tiare. Hildebrand sera, sous le nom de Grégoire VII, un second Nicolas II et il lui sera donné de réaliser ce que la mort n'a pas permis au prédécesseur d'Alexandre II, fauché au bout de deux ans de pontificat, de mener à bien.

On a pendant longtemps attribué à Hildebrand l'idée même de la réforme à laquelle il a laissé son nom, comme on a fait de lui l'inspirateur de toute la politique pontificale de 1048 à 1073. Il n'a été en réalité ni l'un ni l'autre. L'invention des théories dites grégoriennes est l'œuvre d'évêques et de moines, originaires les uns d'Italie les autres de l'ancien royaume de

---

[1] Il suffit de noter l'opposition que souleva parmi les clercs allemands le premier décret de Grégoire VII sur le nicolaïsme. Cfr LAMBERT DE HERSFELD, a. 1074 (MGH, SS, t. V, p. 208 et suiv.); *Vita Altmanni Pataviensis*, 11 (*Ibid.*, t. XII, p. 232).

Lorraine : Atton de Verceil au Xe siècle et Pierre Damien au XIe ont tenté par la prédication de ramener le clergé à des mœurs meilleures, tandis que le cardinal Humbert, reprenant et systématisant les thèses esquissées par Rathier de Liége, puis plus récemment par les clercs qui entouraient Wason, a défini les moyens par lesquels l'Église pourrait être affranchie et régénérée; au même cardinal Humbert il faut reporter aussi l'honneur d'avoir suggéré à Nicolas II la première tentative d'application, de 1059 à 1061, des doctrines exposées dans l'*Adversus simoniacos*, tentative malheureusement compromise par la réaction césaropapiste au temps d'Alexandre II.

Hildebrand n'est pas un théoricien; s'il a suggéré à Pierre Damien l'idée de composer un recueil canonique où seraient condensés les textes favorables à la primauté romaine, il n'a laissé lui-même aucun traité, aucun opuscule que l'on puisse comparer à l'*Adversus simoniacos* ou même à certains traités de Pierre Damien; il est avant tout le serviteur passionné de l'Église romaine, qui représente à ses yeux le sacerdoce suprême, investi de la mission de conduire les âmes dans les voies du salut, plus spécialement de réformer le clergé et la société.

Cela ne veut pas dire qu'il gouverne l'Église dès 1048 et que les papes qui se sont succédé de 1048 à 1073 n'aient été, comme on l'a dit, que ses instruments. Cette opinion, longtemps en faveur, invoque deux arguments dont la réfutation paraît assez aisée.

Le premier de ces arguments, c'est la prétendue continuité que l'on constaterait entre les divers pontificats, plutôt courts, qui s'échelonnent entre l'avènement de Léon IX et l'avènement de Grégoire VII. Il résulte des pages qui précèdent que cette continuité n'existe pas. Il y a, au contraire, un contraste très accusé entre les pontificats de Léon IX et de Victor II qui, tout en essayant de lutter contre le nicolaïsme et la simonie, ne se dégagent pas de l'étreinte du césaropapisme, et ceux d'Étienne IX et de Nicolas II qui, avec une remarquable hardiesse, essaient d'appliquer le programme lorrain, formulé au même moment par Humbert; il y a un contraste non moins accusé entre le pontificat de Nicolas II et celui d'Alexandre II. L'histoire de la papauté de 1048 à 1073 apparaît comme une ligne brisée, qui traduit des impulsions et des influences très diverses; tour à tour ce sont les idées italiennes et les idées lorraines qui inspirent le gouvernement de l'Église; d'unité de vues et d'action il ne saurait être question.

Un autre argument en faveur de la prépotence d'Hildebrand est tiré de l'accord des sources opposées [1]. Panégyristes et adversaires s'entendent pour faire de lui le chef véritable de l'Église à partir de 1048. Cela ne signifie rien. Les sources de l'histoire d'Hildebrand, du moins celles qui représentent les versions originelles, sont pour la plupart des œuvres d'un caractère polémique et qui, par suite, ne méritent pas le crédit qu'on leur a généralement accordé. Les grégoriens, qu'incarne surtout Bonizon de Sutri, et les impérialistes, auxquels appartiennent l'auteur des *Annales Romani*, Benzon d'Albe et le cardinal Benon, poursuivent un but différent, mais également intéressé; les uns pour exalter Grégoire VII, les autres pour le dénigrer, ont été conduits à imputer à Hildebrand la plupart des actes qui marquèrent l'histoire de la papauté entre 1048 et 1073. Les historiens modernes ont trop facilement accepté tout ou partie de ces témoignages peu sûrs et en ont tiré des conclusions trop hâtives qu'un examen plus approfondi des sources en question ne paraît pas toujours autoriser [2].

La version grégorienne, telle qu'elle figure chez Bonizon de Sutri, est en effet fort sujette à caution. Nous n'avons pas

---

[1] Pour plus de détails, nous renvoyons à notre article sur *Hildebrand* publié dans le *Moyen-Age*, deuxième série, t. XXI, 1919, p. 17 et suiv., dont nous avons reproduit plus haut certains passages et dont nous donnons ici les conclusions essentielles.

[2] Rien de plus caractéristique à ce sujet que le livre de l'abbé DELARC, *Saint Grégoire VII et la réforme de l'Église au XIe siècle*. Paris, 1889, 3 vol. L'auteur a placé bout à bout tous les renseignements, souvent contradictoires, fournis par Bonizon de Sutri et les *Annales Romani*, en remaniant ces dernières dans un sens favorable à Hildebrand. Les historiens allemands, plus clairvoyants, ont contesté la valeur historique du *Liber ad amicum*, mais, chose curieuse, ils en ont, en général, retenu ce qui a trait à Hildebrand et ont recueilli tout ce qui provenait des *Annales Romani* dont la critique n'a jamais été sérieusement faite.

à retracer ici la biographie, plusieurs fois esquissée, de l'auteur du *Liber ad amicum*, mais nous devons rappeler combien sa vie, tout entière consacrée au service de la réforme, a été mouvementée et parfois tragique [1]. Bonizon, évêque de Sutri à partir de 1075 environ, et chargé, comme tel, de plusieurs légations importantes, a été expulsé de son diocèse par les impérialistes, emmené quelque temps en captivité, puis contraint de mener une existence plus que misérable dont seule l'affable bonté de la comtesse Mathilde atténua les souffrances et les périls. C'est au cours de cet exil et au lendemain de la mort de Grégoire VII, c'est à dire à la fin de 1085 ou au début de 1086, qu'il a composé le *Liber ad amicum*. Point n'est besoin d'insister sur les sentiments qui l'animaient alors. Fatigué et aigri, il était plus que jamais disposé à donner libre cours à sa nature ardente et à son tempérament impulsif : aussi le *Liber ad amicum* est-il peut-être la plus violente de toutes les apologies de Grégoire VII [2].

Cette apologie est-elle sincère ? On a beaucoup discuté à ce sujet. On a relevé dans le *Liber ad amicum* de nombreuses erreurs, mais faut-il pour cela, comme l'ont fait Jaffé [3] et plus récemment Bock [4], voir en Bonizon un faussaire systématique ou au contraire, avec Saur [5], pardonner à son ignorance ? A notre avis, on doit se défier, en pareille matière, de pro-

---

[1] On trouvera une biographie de Bonizon dans : SAUR, *Studien über Bonizo* (*Forschungen zur deutschen Geschichte*, t. VIII, 1868, p. 395-464) et dans LEHM-GRÜBNER, *Benzo von Alba* (*Historische Untersuchungen* de JASTROW, fasc. 6, 1887, p. 129-151). Cfr aussi PAUL FOURNIER, *Bonizo de Sutri, Urbain II et la comtesse Mathilde* (*Bibliothèque de l'École des Chartes*, t. LXXVI, 1915, p. 265-298).

[2] En 1089, Bonizon fut promu évêque de Plaisance, maltraité par ses diocésains qui lui arrachèrent les yeux et le mutilèrent atrocement, ce qui ne l'empêcha pas de vivre encore quelques années. Cfr FOURNIER, *article cité*, où la chronologie des dernières années de la vie de Bonizon a été définitivement établie.

[3] JAFFÉ, *Monumenta Gregoriana*, p. 586.

[4] R. BOCK, *Die Glaubwürdigkeit der Nachrichten Bonithos von Sutri im liber ad amicum und deren Verwertung in der neueren Geschichtsschreibung*, dans les *Historische Studien* de EBERING, fasc. 73, Berlin, 1909.

[5] SAUR, *article cité* plus haut à la n. 1.

noncer des jugements trop absolus et trop catégoriques. Une chose reste certaine : à partir du livre IV, Bonizon traduit uniquement ses souvenirs personnels et il n'a aucune source écrite sous les yeux [1]; de là les libertés qu'il prend avec la chronologie. Ce qui est non moins évident, c'est qu'il n'a pas beaucoup plus de scrupules que la plupart de ses contemporains et qu'il ne croit pas commettre un mensonge en déformant plus ou moins les faits, pour les adapter à la thèse qu'il soutient; il nous paraît aujourd'hui démontré qu'il a été fort loin dans cette voie [2]. Aussi son témoignage reste-t-il fort suspect et l'on ne saurait admettre sans réserves ses affirmations, lorsqu'elles se présentent à l'état isolé, car, dans les cas où elles peuvent être contrôlées, elles apparaissent comme peu conformes à la vérité.

On peut en dire autant de la principale des versions impériales, les *Annales Romani*. Ces annales, sous la forme où elles ont été conservées, ne sont pas antérieures à la seconde moitié du XIIe siècle [3], mais il n'est pas impossible que le compilateur à qui on les doit, ait utilisé des fragments plus anciens qui remonteraient au pontificat d'Urbain II. [4] Bref, les *Annales*

---

[1] Parmi les sources des trois premiers livres on relève notamment l'*Historia tripartita*, la *Vita Hadriani* et les *Historiae Francorum*.

[2] C'est ce qui nous paraît résulter de la démonstration de Jaffé et de Bock. Ce dernier a poussé trop loin la thèse de Jaffé et on peut lui reprocher une excessive subtilité, mais, s'il a, selon nous, trop généralisé, il n'en est pas moins vrai qu'il a relevé à la charge de Bonizon un certain nombre d'erreurs qui enlèvent toute autorité au *Liber ad amicum*. Bonizon n'a pas craint d'altérer, assez maladroitement d'ailleurs, le texte de ses sources écrites, lorsqu'il paraissait gênant pour sa thèse. Cfr notamment JAFFÉ, *op. cit.*, p. 601 et 608-609; BOCK, *op. cit.*, p. 11 et 15.

[3] Cfr GIESEBRECHT, *Geschichte der deutschen Kaiserzeit*, t. II, 1885, p. 572; STEINDORFF, *Jahrbücher des deutschen Reichs unter Heinrich III*, t. I, p. 468 et suiv. et surtout DUCHESNE, *Le Liber Pontificalis aux mains des Guibertistes et des Pierleonistes*, dans *Mélanges d'archéologie et d'histoire de l'École française de Rome*, t. XXXVIII, 1920, p. 165 et suiv.

[4] STEINDORFF, *loc. cit.*, croit prouver que la première partie des *Annales Romani* (celle qui concerne les prédécesseurs de Grégoire VII) a été composée à la fin du règne de Henri IV, soit au début du XIIe siècle. Mgr Duchesne a montré qu'il fallait légèrement reculer cette date et ne pas dépasser le pontificat d'Urbain II. Aux arguments de tout premier ordre qu'il apporte, on peut en ajouter un autre : l'auteur des *Annales Romani* ne connaît ni Benzon d'Albe ni les autres œuvres écloses au lendemain de la mort de Grégoire VII.

*Romani* ne sont pas une source contemporaine ; en outre, malgré leur forme annalistique, elles ont l'allure d'un véritable pamphlet et on y relève, comme chez Bonizon de Sutri, une tendance manifeste à déformer les faits [1]. Écrites par un partisan décidé de Henri IV après la déposition du roi par le pape (1080), après l'apparition de la lettre à Hermann de Metz qui proclame la subordination du pouvoir temporel au pouvoir spirituel, elles mettent avec un parti pris évident sur le compte d'Hildebrand, tous les actes de ses prédécesseurs, qui paraissaient constituer des précédents à cette doctrine et lui reprochent systématiquement tous les efforts tentés avant lui pour affranchir la papauté de la tutelle impériale, afin de prouver que, seul, Hildebrand a été l'auteur de la révolution qu'elles déplorent. Aussi ne pouvons-nous comprendre pourquoi une source relativement tardive et dont le caractère tendancieux éclate à chaque ligne, a pu jusqu'ici suffire à étayer, de façon bien fragile, une théorie dont elle est à peu près le seul soutien.

En revanche, personne n'a pris au sérieux les allégations fantaisistes de Benzon d'Albe et du cardinal Benon, qui comptent l'un et l'autre parmi les plus haineux adversaires de Grégoire VII.

Benzon d'Albe a été l'un des principaux appuis de la politique impériale en Italie. Évêque dès 1059, il a joué de suite un rôle actif et combattu âprement en faveur de l'antipape Cadalus contre Alexandre II, cherchant par ses lettres, ses poèmes, ses pamphlets, à enflammer le courage de ses compagnons de lutte. Plus tard, autour de 1087, semble-t-il [2], il a réuni ses divers opuscules et les a dédiés à Henri IV, avec l'espoir que le service ainsi rendu à la cause impériale recevrait sa récompense [3]. Ils n'ont aucune valeur historique. On ne saurait

---

[1] Cfr *supra*, p. 167 n. 7, 309 et suiv., 343 et suiv., les légendes relatives à Frédéric de Lorraine (Étienne IX), à l'avènement de Nicolas II, et à celui d'Alexandre II.

[2] Cfr GIESEBRECHT, *Geschichte der deutschen Kaiserzeit*, t. II, p. 575.

[3] Cela résulte très clairement du prologue du livre VI où on lit les vers suivants :

> « Auro carens vel argento Albensis opilio
> « Has litterulas præsentat Salomonis filio,
> « Regi nostro Heinrico, simili Pompylio. »

imaginer réquisitoire plus violent : il s'agit de prouver à tout
prix l'illégitimité du pouvoir de Grégoire VII, « fils de Satan »,
et, à cette fin, tous les arguments sont bons. Nous noterons,
entre autres, une tentative pour démontrer qu'Hildebrand,
toujours appelé *Prandellus*, *Folleprand manicheus*, *Merdiprandus*,
*Sarabaita*, etc., a été un ambitieux qui, depuis son arrivée à
Rome avec Léon IX, n'a eu d'autre souci que de se ménager un
chemin vers la papauté et de s'assurer le pouvoir en fait, avant
de l'exercer en droit; c'est donc sur lui qu'il faut rejeter la paternité de toutes les mesures réformatrices et, plus encore, de
tous les actes politiques accomplis par le Saint-Siège de 1048
à 1073 [1]. Sur ce point Benzon s'est rencontré parfois avec les
grégoriens; il a d'ailleurs connu Bonizon de Sutri et utilisé
certains passages du *Liber ad amicum* [2].

Le cardinal Benon est animé de dispositions identiques.
Autant qu'on peut en juger par certains détails intimes, il a
été le familier de Grégoire VII, mais en 1084, il se signala
par une défection retentissante, en compagnie de douze autres
cardinaux, et n'eut dès lors d'autre programme que de justifier
un abandon peu honorable qui avait eu le tort de coïncider
avec une période critique pour le parti grégorien. Après la
mort du pape, il écrivit ses *Gesta Romanae ecclesiae* où il plaida
de son mieux la cause très délicate des cardinaux schismatiques [3]. Ces *Gesta* sont une médiocre satire, inspirée par la
haine, et qui mérite encore plus de défiance que les œuvres
précédentes.

---

et de plusieurs autres passages notés par Pertz dans son introduction à l'édition
de Benzon d'Albe (MGH, SS, t. XI, p. 591 et suiv.).

[1] Cfr LEHMGRÜBNER, *Benzo von Alba* dans : *Historische Untersuchungen de
Jastrow*, fasc. 6, 1887, p. 129-151.

[2] Bonizon est nommé au livre I, c. 21 (MGH, SS, t. XI, p. 607-608). — Le
récit de l'élection de Grégoire VII (*Ad Heinricum imperatorem libri*, VII, 2 dans
MGH, SS, t. XI, p. 672) reproduit, jusque dans les termes, celui du *Liber
ad amicum*, lib. VII (*Libelli de lite*, t. I, p. 601).

[3] Les *Gesta Romanæ ecclesiæ* ont été édités par K. FRANCKE dans les *Libelli
de lite*, t. II, p. 366-422. — Cfr SCHNITZER, *Die Gesta Romanæ ecclesiæ des
Kardinals Beno und andere Schriften der schismatiken Kardinäle wider Gregor VII*,
Bamberg, 1892.

Or, c'est avec de tels documents, interprétés avec plus ou moins d'audace et de sens critique, que l'on a jusqu'ici écrit la biographie d'Hildebrand. Aux informations qu'ils fournissaient on a joint quelques traits empruntés à la *Vita Gregorii papæ VII* de Paul de Bernried ou à la chronique du Mont-Cassin, les seules œuvres d'un caractère historique où il soit question de lui.

Encore celle de Paul de Bernried appelle-t-elle aussi bien des réserves. Paul, chanoine de Ratisbonne, exilé par Henri IV, se retira de bonne heure au monastère de Bernried. Peu de temps avant son ordination sacerdotale (1120), il entreprit le voyage de Rome et s'occupa de réunir les matériaux d'une vie de Grégoire VII. On est d'accord pour louer sa conscience et sa sincérité; il a consulté le registre et interrogé certains témoins, tel que le pape alors régnant, Calixte II, mais il a surtout cherché à mettre en lumière la sainteté du pontife pour lequel il professe la plus vive admiration; il est plus panégyriste qu'historien; la chronologie est peu exacte et l'information parfois peu sûre. D'ailleurs, sur la période qui précède l'avènement, il ne rapporte que quelques faits isolés et Hildebrand n'est pas chez lui le personnage remuant et quelque peu encombrant qu'ont dépeint Bonizon de Sutri, Benzon d'Albe et le cardinal Benon [1].

On peut faire la même remarque en ce qui concerne la chronique du Mont-Cassin. Celle-ci est une source d'une tout autre importance. La partie qui nous occupe est l'œuvre de Léon d'Ostie, un des meilleurs chroniqueurs italiens du début du XIIe siècle. Bibliothécaire et archiviste de l'abbaye, Léon a composé sa chronique avec beaucoup de soin, utilisant les nombreux matériaux qu'il avait sous la main et s'efforçant de garder une certaine impartialité, au moins quand son monas-

---

[1] La *Vita Gregorii papae VII* a été éditée par WATTERICH, *Pontificum Romanorum vitæ*, t. I, 1862, p. 474-546. — Cfr J. GREVING, *Pauls von Bernried vita Gregorii VII papæ, ein Beitrag zur Kenntnis der Quellen und Auschauungen aus der Zeit des gregorianischen Kirchenstreites* (*Kirchengeschichtliche Studien*, t. II, 1, Münster, 1893).

tère n'est pas en cause. Toutefois, ses documents n'avaient pas tous la même valeur et sa chronique en porte le reflet. En ce qui concerne Hildebrand, dont il parle à plusieurs reprises, il y a, comme on l'a déjà vu, une parenté manifeste entre sa chronique et le *Liber ad amicum* que d'ailleurs il rectifie parfois assez heureusement. Bref, la chronique de Léon d'Ostie ne saurait être considérée comme une version originelle, mais seulement comme une œuvre de seconde main, postérieure de quarante ou cinquante ans aux événements qu'elle rapporte.

Enfin, on relève encore quelques mentions isolées chez les chroniqueurs allemands, tels que Lambert de Hersfeld, Bernold de Constance et Berthold de Reichenau, mais le personnage d'Hildebrand reste dans ces diverses œuvres plutôt effacé par rapport aux papes dont il a été soit le légat soit le conseiller.

En résumé, il y a une légende d'Hildebrand qui ne résiste pas à l'examen critique des sources. Mais il ne faudrait pas, après l'avoir réfutée, se laisser aller à des exagérations en sens contraire : Hildebrand a malgré tout joué un rôle qu'il importe maintenant de retracer dans ses justes limites.

Il est né à Soano, en Toscane, vraisemblablement entre 1015 et 1020 [1]. Fils d'un certain Bonizon, il appartenait à une

---

[1] On a beaucoup discuté sur le lieu et surtout sur la date de naissance d'Hildebrand. En ce qui concerne la patrie du futur Grégoire VII, aucun doute n'est permis : c'est Rovacum, près de Soano. Avec DELARC (*Saint Grégoire VII*, t. I, p. 394) et MARTENS (*Gregor VII, sein Leben und Wirken*, t. I, 1894, p. 13), nous rejetons la version de Hugues de Flavigny qui fait naître Hildebrand à Rome : « Natus est igitur in urbe Roma, parentibus civibus Romanis » (MGH, SS, t. VIII, p. 422). Hugues, quand il ne traduit pas une source écrite, est souvent mal informé et il est ici en contradiction avec tous les autres textes. Paul de Bernried dit, en effet, que Grégoire VII était Toscan de naissance, *natione Tuscus* (WATTERICH, *Pontificum Romanorum vitæ*, t. I, p. 474) ; Pierre Pisan précise et donne l'indication de Rovacum : « Gregorius, qui vocatur Ildebrandus, natione Tuscus, de oppido Raovaco, ex patre Bonizo, sedit a. XII, m. I, d. III » (WATTERICH, *op. cit.*, t. I, p. 293). — Il est plus difficile, en l'absence de tout texte positif, de déterminer à quelle date Hildebrand est né : les Bollandistes (AA. SS. *Maii*, t. VI, p. 107) ont proposé celle de 1020, sans apporter aucun argument. MARTENS adopte, sans beaucoup plus de preuves, celle de 1025, que les *Analecta Bollandiana*, t. XIV, 1895, p. 215, rejettent, sous prétexte qu'Hildebrand n'aurait eu que trente ans lors de sa

famille plutôt modeste [1]. Il vint très jeune à Rome [2], fut élevé
au monastère de Sainte-Marie-Aventine, dont un de ses oncles

---

légation en Gaule, à la fin du pontificat de Léon IX. La seule discussion critique, qui ait été faite à ce sujet, se trouve dans JAFFÉ (*Monumenta Gregoriana*,
p. 632, n. 6). Jaffé note que Grégoire VII, de son propre aveu, est venu à Rome
à vingt ans : « Rome, in qua iam a viginti annis habitavi », écrit le pape dans une
bulle du 22 janvier 1075 (*Gregorii VII registrum*, II, 49 ; édit. JAFFÉ, p. 164 ; PL,
CXLVIII, 400). D'autre part, Bernold de Constance, dans son *Micrologus de
ecclesiasticis observationibus*, composé sous le pontificat même de Grégoire VII
et publié par Migne au tome CLI de la Patrologie, affirme que Grégoire VII a
vu, à Rome, dix de ses prédécesseurs : « Nam et illi sedi (apostolicæ) nostro
tempore talem Deus gubernatorem, reverendæ, inquam, memoriæ, Gregorium
papam imposuit qui, sub decem suis antecessoribus, a puero Romæ nutritus et
eruditus omnes apostolicas traditiones investigavit » (PL, CLI, 986). Jaffé en
conclut que Grégoire VII est venu à Rome sous le pontificat de Benoît IX
(1033-1044) et qu'à ce moment il était encore *puer*, ce qui d'après le droit canon
(*Decretum*, Dist. LXXVII, can. 7) lui donnerait moins de vingt-cinq ans. Cette
conclusion nous paraît inadmissible. D'abord il est impossible de traduire
*a viginti annis* par « depuis l'âge de vingt ans » et la bulle du 22 janvier 1075
signifie tout simplement que Grégoire VII habite Rome depuis vingt ans environ
(la lettre n'exigeait pas, en effet, une précision mathématique), soit depuis son
retour à Rome avec Léon IX, en 1049. De plus, Grégoire VII n'entend jamais
le mot *puer* au sens rigoureux que lui assigne Gratien. Il avait donc moins de
vingt-cinq ans quand il vint à Rome (cfr ROCQUAIN, dans le *Journal des
Savants*, avril 1872, p. 252 et suiv.). Enfin, à notre avis, il résulte du
*Micrologus* que Grégoire VII est arrivé à Rome sous le pontificat non de
Benoît IX, mais de Jean XIX (1024-1033), car, si Jaffé a raison de retrancher
des dix prédécesseurs Benoît X et Cadalus, il conserve à tort parmi eux
Silvestre III, également considéré comme antipape par les Grégoriens. En
résumé, Grégoire VII était encore enfant entre 1024 et 1032 et nous en
concluons qu'il est né entre 1015 et 1020. Cela lui donnerait environ trente
ans à l'avènement de Léon IX, ce qui est très vraisemblable.

[1] Le renseignement est fourni par Galon, abbé de Saint-Arnoul de Metz
qui, dans une lettre adressée à Grégoire VII, l'appelle *virum de plebe* (WAT-
TERICH, *op. cit.*, t. I, p. 740). Sur l'attribution de cette lettre à Galon, cfr PFLUGK-
HARTTUNG, dans *Neues Archiv*, t. VII, p. 222. — Le nom du père d'Hildebrand
est donné par Bonizon de Sutri, Pierre Pisan et Paul de Bernried : « patrem
habuit nomine Bonicum » (WATTERICH, *op. cit.*, t. I, p. 474). Benzon d'Albe
en fait un chevrier : « natus matre suburbana, patre caprario » (MGH, SS,
t. XI, p. 660). Nous rappelons pour mémoire toutes les légendes relatives
à l'enfance d'Hildebrand colportées par l'annaliste saxon (*Ibid.*, t. VI, p. 701)
et docilement reproduites par les *Annales Palidenses* (*ibid.*, t. XVI, p. 69-70) ;
elles ont trait notamment aux jeux d'Hildebrand et du jeune Henri IV, lequel
est né en 1050, alors qu'Hildebrand était déjà à Rome économe du monastère
de Saint-Paul.

[2] *Gregorii VII Registrum*, I, 39 : « Debito amore apostolorum principis
qui me ab infantia mea sub alis suis singulari quadam pietate nutrivit et in

était abbé [1], sous la direction de Laurent, archevêque d'Amalfi, et de Jean Gratien, le futur pape Grégoire VI [2]. Il fréquenta aussi, semble-t-il, l'école du Latran où il eut notamment pour condisciple Cenci, fils du préfet de Rome [3].

Jean Gratien, devenu le pape Grégoire VI, s'attacha le jeune Hildebrand [4] et, lorsqu'en mai 1047, il fut obligé de quitter Rome pour obéir à la volonté impériale [5], il emmena avec lui en Germanie son élève, devenu son collaborateur [6]. Celui-ci,

---

gremio suæ clementiæ fovit » (JAFFÉ, *Monumenta Gregoriana*, p. 58 ; PL, CXLVIII, 321). *Ibid.*, VII, 23 : « Sanctus Petrus a puero me in domo sua dulciter nutrierat » (*Ibid.*, p. 415; PL, CXLVIII, 566).

[1] PAUL DE BERNRIED, *Gregorii VII pupæ vita*, 9 : « Avunculo suo, abbati monasterii sanctæ Dei genetricis Mariæ in Aventino monte, ad instructionem liberalis scientiæ et compositionem moralis disciplinæ a parentibus commendatus, in brevi ostendit spectabiles flores utriusque nutrimenti » (WATTERICH, *Pontificum Romanorum vitae*, t. I, p. 477.)

[2] Le cardinal Benon, *Gesta Romanae ecclesiae*, II, 7-8, a rapporté toute une série d'anecdotes, manifestement fausses, sur les deux personnages et leur élève, mais il est sûr qu'Hildebrand a été le fidèle serviteur de Grégoire VI et dès lors il n'est pas invraisemblable qu'il ait été son élève à Sainte-Marie Aventine.

[3] *Gregorii VII Registrum*, III, 21 : « Duo familiares nostri, Albericus et Cincius, et ab ipsa pene adolescentia in Romano palatio nobiscum enutriti » (JAFFÉ, *Monumenta Gregoriana*, p. 237; PL, CXLVIII, 451-452).

[4] BONIZON DE SUTRI (*Liber ad amicum*, lib. V; *Libelli de lite*, t. I, p. 587), prétend qu'Hildebrand était « chapelain » de Grégoire VI (*nam antea fuerat suus capellanus*), mais que signifie ce terme, on ne le voit guère. — PAUL DE BERNRIED (*Gregorii papae VII vita*, 10) raconte qu'Hildebrand fit, au cours de sa jeunesse, un séjour de plusieurs années en France, qu'il revint en Italie par la Germanie et parut à la cour de Henri III : « Iam vero adolescentiam ingressus, profectus in Franciam, domiturus inibi carnis petulantiam et molestia peregrinationis et instantia eruditionis. Inde post aliquot annos Romam rediturus, occulta Dei preparatione, moram fecit aliquantum temporis in aula Heinrici III » (WATTERICH, *op. cit.*, t. I, p. 477-478). DELARC (*op. cit.*, t. I, p. 8-9) s'autorise de ce passage pour dire qu' « il se peut qu'Hildebrand ait alors séjourné à Cluny. » Cette hypothèse est toute gratuite et fort invraisemblable. Si Hildebrand avait été à Cluny dans sa jeunesse, il n'aurait pas manqué dans les lettres intimes qu'il a écrites, une fois pape, à l'abbé Hugues de rappeler ce souvenir. D'ailleurs le renseignement de Paul de Bernried est douteux. Le séjour à la cour de Henri III se place après la déposition de Grégoire VI, et, par suite, il semble fort probable qu'Hildebrand n'a pas quitté l'Italie avant 1047.

[5] Cfr *supra*, p. 108.

[6] BONIZON DE SUTRI, *Liber ad amicum*, lib. V : « Quem (Gregorium) secutus est Deo amabilis Hildebrandus, volens erga dominum suum exhibere reverentiam » (*Libelli de lite*, t. I, p. 587).

quoi qu'en dise Bonizon de Sutri, partit, — il l'a avoué plus
tard, — sans enthousiasme et bien malgré lui [1]. Pourtant il con-
servera bon souvenir de son séjour en Germanie où il fut traité
avec déférence par l'empereur Henri III [2], et accueilli avec
beaucoup de cordialité par l'archevêque de Cologne, Hermann [3].

Grégoire VI mourut au début de l'année 1048 [4]. Suivant
Bonizon de Sutri [5], Hildebrand se serait alors réfugié à Cluny et
y aurait embrassé la profession monastique. Cette version
se heurte à des objections insurmontables. Si Hildebrand avait
vécu quelque temps à Cluny [6], son panégyriste, Paul de Bernried,
aurait rappelé ce souvenir et surtout Grégoire VII, dans sa
correspondance avec l'abbé Hugues, dont on a fort justement
noté le caractère particulièrement intime [7], n'aurait pas manqué,
lorsqu'il se plaint du lourd fardeau qui pèse sur ses épaules,
de comparer sa situation présente à celle, beaucoup plus paisible,
qui eût été son apanage, si Léon IX ne l'avait arraché à sa pieuse

---

[1] *Gregorii VII registrum*, VII, 14 a : « Vos enim scitis quia non libenter ad
sacrum ordinem accessi et invitus ultra montes cum Domino papa Gregorio
abii » (JAFFÉ, *Monumenta Gregoriana*, p. 401). Nous croyons avec Martens
(*op. cit.*, t. I, p. 7) que c'est Henri III qui a forcé Hildebrand à quitter Rome,
craignant qu'il ne groupât autour de lui les opposants au pape Damase II
intronisé par l'empereur à la place de Grégoire VI.

[2] *Gregorii VII registrum*, I, 19 : « Pater eius (Heinrici IV) laudandæ memoriæ,
Heinricus imperator, intes omnes Italicos in curia sua speciali honore me
tractavit » (JAFFÉ, *Monumenta Gregoriana*, p. 33 ; PL, CXLVIII, 302).

[3] *Gregorii VII registrum*, I, 79 : « Tempore antecessoris vestri in ecclesia
Coloniensi enutriti sumus. » (ID., *ibid.*, p. 99 ; PL, CXLVIII, 352). Pierre
Damien, *Opusc.* XLVII, 7, parle aussi du passage d'Hildebrand à Aix-la-
Chapelle (PL, CXLV, 713).

[4] BONIZON DE SUTRI, *Liber ad amicum*, lib. V : « Non longo post tempore,
cum ad ripas Reni prefatus venisset Iohannes, morbo correptus interiit »
(*Libelli de lite*, t. I, p. 587). On sait par les *Gesta episcoporum Leodiensium*,
65 (MGH, SS, t. VII, p. 228) que Grégoire était encore vivant à la Noël de
1047. D'autre part, il était mort au moment de la désignation de Léon IX
(décembre 1048).

[5] BONIZON DE SUTRI, *Liber ad amicum*, lib. V (*Libelli de lite*, t. I, p. 587).

[6] Otton de Freising, qui fait d'Hildebrand un prieur, l'a confondu avec un
autre Hildebrand, prieur au temps de saint Odon. Cfr la vie de saint Maieul
dans les AA. SS. *Maii*, t. II, p. 686,

[7] Cfr BLAUL, *Studien zum Register Gregors VII* (*Archiv fur Urkundens-
forschung*, t. IV, 1912).

retraite. Sans doute, ce grand pape a été pénétré de l'esprit de Cluny, mais il faut renoncer à croire qu'il ait fait un moment partie de l'illustre congrégation [1].

En réalité Hildebrand, emmené par Grégoire VI en Allemagne, est revenu à Rome avec Brunon, évêque de Toul,

---

[1] Nous ne voulons pas dire par là qu'Hildebrand n'a jamais été moine. La question a été très discutée. Cfr notamment : MARTENS, *War Gregor VII Mönch* ? Dantzig, 1891 ; *Gregor VII, sein Leben und Wirken*, t. II, p. 251 et suiv.; *Gregor VII war nicht Mönch, eine Entgegegnung*, dans le *Historisches Jahrbuch*, t. XVI, 1895, p. 274-282. Suivant cet auteur, Grégoire VII n'a jamais été moine, car, nulle part dans ses bulles, il n'a fait allusion à son ancienne profession monastique. Même silence chez ses partisans, tels que Pierre Damien et Victor III. SCHEFFER-BOISCHORST, dans la *Deutsche Zeitschrift fur Geschichtswissenschaft*, t. XI, 1894, p. 227-241, a très bien montré la faiblesse de cette argumentation. Cfr aussi U. BERLIÈRE, *Grégoire VII fut-il moine* ? (*Revue bénédictine*, t. X, 1893, p. 336 et suiv.) et les comptes-rendus critiques des ouvrages ou articles de MARTENS, dans les *Analecta Bollandiana, Bulletin des publications hagiographiques*, t. XII, 1893, p. 313-314; t. XIV, 1895, p. 214-223; t. XV, 1896, p. 366-368. Ces différents articles font ressortir avec juste raison que Martens est obligé de récuser un grand nombre de témoignages aussi bien de partisans que d'adversaires de Grégoire VII. Ces derniers ont reproché constamment au pape, d'avoir renié sa profession monastique pour rechercher les honneurs et les dignités. Cfr WENRIC DE TREVES (*Libelli de lite*, t. I, p. 286), BENON (*ibid.*, t. II, p. 377) et surtout le concile de Brixen : « habitu monachus videri et professione non esse » (MGH, *Constitutiones et acta*, t. I, p. 119); PETRUS CRASSUS, *Defensio Heinrici regis*, 4 (*Libelli*, t. I, p. 439) où Grégoire VII est appelé plusieurs fois *monachus*, et 5 : « Monachus ultro se obtulit non quærenti omnique ambiguitate seclusa extra monasterium importunitatem fecit » (*Ibid.*, t. I, p. 443); — GUY DE FERRARE, *De scismate Hildebrandi*, lib. II : « cum adhuc adolescentulus monachus diceretur » (*Ibid.*, t. I, p. 554). Parmi les partisans, on peut citer, outre Paul de Bernried sur lequel nous aurons à revenir plus loin, LÉON D'OSTIE (*Chronica monasterii Casinensis* II, 86; MGH. SS, t. VII, p. 687), HUGUES DE FLAVIGNY (*ibid.*, t. VIII, p. 422), ARNULF DE MILAN, III, 14 (*ibid.*, t. VIII, p. 20), LANDULF (*ibid.*, t. VIII, p. 83), BRUN DE SEGNI, *loc. cit.*, etc. Il résulte de ces divers textes, qu'Hildebrand a certainement été moine. L'hypothèse de Martens, suivant laquelle il aurait simplement porté l'habit monastique sans embrasser la profession elle-même, est inadmissible. Tout ce qu'on peut concéder à cet auteur, c'est que, par suite des missions qui lui furent confiées, Hildebrand dut quitter le cloître d'assez bonne heure. De là, le silence qu'il garde à ce sujet et encore, lorsqu'il atteste le désir qu'il a eu de finir sa vie *in peregrinatione* (*Gregorii VII Registrum*, III, 10 a , dans les *Monumenta Gregoriana*, p. 224), il semble bien qu'il y ait là une allusion au monastère qu'il a dû abandonner une première fois pour suivre Grégoire VI en Allemagne et, de nouveau ensuite, à une date qu'on ne peut déterminer exactement.

dont la volonté impériale avait fait le pape Léon IX [1].

Paul de Bernried raconte que, pendant le pontificat de Léon IX, Hildebrand consacra toute son activité au monastère de Saint-Paul qu'il avait été appelé à diriger [2]. La situation de cette abbaye était navrante : ses ressources avaient été dilapidées par des voleurs, la règle n'y était plus observée et les troupeaux entraient aussi librement dans l'église que les femmes au réfectoire. Hildebrand réagit contre de tels désordres, fit restaurer la basilique, procura au monastère les ressources nécessaires et astreignit les religieux à une sévère discipline. Cette sage administration, qui produisit les meilleurs résultats, lui valut les félicitations de Léon IX [3].

Après avoir tracé ce tableau, Paul de Bernried ajoute que Léon IX nomma Hildebrand sous-diacre [4]. Il ne mentionne

---

[1] Il n'y a pas lieu de revenir ici sur le prétendu rôle joué par Hildebrand à l'avènement de Léon IX dont le biographe autorisé du pape ne dit pas un mot. Cfr *supra*, p. 130 n. 1 et notre article sur *Hildebrand* (*Moyen-âge*, deuxième série, t. XXI, 1919, p. 87 et suiv.).

[2] L'abbaye de Saint-Paul avait encore pour abbé Airaud en mai 1050 (JAFFÉ-WATTENBACH, 4219), mais celui-ci devint évêque de Nantes le 1er novembre (MORICE, *Mémoires pour servir de preuves à l'histoire de Bretagne*, t. I, p. 402). Il dut abandonner sa dignité épiscopale en 1059 et rentra à Rome le 1er novembre 1060. Cfr MURATORI, *Antiquitates italicae*, t. V, p. 1042-1044. Entre ces deux dates, il n'y a pas eu à Saint-Paul d'autre abbé qu'Hildebrand. Toutefois Hildebrand n'était même pas abbé, mais seulement *prepositus* ou encore *rector et economus*, ce qui signifie qu'il n'a pas pris la place d'Airaud comme *abbas*, mais qu'il a seulement gouverné en son absence. D'ailleurs, Airaud souscrit toujours *episcopus et abbas S. Pauli*. Cfr SCHEFFER-BOICHORST, article cité de la *Deutsche Zeitschrift*, t. XI, p. 228-231.

[3] PAUL DE BERNRIED, *Gregorii VII papæ vita*, 13 (WATTERICH, *Pontificum Romanorum vitæ*, t. I, p. 478-479). — LAMBERT DE HERSFELD, a. 1058, parlant de la venue d'Hildebrand en Germanie à cette date, le désigne sous le nom d'*abbas de sancto Paulo* (MGH, SS, t. V, p. 159).

[4] PAUL DE BERNRIED, *loc. cit.* — Paul dit aussi qu'Hildebrand aurait été nommé par Léon IX archidiacre de l'Église romaine ; il se trompe : Hildebrand ne sera archidiacre qu'en 1059, mais les textes concordent au sujet de son élévation au sous-diaconat. Cfr DIDIER DU MONT-CASSIN, *Miracula sancti Benedicti*, lib. III : « Qui (Gregorius) ab eo (Leone)... subdiaconus ordinatus (PL, CXLIX, 1006). — BONIZON DE SUTRI, *Liber ad amicum*, lib. V : « Ad subdiaconatus provexit honorem. Quem et economum sanctæ Romanæ ecclesiæ constituit » (*Libelli de lite*, t. I, p. 588). — Il résulterait de ce dernier texte qu'Hildebrand aurait été également « économe de l'église romaine », mais il est fort probable que Bonizon a transposé cette charge, exercée par

aucun autre fait le concernant. Aussi ne semble-t-il pas qu'Hildebrand ait été, sous Léon IX, un personnage de premier plan. Le moine Guibert, auquel on doit une histoire précise et détaillée du pontificat, ne prononce pas son nom et, dans ces conditions, on ne saurait accorder une excessive créance à certains témoignages isolés pris, sur d'autres points, en flagrant délit d'erreur ou de mensonge. C'est ainsi que Bonizon de Sutri attribue à Hildebrand la restauration d'un usage, tombé en désuétude, qui consistait à tenir chaque année un concile au début du carême et qui fut repris dès l'avènement de Léon IX, en 1049 [1]. De même, à en croire Benon, Hildebrand, pour tendre un guet-apens à Léon IX, lui aurait suggéré d'entreprendre contre les Normands l'expédition qui aboutit à une lamentable défaite de l'armée pontificale [2]. En réalité, il n'y a aucune raison de reporter sur Hildebrand l'idée première de ces actes, qui marquèrent le gouvernement et la politique de Léon IX. Rien n'indique que Léon IX ait fait de lui son

---

Hildebrand à l'abbaye de Saint-Paul, et nous partageons pleinement l'avis de Martens (*op. cit.*, t. I, p. 16) à l'encontre de celui de Steindorff (*Jahrbücher des deutschen Reiches unter Heinrich III*, t. II, p. 75). Avec Martens aussi, nous rejetons l'opinion, accréditée par le concile de Brixen, qui veut qu'Hildebrand soit devenu économe à la suite d'un soulèvement populaire.

[1] Bonizon de Sutri, *Liber ad amicum*, lib. V : « Cuius (Hildebrandi) consilio synodum mox congregavit in qua diversarum regionum episcopi convenerunt » (*Libelli de lite*, t. I, p. 588).

[2] Benon, *Gesta Romanæ ecclesiæ*, II, 9 (*Libelli de lite*, t. II, p. 379). — L'historien allemand, Martens, *op. cit.*, t. I, p. 19, tout en convenant que l'hypothèse du guet-apens ne tient pas debout, croit pourtant que l'expédition a été décidée par Hildebrand, sous prétexte que celui-ci, au dire de Guy de Ferrare, était de nature belliqueuse. Cette opinion elle-même nous paraît peu fondée, d'abord parce que les *Gesta Romanæ ecclesiæ* ne sont le plus souvent qu'un tissu de mensonges et ensuite parce que Grégoire VII n'apparaît avec un tempérament guerrier que chez les antigrégoriens, tels que Benon ou Guy de Ferrare. D'ailleurs, au moment où Léon IX partit pour l'Italie méridionale (mars 1053), Hildebrand était en France. Comment n'eût-il pas accompagné le pape, s'il avait réellement pris la responsabilité de l'expédition ? Et comment, dès lors, ajouter foi à un texte peu sûr que ne viennent confirmer ni l'hagiographe de Léon IX, ni celui de Grégoire VII ? A notre avis, il y a là une légende et les historiens modernes ont trop facilement attribué à Hildebrand à la fois l'initiative de la rupture avec les Normands sous Léon IX et de l'alliance avec ces anciens ennemis du Saint-Siège sous Nicolas II.

confident ou son auxiliaire et le silence des hagiographes,
Guibert et Paul de Bernried, semble confirmé par les faits
eux-mêmes.

A son arrivée à Rome, Léon IX fait une importante promotion de cardinaux [1]; Hildebrand n'y est pas compris. —
Pour colporter les idées de la réforme, le pape entreprend,
en 1049, un grand voyage en France et en Allemagne où il
tient deux conciles solennels, l'un à Reims, l'autre à Mayence;
Hildebrand ne figure pas dans sa suite et jamais on ne le voit
à ses côtés. — Léon IX veut résoudre le schisme oriental et
dépêche des légats à Constantinople; il ne choisit pas Hildebrand, mais Frédéric de Lorraine et Humbert. Bref, au cours
du pontificat, Hildebrand n'a eu qu'une seule occasion de
déployer son activité : il fut envoyé en Gaule pour régler,
au nom du pape, diverses affaires ecclésiastiques et, en particulier, examiner les propos hérétiques de Bérenger de Tours.

Encore la date de cette légation a-t-elle été discutée et le
concile de Tours, tenu par Hildebrand pour juger Bérenger,
a-t-il été longtemps placé sous le pontificat de Victor II, suc-
cesseur de Léon IX. Lanfranc, dans son *De corpore et sanguine
Domini*, qui parut vingt ans plus tard, prétend, en effet, que
Bérenger, accusé de nier la présence réelle, fut condamné à
Tours par les légats de Victor II [2], mais Bérenger, dans son
*De sacra cœna*, lui oppose, en faisant appel à Hildebrand devenu
Grégoire VII, un démenti formel qu'il n'eût certainement osé
formuler, s'il n'avait été sûr de son fait [3].

C'est d'ailleurs par Bérenger que l'on connaît l'histoire du
concile de Tours. L'accusé réussit à se justifier aux yeux d'Hildebrand, qui lui persuada de se rendre auprès du pape Léon,

---

[1] BONIZON DE SUTRI, *Liber ad amicum*, lib. V (*Libelli de lite*, t. I, p. 588).
Il y a d'ailleurs des inexactitudes dans la liste donnée par Bonizon, notamment en ce qui concerne Pierre Damien qui ne devint cardinal-évêque d'Ostie
que sous Étienne IX.

[2] LANFRANC, *De corpore et sanguine Domini*, 4 (PL, CL, 413).

[3] BÉRENGER, *De sacra cœna*, édit. VISCHER, p. 49. — Sur l'hérésie de Bérenger, cfr EBERSOLT, *Essai sur Bérenger de Tours et la controverse sacramentaire au XIe siècle*, Paris, 1903.

« dont l'autorité ferait taire l'envie des hommes superbes et les voix tumultueuses des sots ». Il en fut ainsi décidé, malgré les efforts de certains évêques pour prolonger le débat. On exigea, en effet, que Bérenger fût entendu, au préalable, par une commission de quelques prélats devant lesquels il s'exprima en termes très catégoriques. « Soyez parfaitement sûrs, dit-il, qu'après la consécration le pain et le vin de l'autel sont vraiment le corps et le sang du Christ. » Etait-il sincère dans cette rétractation ou essayait-il par politique de mettre Hildebrand de son côté ? On ne peut se prononcer. En tous cas, l'attitude du légat fut inattaquable quant à l'orthodoxie.

Hildebrand se préparait à quitter Tours et à regagner Rome avec Bérenger, lorsqu'on lui apprit la mort de Léon IX, survenue le 19 avril 1054.

Sous le pontificat de Victor II [1], Hildebrand continue sa légation en Gaule, tient plusieurs conciles où il essaie d'imposer la réforme. Fidèle à la pensée de Léon IX avec laquelle la sienne propre semble s'être identifiée, il combat âprement les vices qui déshonoraient le clergé, en particulier la simonie, ne reculant devant aucune sanction et déposant les prélats coupables [2].

On a vu quel rôle il a joué à l'avènement d'Étienne IX et à l'avènement de Nicolas II [3]. Il entre à ce moment dans l'histoire, en servant d'intermédiaire entre la cour de Germanie et le Saint-Siège ; c'est grâce à lui que l'impératrice Agnès a reconnu Étienne IX, pour lequel elle n'éprouvait que des sentiments de défiance. Sous le pontificat de Nicolas II, il bénéficie dans une certaine mesure du prestige que lui a conféré ce succès. Pourtant, comme on l'a déjà noté [4], il est loin d'avoir auprès du pape l'ascendant qu'exerce le cardinal Humbert qui fut le véritable conseiller de Nicolas II.

---

[1] Il a été prouvé plus haut p. 159 et suiv. qu'Hildebrand n'a joué aucun rôle à l'avènement de Victor II.

[2] Cfr *supra*, p. 166.

[3] Cfr *supra*, p. 167 et suiv., 309 et suiv,

[4] Cfr *supra*, p. 324 n. 3.

C'est seulement sous Alexandre II qu'il a joué le rôle de
premier ministre. Il est tellement en vue qu'à la mort du pape
(21 avril 1073), c'est lui qui prend toutes les dispositions
nécessaires pour l'élection du successeur, dispositions en partie
déjouées par l'enthousiasme populaire qui imposa au choix des
cardinaux sous le nom de Grégoire VII l'archidiacre Hildebrand [1].

Il n'y a pas lieu d'exposer ici le programme du nouveau
pontife qui a laissé un si grand nom dans l'histoire de la papauté.
Qu'il suffise de remarquer que, comme tous ses prédécesseurs,
Grégoire VII a le choix entre deux méthodes qu'il a vues à
l'épreuve, la méthode italienne et la méthode lorraine. Nul doute
qu'en 1073, ses préférences personnelles n'aillent à la première;
son passé le prouve amplement. Les polémistes, grégoriens ou
antigrégoriens, qui font de lui le champion des idées intransigeantes, ont répandu sur son compte une série de légendes
que la plupart des historiens modernes ont conservées et qui
pourtant sombrent devant la plus élémentaire critique. D'après
les documents vraiment historiques, Hildebrand est avant tout
une âme ardente, très éprise d'idéal chrétien, partant très
désireuse de restaurer la discipline, de remettre en honneur
la vieille loi du célibat ecclésiastique, d'en finir avec le scandaleux trafic des évêchés. Pour réaliser ce programme, Hildebrand veut raffermir l'autorité du Saint-Siège, pierre angulaire
de la chrétienté, mais rien dans ses actes ne prouve qu'il ait
jugé nécessaire, pour parvenir à cette fin, de partir en guerre
contre l'empereur et les autres pouvoirs laïques. Seul, Bonizon
de Sutri lui a prêté cette attitude que les faits se chargent de
démentir. Hildebrand n'a-t-il pas été solliciter pour Frédéric
de Lorraine la confirmation impériale? N'a-t-il pas négocié
avec l'impératrice Agnès le choix de Nicolas II et surtout n'a-t-il
pas docilement accepté l'arbitrage de Godefroy de Lorraine,
d'Annon de Cologne et de la Germanie lors du schisme de

---

[1] Cfr *Gregorii VII Registrum*, I, 1, 2, 3, 4 (Jaffé, *Monumenta Gregoriana*,
p. 10-13; PL, CXLVIII, 285-287).

Cadalus ? Tout cela est historique, tandis que ses entretiens avec Léon IX ou avec Henri III ne sont que pures légendes.

Dès lors, ne faut-il pas conclure que, tout en étant décidé à ne rien sacrifier des prérogatives du Saint-Siège, Hildebrand a dans la pratique adouci les exigences de la théorie canonique, qu'en politique il n'est pas un intransigeant comme le cardinal Humbert, mais un modéré comme saint Pierre Damien ? D'ailleurs ses premiers actes comme pape, aussi bien que ses premières bulles où il revendique hautement les droits du pontife romain, laissent percer son invincible désir d'unir les deux puissances spirituelle et temporelle pour réformer l'Église. Il fera au jeune Henri IV, dont il a pourtant appris à connaître au cours du pontificat d'Alexandre II la perfidie et les vices, toutes les avances compatibles avec la dignité du siège apostolique et c'est seulement le jour où il sera convaincu que le roi, loin de prêter son concours à la réforme de l'Église, constitue le plus sérieux obstacle à sa réalisation, qu'il rompra avec lui. L'implacable logique des événements l'orientera peu à peu vers les doctrines radicales professées dès le temps d'Étienne IX par le cardinal Humbert, mais, lorsqu'en 1073 Hildebrand devient le pape Grégoire VII, rien ne peut faire prévoir cette évolution que le roi de Germanie rendra inévitable et sans laquelle la réforme de l'Église, but final de la papauté, était condamnée à l'échec.

# TABLES

LISTE DES OUVRAGES CITÉS

TABLE DES CITATIONS

TABLE ALPHABÉTIQUE DES NOMS PROPRES

ET DES MATIÈRES

TABLE ANALYTIQUE DES MATIÈRES

# I. — LISTE DES OUVRAGES CITÉS

## I. — SOURCES NARRATIVES

*Acta concilii Remensis ad S. Basolum auctore Gerberto archiepiscopo* (MGH, SS, t. III, p. 658-686).

Adam de Brême. — *Gesta Hammaburgensis ecclesiae pontificum* (MGH, SS, t. VII, p. 267-389).

Aimé du Mont-Cassin. — *L'Ystoire de li Normant*, édit. Champollion-Figeac, Paris, 1835.

Aimoin. — *Vita S. Abbonis, abbatis Floriacensis* (PL, CXXXIX, 387-414).

André de Vallombreuse. — *Vita Arialdi diaconi* (PL, CXLIII, 1437-1486).

*Annales Altahenses maiores, a. 708-1073* (MGH, SS, t. XX, p. 772-824).

*Annales Augustani, a. 973-1104* (MGH, SS, t. III, p. 123-136).

*Annales Beneventani, a. 788-1113* (MGH, SS, t. III, p. 173-185).

*Annales Blandinienses, a. 1-1292* (MGH, SS, t. V, p. 20-34).

*Annales Hildesheimenses ab o. c.-1109* (MGH, SS, t. III, p. 18-22, 42-70, 90-112).

*Annales Palidenses ab o. m.-1182* (MGH, SS, t. XVI, p. 48-96).

*Annales Quedlinburgenses ab o. c.-1025* (MGH, SS, t. III, p. 22-69, 72-90).

*Annales Romani 1044-1187* (MGH, SS, t. V, p. 468-480).

Annaliste Saxon. — *Chronicon quo res gestae ab initio regni Francorum 741-1139 enarrantur* (MGH, SS, t. VI, p. 542-777).

Anonymus Haserensis. — *De episcopis Eichstetensibus a. 741-1058* (MGH, SS, t. VII, p. 253-266).

Anselme, moine de Saint-Rémi de Reims. — *Historia dedicationis ecclesiae S. Remigii* (PL, CXLII, 1411-1440).

GUIBERT. — *Vita S. Leonis IX papae* (WATTERICH, *Vitae pontificum Romanorum*, t. I, p. 127-170).

GUIBERT DE NOGENT. — *De vita sua* (édit. BOURGIN, Paris, 1907; PL, CLVI, 837-962).

GUILLAUME DE POUILLE. — *Gesta Roberti Wiscardi ducis* (MGH, SS, t. IX, p. 239-298).

GUNDECHAR. — *Liber pontificalis Eichstetensis a.* 741-1074 (MGH, SS, t. VII, p. 239-250).

GUY DE FERRARE. — *De scismate Hildebrandi* (*Libelli de lite*, t. I, p. 529-567).

HARIULF. — *Chronicon Centulense* (édit. LOT, Paris, 1894).

HELGAUD. — *Epitoma vitae Roberti regis* (BOUQUET, t. X, p. 98-117).

HERMANN DE REICHENAU. — *Chronicon a.* 1-1054 (MGH, SS, t. V, p. 67-133).

*Historiae Farfenses* (MGH, SS, t. XI, p. 519-590).

HUGUES DE FLAVIGNY. — *Chronicon a.* 1-1102 (MGH, SS, t. VIII, p. 280-502).

JEAN DE BAYON. — *Historia Mediani in Monte Vosago monasterii* (édit. CALMET, *Histoire de Lorraine*, Nancy, 1728, t. II, preuves, p. LXII-XC).

JEAN DE LODI. — *Vita S. Petri Damiani* (PL, CXLIV, 113-146).

LANDULF. — *Historia Mediolanensis a.* 374-1085 (MGH, SS, t. VIII, p. 32-100).

LÉON D'OSTIE. — *Chronica monasterii Casinensis* (MGH, SS, t. VII, p. 551-727).

*Liber Pontificalis seu Vitae pontificum Romanorum* (édit. DUCHESNE, Paris, 1886-1892, 2 vol.).

LIUTPRAND DE CRÉMONE. — *Antapodoseos libri VI a.* 887-950 (MGH, SS, t. III, p. 264-339).

— *Liber de rebus gestis Ottonis I imperatoris a.* 960-964 (*Ibid.*, t. III, p. 340-346).

LUPUS PROTOSPATARIUS. — *Annales a.* 855-1102 (MGH, SS, t. V, p. 52-63).

MANEGOLD DE LAUTENBACH. — *Liber ab Gebehardum* (*Libelli de lite*, t. I, p. 308-430).

MARIAN SCOT. — *Chronicon a.* 22 a *Chr.*-1082 (MGH, SS, t. V, p. 481-562).

ODORAN. — *Chronicon S. Petri Vivi Senonensis* (édit. DURU, *Bibliothèque historique de l'Yonne*, t. II, p. 391-431).

ORDERIC VITAL. — *Historia ecclesiastica* (édit. A. LEPRÉVOST et DELISLE, Paris, 1838-1855, 5 vol.).

OTHLON DE SAINT-EMMERAN. — *S. Emmerammi opera* (MGH, SS, t. XI, p. 376-393); voir aussi *Vita Wolfkangi*.

PAUL DE BERNRIED. — *Vita S. Gregorii VII pontificis Romani* (édit. WATTERICH, *Vitae pontificum Romanorum*, t. I, p. 474-546).

PETRUS CRASSUS. — *Defensio Heinrici IV regis* (*Libelli de lite*, t. I, p. 432-453).

RAOUL GLABER. — *Historiarum libri quinque* (édit. PROU, Paris, 1886).

RICHER. — *Gesta Senoniensis ecclesiae* (MGH, SS, t. XXV, p. 249-345). — *Historiae (Ibid.*, t. III, p. 561-657).

RUPERT. — *Chronicon S. Laurentii Leodiensis, a.* 959-1095 (MGH, SS, t. VIII, p. 261-279).

SIGEBERT DE GEMBLOUX. — *Gesta abbatum Gemblacensium* (MGH, SS, t. VIII, p. 523-542).

THIETMAR DE MERSEBOURG. — *Chronicon a.* 919-1018 (MGH, SS, t. III, p. 723-871).

*Vita Altmanni, episcopi Pataviensis, auctore Ruberto abbate* (MGH, SS, t. XII, p. 230-242).

*Vita Annonis, archiepiscopi Coloniensis, auctore monacho Sigburgensi* (MGH, SS, t. XI, p. 462-514).

*Vita Bernwardi, episcopi Hildesheimensis, auctore Thungmaro* (MGH, SS, t. IV, p. 754-782).

*Vita Burchardi, episcopi Wormatiensis* (MGH, SS, t. IV, p. 829-846).

*Vita Conradi, episcopi Constantiensis* (PL, CLXX, 865-876).

*Vita S. Hugonis, abbatis Cluniacensis* (PL, CLIX, 857-896).

*Vita S. Joannis Goriziensis, auctore Johanne, abbate S. Arnulfi Mettensis* (MGH, SS, t. IV, p. 335-377).

*Vita S. Maioli, abbatis Cluniacensis, auctore Nagoldo* (AA. SS. *Maii*, 11 mai, t. II, p. 658-668).

*Vita S. Odilonis, abbatis Cluniacensis, auctore Jotsaldo, Sylviniacensi monacho* (PL, CXLII, 897-940).

*Vita S. Odonis, abbatis Cluniacensis, auctore Johanne monacho* (PL, CXXXIII, 43-86).

*Vita Richardi, abbatis S. Vitoni Virdunensis* (MGH, SS, t. XI, p. 280-290).

*Vita S. Udalrici, episcopi Augustani* (PL, CXXXV, 1009-1058).

*Vita Wolfkangi, episcopi Ratisponensis, auctore Othlono monacho* (MGH, SS, t. IV, p. 521-542).

WIDRIC. — *Vita S. Gerardi, episcopi Tullensis* (MGH, SS, t. IV, p. 485-505).

WIPON. — *Vita Chuonradi II imperatoris* (MGH, SS, t. XI, p. 254-275).

## II. — TRAVAUX MODERNES

BATIFFOL, P. — *La paix constantinienne et le catholicisme*, Paris, 1914.

BERLIÈRE (dom), U. — *Grégoire VII fut-il moine?* dans *Revue Bénédictine*, t. X, 1893.

BERNARD et BRUEL, *Recueil des chartes de Cluny*, Paris, 1876-1888, 4 volumes (*Collection des Documents inédits*).

BERNHARDI, W. — *Das dekret Nicolaus II über die Papstwahl*, dans les *Forschungen zur deutschen Geschichte*, t. XVII, 1877, p. 397 et suiv.

BIRON (dom), R. — *Saint Pierre Damien*, Paris, 1908.

BITTNER, A. — *Waso und die Schulen von Lüttich*, Breslau, 1879.

BLAUL, O. — *Studien zum Register Gregors VII*, dans *Archiv für Urkundenforschung*, t. IV, 1912, p. 113-228.

BOCK, R. — *Die Glaubwürdigkeit der Nachrichten Bonithos von Sutri in liber ad amicum und deren Verwertung in der neueren Geschichtschreibung*, dans les *Historische Studien* de EBERING, fasc. 73, Berlin, 1909.

BRÉHIER, L. — *Le schisme oriental du XI<sup>e</sup> siècle*, Paris, 1889.

BRESSLAU, H. — *Jahrbücher des deutschen Reichs unter Konrad II*, Leipzig, 1879-1884, 2 vol.

BRÖCKING, W. — *Die französiche Politik Papst Leos IX*, Stuttgart, 1889.

BRUCKER, P. — *L'Alsace et l'Église au temps du pape Saint Léon IX*, Strasbourg, 1889, 2 vol.

CAPECELATRO, A. — *Storia di san Petro Damiano e del suo tempore*, Florence, 1862.

CAUCHIE, A. — *La querelle des investitures dans les diocèses de Liège et de Cambrai*, Louvain, 1890-93, 2 vol.

CHALANDON, F. — *Histoire de la domination normande en Italie et en Sicile*, Paris, 1907, 2 vol.

DELARC, O. — *Saint Grégoire VII et la réforme de l'Église au XI<sup>e</sup> siècle*, Paris, 1889-1890, 3 vol.

DREHMANN, J. — *Papst Leo IX und die Simonie*, Leipzig, 1907.

DRESDNER, A. — *Kultur und Sittengeschichte der italienischen Geistlichkeit im X und XI Jahrhundert*, Breslau, 1890.

DUCHESNE, L. — *Les premiers temps de l'État Pontifical*, 3<sup>e</sup> édit., Paris, 1911.

— *Serge III et Jean XI*, dans *Mélanges d'archéologie et d'histoire de l'École française de Rome*, t. XXXIII, 1913, p. 25 et suiv.

— *Le Liber Pontificalis aux mains des Guibertistes et des Pierléonistes*, dans *Ibid.*, t. XXXVIII, 1920, p. 165 et suiv.

EBERSOLT, J. — *Essai sur Bérenger de Tours et la controverse sacramentaire au XI<sup>e</sup> siècle*, Paris, 1903.

ENDRES, J. A. — *Petrus Damiani und die weltliche Wissenschaft*, dans les *Beiträge zur Geschichte der Philosophie des Mittelalters* de BAEUMEKER, t. VIII, 11, Munster, 1910.

FEDELE, P. — *Ricerche per la storia di Roma e del papato nel secolo X*, dans *Arch. stor. della Societa Romana di storia patria*, t. XXXIII, 1910, p. 227 et suiv.

FETZER, R. — *Voruntersuchungen zu einer Geschichte des Pontifikats Alexanders II*, Strasbourg, 1887.

FLICHE, A. — *Les Vies de Saint Savinien, premier évêque de Sens. Étude critique suivie d'une édition de la première Vita*, Paris, 1912.
— *Le règne de Philippe I<sup>er</sup>, roi de France (1060-1108)*, Paris, 1912.
— *Le cardinal Humbert de Moyenmoutier, Étude sur les origines de la réforme grégorienne*, dans la *Revue historique*, t. CXIX, 1915, p. 41-76.
— *Études sur la polémique religieuse à l'époque de Grégoire VII. Les Prégrégoriens*, Paris, 1916.
— *L'élection d'Urbain II*, dans le *Moyen âge*, deuxième série, t. XIX, 1916, p. 356-394.
— *Guy de Ferrare, Étude sur la polémique religieuse en Italie à la fin du XI<sup>e</sup> siècle*, dans le *Bulletin italien*, t. XVI, 1916, p. 105-140 et t. XVIII, 1918, p. 114-131.
— *Les théories germaniques de la souveraineté à la fin du XI<sup>e</sup> siècle*, dans la *Revue historique*, t. CXXV, 1917, p. 1-67.
— *Hildebrand*, dans le *Moyen âge*, deuxième série, t. XXI, 1919, p. 76-106, 149-161, 197-210.
— *Ulrich d'Imola, Étude sur l'hérésie nicolaïte en Italie au milieu du XI<sup>e</sup> siècle*, dans la *Revue des sciences religieuses*, t. II, 1922, p. 127-139.

FLOSS, H.-J. — *Die Pastwahl unter den Ottonen*, Fribourg, 1858.

FOGLIETTI, R. — *S. Petro Damiano, Autobiographia*, Turin, 1899.

FOURNIER, P. — *Le premier manuel canonique de la réforme du XI<sup>e</sup> siècle*, dans les *Mélanges d'archéologie et d'histoire publiées par l'École française de Rome*, t. XIV, 1894, p. 144-223.
— *Le décret de Burchard de Worms, son caractère et son influence*, dans la *Revue d'histoire ecclésiastique*, t. XII, 1911, p. 451-473 et 670-701.
— *Bonizon de Sutri, Urbain II et la comtesse Mathilde*, dans la *Bibliothèque de l'École des Chartes*, t. LXXVI, 1915, p. 265-298.

— *Un groupe de recueils canoniques italiens des X<sup>e</sup> et XI<sup>e</sup> siècles*, dans les *Mémoires de l'Académie des Inscriptions et Belles-Lettres*, t. XL, 1915, p. 95-123.

— *Les collections canoniques de l'époque de Grégoire VII* (*Ibid.*, t. XLI, 1918, p. 271-397).

GIESEBRECHT, W. — *Geschichte der deutschen Kaiserzeit*, 5<sup>e</sup> édit., Leipzig, 1881-1890, 5 vol.

— *Das echte Decret Nicolaus II über die Papstwahl und die Fälschungen*, dans le *Münchener historisches Jahrbuch*, 1886.

GREVING, J. — *Pauls von Bernried vita Gregorii VII papae, ein Beitrag zur Kenntnis der Quellen und Anschauungen aus der Zeit des gregorianischen Kirchenstreites*, dans *Kirchengeschichtliche Studien*, t. II, 1, Münster, 1893.

GUERRIER, L. — *De Petro Damiano, Ostiensi episcopo romanaeque ecclesiae cardinali*, Orléans, 1881.

HALFMANN, H. — *Cardinal Humbert, sein Leben und seine Werke mit besonderer Berücksichtigung seines Traktates Libri tres adversus simoniacos*, Göttingen, 1883.

HALPHEN, L. — *Le comté d'Anjou au XI<sup>e</sup> siècle*, Paris, 1905.

HAUCK, A. — *Kirchengeschichte Deutschlands*, 4<sup>e</sup> édit., Leipzig, 1912-1920, 5 vol.

— *Die Bischofswahlen unter den Merovingern*, Erlangen, 1883.

HEFELE, CH.-J. — *Histoire des conciles d'après les documents originaux*, trad. LECLERCQ, Paris, 1907-1921, 16 vol.

HEURTEBIZE, B. — Article *Humbert*, dans le *Dictionnaire de théologie catholique*, t. VII, Paris, 1921, c. 310-311.

HINSCHIUS, P. — *Decretales pseudo-isidorianae*, Leipzig, 1863.

HIRSCH, E. — *Die Auffassung des simonistischen und schismatischen Wehen*, dans l'*Archiv für Katholisches Kirchenrecht*, t. XXXVII, 1907, p. 48-52.

HIRSCH, S. — *Jahrbücher des deutschen Reichs unter Heinrich II*, herausgegeben von R. URINGER, H. PABST und H. BRESSLAU, Leipzig, 1862-1874, 3 vol.

IMBART DE LA TOUR, P. — *Les élections épiscopales dans l'église de France du IX<sup>e</sup> au XII<sup>e</sup> siècle*, Paris, 1890.

JAFFÉ, Ph. — *Bibliotheca rerum germanicarum*, Berlin, 1864-1873, 6 vol.

KLEINERMANNS, J. — *Der heilige Petrus Damiani Mönch, Bischof, Cardinal, Kirchenlehrer, in seinem Leben und Wirken nach den Quellen dargestellt*, Steyl, 1882.

LEHMGRÜBNER, P. — *Benzo von Alba*, dans les *Historische Untersuchungen* de JASTROW, fasc. 6, 1887.

LOT, F. — *Étude sur le règne de Hugues Capet et la fin du X*e *siècle*, Paris, 1903.

MARRIER, M. — *Bibliotheca Cluniacensis*, Paris, 1614.

MARTENS, W. — *Die Besetzung des päpstlichen Stuhles unter den Kaisern Heinrich II und Heinrich IV*, Fribourg, 1887.

— *War Gregor VII Mönch?* Dantzig, 1891.

— *Gregor VII, sein Leben und Wirken*, Leipzig, 1894, 2 vol.

— *Gregor VII war nicht Mönch, eine Entgegnung*, dans le *Historisches Jahrbuch*, t. XVI, 1895.

MEYER VON KNONAU, G. — *Jahrbücher des deutschen Reichs unter Heinrich IV und Heinrich V*, Leipzig, 1890-1909, 7 vol.

MIRBT, C. — *Die Publizistik im Zeitalter Gregors VII*, Leipzig, 1894.

NEUKIRCH, Fr. — *Das Leben des Peters Damiani nebst einem Anhange : Die Schriften chronologisch geordnet*, Göttingue, 1875.

PASTERIS, E. — *Un grande Vescovo e scrittore del secolo X*, dans la *Scuola Cattolica*, cinquième série, t. I (année 51), 1923, p. 285-289, 444-461, 622-644, 705-730.

PAVANI, G. — *Un vescovo belga in Italia nel secolo X. Studio storico-critico su Raterio di Verona*, Turin, 1920.

PFISTER, Chr. — *De Fulberti Carnotensis vita et operibus*, Nancy, 1885.

— *Études sur le règne de Robert le Pieux*, Paris, 1885.

— *Les Légendes de saint Dié et de saint Hidulphe*, dans les *Annales de l'Est*, t. III, 1889, p. 358 et suiv.

PIGNOT, L. — *Histoire de l'ordre de Cluny depuis la fondation de l'abbaye jusqu'à la mort de Pierre le Vénérable*, Autun, Paris, 1868.

PIRENNE, H. — *Histoire de Belgique*, t. I, 3e édit. Bruxelles, 1909.

PFULF, O. — *Damian's Zwist mit Hildebrand*, dans les *Stimmen aus Maria Laach*, t. XLI, 1891.

ROBERT, U. — *Le pape Étienne IX*, dans la *Revue des questions historiques*, t. XX, 1876, p. 49-76.

ROTH, F. W. E. — *Der heilige Petrus Damiani, O. S. B., Cardinalbischof von Ostie nach den Quellen neu bearbeitet*, dans *Studien und Mittheilungen aus dem Benediktinen und dem Cisterciensen Orden*, t. VII et VIII, 1886-1887.

SACKUR, E. — *Die Cluniacenser in ihrer kirchlichen und allgemeingeschichtlichen Wirksamkeit bis zur Mitte des elften Jahrhunderts*, Halle, 1892-1894, 2 vol.

SALTET, L. — *Les réordinations*, Paris, 1907.

SAUR, H. — *Studien über Bonizo*, dans les *Forschungen zur deutschen Geschichte*, t. VII, 1868, p. 395-464.

SCHEFFER-BOICHORST, P. — *Die Neuordnung der Papstwahl durch*

*Nicolaus II. Text und Forschungen zur Geschichte des Papsthum im XI Jahrhundert*, Strasbourg, 1879.

SCHNITZER, J. — *Die Gesta Romanae ecclesiae des Kardinals Beno und andere Schriften der schismatiken Kardinäle wider Gregor VII*, Bamberg, 1892.

SCHUBERT, H. — *Petrus Damiani als Kirchenpolitiker*, dans les *Festgabe von Fachgenossen und Freunden Karl Müller zum siebzigsten Geburtstag dargebracht*, Tubingue, 1922.

SCHULZ, G. — *Atto von Vercelli*, Göttingue, 1885.

SICKEL, Th. von. — *Das Privilegium Ottos I für die römische Kirche vom Jahre 962 erläutert*, Innsbruck, 1863.

STEINDORFF, E. — *Jahrbücher des deutschen Reichs unter Heinrich III*, Leipzig, 1874-1881. 2 vol.

SWOBODA, A. — *Bibliotheca scriptorum medii aevi Teubneriana*, Leipzig, 1900.

VACANDARD, E. — *Etudes de critique et d'histoire religieuse*, Paris, 1905.

VAISSETTE (dom), J. — *Histoire générale de Languedoc*, nouvelle édition, Toulouse, 1872-1904, 16 vol.

VOGEL, A. — *Rathier von Verona und das zehnte Jahrhundert*, Iéna, 1854, 2 vol.

WAITZ, G. — *Weitere Bemerkungen zu dem Decrete des J. 1059 über die Papstwahl*, dans *Forschungen zur deutschen Geschichte*, t. VII, 1867, p. 440 et suiv.

— *Das Decret des Papstes Nicolaus über die Papstwahl im Codex Udalrici*, dans *Ibid.*, t. X, 1870, p. 614 et suiv.

WAMBERA, A. — *Der heilige Petrus Damiani, Abt vom Kloster des heiligen Kreuzes von Fonte-Avellana und Cardinalbischof von Ostia, sein Leben und Wirken*, Breslau, 1875.

WEDEMANN, M. — *Gottfried der Bärtige, seine Stellung zum fränkischen Kaiserhause und zur römischen Curie*, Leipzig, 1876.

WILL, C. — *Acta et scripta quae de controversiis ecclesiae graecae et latinae saeculo undecimo composita exstant*, Leipzig et Marbourg, 1861.

# II. — TABLE DES CITATIONS

ABBON DE FLEURY

*Apologeticus.*
(PL, CXXXIX, 461-472).

c. 462      p. 58
c. 463-464      50, 51
c. 465      12, 25, 51
c. 466      30, 52
c. 470      58

*Collectio canonum.*
(*Ibid.*, 471-508).

Can.  1      p. 58.
2      58
3      57, 58
4      57, 58
5      56
13      51
14      55
15      55
17      55
22      50
23      50, 55
39      35

*Epistolae.*
(*Ibid.*, 419-462).

Epist.  1      p. 12, 30, 56
4      51, 56

5      12, 30, 50, 56
8      50
9      50
11      50
14      52, 53, 54, 56

ATTON DE VERCEIL

*Capitulare.*
(PL, CXXXIV, 27-52), p. 62.

Can.  3, 7, 12 p. 65
15      64
17, 20      65
33      67
36, 37      63
38, 39, 42      64
43, 44, 45,
46, 47, 48,
49, 50, 57,
69, 100      65

*De pressuris ecclesiasticis.*
(*Ibid.*, 51-96), p. 62.

1      p. 69, 73, 79
2      25, 28, 29, 66,
67, 68

*Epistolae.*
(*Ibid.*, 95-124), p. 62.

N. B. — Cette table contient uniquement l'indication des textes des IXe, X[e] et XIe siècles se rapportant de façon immédiate à la réforme. Les sources narratives et les références scripturaires ou patristiques en sont exclues.

---

[1] MGH, SS, t. III, p. 158 et suiv.
[2] *Constit. imperial.*, t. I, p. 7.
[3] Léon d'Ostie II, 79.
[4] Guibert II, 46.
[5] JAFFÉ-WATTENBACH, 4500.
[6] LAMBERT DE HERSFELD, a. 1065 (MGH, SS, t. V, p. 174).
[7] ID., a. 1071 (*Ibid.*, t. V, p. 185).

[1] A moins d'indication contraire, les numéros des lettres des papes renvoient aux *Regesta* de JAFFÉ-WATTENBACH.

NICOLAS II (1059-1061)

4393, 4394 p. 281
4395 281
4405 320, 336, 338, 339
4406 320
4408 327
4412 324, 331, 333
4413 324
4423 332
4425 326
4426 324, 326
4428-4429 324
4433 326
4443 331
4445 332

ALEXANDRE II (1061-1073)

4469 p. 356
4477 355
4483 355
4486-4497 346
4498 347
4499 347
4500 348, 353
4501 348
4506 353
4509 353
4516 183
4519 359
4525 353
4536 352
4540 358
4552 354
4558 357
4569 353
4573 359
4586 359
4599 351
4612 355
4637 356
4695 364
4722 357

4724 p. 357
4751 353

GRÉGOIRE VII (1073-1095)

*Registrum.*
(Édit. JAFFÉ, *Monum. Gregor.*).

I, 1-4 p. 322, 383
6 365
19 377
39 375
79 377
II, 28, 29 362
III, 10 23, 378
21 376
VII, 14 a. 377
23 976
33 364
VIII, 21 86
42 363

PASCHASE RADBERT

*Expositio in Matthaeum.*
(PL, CXX, 31-994).

IX, 21 p. 24

PIERRE DAMIEN

*Carmina et preces.*
CXCV (PL, CXLIV, 967).

p. 353

*Epistolarum libri octo.*
(PL, CXLIV, 205-498).

I, 1 p. 107, 231
3 231
4 179, 231
7 281, 324
9 231
12 233
13 30, 214, 232
14 233
16 349

### Opuscula.

IV. *Disceptatio synodalis inter regis advocatum etc.*

(*Libelli de lite*, t. I, p. 76-94; PL, CXLV, 67-90).

V. *Actus Mediolani de privilegio Romanae ecclesiae.* (PL, CXLV, 89-98).

VI. *Liber qui appellatur gratissimus.* (*Libelli de lite*, t. I, p. 15-75; PL, CXLV, 99-160).

VII. *Liber gomorrhianus.* (PL, CXLV, 159-190).

# III. — TABLE ALPHABÉTIQUE DES NOMS PROPRES ET DES MATIÈRES

*

# TABLE ANALYTIQUE DES MATIÈRES

## INTRODUCTION

### LA CRISE RELIGIEUSE DU Xᵉ SIÈCLE

# CHAPITRE I

## L'ESPRIT DE RÉFORME AVANT LE PONTIFICAT
## DE LÉON IX

# CHAPITRE II

## L'ENTRÉE EN SCÈNE DE LA PAPAUTÉ,
## LÉON IX

# CHAPITRE III

### LE MOUVEMENT PRÉGRÉGORIEN : PIERRE DAMIEN

# CHAPITRE IV

### LE MOUVEMENT PRÉGRÉGORIEN : LE CARDINAL HUMBERT

ACHEVÉ D'IMPRIMER LE QUATRE
AVRIL MIL NEUF CENT VINGT QUATRE
PAR L'IMPRIMERIE SAINTE-CATHERINE,
BRUGES, (BELGIQUE).

# TABLES

IMPRIMATUR:

Lovanii, 1 Februarii 1924,
*De mandato*
P. LADEUZE,
*Rector Universitatis.*